SCOTLAND

FOOTBALL LEAGUE

TABLES & RESULTS

1873 to 1973

Alex Graham

INTRODUCTION

This book features a statistical history of football in Scotland from 1873, the year when the Scottish F.A. was formed and the Scottish F.A. Cup was first played, through to 1973. The Scottish F.A. Cup remained the main competition in Scottish football until the foundation of the Scottish Football League. The Scottish League was founded in 1890 after a series of meetings in Glasgow were initiated by Scottish F.A. members Renton FC. The meetings were held in "Holton's Hotel" with representatives of the following clubs invited: Abercorn, Cambuslang, Celtic, Clyde, Cowlairs, Dumbarton, Heart of Midlothian, Queen's Park, Rangers, Renton, St. Bernard's, St. Mirren, Third Lanark and Vale of Leven. All these clubs except for Clyde FC and Queen's Park FC sent two delegates and an agreement was made which resulted in the inauguration of the League in August, 1890 with 11 teams participating. All clubs which attended the inaugural and subsequent meetings became members with the exception of Clyde FC and Queen's Park FC who both decided against joining the League. St. Bernard's FC were also not accepted as members as it was alleged that they "paid" their players, a practice which was not permitted at the time.

In addition to the Scottish League this book also includes the results of two rival organisations which were founded in 1891. "The Football Alliance" and "The Football Federation" were conceived as rivals of the Scottish League but in 1892, both became regionalised and in 1893 were re-formed to become Division 2 of the Scottish League. Division 2 was run independently of Division 1 until 1899 and automatic promotion and relegation was only introduced in 1921-22. Prior to this, clubs in Division 2 had to apply for membership of Division 1 and the bottom club(s) of Division 1 had to apply to retain membership of that league at the end of each season, this being decided by votes cast by the other Division 1 members.

In 1923, a Division 3 was introduced but this only lasted for three seasons before being dissolved, due to the problem of fulfilling fixtures. A further attempt to run a Division 3 was made after World War II, but this also failed after only a few seasons and, in 1956, became the Scottish Reserve League. This two division system remained in place until 1975 when it changed to one of 3 divisions.

Most of the information in this book is taken from the now defunct "Statistical History of Football" series which were published by Skye Soccer Books. As in the original series, the full names of clubs are used whenever possible with name-changes, mergers etc. shown as and when they occur. The club names are listed in the following format:
   Club Name (Home Town/City/Village). In addition to the results of all League matches and final League tables, a list of the top goal-scorers and results of the latter stages of the national Cup competition are also included.

The information contained in this book has been gathered over a number of years and has come from myriad sources although most was collected through personal contacts. Other sources of information include newspapers, magazines, books etc. and in more recent times the internet. I would like to extend my thanks to all those who helped with the collection of this information. In an attempt to ensure accuracy, the information has been checked and collated. However, if any errors are found, readers are invited to notify the author care of the address below and if possible provide the corrected information.

Alex Graham

British Library Cataloguing in Publication Data

A catalogue record for this book is available from the British Library

ISBN 978-1-86223-258-7

Copyright © 2012, SOCCER BOOKS LIMITED. (01472 696226)   www.soccer-books.co.uk

72 St. Peter's Avenue, Cleethorpes, N.E. Lincolnshire, DN35 8HU, England

All rights are reserved. No part of this publication may be reproduced, stored in a retrieval system or transmitted, in any form or by any means, electronic, mechanical, photocopying, recording, or otherwise, without the prior written permission of Soccer Books Limited.

Printed by 4edge Ltd.

1873-74 SEASON

SCOTTISH CUP FINAL   (1st Hampden Park, Glasgow – 21/03/1874 – 2,500)

QUEEN'S PARK FC (GLASGOW)　　　2-0　　　Clydesdale FC (Glasgow)
W. McKinnon, Leckie　　　　　　*(H.T. 0-0)*

Queen's Park: Dickson, Taylor, Neill, Thomson, Campbell, Weir, Leckie, W. McKinnon, Lawrie, McNeill, A. McKinnon.
Clydesdale: Gardner, Wotherspoon, McAuley, Raeburn, Hendry, Anderson, Laing, Gibb, McPherson, Kennedy, Wilson.

Semi-finals   (12/12/1873 – 20/12/1873)

Clydesdale FC (Glasgow)	4-0	Blythswood FC (Glasgow)
Queen's Park FC (Glasgow)	2-0	Renton FC (Renton)

1874-75 SEASON

SCOTTISH CUP FINAL   (1st Hampden Park, Glasgow – 10/04/1875 – 7,000)

QUEEN'S PARK FC (GLASGOW)　　　3-0　　　Renton FC (Renton)
Weir, Highet, W. McKinnon　　　*(H.T. 0-0)*

Queen's Park: Neill, Taylor, Phillips, Campbell, Dickson, McNeill, Highet, W. McKinnon, A. McKinnon, Lawrie, Weir.
Renton: Turnbull, McKay, Kennedy, Scullion, McGregor, McRae, Melville, Glen, Kennedy, J. Brown, L. Brown.

Semi-finals   (20/03/1875 – 03/04/1875)

Clydesdale FC (Glasgow)	0-0, 2-2, 0-1	Queen's Park FC (Glasgow)
Renton FC (Renton)	1-1, 1-0	Dumbarton FC (Dumbarton)

1875-76 SEASON

SCOTTISH CUP FINAL   (Hamilton Crescent, Glasgow – 11/03/1876 – 10,000)

QUEEN'S PARK FC (GLASGOW)　　　1-1　　　3rd Lanarkshire Rifle Volunteers (Glasgow)
Highet　　　　　　　*(H.T. 0-1)*　　　　　　　*Drinnan*

Queen's Park: Dickson, Taylor, Neill, Campbell, Phillips, Lawrie, McGill, Highet, W. McKinnon, A. McKinnon, McNeill.
3rd Lanarkshire: Wallace, Hunter, Watson, White, Davidson, Crichton, Drinnan, Scoular, Walker, Millar, McDonald.

SCOTTISH CUP FINAL REPLAY   (Hamilton Crescent, Glasgow – 18/03/1876 – 6,000)

QUEEN'S PARK FC (GLASGOW)　　　2-0　　　3rd Lanarkshire Rifle Volunteers (Glasgow)
Highet 2

Queen's Park: Dickson, Taylor, Neill, Campbell, Phillips, Highet, W. McKinnon, Hillcote, McNeill, McGill, Smith.
3rd Lanarkshire: Wallace, Hunter, Watson, White, Davidson, Crichton, Drinnan, Scoular, Walker, Millar, McDonald.

Semi-finals   (08/01/1876 – 15/01/1876)

3rd Lanarkshire Rifle Volunteers (Glasgow)	1-1, 1-1, 3-0	Dumbarton FC (Dumbarton)
Queen's Park FC (Glasgow)	2-1	Vale of Leven FC (Glasgow)

1876-77 SEASON

SCOTTISH CUP FINAL (Hamilton Crescent – 17/03/1877 – 12,000)

VALE OF LEVEN FC (ALEXANDRIA) 1-1 Rangers FC (Glasgow)
Paton *(H.T. 0-0)* *McDougall o.g.*

Vale: Wood, McIntyre, Michie, Jamieson, McLintock, Ferguson, Paton, McGregor, McDougall, Baird, Lindsay.
Rangers: Watt, Vallance, Gillespie, Ricketts, W. McNeill, M. McNeill, Watson, Dunlop, Campbell, Marshall, Hill.

SCOTTISH CUP FINAL REPLAY (Hamilton Crescent – 07/04/1877 – 15,000)

VALE OF LEVEN FC (ALEXANDRIA) 1-1 (aet) Rangers FC (Glasgow)
McDougall *(H.T. 0-1)* *Dunlop*

Vale: Wood, McIntyre, Michie, Jamieson, McLintock, Ferguson, Paton, McGregor, McDougall, Baird, Lindsay.
Rangers: Watt, Vallance, Gillespie, Ricketts, W. McNeill, M. McNeill, Watson, Dunlop, Campbell, Marshall, Hill.

SCOTTISH CUP FINAL 2ND REPLAY (1st Hampden Park – 13/04/1877 – 8,000)

VALE OF LEVEN FC (ALEXANDRIA) 3-2 Rangers FC (Glasgow)
Watson o.g., Baird, Paton *(H.T. 1-0)* *Campbell, McNeill*

Vale: Wood, McIntyre, Michie, Jamieson, McLintock, Ferguson, Paton, McGregor, McDougall, Baird, Lindsay.
Rangers: Watt, Vallance, Gillespie, Ricketts, W. McNeill, M. McNeill, Watson, Dunlop, Campbell, Marshall, Hill.

Semi-finals (13/01/1877)

Vale of Leven FC (Alexandria) 9-0 Ayr Thistle FC (Ayr)
Rangers FC (Glasgow) received a bye

1877-78 SEASON

SCOTTISH CUP FINAL (1st Hampden Park – 30/03/1878 – 5,000)

VALE OF LEVEN FC (ALEXANDRIA) 1-0 3rd Lanarkshire Rifle Volunteers (Glasgow)
McDougall *(H.T. 1-0)*

Vale of Leven: Parlane, McLintock, McIntyre, McPherson, Jamieson, Ferguson, McFarlane, McGregor, J. Baird McDougall, J.C. Baird.
3rd Lanarkshire: Wallace, Somers, J. Hunter, Kennedy, McKenzie, Miller, A. Hunter, Lang, Peden, McCririck, Kay.

Semi-finals (09/03/1878 – 16/03/1878)

Renton FC (Renton) 1-1, 0-1 3rd Lanarkshire Rifle Volunteers (Glasgow)
Vale of Leven FC (Alexandria) received a bye

1878-79 SEASON

SCOTTISH CUP FINAL (1st Hampden Park – 19/04/1879 – 9,000)

VALE OF LEVEN FC (ALEXANDRIA) 1-1 Rangers FC (Glasgow)
Ferguson *(H.T. 0-1)* *Struthers*

Vale of Leven: Parlane, McLintock, A. McIntyre, J. McIntyre, McPherson, McFarlane, Ferguson, J. Baird, McGregor, J.C. Baird, McDougall.
Rangers: Gillespie, A. Vallance, T. Vallance, Drinnan, McIntyre, Hill, Dunlop, Steel, Struthers, Campbell, McNeill.
(Rangers refused a replay claiming they had "scored" a second goal which was disallowed. The Cup was awarded to Vale of Leven)

Semi-finals (29/03/1879)

Helensburgh FC (Helensburgh) 0-3 Vale of Leven FC (Alexandria)
Rangers FC (Glasgow) received a bye

1879-80 SEASON

SCOTTISH CUP FINAL   (1st Cathkin Park, Glasgow – 21/02/1880 – 4,000)

QUEEN'S PARK FC (GLASGOW)   3-0   Thornliebank FC (Thornliebank)
Highet 2, Ker   *(H.T. 1-0)*

Queen's Park: Graham, Somers, Neill, Campbell, Davidson, Richmond, Weir, Highet, Ker, Kay, McNeill.
Thornliebank: Cadden, Jamieson, Marshall, Henderson, McFetridge, A. Brannan, Clark, Wham, Anderson, Hutton, T. Brannan.

Semi-finals   (17/01/1880)

Queen's Park FC (Glasgow)   1-0   Dumbarton FC (Dumbarton)
Thornliebank FC (Thornliebank)   2-1   Pollockshields Athletic FC (Glasgow)

1880-81 SEASON

SCOTTISH CUP FINAL   (Kinning Park, Glasgow – 26/03/1881 – 15,000)

QUEEN'S PARK FC (GLASGOW)   2-1   Dumbarton FC (Dumbarton)
McNeill, Kay   *(H.T. 1-1)*   *MacAuley*

Queen's Park: McCallum, Watson, Holm, Campbell, Davidson, Anderson, Fraser, Ker, Smith, McNeill, Kay.
Dumbarton: Kennedy, Hutcheson, Paton, Miller, Anderson, Meikleham, Brown, Lindsay, McAulay, McKinnon, Kennedy.
(A replay was ordered after a protest that crowd encroachment had led to the winning goal being scored)

SCOTTISH CUP FINAL REPLAY   (Kinning Park, Glasgow – 09/04/1881 – 10,000)

QUEEN'S PARK FC (GLASGOW)   3-1   Dumbarton FC (Dumbarton)
Smith 2, Ker   *(H.T. 3-0)*   *Meikleham*

Queen's Park: McCallum, Watson, Holm, Campbell, Davidson, Anderson, Fraser, Ker, Smith, Allan, Kay.
Dumbarton: Kennedy, Hutcheson, Paton, Miller, Anderson, Meikleham, Brown, Lindsay, McAulay, McKinnon, Kennedy.

Semi-finals   (05/02/1881)

Dumbarton FC (Dumbarton)   2-0   Vale of Leven FC (Alexandria)
Queen's Park FC (Glasgow) received a bye

1881-82 SEASON

SCOTTISH CUP FINAL   (1st Cathkin Park, Glasgow – 18/03/1882 – 12,500)

QUEEN'S PARK FC (GLASGOW)   2-2   Dumbarton FC (Dumbarton)
Harrower 2   *(H.T. 2-1)*   *Brown, Meikleham*

Queen's Park: McCallum, Watson, A. Holm, Davidson, J. Holm, Fraser, Anderson, Ker, Harrower, Richmond, Kay.
Dumbarton: Kennedy, Hutcheson, Paton, P. Miller, McKinnon, Brown, Meikleham, McAulay, Lindsay, Kennedy, J. Miller.

SCOTTISH CUP FINAL REPLAY   (1st Cathkin Park, Glasgow – 01/04/1882 – 14,000)

QUEEN'S PARK FC (GLASGOW)   4-1   Dumbarton FC (Dumbarton)
Richmond, Ker, Harrower, Kay   *(H.T. 1-0)*   *J. Miller*

Queen's Park: McCallum, Watson, Holm, Davidson, Campbell, Fraser, Anderson, Ker, Harrower, Richmond, Kay.
Dum.: Kennedy, Hutcheson, Paton, P. Miller, Watt, Brown, Meikleham, McAulay, Lindsay, Kennedy, J. Miller.

Semi-finals (18/02/1882)

Dumbarton FC (Dumbarton)	11-2	Cartvale FC (Busby)
Queen's Park FC (Glasgow)	3-2	Kilmarnock Athletic FC (Kilmarnock)

1882-83 SEASON

SCOTTISH CUP FINAL (1st Hampden Park, Glasgow – 31/03/1883 – 15,000)

DUMBARTON FC (DUMBARTON)	2-2	Vale of Leven FC (Alexandria)
Paton, McArthur	*(H.T. 2-1)*	*Johnstone, McCrae*

Dum.: McAulay, Hutcheson, Paton, P. Miller, Lang, Keir, R.S. Brown, R.P. Brown, J. Miller, Lindsay, McArthur.
Vale: McLintock, McIntyre, Forbes, McLeish, McPherson, Gillies, McCrae, Johnstone, Friel, Kennedy, McFarlane.

SCOTTISH CUP FINAL REPLAY (1st Hampden Park, Glasgow – 07/04/1883 – 12,000)

DUMBARTON FC (DUMBARTON)	2-1	Vale of Leven FC (Alexandria)
Anderson, R.S. Brown	*(H.T. 0-0)*	*Friel*

Dumbarton: McAulay, Hutcheson, Paton, P. Miller, Anderson, Keir, R.S. Brown, R.P. Brown, J. Miller, Lindsay, McArthur.
Vale: McLintock, McIntyre, Forbes, McLeish, McPherson, Gillies, McCrae, Johnstone, Friel, Kennedy, McFarlane.

Semi-finals (24/02/1883 – 17/03/1883)

Pollockshields Athletic FC (Glasgow)	0-1, 0-5	Dumbarton FC (Dumbarton)
	(A replay was ordered after a protest was upheld)	
Vale of Leven FC (Alexandria)	1-1, 2-0	Kilmarnock Athletic FC (Kilmarnock)

1883-84 SEASON

SCOTTISH CUP FINAL (1st Cathkin Park, Glasgow – 23/02/1884)

QUEEN'S PARK FC (GLASGOW)	Walk over	Vale of Leven FC (Alexandria)

Queen's Park were awarded the cup after Vale of Leven had failed to show for the match. Vale had asked for a postponement due to the illness of 2 players and the family bereavement of another but the SFA, although sympathetic to the request, refused due to other arrangements (Scotland – England match) for the stadium. Queen's Park played a "friendly" match against Third Lanark FC (4-0) with the following team who are believed to have been awarded "cup-winners" medals:

Queen's Park: McCallum, Arnott, A.Holm, Campbell, Gow, Christie, Allan, Smith, Harrower, Anderson, Watt.

Semi-finals (19/01/1884 – 02/02/1884)

Hibernian FC (Edinburgh)	1-5	Queen's Park FC (Glasgow)
Vale of Leven FC (Alexandria)	3-0	Rangers FC (Glasgow)

1884-85 SEASON

SCOTTISH CUP FINAL (2nd Hampden Park, Glasgow – 21/02/1885 – 3,000)

RENTON FC (RENTON)	0-0	Vale of Leven FC (Alexandria)

Renton: Lindsay, Hannah, A. McCall, Kelso, McKechnie, Barbour, Kelly, McIntyre, J. McCall, Thomson, Grant.
Vale of Leven: Wilson, A. McIntyre, Forbes, Abraham, J. Wilson, Galloway, D. McIntyre, Ferguson, Johnstone, Gillies, Kennedy.

SCOTTISH CUP FINAL REPLAY (2nd Hampden Park, Glasgow – 28/02/1885 – 5,500)

RENTON FC (RENTON)	0-0, 3-1	Vale of Leven FC (Alexandria)
J.McCall, McIntyre 2	*(H.T. 0-0, 0-0)*	*Gillies*

Renton: Lindsay, Hannah, A. McCall, Kelso, McKechnie, Barbour, Kelly, McIntyre, J. McCall, Thomson, Grant.
Vale of Leven: Wilson, A. McIntyre, Forbes, Abraham, McPherson, Galloway, D. McIntyre, Ferguson, Johnstone, Gillies, Kennedy.

Semi-finals (24/01/1885 – 07/02/1885)

Hibernian FC (Edinburgh)	2-3	Renton FC (Renton)
Vale of Leven FC (Alexandria)	0-0, 3-1	Cambuslang FC (Cambuslang)

1885-86 SEASON

SCOTTISH CUP FINAL (1st Cathkin Park, Glasgow – 13/02/1886 – 7,000)

QUEEN'S PARK FC (GLASGOW)	3-1	Renton FC (Renton)
Hamilton, Christie, Somerville	*(H.T. 1-0)*	*Kelso*

Queen's Park: Gillespie, Arnott, Watson, Campbell, Gow, Christie, Somerville, Hamilton, Allan, Harrower, Lambie.
Renton: Lindsay, Hannah, A. McCall, Kelso, McKechnie, Thomson, Grant, Barbour, J. McCall, H. McIntyre, Kelly.

Semi-finals (16/01/1886 – 23/01/1886)

Hibernian FC (Edinburgh)	0-2	Renton FC (Renton)
Third Lanark FC (Glasgow)	0-3	Queen's Park FC (Glasgow)

(Third Lanark did not take to the field after the interval due to a severe snowstorm so Queen's Park players walked the ball into the empty net and claimed the tie. The half-time score of 0-3 was allowed to stand.)

1886-87 SEASON

SCOTTISH CUP FINAL (2nd Hampden Park, Glasgow – 12/02/1887 – 10,000)

HIBERNIAN FC (EDINBURGH)	2-1	Dumbarton FC (Dumbarton)
Smith, Groves	*(H.T. 0-0)*	*Aitken*

Hibernian: Tobin, Lundy, Fagan, McGhee, McGinn, McLaren, Lafferty, Groves, Montgomery, Clark, Smith.
Dumbarton: McAulay, Hutcheson, Fergus, Miller, McMillan, Kerr, Brown, Robertson, Madden, Aitken, Jamieson.

Semi-finals (22/01/1887 – 29/01/1887)

Hibernian FC (Edinburgh)	3-1	Vale of Leven FC (Alexandria)
Queen's Park FC (Glasgow)	1-2	Dumbarton FC Dumbarton)

1887-88 SEASON

SCOTTISH CUP FINAL (2nd Hampden Park, Glasgow – 04/02/1888 – 10,000)

RENTON FC (RENTON)	6-1 *(H.T. 2-1)*	Cambuslang FC (Cambuslang)
D.Campbell, McCallum, McNee, J. McCall 2, J. Campbell		*H.Gourlay*

Renton: Lindsay, Hannah, A. McCall, Kelso, Kelly, McKechnie, McCallum, J. Campbell, D. Campbell, J. McCall, McNee.
Cambuslang: Dunn, Smith, Semple, McKay, J.Gourlay, Jackson, James Buchanan, John Buchanan, Plenderleith, H. Gourlay, J. Gourlay.

Semi-finals (14/01/1888 – 21/01/1888)

Abercorn FC (Paisley)	1-1, 1-10	Cambuslang FC (Cambuslang)
Renton FC (Renton)	3-1	Queen's Park FC (Glasgow)

1888-89 SEASON

SCOTTISH CUP FINAL (2nd Hampden Park, Glasgow – 02/02/1889 – 17,000)
THIRD LANARK FC (GLASGOW)   3-0   Celtic FC (Glasgow)
Oswald Jr. 2, Hannah   *(H.T. 2-0)*
Third Lanark: Downie, Thomson, Rae, Lochhead, Auld, McFarlane, Marshall, Oswald Jr., Oswald Sr., Hannah, Johnstone.
Celtic: John Kelly, Gallacher, McKeown, W.Maley, James Kelly, McLaren, McCallum, Dunbar, Groves, Coleman, T. Maley.
(Due to the snowbound pitch both teams had agreed in advance to play the match as a friendly, but this information was not conveyed to the spectators. The SFA did however agree to the decision.)

SCOTTISH CUP FINAL (2nd Hampden Park, Glasgow – 09/02/1889 – 16,000)
THIRD LANARK FC (GLASGOW)   2-1   Celtic FC (Glasgow)
Marshall, Oswald Jr.   *(H.T. 1-0)*   *McCallum*
Third Lanark: Downie, Thomson, Rae, Lochhead, Auld, McFarlane, Marshall, Oswald Jr., Oswald Sr., Hannah, Johnstone.
Celtic: John Kelly, Gallacher, McKeown, W. Maley, James Kelly, McLaren, McCallum, Dunbar, Groves, Coleman, T. Maley.

Semi-finals (12/01/1889)
Dumbarton FC (Dumbarton)   1-4   Celtic FC (Glasgow)
Third Lanark FC (Glasgow)   2-0   Renton FC (Renton)

1889-90 SEASON

SCOTTISH CUP FINAL (1st Ibrox Park, Glasgow – 15/02/1890 – 11,000)
QUEEN'S PARK FC (GLASGOW)   1-1   Vale of Leven FC (Alexandria)
Hamilton   *(H.T. 0-1)*   *Bruce*
Queen's Park: Gillespie, Arnott, Smellie, McAra, Stewart, Robinson, Berry, Gulliland, Hamilton, Sellar, Allan.
Vale: Wilson, Murray, Whitelaw, Sharp, McNicol, Osborne, McLachlan, Rankin, Paton, Bruce, McMillan.

SCOTTISH CUP FINAL REPLAY (1st Ibrox Park, Glasgow – 22/02/1890 – 13,000)
QUEEN'S PARK FC (GLASGOW)   2-1   Vale of Leven FC (Alexandria)
Hamilton, Stewart   *(H.T. 0-1)*   *Bruce*
Queen's Park: Gillespie, Arnott, Smellie, McAra, Stewart, Robinson, Berry, Gulliland, Hamilton, Sellar, Allan.
Vale: Wilson, Murray, Whitelaw, Sharp, McNicol, Osborne, McLachlan, Rankin, Paton, Bruce, McMillan.

Semi-finals (18/01/1890)
Queen's Park FC (Glasgow)   2-0   Abercorn FC (Paisley)
Vale of Leven FC (Alexandria)   3-0   Third Lanark FC (Glasgow)

1890-91 SEASON

1890-91 Scottish Football League	Abercorn	Cambuslang	Celtic	Cowlairs	Dumbarton	Hearts	Rangers	Renton	St. Mirren	Third Lanark	Vale of Leven
Abercorn FC		2-5	1-0-5	1-0	1-2	1-0	1-1	4-2	5-1	2-4	6-0
Cambuslang FC	4-5		3-1	4-0	2-2	2-0	2-6	---	3-2	2-2	8-2
Celtic FC	2-0	5-2		2-0	1-0	1-0	2-2	1-4	3-2	1-1	9-1
Cowlairs FC	7-5	1-1	0-5		1-6	1-2	0-2	---	4-2	2-2	3-2
Dumbarton FC	5-1	5-0	2-2	1-1		3-1	5-1	---	5-1	5-1	4-0
Heart of Midlothian FC	1-1	2-2	0-5	4-0	0-4		0-1	---	1-0	4-1	8-1
Rangers FC	2-0	2-1	0-1	1-1	4-2	5-2		4-1	8-2	4-1	4-0
Renton FC	---	---	---	---	---	---	---		2-2	---	1-2
St. Mirren FC	4-2	2-3	1-0	5-2	2-4	3-2	3-7	---		3-2	1-1
Third Lanark FC	2-1	1-2	2-1	3-0	1-3	4-0	0-4	---	5-3		4-1
Vale of Leven FC	2-1	2-1	3-1	2-1	1-3	2-4	1-3	---	5-2	1-2	

Championship Play-off   (Cathkin Park, Glasgow – 21/05/91)

DUMBARTON FC (DUMBARTON)   2-2   RANGERS FC (GLASGOW)

(The teams were declared joint champions)

	Scottish League	Pd	Wn	Dw	Ls	GF	GA	Pts	
1.	Dumbarton FC (Dumbarton)	18	13	3	2	61	21	29	
1.	Rangers FC (Glasgow)	18	13	3	2	58	25	29	
3.	Celtic FC (Glasgow)	18	11	3	4	48	21	21	*
4.	Cambuslang FC (Cambuslang)	18	8	4	6	47	42	21	
5.	Third Lanark FC (Glasgow)	18	8	3	7	38	39	15	*
6.	Heart of Midlothian FC (Edinburgh)	18	6	2	10	31	37	14	
7.	Abercorn FC (Paisley)	18	5	2	11	36	47	12	
8.	St. Mirren FC (Paisley)	18	5	1	12	39	62	11	
9.	Vale of Leven FC (Alexandria)	18	5	1	12	27	65	11	
10.	Cowlairs FC (Glasgow)	18	3	4	11	24	50	6	*#
---.	Renton FC (Renton)	5	1	1	3	10	13	3	**
		180	77	26	77	409	409	168	

Top goalscorers 1890-91

1) John BELL   (Dumbarton FC)   20
2) Peter DOWDS   (Celtic FC)   15
3) John McPHERSON   (Rangers FC)   14

* Celtic FC, Cowlairs FC and Third Lanark FC had 4 points deducted for fielding ineligible players.

\# Cowlairs FC (Glasgow) withdrew from the league at the end of the season.

** Renton FC (Renton) were expelled from the league after only 5 games because they had played a friendly match against a team calling themselves "Edinburgh Saints FC", but who were in fact St. Bernard's FC (Edinburgh) against whom all league clubs were forbidden to play (it was alleged that they paid their players, professionalism being banned at this time). Their playing record was deleted and is not included in the figures shown above.

Elected: Clyde FC (Glasgow), Leith Athletic FC (Leith), Renton FC (Renton)

Two rival leagues, the "Alliance League" and the "Federation League" were formed for the next season.

SCOTTISH CUP FINAL (2nd Hampden Park, Glasgow – 07/02/1891 – 10,836)

HEART OF MIDLOTHIAN FC (EDINBURGH)　　　　1-0　　　　　　　　　Dumbarton FC (Dumbarton)
Mason　　　　　　　　　　　　　　　　　　(H.T. 1-0)

Hearts: Fairbairn, Adams, Goodfellow, Bebie, McPherson, Hill, Taylor, Mason, Russell, Scott, Baird.
Dumbarton: McLeod, Watson, Miller, McMillan, Boyle, Keir, Taylor, Galbraith, Mair, McNaught, Bell.

Semi-finals (17/01/1891 – 24/01/1891)

Dumbarton FC (Dumbarton)	3-1	Abercorn FC (Paisley)
Third Lanark FC (Glasgow)	1-4	Heart of Midlothian FC (Edinburgh)

1891-92 SEASON

1891-92 Scottish Football League	Abercorn	Cambuslang	Celtic	Clyde	Dumbarton	Hearts	Leith Athletic	Rangers	Renton	St. Mirren	Third Lanark	Vale of Leven
Abercorn FC	■	3-1	2-5	3-3	1-1	1-3	3-2	0-1	3-3	1-1	2-4	6-3
Cambuslang FC	0-2	■	0-4	3-5	0-2	3-3	1-3	0-6	1-1	1-1	1-1	1-0
Celtic FC	3-1	3-1	■	0-0	2-0	3-1	2-0	3-0	3-0	2-1	5-1	6-1
Clyde FC	7-2	2-0	2-7	■	4-1	3-10	1-2	1-3	1-3	4-1	3-3	10-3
Dumbarton FC	8-1	5-2	1-0	8-2	■	5-1	6-0	6-0	2-1	4-2	2-0	8-0
Heart of Midlothian FC	2-1	1-0	3-1	2-1	3-1	■	3-1	3-2	4-2	2-2	2-0	7-0
Leith Athletic FC	3-2	3-0	2-1	1-0	1-3	2-2	■	3-1	2-3	4-2	3-1	10-0
Rangers FC	6-2	2-1	1-1	1-5	1-3	0-1	3-2	■	5-2	2-3	2-3	7-0
Renton FC	2-1	1-1	0-4	2-1	1-2	0-3	3-0	1-4	■	5-2	1-0	3-0
St. Mirren FC	0-3	2-2	1-2	1-4	2-3	2-5	3-1	3-4	2-1	■	1-2	6-4
Third Lanark FC	1-1	3-1	1-3	3-2	2-5	3-2	0-3	2-2	1-1	2-3	■	9-2
Vale of Leven FC	0-3	0-1	2-2	2-2	1-2	2-2	0-3	1-6	1-1	2-2	0-2	■

	Scottish League	Pd	Wn	Dw	Ls	GF	GA	Pts	
1.	DUMBARTON FC (DUMBARTON)	22	18	1	3	78	27	37	
2.	Celtic FC (Glasgow)	22	16	3	3	62	21	35	
3.	Heart of Midlothian FC (Edinburgh)	22	15	4	3	65	35	34	
4.	Leith Athletic FC (Leith)	22	12	1	9	51	40	25	
5.	Rangers FC (Glasgow)	22	11	2	9	59	46	24	
6.	Third Lanark FC (Glasgow)	22	8	5	9	44	47	21	
7.	Renton FC (Renton)	22	8	5	9	37	43	21	
8.	Clyde FC (Glasgow)	22	8	4	10	63	61	20	
9.	Abercorn FC (Paisley)	22	6	5	11	44	59	17	
10.	St. Mirren FC (Paisley)	22	5	5	12	43	60	15	
11.	Cambuslang FC (Cambuslang)	22	2	6	14	21	53	10	#
12.	Vale of Leven FC (Alexandria)	22	-	5	17	24	99	5	#
		264	109	46	109	591	591	264	

Top goalscorers 1891-92

1)	John BELL	(Dumbarton FC)	23
2)	Alexander McMAHON	(Celtic FC)	18
3)	John CAMPBELL	(Celtic FC)	15

Cambuslang FC (Cambuslang) and Vale of Leven FC (Alexandria) were not re-elected to the league which was reduced to 10 clubs for the next season.

1891-92 Alliance League	Airdrieonians	Ayr	East Stirling	Kilmarnock	King's Park	Linthouse	Morton	Northern	Partick Thistle	Port Glasgow	St. Bernard's	Thistle
Airdrieonians FC		6-1	3-3	5-2	7-2	4-5	6-3	2-2	5-1	1-1	4-3	5-3
Ayr FC	2-1		7-0	1-1	4-2	5-5	4-3	4-1	2-3	5-1	6-2	5-1
East Stirlingshire FC	4-1	5-2		3-4	3-2	6-6	5-2	6-5	1-2	3-2	3-3	6-2
Kilmarnock FC	6-1	7-0	5-0		4-1	2-0	8-1	5-2	5-0	0-0	1-0	6-1
King's Park FC	5-1	4-2	4-2	5-3		1-2	3-5	3-8	2-3	6-3	0-2	3-4
Linthouse FC	4-1	6-0	6-1	3-1	6-4		6-0	1-3	3-1	3-1	1-2	7-0
Morton FC	4-1	3-1	3-1	3-3	8-2	5-3		4-3	2-1	1-2	3-1	5-2
Northern FC	5-2	4-4	6-4	2-0	4-4	1-4	6-0		9-4	3-0	4-3	0-1
Partick Thistle FC	2-2	3-2	5-0	3-2	0-1	3-5	1-2	7-3		2-1	0-7	2-4
Port Glasgow Athletic	3-3	2-0	4-1	3-6	4-1	2-4	5-5	4-0	2-2		4-2	4-0
St. Bernard's FC	4-1	2-2	4-1	3-2	2-4	3-3	1-1	4-1	3-1	4-2		6-1
Thistle FC	0-2	7-4	4-4	2-3	7-1	0-7	1-3	4-4	2-2	4-4	1-2	

Alliance League

		Pd	Wn	Dw	Ls	GF	GA	Pts
1.	Linthouse FC (Glasgow)	22	15	3	4	90	46	33
2.	Kilmarnock FC (Kilmarnock)	22	13	3	6	87	39	29
3.	Morton FC (Greenock)	22	12	3	7	66	66	27
4.	St. Bernard's FC (Edinburgh)	22	11	4	7	63	46	26
5.	Northern FC (Glasgow)	22	9	4	9	76	70	22
6.	Airdrieonians FC (Airdrie)	22	8	5	9	64	65	21
7.	Port Glasgow Athletic FC (Port Glasgow)	22	7	6	9	54	56	20
8.	Ayr FC (Ayr)	22	8	4	10	63	69	20
9.	Partick Thistle FC (Glasgow)	22	8	3	11	48	65	19
10.	East Stirlingshire FC (Falkirk)	22	7	4	11	62	82	18
11.	King's Park FC (Stirling)	22	7	1	14	60	84	15
12.	Thistle FC (Glasgow)	22	5	4	13	51	85	14
		264	110	44	110	773	773	264

1891-92 Federation League	Albion Rovers	Arthurlie	Burnbank Swifts	Clydebank	Falkirk	Hurlford	Kilmarnock Athletic	Motherwell	Pollockshaws	Royal Albert	Wanderers	Wishaw Thistle
Albion Rovers FC		6-1	5-1	7-5	2-4	7-0	1-1	3-1	2-0	3-1	7-2	7-2
Arthurlie FC	3-2		9-0	8-0	4-2	1-1	9-1	10-2	3-1	3-0	9-0	7-1
Burnbank Swifts FC	2-4	4-4		6-1	---	3-3	7-1	1-1	5-2	1-2	0-2	0-4
Clydebank FC	0-6	1-3	3-3		3-1	2-0	4-2	1-1	3-2	3-1	6-3	5-2
Falkirk FC	2-4	2-4	1-0	9-1		1-1	2-1	4-4	3-2	3-0	3-2	7-1
Hurlford FC	6-1	1-6	3-2	3-0	4-2		2-2	6-0	2-0	3-2	5-0	6-3
Kilmarnock Athletic FC	2-4	1-1	7-2	6-1	1-3	0-2		4-0	0-3	3-4	4-0	5-0
Motherwell FC	7-3	1-5	2-2	5-1	1-3	3-6	7-1		4-4	1-4	8-1	2-2
Pollockshaws FC	4-2	2-4	13-0	3-1	1-1	5-4	5-2	5-2		5-4	6-2	2-1
Royal Albert FC	3-5	4-2	1-3	9-1	4-2	6-0	2-3	4-0	6-3		6-0	4-4
Wanderers FC	2-1	0-9	7-3	2-2	2-3	3-0	2-4	4-3	4-3	3-1		2-2
Wishaw Thistle FC	2-5	6-2	4-4	5-2	7-3	2-0	6-0	6-3	3-2	3-2	3-1	

	Federation League	Pd	Wn	Dw	Ls	GF	GA	Pts	
1.	Arthurlie FC (Barrhead)	22	16	3	3	107	38	35	
2.	Albion Rovers FC (Whifflet)	22	15	1	6	88	51	31	
3.	Hurlford FC (Hurlford)	22	11	4	7	58	51	26	
4.	Falkirk FC (Falkirk)	21	11	3	7	61	49	25	*
5.	Wishaw Thistle FC (Wishaw)	22	10	4	8	69	71	24	
6.	Pollockshaws FC (Glasgow)	22	10	2	10	73	58	22	
7.	Royal Albert FC (Larkhall)	22	10	1	11	70	54	21	
8.	Kilmarnock Athletic FC (Kilmarnock)	22	7	3	12	51	67	17	
9.	Clydebank FC (Clydebank)	22	7	3	12	46	87	17	
10.	Wanderers FC	22	7	2	13	44	88	16	
11.	Motherwell FC (Motherwell)	22	4	6	12	58	80	14	
12.	Burnbank Swifts FC (Hamilton)	21	4	6	11	49	80	14	*
		262	112	38	112	774	774	262	*

* Burnbank Swifts FC vs Falkirk FC was not played. No points were awarded to either team.

The Alliance League and Federation League were both regionalised for the next season

SCOTTISH CUP FINAL   (1st Ibrox Park, Glasgow – 12/03/1892 – 40,000)

CELTIC FC (GLASGOW)   1-0   Queen's Park FC (Glasgow)
Campbell   (H.T. 0-0)

Celtic: Cullen, Reynolds, Doyle, Maley, Kelly, Dowds, McCallum, Brady, Madden, McMahon, Campbell.
Queen's Park: Baird, Sillars, Smellie, Gillespie, Robertson, Stewart, Gulliland, Waddell, Hamilton, Sellar, Lambie.
(The match was replayed after a protest that crowd encroachment on the field had interfered with play)

SCOTTISH CUP FINAL REPLAY   (1st Ibrox Park, Glasgow – 09/04/1892 – 26,000)

CELTIC FC (GLASGOW)   5-1   Queen's Park FC (Glasgow)
Campbell 2, McMahon 2, Sillars o.g.   (H.T. 0-1)   Waddell

Celtic: Cullen, Reynolds, Doyle, Maley, Kelly, Dowds, McCallum, Brady, Gallacher, McMahon, Campbell.
Queen's Park: Baird, Sillars, Scott, Gillespie, Robertson, Stewart, Gulliland, Waddell, Hamilton, Sellar, Lambie.

Semi-finals   (06/02/1892 – 27/02/1892)

Celtic FC (Glasgow)   5-3   Rangers FC (Glasgow)
Renton FC (Renton)   1-1, 0-3   Queen's Park FC (Glasgow)

1892-93 SEASON

1892-93 Scottish League	Abercorn	Celtic	Clyde	Dumbarton	Hearts	Leith Athletic	Rangers	Renton	St. Mirren	Third Lanark
Abercorn FC	■	4-2	5-1	4-0	3-4	1-0	0-4	1-2	1-2	5-2
Celtic FC	3-2	■	3-1	5-1	5-0	3-1	3-09	4-3	4-1	2-5
Clyde FC	5-2	1-2	■	1-2	2-3	1-2	0-3	2-2	1-2	2-4
Dumbarton FC	5-1	0-3	3-1	■	5-1	2-1	3-0	1-1	1-2	1-2
Heart of Midlothian FC	3-1	3-1	2-3	1-3	■	3-1	1-2	2-2	4-0	2-2
Leith Athletic FC	1-1	0-1	3-0	3-0	1-3	■	1-2	6-2	5-1	2-1
Rangers FC	4-3	2-2	4-2	3-2	2-1	3-2	■	2-0	0-0	2-1
Renton FC	2-1	0-2	1-1	0-4	2-3	2-2	■	■	3-2	3-1
St. Mirren FC	4-0	1-3	8-1	3-2	3-1	4-1	2-2	3-0	■	1-4
Third Lanark FC	8-0	0-6	4-1	3-0	1-4	1-2	2-4	6-2	6-1	■

	Scottish League	Pd	Wn	Dw	Ls	GF	GA	Pts	
1.	CELTIC FC (GLASGOW)	18	14	1	3	54	25	29	
2.	Rangers FC (Glasgow)	18	12	4	2	41	27	28	
3.	St. Mirren FC (Paisley)	18	9	2	7	40	39	20	
4.	Third Lanark FC (Glasgow)	18	9	1	8	53	39	19	
5.	Heart of Midlothian FC (Edinburgh)	18	8	2	8	39	41	18	
6.	Leith Athletic FC (Leith)	18	8	1	9	35	31	17	
7.	Dumbarton FC (Dumbarton)	18	8	1	9	35	35	17	
8.	Renton FC (Renton)	18	5	5	8	31	44	15	
9.	Abercorn FC (Paisley)	18	5	1	12	35	52	11	#
10.	Clyde FC (Glasgow)	18	2	2	14	25	55	6	#
		180	80	20	80	388	388	180	

Top goalscorers 1892-93

1)	John CAMPBELL	(Celtic FC)	11
	Alexander McMAHON	(Celtic FC)	11
3)	H. McCREADIE	(Rangers FC)	10
	J. McLEAN	(St. Mirren FC)	10

Abercorn FC (Paisley) and Clyde FC (Glasgow) were not re-elected to the league for the next season.

Elected: Dundee FC (Dundee), St. Bernard's FC (Edinburgh)

Dundee FC (Dundee) were formed in 1893 by the merger of Dundee East End FC (Dundee) and Our Boys FC (Dundee) both of which had been founded in 1877.

A Division 2 was formed for the next season and consisted of the following 10 clubs:
Abercorn FC (Paisley), Clyde FC (Glasgow), Cowlairs FC (Glasgow), Hibernian FC (Edinburgh), Morton FC (Greenock), Motherwell FC (Motherwell), Northern FC (Glasgow), Thistle FC (Glasgow), Partick Thistle FC (Glasgow) and Port Glasgow Athletic FC (Port Glasgow)

SCOTTISH CUP FINAL (1st Ibrox Park, Glasgow – 25/02/1893 – 18,771)

QUEEN'S PARK FC (GLASGOW)	0-1	Celtic FC (Glasgow)
	(H.T. 0-0)	*Towie*

Queen's Park: Baird, Sillars, Smellie, Gillespie, Robertson, Stewart, Waddell, Gulliland, Hamilton, Lambie, Sellar.
Celtic: Cullen, Doyle, Reynolds, Dunbar, Kelly, Maley, Campbell, McMahon, Madden, Towie, Blessington.
(The 1st match was played as a friendly due to the poor condition of the pitch)

SCOTTISH CUP FINAL REPLAY (1st Ibrox Park, Glasgow – 11/03/1893 – 13,239)

QUEEN'S PARK FC (GLASGOW)	2-1	Celtic FC (Glasgow)
Sellars 2	*(H.T. 2-0)*	*Blessington*

Queen's Park: Baird, Sillars, Smellie, Gillespie, McFarlane, Stewart, Waddell, Gulliland, Hamilton, Lambie, Sellar.
Celtic: Cullen, Doyle, Reynolds, Dunbar, Kelly, Maley, Campbell, McMahon, Madden, Towie, Blessington.

Semi-finals (04/02/1893 – 18/02/1893)

Celtic FC (Glasgow)	5-0	St. Bernard's FC (Edinburgh)
Queen's Park FC (Glasgow)	4-2	Broxburn Shamrock FC (Broxburn)

1893-94 SEASON

1893-94 Scottish Football League Division 1	Celtic	Dumbarton	Dundee	Hearts	Leith Athletic	Rangers	Renton	St. Bernard's	St. Mirren	Third Lanark
Celtic FC	■	0-0	3-1	2-3	4-1	3-2	3-2	5-2	5-1	5-0
Dumbarton FC	4-5	■	1-1	2-2	3-1	2-0	2-0	1-5	3-3	2-1
Dundee FC	1-4	4-0	■	2-5	4-3	3-3	8-1	1-3	0-3	1-1
Heart of Midlothian FC	2-4	2-1	3-0	■	0-2	4-2	5-1	2-4	1-1	2-2
Leith Athletic SC	5-0	2-4	3-5	2-2	■	2-2	2-1	4-2	2-5	2-3
Rangers FC	5-0	4-0	7-2	1-2	1-0	■	5-3	1-2	5-0	0-3
Renton FC	0-3	1-1	2-3	2-3	2-1	1-2	■	0-1	0-4	0-3
St. Bernard's FC	1-2	2-1	3-5	1-2	3-2	0-0	4-2	■	8-3	6-2
St. Mirren FC	1-2	1-2	10-3	2-3	3-1	2-2	4-2	1-3	■	4-2
Third Lanark FC	1-3	1-3	4-3	1-3	2-1	1-2	3-3	5-3	3-1	■

Division 1

		Pd	Wn	Dw	Ls	GF	GA	Pts	
1.	CELTIC FC (GLASGOW)	18	14	1	3	53	32	29	
2.	Heart of Midlothian FC (Edinburgh)	18	11	4	3	46	32	26	
3.	St. Bernard's FC (Edinburgh)	18	11	1	6	53	39	23	
4.	Rangers FC (Glasgow)	18	8	4	6	44	30	20	
5.	Dumbarton FC (Dumbarton)	18	7	5	6	32	35	19	
6.	St. Mirren FC (Paisley)	18	7	3	8	49	47	17	
7.	Third Lanark FC (Glasgow)	18	7	3	8	38	44	17	
8.	Dundee FC (Dundee)	18	6	3	9	47	59	15	
9.	Leith Athletic FC (Leith)	18	4	2	12	36	46	10	
10.	Renton FC (Renton)	18	1	2	15	23	57	4	R
		180	76	28	76	421	421	180	

Top goalscorers 1893-94

1) Alexander McMAHON (Celtic FC) 16
2) J. McLEAN (St. Mirren FC) 14
3) William JOHNSTONE (Dumbarton FC) 12

1893-94 Scottish Football League Division 2	Abercorn	Clyde	Cowlairs	Hibernian	Morton	Motherwell	Northern	Partick Thistle	Port Glasgow	Thistle
Abercorn FC	■	0-2	0-4	3-3	2-1	2-3	4-2	2-3	0-3	5-2
Clyde FC	5-4	■	1-1	0-4	5-0	3-2	2-1	3-2	2-2	6-1
Cowlairs FC	7-1	2-1	■	2-3	7-3	4-1	7-0	8-1	5-1	4-2
Hibernian FC	7-2	4-3	3-4	■	9-2	8-2	6-0	6-1	10-1	4-0
Morton FC	0-2	1-3	4-2	0-1	■	2-3	7-1	2-3	1-0	1-1
Motherwell FC	5-3	4-1	3-2	2-1	4-1	■	2-0	2-3	7-2	6-2
Northern FC	5-2	1-3	1-4	2-2	2-7	2-2	■	2-1	3-1	3-3
Partick Thistle FC	0-3	5-4	5-3	1-7	5-2	4-2	4-3	■	0-1	13-1
Port Glasgow Athletic FC	5-4	1-4	1-3	3-3	10-1	5-3	6-1	4-1	■	4-3
Thistle FC	3-3	1-3	1-3	1-2	2-1	1-8	3-0	3-4	1-2	■

Division 2

		Pd	Wn	Dw	Ls	GF	GA	Pts	
1.	Hibernian FC (Edinburgh)	18	13	3	2	83	29	29	
2.	Cowlairs FC (Glasgow)	18	13	1	4	72	32	27	
3.	Clyde FC (Glasgow)	18	11	2	5	51	36	24	P
4.	Motherwell FC (Motherwell)	18	11	1	6	61	46	23	
5.	Partick Thistle FC (Glasgow)	18	10	-	8	56	58	20	
6.	Port Glasgow Athletic FC (Port Glasgow)	18	9	2	7	52	52	13	-7
7.	Abercorn FC (Paisley)	18	5	2	11	42	60	12	
8.	Morton FC (Greenock)	18	4	1	13	36	62	9	
9.	Northern FC (Glasgow)	18	3	3	12	29	66	9	
10.	Thistle FC (Glasgow)	18	2	3	13	31	72	7	
		180	81	18	81	513	513	173	

\# Port Glasgow Athletic FC (Port Glasgow) had 7 points deducted for fielding ineligible players.

Elected: Airdrieonians FC (Airdrie), Dundee Wanderers FC (Dundee)

SCOTTISH CUP FINAL   (2nd Hampden Park, Glasgow – 17/02/1894 – 17,000)

RANGERS FC (GLASGOW)   3-1   Celtic FC (Glasgow)

McCreadie, Barker, McPherson   *(H.T. 0-0)*   *Maley*

Rangers: Haddow, Smith, Drummond, Marshall, A. McCreadie, Mitchell, Steel, H. McCreadie, Gray, McPherson, Barker.

Celtic: Cullen, Reynolds, Doyle, Curran, Kelly, Maley, Blessington, Maddon, Cassidy, Campbell, McMahon.

Semi-finals   (03/02/1894 – 10/02/1894)

Rangers FC (Glasgow)	1-1, 3-1	Queen's Park FC (Glasgow)
Third Lanark FC (Glasgow)	3-5	Celtic FC (Glasgow)

1894-95 SEASON

1894-95 Scottish Football League Division 1	Celtic	Clyde	Dumbarton	Dundee	Hearts	Leith Athletic	Rangers	St. Bernard's	St. Mirren	Third Lanark
Celtic FC	■	2-0	6-0	2-1	0-2	4-0	5-3	5-2	2-2	4-4
Clyde FC	2-4	■	3-1	2-0	3-2	5-2	1-5	1-4	0-2	4-3
Dumbarton FC	0-2	2-3	■	2-4	1-4	3-2	1-0	3-4	4-1	2-4
Dundee FC	1-1	4-1	3-0	■	0-2	4-1	2-1	2-2	0-1	1-2
Heart of Midlothian FC	4-0	2-4	3-1	4-0	■	3-1	0-0	4-3	1-0	6-3
Leith Athletic FC	5-6	2-1	1-1	3-2	1-4	■	3-4	0-2	1-2	3-2
Rangers FC	1-1	4-1	3-0	1-0	0-1	5-1	■	2-1	4-3	0-1
St. Bernard's FC	0-2	0-3	5-0	2-0	0-3	6-3	1-4	■	2-0	2-4
St. Mirren FC	0-3	4-2	4-3	5-1	1-2	3-2	4-2	0-1	■	2-0
Third Lanark FC	2-1	4-2	6-3	1-3	0-3	7-1	0-2	4-0	4-0	■

Division 1

		Pd	Wn	Dw	Ls	GF	GA	Pts	
1.	HEART OF MIDLOTHIAN FC (EDINBURGH)	18	15	1	2	50	18	31	
2.	Celtic FC (Glasgow)	18	11	4	3	50	29	26	
3.	Rangers FC (Glasgow)	18	10	2	6	41	26	22	
4.	Third Lanark FC (Glasgow)	18	10	1	7	51	39	21	
5.	St. Mirren FC (Paisley)	18	9	1	8	34	34	19	
6.	St. Bernard's FC (Edinburgh)	18	8	1	9	37	40	17	
7.	Clyde FC (Glasgow)	18	8	-	10	38	47	16	
8.	Dundee FC (Dundee)	18	6	2	10	28	33	14	
9.	Leith Athletic FC (Leith)	18	3	1	14	32	64	7	R
10.	Dumbarton FC (Dumbarton)	18	3	1	14	27	58	7	
		180	83	14	83	388	388	180	

Top goalscorers 1894-95

1) James MILLER (Clyde FC) 12
2) John McPHERSON (Rangers FC) 10
   James OSWALD (St. Bernard's FC) 10

1894-95 Scottish Football League Division 2	Abercorn	Airdrieonians	Cowlairs	Dundee Wanderers	Hibernian	Morton	Motherwell	Partick Thistle	Port Glasgow	Renton
Abercorn FC		3-1	3-0	9-2	1-5	5-3	4-3	3-3	3-3	3-2
Airdrieonians FC	4-0		4-3	15-1	2-4	6-1	2-2	9-0	4-2	4-2
Cowlairs FC	3-3	4-4		2-1	2-8	2-4	4-3	3-4	3-3	0-3
Dundee Wanderers FC	3-4	1-2	6-3		0-6	0-1	2-2	6-5	9-1	4-5
Hibernian FC	4-2	6-1	8-2	8-2		6-3	5-0	5-1	3-3	9-1
Morton FC	5-1	3-1	6-0	7-3	1-7		3-5	4-2	4-3	5-1
Motherwell FC	7-0	4-2	4-0	5-0	2-0	6-4		3-0	2-0	0-2
Partick Thistle FC	5-1	3-2	4-2	5-2	0-4	4-4	5-3		5-0	0-1
Port Glasgow Athletic FC	5-1	5-4	5-3	6-2	2-2	9-1	3-1	6-2		4-3
Renton FC	8-2	2-1	4-1	---	3-2	2-0	3-4	1-3	4-2	

Division 2

		Pd	Wn	Dw	Ls	GF	GA	Pts	
1.	Hibernian FC (Edinburgh)	18	14	2	2	92	28	20	P
2.	Motherwell FC (Motherwell)	18	10	2	6	56	39	22	
3.	Port Glasgow Athletic FC (Port Glasgow)	18	8	4	6	62	56	20	
4.	Renton FC (Renton)	17	10	-	7	46	44	20	**
5.	Morton FC (Greenock)	18	9	1	8	59	63	19	
6.	Airdrieonians FC (Airdrie)	18	8	2	8	68	45	18	
7.	Partick Thistle FC (Glasgow)	18	8	2	8	51	59	18	
8.	Abercorn FC (Paisley)	18	7	3	8	48	66	17	
9.	Dundee Wanderers FC (Dundee)	17	3	1	13	44	86	9	
10.	Cowlairs FC (Glasgow)	18	2	3	13	37	77	7	
		178	79	20	79	563	563	180	

** Renton FC refused to play their home game against Dundee Wanderers FC and the points were awarded to Dundee Wanderers FC.

Elected: Kilmarnock FC (Kilmarnock), Linthouse FC (Glasgow)

SCOTTISH CUP FINAL (1st Ibrox Park, Glasgow – 20/04/1895 – 10,000)

ST. BERNARD'S FC (EDINBURGH)	2-1	Renton FC (Renton)
Clelland 2	(H.T. 2-1)	Duncan

St. Bernard's: Sneddon, Hall, Foyers, Murdoch, Robertson, McManus, Laing, Paton, Oswald, Crossan, Clelland.
Renton: Dickie, Ritchie, McCall, Tait, McColl, Glen, McLean, Murray, Price, Gilfillan, Duncan.

Semi-finals (02/02/1895 – 16/03/1895)

Dundee FC (Dundee)	1-2, 1-1, 3-3, 0-3	Renton FC (Renton)

(The 1st match was played as a friendly due to the state of the pitch.
The 3rd match was played at Hampden Park and the 4th match was played at Celtic Park)

Heart of Midlothian FC (Edinburgh)	0-0, 0-1	St. Bernard's FC (Edinburgh)

1895-96 SEASON

1895-96 Scottish Football League Division 1	Celtic	Clyde	Dumbarton	Dundee	Hearts	Hibernian	Rangers	St. Bernard's	St. Mirren	Third Lanark
Celtic FC	■	3-0	3-0	11-0	0-5	3-1	6-2	2-1	4-0	7-0
Clyde FC	1-5	■	5-1	0-1	1-2	0-3	2-2	5-0	1-3	2-7
Dumbarton FC	2-3	5-4	■	1-2	2-9	1-3	3-5	4-3	4-2	2-4
Dundee FC	1-2	1-2	4-1	■	5-0	2-2	1-3	4-1	1-1	2-0
Heart of Midlothian FC	1-4	9-1	7-0	2-0	■	4-3	1-2	6-0	5-1	3-0
Hibernian FC	4-2	4-3	7-2	3-1	3-2	■	1-1	2-3	5-1	2-5
Rangers FC	2-4	4-4	3-1	3-1	7-2	4-0	■	2-0	3-3	0-4
St. Bernard's FC	3-0	1-4	4-3	4-2	0-5	2-5	3-4	■	4-3	4-1
St. Mirren FC	1-3	2-2	1-2	3-1	2-1	1-3	1-7	1-3	■	3-2
Third Lanark FC	1-2	6-2	5-2	3-4	5-4	2-7	2-3	0-0	0-2	■

	Division 1	Pd	Wn	Dw	Ls	GF	GA	Pts	
1.	CELTIC FC (GLASGOW)	18	15	-	3	64	25	30	
2.	Rangers FC (Glasgow)	18	11	4	3	57	39	26	
3.	Hibernian FC (Edinburgh)	18	11	2	5	58	39	24	
4.	Heart of Midlothian FC (Edinburgh)	18	11	-	7	68	36	22	
5.	Dundee FC (Dundee)	18	7	2	9	33	42	16	
6.	Third Lanark FC (Glasgow)	18	7	1	10	47	51	15	
7.	St. Bernard's FC (Edinburgh)	18	7	1	10	36	53	15	
8.	St. Mirren FC (Paisley)	18	5	3	10	31	51	13	
9.	Clyde FC (Glasgow)	18	4	3	11	39	59	11	
10.	Dumbarton FC (Dumbarton)	18	4	-	14	36	74	8	R
		180	82	16	82	469	469	180	

Top goalscorers 1895-96

1)	Allan MARTIN	(Celtic FC)	19
2)	David BAIRD	(Heart of Midlothian FC)	15
	Alexander McMAHON	(Celtic FC)	15

1895-96 Scottish Football League Division 2	Abercorn	Airdrieonians	Kilmarnock	Leith Athletic	Linthouse	Morton	Motherwell	Partick Thistle	Port Glasgow	Renton
Abercorn FC		5-1	3-2	4-0	2-1	4-2	1-0	3-4	3-0	4-2
Airdrieonians FC	3-3		5-3	1-4	2-1	5-1	0-0	4-2	4-1	2-2
Kilmarnock FC	2-4	6-4		1-0	3-2	5-1	7-1	2-3	2-1	4-2
Leith Athletic FC	3-1	5-2	3-1		4-1	2-1	6-1	7-0	6-1	0-4
Linthouse FC	1-6	2-1	1-2	3-2		1-0	0-3	1-3	2-4	1-3
Morton FC	2-3	1-1	2-3	2-2	1-2		4-1	7-1	1-1	2-1
Motherwell FC	1-4	3-6	2-4	2-4	1-3	2-2		3-3	2-1	1-0
Partick Thistle FC	4-2	0-6	2-2	3-5	5-1	2-1	1-2		2-1	1-2
Port Glasgow Athletic FC	2-2	3-1	6-1	6-2	2-2	1-2	3-4	3-2		2-1
Renton FC	1-1	2-0	3-0	3-0	4-0	3-0	3-2	2-6	2-2	

	Division 2	Pd	Wn	Dw	Ls	GF	GA	Pts	
1.	Abercorn FC (Paisley)	18	12	3	3	55	31	27	P
2.	Leith Athletic FC (Leith)	18	11	1	6	55	37	23	
3.	Renton FC (Renton)	18	9	3	6	40	28	21	
4.	Kilmarnock FC (Kilmarnock)	18	10	1	7	50	45	21	
5.	Airdrieonians FC (Airdrie)	18	7	4	7	48	44	18	
6.	Partick Thistle FC (Glasgow)	18	8	2	8	44	54	18	
7.	Port Glasgow Athletic FC (Port Glasgow)	18	6	4	8	40	51	16	
8.	Motherwell FC (Motherwell)	18	5	3	10	31	52	13	
9.	Morton FC (Greenock)	18	4	4	10	32	40	12	
10.	Linthouse FC (Glasgow)	18	5	1	12	25	48	1	
		180	77	26	77	420	420	180	

SCOTTISH CUP FINAL (Logie Green, Edinburgh – 14/03/1896 – 17,034)

HEART OF MIDLOTHIAN FC (EDINBURGH)   3-1   Hibernian FC (Edinburgh)
Baird, King, Michael   *(H.T. 1-0)*   *O'Neill*

Hearts: Fairbairn, McCartney, Mirk, Begbie, Russell, Hogg, McLaren, Baird, Michael, King, Walker.
Hibernian: McColl, Robertson, MacFarlane, Breslin, Neill, Murphy, Murray, Kennedy, Groves, Smith.

Semi-finals (22/02/1896)

Heart of Midlothian FC (Edinburgh)   1-0   St. Bernard's FC (Edinburgh)
Hibernian FC (Edinburgh)   2-1   Renton FC (Renton)

1896-97 SEASON

1896-97 Scottish Football League Division 1	Abercorn	Celtic	Clyde	Dundee	Hearts	Hibernian	Rangers	St. Bernard's	St. Mirren	Third Lanark
Abercorn FC	■	0-6	1-3	1-7	0-1	2-2	2-9	2-3	3-2	1-2
Celtic FC	5-0	■	4-1	0-1	3-0	1-1	1-1	2-0	2-1	2-0
Clyde FC	6-2	2-7	■	0-2	1-5	0-7	2-7	1-2	3-1	3-2
Dundee FC	3-0	2-2	1-0	■	0-5	3-0	3-2	4-1	3-2	2-0
Heart of Midlothian FC	6-1	1-1	5-0	2-2	■	1-0	2-1	3-1	2-1	2-1
Hibernian FC	9-0	3-1	5-1	3-1	2-0	■	4-3	2-0	3-0	2-0
Rangers FC	6-1	2-0	2-1	3-1	5-0	4-3	■	3-2	5-1	6-1
St. Bernard's FC	6-0	1-2	4-1	2-1	2-5	0-1	3-2	■	0-2	2-3
St. Mirren FC	4-2	2-0	5-0	4-1	0-2	2-0	2-2	4-0	■	2-0
Third Lanark FC	8-3	0-3	3-2	3-1	1-5	1-3	1-1	2-3	1-3	■

	Division 1	Pd	Wn	Dw	Ls	GF	GA	Pts	
1.	HEART OF MIDLOTHIAN (EDINBURGH)	18	13	2	3	47	22	28	
2.	Hibernian FC (Edinburgh)	18	12	2	4	50	20	26	
3.	Rangers FC (Glasgow)	18	11	3	4	64	30	25	
4.	Celtic FC (Glasgow)	18	10	4	4	42	18	24	
5.	Dundee FC (Dundee)	18	10	2	6	38	30	22	
6.	St. Mirren FC (Paisley)	18	9	1	8	38	29	19	
7.	St. Bernard's FC (Edinburgh)	18	7	-	11	32	40	14	
8.	Third Lanark FC (Glasgow)	18	5	1	12	29	46	11	
9.	Clyde FC (Glasgow)	18	4	-	14	27	65	8	
10.	Abercorn FC (Paisley)	18	1	1	16	21	88	3	R
		180	82	16	82	388	388	180	

Top goalscorers 1896-97

1) William TAYLOR (Heart of Midlothian FC) 12
2) Thomas HYSLOP (Rangers FC) 11
   John McPHERSON (Rangers FC) 11

1896-97 Scottish Football League Division 2	Airdrieonians	Dumbarton	Kilmarnock	Leith Athletic	Linthouse	Morton	Motherwell	Partick Thistle	Port Glasgow	Renton
Airdrieonians FC	■	3-2	4-5	2-1	3-0	4-1	3-5	1-2	3-1	3-0
Dumbarton FC	1-3	■	0-6	1-2	4-5	0-3	3-1	2-2	4-1	1-3
Kilmarnock FC	1-2	5-1	■	1-0	0-3	3-2	2-0	1-3	3-0	5-1
Leith Athletic FC	3-1	7-1	4-1	■	4-0	4-2	6-3	3-1	5-0	4-1
Linthouse FC	1-4	2-2	1-1	4-2	■	2-5	2-1	3-5	2-1	6-2
Morton FC	3-1	3-1	3-2	0-0	4-0	■	3-4	3-4	3-2	0-1
Motherwell FC	2-3	5-1	1-2	2-4	4-5	1-0	■	0-6	3-3	4-2
Partick Thistle FC	4-3	6-1	2-0	5-0	3-2	2-2	6-2	■	4-1	2-1
Port Glasgow Athletic FC	4-4	3-2	5-2	0-3	6-3	5-1	0-2	2-2	■	1-1
Renton FC	3-2	4-0	1-2	2-3	2-3	4-0	2-0	1-2	3-3	■

Division 2

		Pd	Wn	Dw	Ls	GF	GA	Pts	
1.	Partick Thistle FC (Glasgow)	18	14	3	1	61	28	31	P
2.	Leith Athletic FC (Leith)	18	13	1	4	55	27	27	
3.	Kilmarnock FC (Kilmarnock)	18	10	1	7	42	33	21	
4.	Airdrieonians FC (Airdrie)	18	10	1	7	49	39	21	
5.	Morton FC (Greenock)	18	7	2	9	38	40	16	
6.	Linthouse FC (Glasgow)	18	8	2	8	44	53	14	-4
7.	Renton FC (Renton)	18	6	2	10	34	41	14	
8.	Port Glasgow Athletic FC (Port Glasgow)	18	4	5	9	38	50	13	
9.	Motherwell FC (Motherwell)	18	6	1	11	40	53	13	
10.	Dumbarton FC (Dumbarton)	18	2	2	14	27	64	6	
		180	80	20	80	428	428	176	

Linthouse FC (Glasgow) had 4 points deducted for fielding an ineligible player.

Elected: Ayr FC (Ayr)

SCOTTISH CUP FINAL   (2nd Hampden Park, Glasgow –20/03/1897 – 14,000)

RANGERS FC (GLASGOW)   5-1   Dumbarton FC (Dumbarton)

Miller, Hyslop 2, McPherson, A. Smith   (H.T. 1-0)   *W.Thomson*

Rangers: Dickie, N.Smith, Drummond, Gibson, McCreadie, Mitchell, Low, McPherson, Millar, Hyslop, A. Smith.
Dumbarton: Docherty, D. Thomson, Mochan, Miller, Gillan, Sanderson, Mackie, Speedie, Hendry, W. Thomson, Fraser.

Semi-finals   (13/03/1897)

Dumbarton FC (Dumbarton)	4-3	Kilmarnock FC (Kilmarnock)
Morton FC (Greenock)	2-7	Rangers FC (Glasgow)

1897-98 SEASON

1897-98 Scottish Football League Division 1	Celtic	Clyde	Dundee	Hearts	Hibernian	Partick Thistle	Rangers	St. Bernard's	St. Mirren	Third Lanark
Celtic FC	■	6-1	2-1	3-2	4-1	3-1	0-0	5-1	3-0	4-0
Clyde FC	1-9	■	1-5	2-2	2-4	2-3	1-8	4-2	2-3	1-1
Dundee FC	1-2	6-0	■	1-6	1-1	5-0	2-1	0-0	0-0	4-2
Heart of Midlothian FC	0-0	8-1	2-0	■	3-2	6-2	2-2	5-1	2-4	2-3
Hibernian FC	1-2	5-0	2-0	1-1	■	4-2	0-5	6-1	3-1	6-0
Partick Thistle FC	3-6	1-1	3-1	3-2	0-3	■	1-5	5-3	1-0	5-2
Rangers FC	0-4	7-0	5-0	2-0	1-0	6-1	■	8-1	-0	0-0
St. Bernard's FC	0-2	3-1	4-1	1-5	3-2	9-1	2-4	■	1-2	1-3
St. Mirren FC	0-0	4-0	2-1	3-1	2-3	1-0	1-5	7-2	■	0-1
Third Lanark FC	0-1	6-1	3-0	2-5	1-3	5-2	0-3	6-0	2-0	■

Division 1

		Pd	Wn	Dw	Ls	GF	GA	Pts
1.	CELTIC FC (GLASGOW)	18	15	3	-	56	13	33
2.	Rangers FC (Glasgow)	18	13	3	2	71	15	29
3.	Hibernian FC (Edinburgh)	18	10	2	6	47	29	22
4.	Heart of Midlothian FC (Edinburgh)	18	8	4	6	54	33	20
5.	Third Lanark FC (Glasgow)	18	8	2	8	37	38	18
6.	St. Mirren FC (Glasgow)	18	8	2	8	30	36	18
7.	Dundee FC (Dundee)	18	5	3	10	29	36	13
8.	Partick Thistle FC (Glasgow)	18	6	1	11	34	64	13
9.	St. Bernard's FC (Edinburgh)	18	4	1	13	35	67	9
10.	Clyde FC (Glasgow)	18	1	3	14	21	83	5
		180	78	24	78	414	414	180

Top goalscorers 1897-98

1)	Alexander SMITH	(Rangers FC)	15
2)	George ALLAN	(Celtic FC)	13
	Robert HAMILTON	(Rangers FC)	13

1897-98 Scottish Football League Division 2	Abercorn	Airdrieonians	Ayr	Hamilton	Kilmarnock	Leith Athletic	Linthouse	Morton	Motherwell	Port Glasgow	Renton
Abercorn FC		2-0	1-1	3-0	4-1	3-1	3-3	2-3	0-1	1-4	---
Airdrieonians FC	2-1		5-1	2-4	2-1	3-1	5-2	1-2	7-2	2-2	---
Ayr FC	2-3	4-1		3-0	0-3	5-3	1-4	6-1	3-3	3-0	---
Hamilton Academical FC	1-2	3-2	3-0		2-3	---	1-0	3-3	---	5-1	---
Kilmarnock FC	7-1	5-2	5-2	5-0		3-1	5-0	5-2	6-2	2-1	---
Leith Athletic FC	2-1	6-3	1-0	---	2-2		2-1	3-3	1-0	3-1	4-0
Linthouse FC	1-1	7-3	0-1	2-1	0-3	5-1		2-5	4-0	5-2	---
Morton FC	1-1	3-2	4-0	3-0	3-4	2-0	0-0		6-1	3-4	---
Motherwell FC	3-2	2-2	2-3	3-3	1-2	2-4	1-1	1-3		0-4	---
Port Glasgow Athletic FC	8-2	8-1	4-1	---	4-2	4-2	4-1	3-0	4-3		8-0
Renton FC	---	---	---	---	---	1-3	---	---	1-4	---	

7th/8th Position Re-election Play-off

Dundee FC (Dundee)　　　　2-0　　　　Partick Thistle FC (Glasgow)

Division 2

		Pd	Wn	Dw	Ls	GF	GA	Pts	
1.	Kilmarnock FC (Kilmarnock)	18	14	1	3	64	29	29	
2.	Port Glasgow Athletic FC (Port Glasgow)	18	12	1	5	66	36	25	
3.	Morton FC (Greenock)	18	9	4	5	47	38	22	
4.	Leith Athletic FC (Leith)	18	9	2	7	40	39	20	
5.	Linthouse FC (Glasgow)	18	6	4	8	38	39	16	
6.	Ayr FC (Ayr)	18	7	2	9	36	43	16	
7.	Abercorn FC (Paisley)	18	6	4	8	33	41	16	
8.	Airdrieonians FC (Airdrie)	18	6	2	10	45	56	14	
9.	Hamilton Academical FC (Hamilton)/Renton FC	18	5	2	11	28	51	12	**
10.	Motherwell FC (Motherwell)	18	3	4	11	31	56	10	
		180	77	26	77	428	428	180	

** Hamilton Academical FC took over the playing record of Renton FC who resigned after playing only 4 games:

	Pd	Wn	Dw	Ls	GF	GA	Pts
Hamilton Academical FC (Hamilton)	14	5	2	7	26	32	12
Renton FC (Renton)	4	-	-	4	2	19	-

SCOTTISH CUP FINAL   (2nd Hampden Park, Glasgow – 26/03/1898 – 13,000)

RANGERS FC (GLASGOW)   2-0   Kilmarnock FC (Kilmarnock)
A.Smith, Hamilton   *(H.T. 0-0)*

Rangers: Dickie, N. Smith, Drummond, Gibson, Neill, Mitchell, Miller, McPherson, Hamilton, Hyslop, A. Smith.
Kilmarnock: McAllan, Busby, Brown, McPherson, Anderson, Johnstone, Muir Maitland, Campbell, Reid, Finlay.

Semi-finals   (19/02/1898 – 12/03/1898)

| Kilmarnock FC (Kilmarnock) | 3-2 | Dundee FC (Dundee) |
| Rangers FC (Glasgow) | 1-1, 2-2, 2-0 | Third Lanark FC (Glasgow) |

(The 3rd match was played at Cathkin Park)

1898-99 SEASON

1898-99 Scottish Football League Division 1	Celtic	Clyde	Dundee	Hearts	Hibernian	Partick Thistle	Rangers	St. Bernard's	St. Mirren	Third Lanark
Celtic FC	■	9-2	4-1	3-2	1-2	4-0	0-4	1-0	4-1	2-1
Clyde FC	0-0	■	1-0	3-3	2-2	3-1	0-3	1-2	0-1	2-3
Dundee FC	1-4	1-3	■	2-5	2-4	5-1	1-2	1-1	1-7	1-3
Heart of Midlothian FC	2-2	4-0	6-3	■	4-0	5-1	2-3	3-1	4-2	2-1
Hibernian FC	2-1	2-1	5-0	1-5	■	1-1	3-4	4-3	4-3	1-1
Partick Thistle FC	3-8	0-1	2-0	0-1	1-4	■	0-5	0-3	1-4	1-3
Rangers FC	4-1	8-0	7-0	3-1	10-1	5-2	■	5-2	3-2	4-1
St. Bernard's FC	2-3	4-1	2-2	1-3	1-3	2-3	0-2	■	0-0	4-2
St. Mirren FC	4-0	2-2	5-1	2-3	2-0	2-2	1-3	2-1	■	4-1
Third Lanark FC	2-4	3-1	3-1	2-1	1-4	1-0	2-3	1-1	2-2	■

	Division 1	Pd	Wn	Dw	Ls	GF	GA	Pts	
1.	RANGERS FC (GLASGOW)	18	18	-	-	79	18	36	
2.	Heart of Midlothian FC (Edinburgh)	18	12	2	4	56	30	26	
3.	Celtic FC (Glasgow)	18	11	2	5	51	33	24	
4.	Hibernian FC (Edinburgh)	18	10	3	5	42	43	23	
5.	St. Mirren FC (Paisley)	18	8	4	6	46	32	20	
6.	Third Lanark FC (Glasgow)	18	7	3	8	33	38	17	
7.	St. Bernard's FC (Edinburgh)	18	4	4	10	30	37	12	
8.	Clyde FC (Glasgow)	18	4	4	10	23	48	12	
9.	Partick Thistle FC (Glasgow)	18	2	2	14	19	58	6	R
10.	Dundee FC (Dundee)	18	1	2	15	23	65	4	
		180	77	26	77	402	402	180	

Top goalscorer 1898-99

1) Robert HAMILTON   (Rangers FC)   25

1898-99 Scottish Football League Division 2	Abercorn	Airdrieonians	Ayr	Hamilton	Kilmarnock	Leith Athletic	Linthouse	Morton	Motherwell	Port Glasgow
Abercorn FC		3-1	3-3	4-2	1-2	2-3	7-1	2-1	1-5	2-5
Airdrieonians FC	3-2		4-0	2-0	4-4	0-2	4-0	1-2	2-2	6-2
Ayr FC	7-3	0-1		3-0	1-1	2-2	4-0	1-0	1-0	2-3
Hamilton Academical FC	6-1	7-1	6-4		1-7	4-1	5-2	3-2	4-1	4-5
Kilmarnock FC	3-0	5-0	5-1	7-1		5-3	8-0	2-0	5-0	4-1
Leith Athletic FC	8-1	3-2	4-1	3-1	3-3		2-1	3-2	5-0	5-1
Linthouse FC	4-2	2-1	6-2	3-2	0-2	3-4		0-1	2-4	2-2
Morton FC	4-2	3-1	4-0	6-1	1-2	0-5	1-2		2-4	2-4
Motherwell FC	3-2	1-1	3-1	1-1	3-3	2-2	6-1	2-2		4-3
Port Glasgow Athletic FC	4-3	8-2	6-2	5-0	4-5	8-5	5-0	7-3	2-0	

	Division 2	**Pd**	**Wn**	**Dw**	**Ls**	**GF**	**GA**	**Pts**	
1.	Kilmarnock FC (Kilmarnock)	18	14	4	-	73	24	32	P
2.	Leith Athletic FC (Leith)	18	12	3	3	63	38	27	
3.	Port Glasgow Athletic FC (Port Glasgow)	18	12	1	5	75	51	25	
4.	Motherwell FC (Motherwell)	18	7	6	5	41	40	20	
5.	Hamilton Academical FC (Hamilton)	18	7	1	10	48	58	15	
6.	Airdrieonians FC (Airdrie)	18	6	3	9	36	46	15	
7.	Morton FC (Greenock)	18	6	1	11	36	42	13	
8.	Ayr FC (Ayr)	18	5	3	10	35	51	13	
9.	Linthouse FC (Glasgow)	18	5	1	12	29	62	11	
10.	Abercorn FC (Paisley)	18	4	1	13	41	65	9	
		180	78	24	78	477	477	180	

SCOTTISH CUP FINAL   (2nd Hampden Park, Glasgow – 22/04/1899 – 25,000)

CELTIC FC (GLASGOW)   2-0   Rangers FC (Glasgow)
McMahon, Hodge   *(H.T. 0-0)*

Celtic: McArthur, Welford, Storrier, Battles, Marshall, King, Hodge, Campbell, Divers, McMahon, Bell.
Rangers: Dickie, N. Smith, Crawford, Gibson, Neill, Mitchell, Campbell, McPherson, Hamilton, Miller, A. Smith.

Semi-finals   (11/03/1899 – 15/04/1899)

Celtic FC (Glasgow)   4-2   Port Glasgow Athletic FC (Port Glasgow)
St. Mirren FC (Paisley)   1-2   Rangers FC (Glasgow)

1899-1900 SEASON

1899-1900 Scottish Football League Division 1	Celtic	Clyde	Dundee	Hearts	Hibernian	Kilmarnock	Rangers	St. Bernard's	St. Mirren	Third Lanark
Celtic FC	■	3-2	1-1	0-2	2-1	3-3	3-2	5-0	3-1	5-2
Clyde FC	0-5	■	0-7	1-2	3-4	2-3	2-6	2-4	3-1	4-2
Dundee FC	1-2	3-1	■	1-1	2-2	3-3	2-3	3-0	5-2	0-0
Heart of Midlothian FC	3-2	4-1	4-1	■	1-3	1-0	1-1	5-0	3-0	2-0
Hibernian FC	1-1	5-0	3-3	1-0	■	3-1	0-2	1-1	5-1	3-2
Kilmarnock FC	2-2	3-1	2-1	2-1	0-3	■	2-4	2-1	2-2	1-1
Rangers FC	3-3	7-0	6-0	4-3	3-2	6-1	■	4-3	4-1	2-1
St. Bernard's FC	1-1	3-2	2-0	2-4	0-4	1-1	1-4	■	3-3	4-0
St. Mirren FC	2-2	3-0	4-0	2-2	1-1	0-1	1-3	4-3	■	1-1
Third Lanark FC	0-3	5-0	3-3	3-2	1-1	2-1	1-5	2-0	5-1	■

	Division 1	Pd	Wn	Dw	Ls	GF	GA	Pts	
1.	RANGERS FC (GLASGOW)	18	15	2	1	69	27	32	
2.	Celtic FC (Glasgow)	18	9	7	2	46	27	25	
3.	Hibernian FC (Edinburgh)	18	9	6	3	43	24	24	
4.	Heart of Midlothian FC (Edinburgh)	18	10	3	5	41	24	23	
5.	Kilmarnock FC (Kilmarnock)	18	6	6	6	30	37	18	
6.	Dundee FC (Dundee)	18	4	7	7	36	39	15	
7.	Third Lanark FC (Glasgow)	18	5	5	8	31	38	15	
8.	St. Mirren FC (Paisley)	18	3	6	9	30	46	12	
9.	St. Bernard's FC (Edinburgh)	18	4	4	10	29	47	12	R
10.	Clyde FC (Glasgow)	18	2	-	16	24	70	4	R
		180	67	46	67	379	379	180	

Top goalscorers 1899-1900

1) Robert HAMILTON (Rangers FC) 15
   William MICHAEL (Heart of Midlothian FC) 15

1899-1900 Scottish Football League Division 2	Abercorn	Airdrieonians	Ayr	Hamilton	Leith Athletic	Linthouse	Morton	Motherwell	Partick Thistle	Port Glasgow
Abercorn FC	■	4-1	3-3	5-0	3-0	3-4	2-3	1-2	2-2	2-0
Airdrieonians FC	2-1	■	5-2	2-1	2-2	3-3	0-5	1-3	0-2	2-1
Ayr FC	1-2	5-0	■	2-1	0-1	1-5	1-4	2-1	2-1	1-3
Hamilton Academical FC	5-3	4-0	0-4	■	3-0	1-1	3-4	4-2	2-4	2-0
Leith Athletic FC	4-1	3-2	3-1	3-1	■	4-1	0-1	0-1	2-1	4-1
Linthouse FC	0-6	1-1	2-2	2-4	2-4	■	0-5	2-2	1-5	0-4
Morton FC	3-2	2-0	7-1	7-0	4-0	5-0	■	3-0	2-3	3-1
Motherwell FC	1-3	4-2	4-2	1-2	2-1	4-0	4-3	■	1-3	4-2
Partick Thistle FC	5-3	3-2	4-1	2-0	4-0	8-1	2-1	2-1	■	3-1
Port Glasgow Athletic FC	3-0	3-2	2-8	3-0	7-1	6-3	6-4	3-1	4-1	■

	Division 2	Pd	Wn	Dw	Ls	GF	GA	Pts	
1.	Partick Thistle FC (Glasgow)	18	14	1	3	55	26	29	P
2.	Morton FC (Greenock)	18	14	-	4	66	25	28	P
3.	Port Glasgow Athletic FC (Port Glasgow)	18	10	-	8	50	41	20	
4.	Motherwell FC (Motherwell)	18	9	1	8	38	36	19	
5.	Leith Athletic FC (Leith)	18	9	1	8	32	37	19	
6.	Abercorn FC (Paisley)	18	7	2	9	46	39	16	
7.	Hamilton Academical FC (Hamilton)	18	7	1	10	33	45	15	
8.	Ayr FC (Ayr)	18	6	2	10	39	48	14	
9.	Airdrieonians FC (Airdrie)	18	4	3	11	27	49	11	
10.	Linthouse FC (Glasgow)	18	2	5	11	28	68	9	
		180	82	16	82	414	414	180	

Elected: Queen's Park FC (Glasgow) were elected directly to Division 1 which was extended to 11 clubs for the next season.

East Stirlingshire FC (Falkirk) were elected to Division 2.

SCOTTISH CUP FINAL   (Ibrox Park, Glasgow – 14/04/1900 – 17,000)

CELTIC FC (GLASGOW)   4-3   Queen's Park FC (Glasgow)
McMahon, Divers 2, Bell   *(H.T. 3-1)*   *Christie, W. Stewart, Battles o.g.*

Celtic: McArthur, Storrier, Battles, Russell, Marshall, Orr, Hodge, Campbell, Divers, McMahon, Bell.
Queen's Park: Gourlay, D. Stewart, Swan, Irons, Christie, Templeton, W. Stewart, Wilson, McColl, Kennedy, Hay.

Semi-finals   (24/02/1900 – 10/03/1900)

Queen's Park FC (Glasgow)	2-1	Heart of Midlothian FC (Edinburgh)
Rangers FC (Glasgow)	2-2, 0-4	Celtic FC (Glasgow)

1900-1901 SEASON

1900-1901 Scottish Football League Division 1	Celtic	Dundee	Hearts	Hibernian	Kilmarnock	Morton	Partick Thistle	Queen's Park	Rangers	St. Mirren	Third Lanark
Celtic FC	■	1-2	1-3	3-1	1-0	4-2	3-3	2-0	2-1	3-0	5-1
Dundee FC	1-1	■	1-2	1-3	3-0	5-2	4-0	4-0	1-5	1-1	0-0
Heart of Midlothian FC	0-2	0-4	■	0-0	7-0	1-2	1-3	1-2	0-1	0-0	0-0
Hibernian FC	2-2	2-1	3-0	■	2-2	1-1	2-0	0-1	4-1	1-0	2-0
Kilmarnock FC	2-1	2-0	1-3	2-2	■	4-1	2-1	2-1	1-2	2-2	2-1
Morton FC	2-3	5-1	1-2	1-0	3-2	■	2-3	6-2	1-3	1-0	1-0
Partick Thistle FC	2-6	1-1	0-1	0-1	1-2	1-2	■	1-4	1-2	5-3	3-1
Queen's Park FC	0-2	1-0	4-0	1-1	5-5	3-0	2-0	■	2-3	0-0	0-2
Rangers FC	2-1	4-2	1-0	6-0	5-1	3-2	4-1	3-2	■	5-2	4-0
St. Mirren FC	3-4	3-3	2-1	0-2	3-1	0-2	5-2	4-3	1-4	■	2-1
Third Lanark FC	1-2	2-1	1-0	0-0	3-2	2-2	1-0	1-0	1-1	2-2	■

Division 1

		Pd	Wn	Dw	Ls	GF	GA	Pts	
1.	RANGERS FC (GLASGOW)	20	17	1	2	60	25	35	
2.	Celtic FC (Glasgow)	20	13	3	4	49	28	29	
3.	Hibernian FC (Edinburgh)	20	9	7	4	29	22	25	
4.	Morton FC (Greenock)	20	9	3	8	40	40	21	
5.	Kilmarnock FC (Kilmarnock)	20	7	4	9	35	47	18	
6.	Third Lanark FC (Glasgow)	20	6	6	8	20	29	18	
7.	Dundee FC (Dundee)	20	6	5	9	36	35	17	
8.	Queen's Park FC (Glasgow)	20	7	3	10	33	37	17	
9.	St. Mirren FC (Paisley)	20	5	6	9	33	43	16	
10.	Heart of Midlothian FC (Edinburgh)	20	5	4	11	22	30	14	
11.	Partick Thistle FC (Glasgow)	20	4	2	14	28	49	10	R
		220	88	44	88	385	385	220	

Top goalscorers 1900-01

1)	Robert HAMILTON	(Rangers FC)	20
2)	Alexander McMAHON	(Celtic FC)	12
3)	Ronald ORR	(St. Mirren FC)	11
4)	John CAMPBELL	(Celtic FC)	10
5)	James OSWALD	(Morton FC)	9

1900-1901 Scottish Football League Division 2	Abercorn	Airdrieonians	Ayr	Clyde	East Stirling	Hamilton	Leith Athletic	Motherwell	Port Glasgow	St. Bernard's
Abercorn FC	■	3-2	2-1	3-3	3-0	5-1	5-1	2-2	3-0	1-1
Airdrieonians FC	5-1	■	5-4	2-3	2-1	1-1	2-0	2-0	6-2	3-1
Ayr FC	1-0	5-1	■	3-2	3-2	4-2	1-0	3-1	1-0	1-0
Clyde FC	3-4	2-0	2-1	■	3-3	4-2	3-1	4-0	0-1	1-2
East Stirlingshire FC	2-0	2-3	2-1	2-1	■	5-2	1-1	2-1	3-4	1-1
Hamilton Academical FC	5-0	1-2	3-1	2-4	5-0	■	1-1	1-1	2-4	2-3
Leith Athletic FC	1-0	1-0	4-1	1-2	1-3	1-3	■	1-2	3-1	1-2
Motherwell FC	1-2	0-2	2-1	2-3	0-3	4-2	0-2	■	5-1	2-2
Port Glasgow Athletic FC	2-3	1-2	5-0	3-2	3-2	6-3	3-2	5-0	■	3-2
St. Bernard's FC	2-0	4-3	1-0	3-1	5-0	3-3	2-0	4-3	4-1	■

Division 2

		Pd	Wn	Dw	Ls	GF	GA	Pts
1.	St. Bernard's FC (Edinburgh)	18	11	4	3	42	26	26
2.	Airdrieonians FC (Airdrie)	18	11	1	6	43	32	23
3.	Abercorn FC (Paisley)	18	9	3	6	37	33	21
4.	Clyde FC (Glasgow)	18	9	2	7	43	35	20
5.	Port Glasgow Athletic FC (Port Glasgow)	18	10	-	8	45	43	20
6.	Ayr FC (Ayr)	18	9	-	9	32	34	18
7.	East Stirlingshire FC (Falkirk)	18	7	3	8	34	39	17
8.	Leith Athletic FC (Leith)	18	5	2	11	22	32	12
9.	Hamilton Academical FC (Hamilton)	18	4	4	10	41	49	12
10.	Motherwell FC (Motherwell)	18	4	3	11	26	42	11
		180	79	22	79	365	365	180

Elected: Arthurlie FC (Barrhead)

SCOTTISH CUP FINAL   (Ibrox Park, Glasgow – 06/04/1901 – 15,000)

HEART OF MIDLOTHIAN FC (EDINBURGH)   4-3   Celtic FC (Glasgow)
Porteous, Bell, Thomson 2   *(H.T. 2-1)*   *McOustra, Quinn, McMahon*

Hearts: Philip, Allan, Baird, Key, Buick, Hogg, Porteous, Walker, Thomson, Houston, Bell.
Celtic: McArthur, Davidson, Battles, Rusell, Loney, Orr, McOustra, Divers, Campbell, McMahon, Quinn.

Semi-finals   (09/03/1901 – 23/03/1901)

Celtic FC (Glasgow)	1-0	St. Mirren FC (Paisley)
Heart of Midlothian FC (Edinburgh)	1-1, 2-1	Hibernian FC (Edinburgh)

1901-1902 SEASON

1901-1902 Scottish Football League Division 1	Celtic	Dundee	Hearts	Hibernian	Kilmarnock	Morton	Queen's Park	Rangers	St. Mirren	Third Lanark
Celtic FC	■	1-1	1-2	2-2	4-2	2-1	1-0	2-4	3-1	3-2
Dundee FC	2-3	■	2-0	1-0	0-0	0-0	2-0	0-3	1-2	1-1
Heart of Midlothian FC	2-2	4-0	■	2-1	3-0	3-1	1-1	0-2	2-0	4-1
Hibernian FC	1-2	5-0	1-2	■	5-0	1-2	8-1	2-3	1-2	2-2
Kilmarnock FC	0-1	4-0	1-0	0-0	■	3-2	1-1	4-2	1-2	1-2
Morton FC	1-2	1-4	1-3	0-2	1-1	■	2-2	2-3	1-3	1-4
Queen's Park FC	3-2	1-0	2-1	2-0	0-1	1-1	■	0-1	3-0	0-1
Rangers FC	2-2	3-1	2-1	0-2	3-2	2-1	2-1	■	3-2	1-4
St. Mirren FC	2-3	3-0	1-2	1-1	1-1	1-1	4-0	1-5	■	2-0
Third Lanark FC	0-2	0-0	2-0	1-2	0-0	4-1	4-3	2-2	0-1	■

	Division 1	Pd	Wn	Dw	Ls	GF	GA	Pts
1.	RANGERS FC (GLASGOW)	18	13	2	3	43	29	28
2.	Celtic FC (Glasgow)	18	11	4	3	38	28	26
3.	Heart of Midlothian FC (Edinburgh)	18	10	2	6	32	21	22
4.	Third Lanark FC (Glasgow)	18	7	5	6	30	26	19
5.	St. Mirren FC (Paisley)	18	8	3	7	29	28	19
6.	Hibernian FC (Edinburgh)	18	6	4	8	36	23	16
7.	Kilmarnock FC (Kilmarnock)	18	5	6	7	22	27	16
8.	Queen's Park FC (Glasgow)	18	5	4	9	21	32	14
9.	Dundee FC (Dundee)	18	4	5	9	15	31	31
10.	Morton FC (Greenock)	18	1	5	12	20	41	7
		180	70	40	70	286	286	180

Top goalscorers 1901-02

1)	William MAXWELL	(Third Lanark FC)	10
2)	David HAMILTON	(St. Mirren FC)	9
	Robert HAMILTON	(Rangers FC)	9
4)	John CAMPBELL	(Celtic FC)	8
	William PORTEOUS	(Heart of Midlothian FC)	8

Division 1 was extended to 12 clubs for the next season.

1901-1902 Scottish Football League Division 2	Abercorn	Airdrieonians	Arthurlie	Ayr	Clyde	East Stirling	Hamilton	Leith Athletic	Motherwell	Partick Thistle	Port Glasgow	St. Bernard's
Abercorn FC		0-3	1-1	5-2	2-2	5-5	2-3	3-1	0-3	2-2	1-1	1-0
Airdrieonians FC	4-0		3-0	3-2	3-2	3-0	1-3	3-0	0-3	2-1	0-2	3-1
Arthurlie FC	2-0	3-3		0-1	3-1	3-3	1-4	2-0	2-1	1-5	3-1	0-1
Ayr FC	3-0	1-1	1-0		1-0	0-1	2-0	3-1	1-2	2-2	1-1	1-0
Clyde FC	3-1	1-1	1-0	1-0		0-2	0-0	0-1	0-4	1-0	1-2	0-1
East Stirlingshire FC	4-1	3-1	1-1	0-1	2-4		4-1	2-1	1-3	1-3	1-4	0-0
Hamilton Academical FC	3-0	1-1	1-3	4-1	2-1	2-3		5-2	2-0	2-2	3-1	4-1
Leith Athletic FC	5-0	0-0	2-1	1-1	3-1	1-0	4-1		3-0	0-1	3-3	2-1
Motherwell FC	3-1	1-2	2-2	2-2	6-2	2-3	3-0	4-1		3-2	4-2	2-1
Partick Thistle FC	5-0	2-1	5-2	2-0	1-0	2-0	3-1	1-0	4-1		1-6	5-1
Port Glasgow Athletic FC	4-1	4-2	3-1	3-0	6-0	6-2	5-2	6-1	8-1	1-1		5-0
St. Bernard's FC	1-1	2-1	2-1	4-2	4-0	2-1	0-1	0-1	4-0	2-0	2-1	

Division 2

		Pd	Wn	Dw	Ls	GF	GA	Pts	
1.	Port Glasgow Athletic FC (Port Glasgow)	22	14	4	4	75	31	32	P
2.	Partick Thistle FC (Glasgow)	22	13	4	5	50	29	30	P
3.	Motherwell FC (Motherwell)	22	12	2	8	50	44	26	
4.	Airdrieonians FC (Airdrie)	22	10	5	7	41	32	25	
5.	Hamilton Academical FC (Hamilton)	22	11	3	5	45	40	25	
6.	St. Bernard's FC (Edinburgh)	22	10	2	10	30	31	22	
7.	Leith Athletic FC (Leith)	22	9	3	10	34	38	21	
8.	Ayr FC (Ayr)	22	8	5	9	27	33	21	
9.	East Stirlingshire FC (Falkirk)	22	8	3	11	38	46	19	
10.	Arthurlie FC (Barrhead)	22	6	5	11	32	42	17	
11.	Abercorn FC (Paisley)	22	4	5	13	27	59	13	
12.	Clyde FC (Glasgow)	22	5	3	14	21	45	13	
		264	110	44	110	470	470	264	

Elected: Falkirk FC (Falkirk), Raith Rovers FC (Kirkcaldy)

SCOTTISH CUP FINAL (Celtic Park, Glasgow – 26/04/1902 – 16,000)

HIBERNIAN FC (EDINBURGH)　　　　1-0　　　　　　　　　　Celtic FC (Glasgow)
McGeachan　　　　　　　　　　(H.T. 0-0)

Hibernian: Rennie, Gray, Glen, Breslin, Harrower, Robertson, McCall, McGeachan, Divers, Callaghan, Atherton.
Celtic: McFarlane, Watson, Battles, Loney, Marshall, Orr, McCafferty, McDermott, McMahon, Livingstone, Quinn.

Semi-finals (22/03/1902)

| Rangers FC (Glasgow) | 0-2 | Hibernian FC (Edinburgh) |
| St. Mirren FC (Paisley) | 2-3 | Celtic FC (Glasgow) |

1902-1903 SEASON

1902-1903 Scottish Football League Division 1	Celtic	Dundee	Hearts	Hibernian	Kilmarnock	Morton	Partick Thistle	Port Glasgow Athletic	Queen's Park	Rangers	St. Mirren	Third Lanark
Celtic FC	■	2-2	2-2	0-4	3-1	1-1	4-1	3-0	1-1	1-1	2-2	1-0
Dundee FC	2-0	■	0-1	0-3	2-0	3-0	3-0	2-1	2-0	3-1	2-1	0-0
Heart of Midlothian FC	1-2	0-2	■	1-1	1-1	3-0	4-2	3-1	4-0	2-1	1-3	3-1
Hibernian FC	1-1	1-0	0-0	■	2-1	3-1	2-2	5-1	3-2	1-0	4-3	1-0
Kilmarnock FC	1-3	0-2	1-3	1-4	■	4-2	2-0	1-0	1-1	0-0	2-3	2-2
Morton FC	0-2	0-2	3-2	0-1	0-1	■	3-3	4-3	1-2	0-4	2-3	0-3
Partick Thistle FC	0-0	0-2	2-2	0-2	2-1	1-1	■	4-2	4-2	2-4	2-2	1-0
Port Glasgow Athletic FC	1-1	0-0	0-3	0-1	0-1	3-0	0-3	■	4-0	0-3	3-2	0-0
Queen's Park FC	2-1	0-0	2-5	1-3	2-3	4-0	4-1	2-2	■	0-2	1-1	2-1
Rangers FC	3-3	1-1	2-1	2-5	5-0	4-1	9-0	4-2	3-2	■	2-2	2-0
St. Mirren FC	3-1	1-0	1-1	1-1	4-0	1-1	0-3	2-2	3-1	0-1	■	1-2
Third Lanark FC	1-2	0-1	0-3	1-0	2-0	2-2	1-1	5-1	3-2	4-2	6-0	■

	Division 1	Pd	Wn	Dw	Ls	GF	GA	Pts
1.	HIBERNIAN FC (EDINBURGH)	22	16	5	1	48	18	37
2.	Dundee FC (Dundee)	22	13	5	4	31	12	31
3.	Rangers FC (Glasgow)	22	12	5	5	56	30	29
4.	Heart of Midlothian FC (Edinburgh)	22	11	6	5	46	27	28
5.	Celtic FC (Glasgow)	22	8	10	4	36	30	26
6.	St. Mirren FC (Paisley)	22	7	8	7	39	40	22
7.	Third Lanark FC (Glasgow)	22	8	5	9	34	27	21
8.	Partick Thistle FC (Glasgow)	22	6	7	9	34	50	19
9.	Kilmarnock FC (Kilmarnock)	22	6	4	12	24	43	16
10.	Queen's Park FC (Glasgow)	22	5	5	12	33	48	15
11.	Port Glasgow Athletic FC (Port Glasgow)	22	3	5	14	26	49	11
12.	Morton FC (Greenock)	22	2	5	15	22	55	9
		264	97	70	97	429	429	264

Top goalscorers 1902-03

1) David REID   (Hibernian FC)   14
2) John CAMPBELL   (Celtic FC)   13
   Robert HAMILTON (Rangers FC)   13
4) Samuel KENNEDY   (Partick Thistle FC) 11

Division 1 was extended to 14 clubs for the next season.

1902-1903 Scottish Football League Division 2	Abercorn	Airdrieonians	Arthurlie	Ayr	Clyde	East Stirling	Falkirk	Hamilton	Leith Athletic	Motherwell	Raith Rovers	St. Bernard's
Abercorn FC	■	2-4	0-1	1-2	0-6	3-2	2-1	0-2	1-1	0-1	3-1	3-5
Airdrieonians FC	3-1	■	3-1	2-0	1-1	2-0	0-0	4-0	3-0	4-2	4-3	1-0
Arthurlie FC	3-3	0-3	■	1-1	2-2	2-1	2-3	2-1	3-1	0-2	3-3	1-2
Ayr FC	1-0	2-1	2-0	■	2-0	1-0	2-0	3-0	3-0	1-0	5-0	1-2
Clyde FC	1-5	1-2	1-1	1-1	■	0-1	0-2	1-1	0-2	1-2	2-1	0-1
East Stirlingshire FC	6-4	0-0	1-2	5-2	3-2	■	0-2	2-5	5-1	2-1	4-1	4-1
Falkirk FC	4-1	0-0	0-0	2-0	1-1	2-2	■	4-2	2-3	4-2	4-2	0-1
Hamilton Academical FC	2-3	4-0	2-3	4-1	3-1	3-1	1-0	■	5-1	0-1	2-0	3-2
Leith Athletic FC	4-1	1-1	4-2	1-1	2-0	1-4	4-1	2-1	■	4-3	4-1	1-0
Motherwell FC	1-0	1-3	2-2	2-0	3-0	2-2	2-2	1-0	3-3	■	2-1	4-3
Raith Rovers FC	3-1	0-1	7-1	0-3	1-1	1-0	2-2	1-3	2-2	2-5	■	1-2
St. Bernard's FC	4-1	0-1	2-2	2-0	3-0	3-1	8-3	2-1	0-1	1-2	1-1	■

Division 2

		Pd	Wn	Dw	Ls	GF	GA	Pts	
1.	Airdrieonians FC (Airdrie)	22	15	5	2	43	19	35	P
2.	Motherwell FC (Motherwell)	22	12	4	6	44	35	28	P
3.	Ayr FC (Ayr)	22	12	3	7	34	24	27	
4.	Leith Athletic FC (Leith)	22	11	5	6	43	42	27	
5.	St. Bernard's FC (Edinburgh)	22	12	2	8	45	32	26	
6.	Hamilton Academical FC (Hamilton)	22	11	1	10	45	35	23	
7.	Falkirk FC (Falkirk)	22	8	7	7	39	37	23	
8.	East Stirlingshire FC (Falkirk)	22	9	3	10	46	41	21	
9.	Arthurlie FC (Barrhead)	22	6	8	8	34	46	20	
10.	Abercorn FC (Paisley)	22	5	2	15	35	58	12	
11.	Raith Rovers FC (Kirkcaldy)	22	3	5	14	34	55	11	
12.	Clyde FC (Glasgow)	22	2	7	13	22	40	11	
		264	106	52	106	464	464	264	

Elected: Albion Rovers FC (Whifflet), Ayr Parkhouse FC (Ayr)

SCOTTISH CUP FINAL   (Celtic Park, Glasgow – 11/04/1903 – 30,000)

RANGERS FC (GLASGOW)   1-1   Heart of Midlothian FC (Edinburgh)
Stark   *(H.T. 0-0)*   *R. Walker*

Rangers: Dickie, Fraser, Drummond, Gibson, Stark, Robertson, McDonald, Speedie, Hamilton, J. Walker, A. Smith.
Hearts: McWattie, Thomson, Orr, Key, Buick, Hogg, Dalrymple, R. Walker, Porteous, Hunter, Baird.

SCOTTISH CUP FINAL REPLAY   (Celtic Park, Glasgow – 18/04/1903 – 35,000)

RANGERS FC (GLASGOW)   0-0   Heart of Midlothian FC (Edinburgh)

Rangers: Dickie, Fraser, Drummond, Gibson, Stark, Robertson, McDonald, Speedie, Hamilton, J. Walker, A. Smith.
Hearts: McWattie, Thomson, Orr, Key, Buick, Hogg, Dalrymple, R. Walker, Porteous, Hunter, Baird.

SCOTTISH CUP FINAL 2ND REPLAY (Celtic Park, Glasgow – 25/04/1903 – 30,000)

RANGERS FC (GLASGOW)   2-0   Heart of Midlothian FC (Edinburgh)
Mackie, Hamilton   (H.T. 1-0)

Rangers: Dickie, Fraser, Drummond, Henderson, Stark, Robertson, Mackie, McDonald, Hamilton, Speedie, A. Smith.

Hearts: McWattie, Thomson, Orr, Key, Anderson, Hogg, Baird, Hunter, Dalrymple, Porteous, R. Walker.

Semi-finals (28/02/1903 – 07/03/1903)

Dundee FC (Dundee)	0-0, 0-1	Heart of Midlothian FC (Edinburgh)
Stenhousemuir FC (Stenhousemuir)	1-4	Rangers FC (Glasgow)

1903-04 SEASON

1903-04 Scottish Football League Division 1	Airdrieonians	Celtic	Dundee	Hearts	Hibernian	Kilmarnock	Morton	Motherwell	Partick Thistle	Port Glasgow Athletic	Queen's Park	Rangers	St. Mirren	Third Lanark
Airdrieonians FC	■	4-3	2-1	1-2	0-2	1-2	1-3	2-1	2-2	1-0	0-1	1-3	3-1	0-4
Celtic FC	3-0	■	4-2	4-0	1-0	6-1	5-1	6-0	2-1	4-1	3-0	2-2	3-1	1-3
Dundee FC	4-3	2-1	■	2-1	1-2	4-0	6-0	7-1	3-0	3-1	3-0	3-1	1-1	0-1
Heart of Midlothian FC	5-0	2-1	4-2	■	2-0	2-1	1-0	5-0	4-1	2-0	3-1	2-1	5-1	4-1
Hibernian FC	4-0	0-2	0-1	2-4	■	2-2	2-0	2-1	2-2	4-1	1-1	1-2	2-1	0-2
Kilmarnock FC	0-2	1-6	1-2	2-3	0-0	■	1-1	2-1	1-3	0-4	2-1	2-2	2-0	1-2
Morton FC	3-1	0-1	1-1	1-2	3-1	4-2	■	2-3	1-3	0-1	2-1	0-5	1-0	1-2
Motherwell FC	1-2	1-2	1-3	0-4	1-0	2-0	0-0	■	2-0	1-0	2-4	2-5	1-0	0-2
Partick Thistle FC	3-0	0-4	6-1	1-0	3-1	4-0	2-1	2-2	■	1-0	2-0	1-4	1-1	2-2
Port Glasgow Athletic FC	2-2	2-3	1-0	1-1	3-1	4-1	2-0	4-3	1-2	■	2-1	1-1	0-1	0-1
Queen's Park FC	1-1	1-0	2-1	2-2	3-1	1-1	1-1	1-0	1-1	0-0	■	2-3	0-0	2-8
Rangers FC	5-0	0-0	6-1	5-1	1-1	3-0	3-1	3-0	2-0	8-1	5-0	■	2-2	4-3
St. Mirren FC	5-2	0-1	2-0	3-0	3-0	3-0	3-2	0-0	1-0	5-1	3-1	5-4	■	1-2
Third Lanark FC	1-1	3-1	4-1	2-1	2-0	3-2	1-2	3-0	1-0	3-0	0-0	1-0	4-2	■

	Division 1	Pd	Wn	Dw	Ls	GF	GA	Pts
1.	THIRD LANARK FC (GLASGOW)	26	20	3	3	61	26	43
2.	Heart of Midlothian FC (Edinburgh)	26	18	3	5	63	35	39
3.	Celtic FC (Glasgow)	26	18	2	6	69	28	38
4.	Rangers FC (Glasgow)	26	16	6	4	80	33	38
5.	Dundee FC (Dundee)	26	13	2	11	55	46	28
6.	St. Mirren FC (Paisley)	26	11	5	10	45	38	27
7.	Partick Thistle FC (Glasgow)	26	10	7	9	43	40	27
8.	Queen's Park FC (Glasgow)	26	6	9	11	28	47	21
9.	Port Glasgow Athletic FC (Port Glasgow)	26	8	4	14	33	49	20
10.	Hibernian FC (Edinburgh)	26	7	5	14	31	42	19
11.	Morton FC (Greenock)	26	7	4	15	31	51	18
12.	Airdrieonians FC (Airdrie)	26	7	4	15	32	62	18
13.	Motherwell FC (Motherwell)	26	6	3	17	26	61	15
14.	Kilmarnock FC (Kilmarnock)	26	4	5	17	27	66	13
		364	151	62	151	624	624	364

1903-04 Scottish Football League Division 2	Abercorn	Albion Rovers	Arthurlie	Ayr	Ayr Parkhouse	Clyde	East Stirling	Falkirk	Hamilton	Leith Athletic	Raith Rovers	St. Bernard's
Abercorn FC	■	2-1	1-3	1-1	4-1	2-2	3-2	2-5	2-2	1-1	7-3	0-2
Albion Rovers FC	3-0	■	3-3	2-3	5-1	1-2	2-0	1-1	1-1	2-2	3-2	4-0
Arthurlie FC	2-1	1-3	■	0-1	5-2	2-2	2-2	1-2	1-3	3-2	3-1	1-2
Ayr FC	0-1	2-1	2-1	■	2-2	2-2	2-1	1-0	0-2	1-0	2-1	2-0
Ayr Parkhouse FC	1-3	2-5	1-1	1-3	■	0-3	2-1	2-2	0-3	1-0	0-0	1-2
Clyde FC	5-2	2-1	4-1	2-0	3-1	■	5-1	1-1	0-3	3-1	0-1	1-2
East Stirlingshire FC	2-0	4-2	3-3	1-1	1-0	1-3	■	2-1	0-0	3-2	3-0	3-1
Falkirk FC	4-2	0-1	2-1	4-1	6-1	3-4	2-1	■	1-5	5-1	2-0	3-1
Hamilton Academical FC	3-1	2-1	5-0	3-1	5-1	3-0	3-1	2-2	■	2-1	1-4	5-1
Leith Athletic FC	4-3	3-2	4-1	3-4	4-0	2-2	4-0	2-0	0-1	■	0-2	3-2
Raith Rovers FC	4-0	2-2	2-1	2-2	2-3	5-1	1-2	3-1	1-1	1-1	■	1-2
St. Bernard's FC	4-2	2-1	2-1	1-1	2-1	1-4	1-1	1-3	0-1	1-2	1-2	■

Division 2

		Pd	Wn	Dw	Ls	GF	GA	Pts	
1.	Hamilton Academical FC (Hamilton)	22	16	5	1	56	19	37	
2.	Clyde FC (Glasgow)	22	12	5	5	51	36	29	
3.	Ayr FC (Ayr)	22	11	6	5	34	31	28	
4.	Falkirk FC (Falkirk)	22	11	4	7	50	36	26	
5.	Raith Rovers FC (Kirkcaldy)	22	8	5	9	40	38	21	
6.	East Stirlingshire FC (Falkirk)	22	8	5	9	35	40	21	
7.	Leith Athletic FC (Leith)	22	8	4	10	42	40	20	
8.	St. Bernard's FC (Edinburgh)	22	9	2	11	31	43	20	
9.	Albion Rovers FC (Whifflet)	22	8	5	9	47	37	19	-2
10.	Abercorn FC (Paisley)	22	6	4	12	40	55	16	
11.	Arthurlie FC (Barrhead)	22	5	5	12	37	50	15	
12.	Ayr Parkhouse FC (Ayr)	22	3	4	15	24	62	10	
		264	105	54	105	487	487	262	

Note: Albion Rovers FC (Whifflet) had 2 points deducted for fielding an ineligible player.

Elected: Aberdeen FC (Aberdeen)

SCOTTISH CUP FINAL (Hampden Park, Glasgow – 16/04/1904 – 64,472)

CELTIC FC (GLASGOW)	3-2	Rangers FC (Glasgow)
Quinn 3	(H.T. 2-2)	Speedie 2

Celtic: Adams, McLeod, Orr, Young, Loney, Hay, Muir, McMenemy, Quinn, Somers, Hamilton.
Rangers: Watson, N.Smith, Drummond, Henderson, Stark, Robertson, Walker, Speedie, Mackie, Donnachie, A. Smith.

Semi-finals (05/03/1904 – 19/03/1904)

Celtic FC (Glasgow)	2-1	Third Lanark FC (Glasgow)
Rangers FC (Glasgow)	3-0	Morton FC (Greenock)

1904-05 SEASON

1904-1905 Scottish Football League Division 1	Airdrieonians	Celtic	Dundee	Hearts	Hibernian	Kilmarnock	Morton	Motherwell	Partick Thistle	Port Glasgow Athletic	Queen's Park	Rangers	St. Mirren	Third Lanark
Airdrieonians FC		1-3	2-0	3-2	1-1	1-1	3-2	3-2	3-0	2-0	0-1	2-2	1-3	1-1
Celtic FC	2-3		3-0	1-1	2-0	3-1	5-2	4-2	2-2	3-0	1-1	2-2	1-0	2-1
Dundee FC	0-1	2-1		2-0	4-1	3-0	6-1	0-0	0-1	4-0	3-0	0-3	2-0	0-0
Heart of Midlothian FC	6-0	2-0	3-1		1-0	1-3	2-0	4-1	0-1	2-0	2-0	0-5	3-1	4-1
Hibernian FC	3-2	2-2	1-1	3-0		2-1	4-0	2-0	4-0	1-1	1-1	1-2	2-0	1-1
Kilmarnock FC	1-0	0-3	2-1	3-2	2-1		1-0	0-2	3-2	1-1	2-1	0-4	1-0	0-0
Morton FC	2-0	0-1	5-1	1-0	2-2	2-1		1-0	0-1	1-0	1-1	0-2	1-3	0-0
Motherwell FC	1-0	2-6	0-2	2-4	1-2	2-1	0-3		1-0	0-2	1-1	0-2	3-2	0-1
Partick Thistle FC	0-3	0-5	2-1	2-1	0-1	2-0	3-1	1-0		3-0	3-1	1-4	0-1	3-2
Port Glasgow Athletic FC	1-3	1-4	1-0	3-0	1-1	1-1	2-1	2-1	6-1		4-2	0-3	0-2	1-1
Queen's Park FC	1-1	2-3	0-1	2-0	4-2	1-1	1-1	2-0	1-4	2-0		0-4	2-1	1-1
Rangers FC	4-1	1-4	2-1	1-1	4-0	6-2	5-0	3-2	8-1	5-1	5-0		2-3	3-1
St. Mirren FC	0-1	2-3	1-1	1-1	2-0	1-0	1-0	1-2	2-2	1-2	1-1	3-0		1-2
Third Lanark FC	6-0	1-2	2-2	7-1	4-1	3-1	5-0	4-3	6-1	3-0	2-0	2-1	3-0	

Championship Play-off

CELTIC FC (GLASGOW)   2-1   Rangers FC (Glasgow)

	Division 1	Pd	Wn	Dw	Ls	GF	GA	Pts
1.	Celtic FC (Glasgow)	26	18	5	3	68	31	41
1.	Rangers FC (Glasgow)	26	19	3	4	83	28	41
3.	Third Lanark FC (Glasgow)	26	14	7	5	60	28	35
4.	Airdrieonians FC (Airdrie)	26	11	5	10	38	45	27
5.	Hibernian FC (Edinburgh)	26	9	8	9	39	39	26
6.	Partick Thistle FC (Glasgow)	26	12	2	12	36	56	26
7.	Dundee FC (Dundee)	26	10	5	11	38	32	25
8.	Heart of Midlothian FC (Edinburgh)	26	11	3	12	43	44	25
9.	Kilmarnock FC (Kilmarnock)	26	9	5	12	29	45	23
10.	St. Mirren FC (Paisley)	26	9	4	13	33	36	22
11.	Port Glasgow Athletic FC (Port Glasgow)	26	8	5	13	30	48	21
12.	Queen's Park FC (Glasgow)	26	6	8	12	28	45	20
13.	Morton FC (Greenock)	26	7	4	15	27	50	18
14.	Motherwell FC (Motherwell)	26	6	2	18	28	53	14
		364	149	66	149	580	580	364

Division 1 was extended to 16 clubs for the next season.

1904-1905 Scottish Football League Division 2	Abercorn	Aberdeen	Albion Rovers	Arthurlie	Ayr	Clyde	East Stirling	Falkirk	Hamilton	Leith Athletic	Raith Rovers	St. Bernard's
Abercorn FC	■	3-1	3-0	1-2	2-1	2-2	1-0	0-2	1-0	1-4	3-1	3-2
Aberdeen FC	3-1	■	7-2	0-0	2-0	0-1	3-0	1-2	1-2	0-0	3-1	1-1
Albion Rovers FC	5-1	1-0	■	1-2	3-2	2-1	4-4	2-2	0-1	5-3	1-1	3-2
Arthurlie FC	1-2	2-0	2-2	■	5-2	1-1	3-1	1-0	3-1	0-2	3-0	1-1
Ayr FC	3-1	3-3	0-1	4-0	■	5-1	1-0	5-3	1-0	4-1	4-0	5-1
Clyde FC	2-1	1-0	2-1	4-4	4-1	■	1-0	1-0	3-1	2-0	1-0	5-0
East Stirlingshire FC	3-1	1-4	5-2	5-2	2-0	2-2	■	2-0	0-1	0-0	1-3	4-0
Falkirk FC	2-1	0-0	3-1	2-0	2-1	0-0	3-1	■	1-3	1-0	1-0	2-1
Hamilton Academical FC	5-1	3-3	3-0	4-1	1-2	0-1	1-1	3-1	■	2-0	1-0	4-0
Leith Athletic FC	2-1	1-1	7-0	2-0	0-1	0-2	1-3	0-0	3-1	■	4-1	4-1
Raith Rovers FC	2-1	1-0	1-0	4-1	3-0	1-0	4-1	1-3	0-2	0-1	■	1-2
St. Bernard's FC	2-0	0-3	1-2	2-3	2-1	1-1	1-1	1-2	1-1	0-1	1-5	■

Division 2

		Pd	Wn	Dw	Ls	GF	GA	Pts	
1.	Clyde FC (Glasgow)	22	13	6	3	38	22	32	
2.	Falkirk FC (Falkirk)	22	12	4	6	32	25	28	P
3.	Hamilton Academical FC (Hamilton)	22	12	3	7	40	24	27	
4.	Leith Athletic FC (Edinburgh)	22	10	4	8	36	26	24	*
5.	Ayr FC (Ayr)	22	11	1	10	46	37	23	
6.	Arthurlie FC (Barrhead)	22	9	5	8	37	41	23	
7.	Aberdeen FC (Aberdeen)	22	7	7	8	36	26	21	P
8.	Albion Rovers FC (Whifflet)	22	8	4	10	38	53	20	
9.	East Stirlingshire FC (Falkirk)	22	7	5	10	37	38	19	
10.	Raith Rovers FC (Kirkcaldy)	22	9	1	12	30	34	19	
11.	Abercorn FC (Paisley)	22	8	1	13	31	45	17	
12.	St. Bernard's FC (Edinburgh)	22	3	5	14	23	53	11	
		264	109	46	109	424	424	264	

Elected: Cowdenbeath FC (Cowdenbeath), Vale of Leven FC (Alexandria)

* Leith Athletic FC (Leith) moved to various home grounds in the city of Edinburgh from this season onwards.

SCOTTISH CUP FINAL   (Hampden Park, Glasgow – 08/04/1905 – 54,000)

THIRD LANARK FC (GLASGOW)   0-0   Rangers FC (Glasgow)

Third Lanark: Raeside, Barr, McIntosh, Comrie, Sloan, Neilson, Johnstone, Kidd, McKenzie, Wilson, Munro.
Rangers: Sinclair, Fraser, Craig, Henderson, Stark, Robertson, Hamilton, Speedie, McColl, Kyle, A. Smith.

SCOTTISH CUP FINAL REPLAY   (Hampden Park, Glasgow – 15/04/1905 – 55,000)

THIRD LANARK FC (GLASGOW)   3-1   Rangers FC (Glasgow)
Wilson 2, Johnstone   (H.T. 1-0)   *A.Smith*

Third Lanark: Raeside, Barr, McIntosh, Comrie, Sloan, Neilson, Johnstone, Kidd, McKenzie, Wilson, Munro.
Rangers: Sinclair, Fraser, Craig, Henderson, Stark, Robertson, Hamilton, Low, McColl, Kyle, A. Smith.

Semi-finals   (25/03/1905)

Rangers FC (Glasgow)   2-0   Celtic FC (Glasgow)
         (The match was abandoned due to pitch invasion by the crowd but the result stood)
Third Lanark FC (Glasgow)   2-1   Airdrieonians FC (Airdrie)

1905-06 SEASON

1905-06 Scottish Football League Division 1	Aberdeen	Airdrieonians	Celtic	Dundee	Falkirk	Hearts	Hibernian	Kilmarnock	Morton	Motherwell	Partick Thistle	Port Glasgow Athletic	Queen's Park	Rangers	St. Mirren	Third Lanark
Aberdeen FC		1-2	1-0	1-2	2-0	2-1	2-1	2-0	3-0	2-2	0-1	2-2	2-2	1-1	1-0	1-2
Airdrieonians FC	2-0		2-5	1-2	4-1	1-1	2-0	1-1	4-2	2-1	3-2	0-1	4-1	5-1	0-0	0-0
Celtic FC	1-0	2-1		3-1	7-0	1-0	1-0	2-0	4-0	3-1	4-1	0-1	5-1	1-0	2-1	0-1
Dundee FC	6-0	0-0	1-0		3-0	1-1	1-1	2-1	3-1	2-0	1-1	1-1	1-0	1-1	1-2	2-0
Falkirk FC	1-1	0-0	0-5	2-0		2-2	2-1	7-3	4-0	6-1	1-1	3-3	3-5	1-6	2-0	2-0
Heart of Midlothian FC	1-1	2-1	1-1	4-0	1-0		1-0	3-0	2-0	4-0	2-0	4-0	4-1	2-2	1-0	3-2
Hibernian FC	1-0	0-4	0-1	2-1	4-1	0-3		2-1	1-2	2-3	1-1	3-1	4-0	1-2	0-1	2-1
Kilmarnock FC	2-1	0-0	2-4	2-2	2-1	1-1	0-2		3-1	1-0	1-2	3-2	7-0	1-3	5-3	2-0
Morton FC	2-2	0-2	0-4	0-0	4-2	2-1	0-1	3-0		1-1	0-1	2-2	1-0	0-3	1-0	1-1
Motherwell FC	3-3	2-1	0-4	4-1	2-3	2-1	0-2	5-1	1-1		2-3	2-0	4-2	3-3	1-1	2-1
Partick Thistle FC	1-2	1-0	0-3	1-0	2-0	4-1	1-0	2-1	2-1	2-2		3-0	2-1	1-1	1-1	2-5
Port Glasgow Athletic FC	3-1	2-2	0-1	1-1	2-1	2-5	0-0	3-2	1-3	2-1	1-2		3-2	1-4	1-2	2-5
Queen's Park FC	3-0	1-3	0-6	0-0	0-5	0-3	2-2	4-1	2-3	2-1	1-2	2-2		1-2	3-1	0-5
Rangers FC	1-0	1-3	3-2	1-1	3-1	0-5	1-1	3-2	1-2	2-1	1-0	4-0	3-1		1-0	2-4
St. Mirren FC	4-2	0-1	1-3	1-1	2-1	0-1	2-0	2-1	3-1	1-1	2-1	3-0	3-1	3-2		2-0
Third Lanark FC	1-0	1-2	0-1	1-2	2-0	1-3	3-1	5-0	0-1	6-1	2-1	3-0	6-3	3-0	1-0	

	Division 1	Pd	Wn	Dw	Ls	GF	GA	Pts	
1.	CELTIC FC (GLASGOW)	30	24	1	5	76	19	49	
2.	Heart of Midlothian FC (Edinburgh)	30	18	7	5	64	27	43	
3.	Airdrieonians FC (Airdrie)	30	15	8	7	53	31	38	
4.	Rangers FC (Glasgow)	30	15	7	8	58	48	37	
5.	Partick Thistle FC (Glasgow)	30	15	6	9	44	40	36	
6.	Third Lanark FC (Glasgow)	30	16	2	12	62	38	34	
7.	Dundee FC (Dundee)	30	11	12	7	40	33	34	
8.	St. Mirren FC (Paisley)	30	13	5	12	41	37	31	
9.	Motherwell FC (Motherwell)	30	9	8	13	50	64	26	
10.	Morton FC (Greenock)	30	10	6	14	35	54	26	
11.	Hibernian FC (Edinburgh)	30	10	5	15	35	40	25	
12.	Aberdeen FC (Aberdeen)	30	8	8	14	36	48	24	
13.	Falkirk FC (Falkirk)	30	9	5	16	52	68	23	
14.	Port Glasgow Athletic FC (Port Glasgow)	30	6	8	16	38	68	20	PO
15.	Kilmarnock FC (Kilmarnock)	30	8	4	18	46	68	20	PO
16.	Queen's Park FC (Glasgow)	30	5	4	21	41	88	14	
		480	192	96	192	771	771	480	

14th Place Play-off

Port Glasgow Athletic FC (Port Glasgow)　　　6-0　　　Kilmarnock FC (Kilmarnock)

Top goalscorer 1905-06

1) James QUINN　　　(Celtic FC)　　　20

Division 1 was extended to 18 clubs for the next season

1905-1906 Scottish Football League Division 2	Abercorn	Albion Rovers	Arthurlie	Ayr	Clyde	Cowdenbeath	East Stirling	Hamilton	Leith Athletic	Raith Rovers	St. Bernard's	Vale of Leven
Abercorn FC	■	2-2	4-2	2-0	1-0	4-0	1-1	0-1	0-3	2-2	2-1	1-1
Albion Rovers FC	1-0	■	2-0	2-4	1-2	0-2	5-1	3-1	0-1	3-1	4-0	5-3
Arthurlie FC	5-2	3-0	■	2-4	0-3	3-2	4-0	1-3	6-2	2-0	4-0	1-1
Ayr FC	4-1	1-1	3-0	■	1-1	3-0	2-4	1-2	1-5	2-1	0-0	5-1
Clyde FC	3-1	1-4	2-0	3-1	■	2-0	1-1	2-2	0-0	1-1	2-0	2-0
Cowdenbeath FC	1-1	2-1	2-3	3-5	0-1	■	2-1	1-3	1-0	2-1	2-2	2-0
East Stirlingshire FC	1-3	1-4	1-2	1-2	4-4	2-2	■	0-1	1-1	1-1	1-1	1-1
Hamilton Academical FC	3-0	0-2	6-4	6-0	1-2	1-0	4-0	■	0-1	3-0	0-4	5-3
Leith Athletic FC	5-2	3-1	4-1	4-1	0-0	3-1	0-0	2-1	■	1-0	1-0	3-1
Raith Rovers FC	5-1	0-3	1-1	5-2	2-2	0-1	2-2	1-1	2-1	■	4-3	3-2
St. Bernard's FC	1-0	1-2	4-1	5-1	0-0	1-0	3-2	4-0	2-3	5-2	■	3-0
Vale of Leven FC	4-1	2-2	0-1	2-1	1-3	3-2	1-0	2-1	1-3	1-2	3-2	■

	Division 2	Pd	Wn	Dw	Ls	GF	GA	Pts	
1.	Leith Athletic FC (Edinburgh)	22	15	4	3	46	22	34	
2.	Clyde FC (Glasgow)	22	11	9	2	37	21	31	P
3.	Albion Rovers FC (Whifflet)	22	12	3	7	48	31	27	
4.	Hamilton Academical FC (Hamilton)	22	12	2	8	45	33	26	P
5.	St. Bernard's FC (Edinburgh)	22	9	4	9	42	34	22	
6.	Arthurlie FC (Barrhead)	22	10	2	10	46	46	22	
7.	Ayr FC (Ayr)	22	9	3	10	44	51	21	
8.	Raith Rovers FC (Kirkcaldy)	22	6	7	9	36	42	19	
9.	Cowdenbeath FC (Cowdenbeath)	22	7	3	12	28	40	17	
10.	Abercorn FC (Paisley)	22	6	5	11	31	46	17	
11.	Vale of Leven FC (Alexandria)	22	6	4	12	33	49	•16	
12.	East Stirlingshire FC (Falkirk)	22	1	10	11	26	47	12	
		264	104	56	104	462	462	264	

Elected: Ayr Parkhouse FC (Ayr), Dumbarton FC (Dumbarton)

SCOTTISH CUP FINAL   (Ibrox Park, Glasgow – 28/04/1906 – 30,000)

HEART OF MIDLOTHIAN FC (EDINBURGH)   1-0   Third Lanark FC (Glasgow)
G. Wilson   (H.T. 0-0)

Heart of Midlothian: G. Philip, McNaught, P. Philip, McLaren, Thomsom, Dickson, Couper, R. Walker, Menzies, D. Wilson, G. Wilson.

Third Lanark: Raeside, Barr, Hill, Cross, Neilson, Comrie, Johnstone, Graham, Reid, Wilson, Munro.

Semi-finals   (31/03/1906 – 21/04/1906)

Port Glasgow Athletic FC (Port Glasgow)   0-2   Heart of Midlothian FC (Edinburgh)
St. Mirren FC (Paisley)   1-1, 0-0, 0-1   Third Lanark FC (Glasgow)
            (The 3rd match was played at Ibrox)

1906-07 SEASON

1906-07 Scottish Football League Division 1	Aberdeen	Airdrieonians	Celtic	Clyde	Dundee	Falkirk	Hamilton	Hearts	Hibernian	Kilmarnock	Morton	Motherwell	Partick Thistle	Port Glasgow	Queen's Park	Rangers	St. Mirren	Third Lanark
Aberdeen FC	■	0-0	2-2	3-0	0-3	0-0	2-1	2-3	1-1	3-0	2-0	2-2	0-0	1-0	2-1	0-3	4-2	0-2
Airdrieonians FC	0-2	■	0-2	4-0	1-2	4-2	1-0	3-2	3-2	1-0	3-2	0-0	1-0	5-0	3-2	2-3	1-0	4-1
Celtic FC	2-1	2-1	■	3-3	0-0	3-2	2-0	3-0	2-1	5-0	2-1	1-1	4-1	4-0	2-1	2-1	1-1	2-0
Clyde FC	1-3	2-0	0-2	■	1-1	1-0	2-0	1-3	3-1	2-0	0-0	1-0	3-1	3-1	2-2	1-5	3-1	1-2
Dundee FC	0-0	1-1	0-0	0-2	■	3-2	1-0	2-0	0-0	4-2	1-0	1-0	5-0	0-1	0-0	2-0	2-1	2-1
Falkirk FC	3-2	3-0	2-3	3-0	4-2	■	5-2	2-1	2-1	2-1	2-2	2-1	1-1	2-2	6-1	2-1	1-1	3-2
Hamilton Academical FC	4-2	1-2	2-5	1-1	1-3	3-1	■	5-1	2-4	0-2	0-2	0-3	3-1	0-2	3-1	0-3	2-3	0-1
Heart of Midlothian FC	1-1	0-1	3-3	0-1	0-0	2-1	3-1	■	4-1	1-0	1-0	1-1	5-1	2-0	2-2	0-1	1-1	1-1
Hibernian FC	2-1	4-0	0-1	2-0	0-4	1-2	0-1	0-0	■	1-0	2-1	1-1	2-2	1-0	2-1	1-3	2-2	1-1
Kilmarnock FC	1-3	0-1	2-2	1-2	1-3	1-4	1-0	2-2	1-3	■	3-0	3-2	3-1	2-1	3-1	1-5	1-0	3-3
Morton FC	2-1	1-1	0-2	1-0	1-2	3-1	3-0	0-0	2-1	2-2	■	1-1	0-2	3-0	3-0	2-1	2-0	0-1
Motherwell FC	3-2	1-1	0-6	0-1	0-3	4-0	0-2	2-0	0-0	3-0	4-1	■	2-2	1-0	0-5	1-0	1-2	3-2
Partick Thistle FC	2-0	0-4	0-2	0-2	0-0	0-3	1-1	1-0	3-0	3-0	5-0	3-2	■	0-1	0-1	2-2	1-4	1-0
Port Glasgow Athletic FC	2-2	0-3	1-1	3-3	1-1	2-3	0-0	0-0	1-2	3-2	2-1	0-1	1-0	■	3-1	0-2	0-2	1-3
Queen's Park FC	2-0	1-3	0-4	0-3	1-2	3-1	3-1	1-2	3-0	1-1	2-3	2-1	3-2	4-0	■	1-2	0-3	0-1
Rangers FC	6-2	2-1	2-1	4-0	2-2	2-2	0-1	1-1	1-0	3-0	2-0	0-1	1-2	5-0	3-2	■	1-1	0-0
St. Mirren FC	2-2	4-2	0-3	1-0	1-1	1-1	1-1	0-2	1-1	3-0	2-1	1-0	1-1	4-1	1-1	0-0	■	0-2
Third Lanark FC	2-0	2-2	2-1	4-2	2-0	2-3	2-2	2-2	0-0	2-1	2-1	2-3	3-1	3-1	2-2	0-2	2-3	■

Division 1

		Pd	Wn	Dw	Ls	GF	GA	Pts
1.	CELTIC FC (GLASGOW)	34	23	9	2	80	30	55
2.	Dundee FC (Dundee)	34	18	12	4	53	26	48
3.	Rangers FC (Glasgow)	34	19	7	8	69	33	45
4.	Airdrieonians FC (Airdrie)	34	18	6	10	59	44	42
5.	Falkirk FC (Falkirk)	34	17	7	10	73	58	41
6.	Third Lanark FC (Glasgow)	34	15	9	10	57	48	39
7.	St. Mirren FC (Paisley)	34	12	13	9	50	44	37
8.	Clyde FC (Glasgow)	34	15	6	13	47	52	36
9.	Heart of Midlothian FC (Edinburgh)	34	11	13	10	46	43	35
10.	Motherwell FC (Motherwell)	34	12	9	13	45	48	33
11.	Aberdeen FC (Aberdeen)	34	10	10	14	48	55	30
12.	Hibernian FC (Edinburgh)	34	10	10	14	40	49	30
13.	Morton FC (Greenock)	34	11	6	17	41	50	28
14.	Partick Thistle FC (Glasgow)	34	9	8	17	40	60	26
15.	Queen's Park FC (Glasgow)	34	9	6	19	51	66	24
16.	Hamilton Academical FC (Hamilton)	34	8	5	21	40	64	21
17.	Kilmarnock FC (Kilmarnock)	34	8	5	21	40	72	21
18.	Port Glasgow Athletic FC (Port Glasgow)	34	7	7	20	30	67	21
		612	232	148	232	909	909	612

Top goalscorer 1906-07

1) James QUINN   (Celtic FC)   29

1906-1907 Scottish Football League Division 2	Abercorn	Albion Rovers	Arthurlie	Ayr	Ayr Parkhouse	Cowdenbeath	Dumbarton	East Stirling	Leith Athletic	Raith Rovers	St. Bernard's	Vale of Leven
Abercorn FC		2-3	2-2	1-1	1-1	2-0	0-5	4-3	3-1	1-1	0-0	1-2
Albion Rovers FC	4-0		3-0	1-2	2-1	4-1	2-2	7-3	6-2	4-1	0-0	3-1
Arthurlie FC	3-4	1-1		3-1	3-1	2-2	3-0	1-0	3-2	3-2	5-1	5-4
Ayr FC	1-2	1-0	3-1		2-1	0-0	5-0	4-2	1-1	3-1	0-3	1-2
Ayr Parkhouse FC	2-1	1-0	1-3	3-3		2-3	2-5	2-0	1-4	0-4	0-3	3-1
Cowdenbeath FC	3-1	4-0	2-5	2-2	3-1		3-2	2-1	1-1	3-0	3-2	1-2
Dumbarton FC	1-1	1-0	3-2	6-1	6-0	4-0		0-2	1-2	4-0	0-2	2-1
East Stirlingshire FC	1-1	2-0	1-0	1-1	6-2	0-1	3-4		2-1	3-3	1-3	2-1
Leith Athletic FC	3-1	2-1	1-2	1-0	2-0	0-0	1-0	4-0		4-1	1-0	2-3
Raith Rovers FC	4-0	0-1	1-2	3-1	4-3	1-2	0-4	3-1	3-3		1-1	5-0
St. Bernard's FC	2-0	3-1	3-2	2-1	3-5	2-0	3-0	1-1	2-1	3-2		1-0
Vale of Leven FC	4-1	6-0	2-0	3-1	5-2	6-0	2-2	3-1	4-1	2-0	0-1	

Division 2

		Pd	Wn	Dw	Ls	GF	GA	Pts	
1.	St. Bernard's FC (Edinburgh)	22	14	4	4	41	24	32	
2.	Vale of Leven FC (Alexandria)	22	13	1	8	54	35	27	
3.	Arthurlie FC (Barrhead)	22	12	3	7	51	40	27	
4.	Dumbarton FC (Dumbarton)	22	11	3	8	52	35	25	
5.	Leith Athletic FC (Edinburgh)	22	10	4	8	40	35	24	
6.	Albion Rovers FC (Whifflet)	22	10	3	9	43	36	23	
7.	Cowdenbeath FC (Cowdenbeath)	22	10	5	7	36	40	23	-2
8.	Ayr FC (Ayr)	22	7	6	9	35	39	20	
9.	Abercorn FC (Paisley)	22	5	7	10	29	47	17	
10.	Raith Rovers FC (Kirkcaldy)	22	6	4	12	40	48	16	PO
11.	East Stirlingshire FC (Falkirk)	22	6	4	12	36	48	16	PO
12.	Ayr Parkhouse FC (Ayr)	22	5	2	15	34	64	12	
		264	109	46	109	491	491	262	

Cowdenbeath FC had 2 points deducted for fielding an ineligible player.

10th/11th Position Play-off

Raith Rovers FC (Kirkcaldy)   3-2   East Stirlingshire FC (Falkirk)

SCOTTISH CUP FINAL (Hampden Park, Glasgow – 20/04/1907 – 50,000)

CELTIC FC (GLASGOW)   3-0   Heart of Midlothian FC (Edinburgh)
Orr pen., Somers 2   *(H.T. 0-0)*

Celtic: Adams, McLeod, Orr, Young, McNair, Hay, Bennett, McMenemey, Quinn, Somers, Templeton.
Hearts: Allan, Reid, Collins, Philip, McLaren, Henderson, Bauchop, Walker, Axford, Yates, Wombwell.

Semi-finals (30/03/1907 – 13/04/1907)

Celtic FC (Glasgow)   0-0, 0-0, 3-0   Hibernian FC (Edinburgh)
(The 3rd match was played at Celtic Park)
Heart of Midlothian FC (Edinburgh)   1-0   Queen's Park FC (Glasgow)

1907-08 SEASON

1907-08 Scottish Football League Division 1	Aberdeen	Airdrieonians	Celtic	Clyde	Dundee	Falkirk	Hamilton	Hearts	Hibernian	Kilmarnock	Morton	Motherwell	Partick Thistle	Port Glasgow	Queen's Park	Rangers	St. Mirren	Third Lanark
Aberdeen FC	■	0-1	2-1	3-1	1-1	1-1	3-0	1-0	1-1	1-0	1-2	2-1	1-0	3-1	3-0	0-0	1-3	1-1
Airdrieonians FC	0-1	■	0-0	2-0	0-2	2-2	5-2	2-3	0-2	1-0	3-0	1-1	7-2	3-1	2-0	3-0	3-0	3-0
Celtic FC	3-0	1-1	■	5-1	3-2	3-2	3-0	6-0	4-0	4-1	2-0	3-0	4-1	5-0	4-1	2-1	4-0	1-1
Clyde FC	2-2	0-3	0-2	■	2-3	1-2	3-2	1-1	1-1	0-0	1-2	2-0	0-1	0-4	5-4	0-2	1-4	2-1
Dundee FC	1-0	3-1	2-0	6-1	■	2-2	3-0	0-0	0-1	4-0	5-2	0-0	1-0	3-1	5-0	1-2	6-0	1-0
Falkirk FC	4-0	1-2	1-1	2-0	1-2	■	5-1	3-0	3-1	5-0	4-1	2-1	3-1	9-0	5-1	4-4	5-2	1-0
Hamilton Academical FC	3-0	1-1	2-4	1-0	2-1	1-3	■	2-1	1-1	3-3	1-0	2-3	4-1	4-1	2-2	2-2	1-1	0-1
Heart of Midlothian FC	3-1	2-0	1-0	1-0	1-0	2-3	4-3	■	1-2	1-0	2-2	0-3	1-3	5-0	7-2	1-2	0-1	1-2
Hibernian FC	1-0	4-0	1-2	2-1	0-1	0-4	2-5	2-3	■	3-1	3-0	1-1	6-0	2-1	4-1	0-3	2-1	2-0
Kilmarnock FC	1-0	0-1	0-0	2-2	1-1	1-6	2-0	2-0	3-0	■	1-2	2-0	0-1	1-1	2-2	0-2	2-2	2-2
Morton FC	2-0	0-2	2-3	1-1	2-2	0-2	3-2	1-1	0-3	2-2	■	1-1	2-0	2-0	3-2	2-3	1-1	0-2
Motherwell FC	2-3	2-0	2-2	3-0	0-1	1-5	2-1	3-0	0-0	1-2	4-0	■	3-4	6-0	6-1	1-2	2-3	2-1
Partick Thistle FC	0-6	0-1	0-3	3-1	1-3	1-1	1-1	1-1	1-1	2-2	2-2	2-0	■	1-1	0-3	1-2	1-2	2-0
Port Glasgow Athletic FC	1-1	1-3	0-3	2-3	0-5	1-3	1-0	1-1	1-3	4-1	2-4	2-2	0-5	■	3-2	1-6	1-2	0-0
Queen's Park FC	2-2	3-2	0-2	4-1	1-3	2-4	0-3	6-3	1-2	1-1	1-1	1-2	0-0	1-1	■	3-1	2-0	0-1
Rangers FC	4-0	1-2	0-1	1-1	2-0	2-2	1-0	2-1	1-1	1-0	3-0	4-2	3-2	5-1	1-1	■	2-2	2-0
St. Mirren FC	0-3	3-1	2-2	1-1	0-0	3-2	2-2	2-1	0-1	0-0	2-1	2-2	1-3	2-0	0-2	■	■	1-2
Third Lanark FC	1-1	3-0	1-3	2-1	1-1	2-1	0-1	2-1	0-0	6-3	2-0	1-3	2-1	3-2	1-4	3-5	1-2	■

	Division 1	**Pd**	**Wn**	**Dw**	**Ls**	**GF**	**GA**	**Pts**
1.	CELTIC FC (GLASGOW)	34	24	7	3	86	27	55
2.	Falkirk FC (Falkirk)	34	22	7	5	103	42	51
3.	Rangers FC (Glasgow)	34	21	8	5	74	40	50
4.	Dundee FC (Dundee)	34	20	8	6	71	28	48
5.	Hibernian FC (Edinburgh)	34	17	8	9	55	42	42
6.	Airdrieonians FC (Airdrie)	34	18	5	11	58	41	41
7.	St. Mirren FC (Paisley)	34	13	10	11	50	59	36
8.	Aberdeen FC (Aberdeen)	34	13	9	12	45	44	35
9.	Third Lanark FC (Glasgow)	34	13	7	14	45	50	33
10.	Motherwell FC (Motherwell)	34	12	7	15	61	53	31
11.	Hamilton Academical FC (Hamilton)	34	10	8	16	55	65	28
12.	Heart of Midlothian FC (Edinburgh)	34	11	6	17	50	62	28
13.	Morton FC (Greenock)	34	9	9	16	43	66	27
14.	Partick Thistle FC (Glasgow)	34	8	9	17	43	69	25
15.	Kilmarnock FC (Kilmarnock)	34	6	13	15	38	61	25
16.	Queen's Park FC (Glasgow)	34	7	8	19	54	84	22
17.	Clyde FC (Glasgow)	34	5	8	21	36	75	18
18.	Port Glasgow Athletic FC (Port Glasgow)	34	5	7	22	39	98	17
		612	234	144	234	1006	1006	612

Top goalscorer 1907-08

1) John SIMPSON   (Falkirk FC)   32

1907-1908 Scottish Football League Division 2	Abercorn	Albion Rovers	Arthurlie	Ayr	Ayr Parkhouse	Cowdenbeath	Dumbarton	East Stirling	Leith Athletic	Raith Rovers	St. Bernard's	Vale of Leven
Abercorn FC	■	1-2	3-3	2-1	2-0	1-1	2-4	2-1	2-2	2-0	2-1	0-0
Albion Rovers FC	2-3	■	5-2	1-1	3-2	2-1	3-3	1-2	0-2	0-1	1-3	1-1
Arthurlie FC	0-1	0-1	■	1-3	2-1	3-2	0-0	2-1	3-1	3-1	1-4	2-1
Ayr FC	2-1	4-1	2-2	■	1-0	3-0	1-2	1-1	2-0	2-0	3-2	2-1
Ayr Parkhouse FC	2-0	0-3	2-1	2-1	■	4-3	3-1	5-1	3-2	3-2	2-1	1-2
Cowdenbeath FC	1-2	5-0	1-0	1-3	3-1	■	3-1	0-1	1-0	0-1	0-1	0-0
Dumbarton FC	2-1	1-1	6-2	2-3	1-0	3-1	■	2-2	2-1	3-1	4-0	4-1
East Stirlingshire FC	0-3	1-1	2-2	2-2	2-1	3-0	2-1	■	3-0	0-1	2-0	2-0
Leith Athletic FC	1-0	5-3	2-1	5-1	2-3	3-3	2-4	2-1	■	0-1	1-1	5-2
Raith Rovers FC	1-0	1-2	4-2	4-0	2-0	2-0	2-1	2-0	2-2	■	2-0	3-0
St. Bernard's FC	2-2	5-2	1-0	1-1	3-2	1-0	1-1	0-1	0-1	2-3	■	2-1
Vale of Leven FC	2-1	4-1	1-1	2-1	0-1	0-0	0-1	4-0	2-2	1-1	0-0	■

Division 2

		Pd	Wn	Dw	Ls	GF	GA	Pts	
1.	Raith Rovers FC (Kirkcaldy)	22	14	2	6	37	23	30	
2.	Dumbarton FC (Dumbarton)	22	12	5	5	49	32	27	-2
3.	Ayr FC (Ayr)	22	11	5	6	40	33	27	
4.	Abercorn FC (Paisley)	22	9	5	8	33	30	23	
5.	East Stirlingshire FC (Falkirk)	22	9	5	8	30	32	23	
6.	Ayr Parkhouse FC (Ayr)	22	11	-	11	38	38	22	
7.	Leith Athletic FC (Edinburgh)	22	8	5	9	41	40	21	
8.	St. Bernard's FC (Edinburgh)	22	8	5	9	31	32	21	
9.	Albion Rovers FC (Whifflet)	22	7	5	10	36	48	19	
10.	Vale of Leven FC (Alexandria)	22	5	8	9	25	31	18	
11.	Arthurlie FC (Barrhead)	22	6	5	11	33	45	17	
12.	Cowdenbeath FC (Cowdenbeath)	22	5	4	13	26	35	14	
		264	105	54	105	419	419	263	

Cowdenbeath FC (Cowdenbeath) had 2 points deducted for fielding an ineligible player.

SCOTTISH CUP FINAL (Hampden Park, Glasgow – 18/04/1908 – 58,000)

CELTIC FC (GLASGOW)   5-1   St. Mirren FC (Paisley)
Bennett 2, Hamilton, Somers, Quinn   (H.T. 2-0)   *Cunningham*

Celtic: Adams, McNair, Weir, Young, Loney, Hay, Bennett, McMenemey, Quinn, Somers, Hamilton.
St. Mirren: Grant, Gordon, White, Key, Robertson, McAvoy, Clements, Cunningham, Wylie, Paton, Anderson.

Semi-finals (21/03/1908 – 11/04/1908)

Aberdeen FC (Aberdeen)   0-1   Celtic FC (Glasgow)
Kilmarnock FC (Kilmarnock)   0-0, 0-2   St. Mirren FC (Paisley)

1908-09 SEASON

1908-09 Scottish Football League Division 1	Aberdeen	Airdrieonians	Celtic	Clyde	Dundee	Falkirk	Hamilton	Hearts	Hibernian	Kilmarnock	Morton	Motherwell	Partick Thistle	Port Glasgow	Queen's Park	Rangers	St. Mirren	Third Lanark
Aberdeen FC	■	2-0	0-2	2-4	1-1	3-1	4-2	1-0	4-0	2-0	2-0	1-3	3-2	3-1	1-1	0-2	4-2	6-1
Airdrieonians FC	4-2	■	1-2	1-2	2-5	1-1	0-1	2-1	2-1	1-1	4-1	3-0	4-0	1-1	3-3	4-3	3-2	2-2
Celtic FC	2-0	0-0	■	0-1	2-0	2-0	1-1	1-1	2-0	5-1	5-1	4-0	3-0	2-1	4-0	2-3	0-1	1-0
Clyde FC	2-1	0-0	0-2	■	0-2	6-3	1-0	1-0	2-0	5-2	4-2	1-1	2-0	3-2	1-0	0-1	2-1	2-0
Dundee FC	2-2	1-0	2-1	1-0	■	1-1	3-0	2-1	3-0	5-0	1-2	3-1	3-2	1-0	7-1	4-0	4-1	1-0
Falkirk FC	0-1	0-2	1-1	1-0	3-3	■	5-3	4-1	0-0	3-1	7-0	4-1	3-1	2-0	1-3	1-0	1-1	1-0
Hamilton Academical FC	1-2	2-2	1-2	1-3	0-1	3-4	■	1-1	1-1	0-0	3-1	2-0	4-2	1-1	1-1	0-7	1-0	1-1
Heart of Midlothian FC	1-1	2-6	1-2	1-1	1-0	1-0	1-1	■	0-0	5-0	3-2	1-0	3-0	3-0	0-0	0-0	1-2	1-1
Hibernian FC	2-1	2-0	1-0	1-1	0-1	2-0	2-0	0-1	■	2-1	4-1	3-0	1-1	1-1	1-0	1-0	2-1	3-0
Kilmarnock FC	3-2	0-1	3-1	2-1	2-0	3-1	3-1	2-5	0-1	■	2-1	4-1	1-0	1-0	1-1	0-5	1-1	4-2
Morton FC	2-3	3-1	0-5	2-4	0-0	1-1	3-3	4-1	1-0	1-1	■	1-1	1-0	1-2	0-2	1-7	2-0	1-1
Motherwell FC	3-2	2-4	1-2	0-1	1-4	2-2	1-6	3-0	2-1	2-1	3-3	■	3-3	1-0	3-3	2-5	1-0	1-0
Partick Thistle FC	0-1	0-6	0-1	2-3	1-1	1-2	2-4	3-2	1-5	1-4	5-1	0-2	■	1-3	1-2	0-6	2-3	1-7
Port Glasgow Athletic FC	1-1	0-1	1-4	0-1	2-3	2-1	0-0	1-0	1-2	2-0	0-2	0-0	2-2	■	2-1	2-0	3-0	1-1
Queen's Park FC	2-2	0-3	0-5	0-3	0-2	0-2	1-1	2-2	0-1	0-2	4-0	0-1	5-2	1-2	■	1-1	1-1	1-1
Rangers FC	3-1	2-0	1-3	2-2	2-0	4-1	4-0	4-3	0-0	1-1	8-0	3-1	2-0	7-0	2-3	■	1-1	2-2
St. Mirren FC	1-0	1-1	0-1	4-1	1-2	2-1	5-0	2-0	1-0	3-0	1-2	3-1	4-2	4-2	1-1	1-3	■	1-0
Third Lanark FC	2-0	1-2	1-1	1-1	2-1	3-1	6-1	1-3	1-0	4-0	1-1	3-1	7-0	0-4	2-2	1-0	0-1	■

	Division 1	Pd	Wn	Dw	Ls	GF	GA	Pts
1.	CELTIC FC (GLASGOW)	34	23	5	6	71	24	51
2.	Dundee FC (Dundee)	34	22	6	6	70	32	50
3.	Clyde FC (Glasgow)	34	21	6	7	61	37	48
4.	Rangers FC (Glasgow)	34	19	7	8	91	38	45
5.	Airdrieonians FC (Airdrie)	34	16	9	9	67	46	41
6.	Hibernian FC (Edinburgh)	34	16	7	11	40	32	39
7.	St. Mirren FC (Paisley)	34	15	6	13	53	45	36
8.	Aberdeen FC (Aberdeen)	34	15	6	13	61	53	36
9.	Falkirk FC (Falkirk)	34	13	7	14	58	56	33
10.	Kilmarnock FC (Kilmarnock)	34	13	7	14	47	61	33
11.	Third Lanark FC (Glasgow)	34	11	10	13	56	49	32
12.	Heart of Midlothian FC (Edinburgh)	34	12	8	14	54	49	32
13.	Port Glasgow Athletic FC (Port Glasgow)	34	10	8	16	39	52	28
14.	Motherwell FC (Motherwell)	34	11	6	17	47	73	28
15.	Queen's Park FC (Glasgow)	34	6	13	15	42	65	25
16.	Hamilton Academical FC (Hamilton)	34	6	12	16	42	72	24
17.	Morton FC (Greenock)	34	8	7	19	39	90	23
18.	Partick Thistle FC (Glasgow)	34	2	4	28	38	102	8
		612	239	134	239	976	976	612

Top goalscorer 1908-09

1) John HUNTER   (Dundee FC)   29

1908-1909 Scottish Football League Division 2	Abercorn	Albion Rovers	Arthurlie	Ayr	Ayr Parkhouse	Cowdenbeath	Dumbarton	East Stirling	Leith Athletic	Raith Rovers	St. Bernard's	Vale of Leven
Abercorn FC	■	3-1	5-2	1-0	4-0	6-0	1-0	1-1	3-1	1-0	2-1	1-1
Albion Rovers FC	1-2	■	3-3	2-0	1-2	3-1	2-4	0-1	1-0	1-0	2-0	5-0
Arthurlie FC	1-2	1-2	■	3-5	1-0	2-0	2-0	3-2	4-0	1-3	0-4	0-1
Ayr FC	2-1	5-1	3-0	■	1-2	3-0	5-0	4-1	4-1	2-1	1-4	2-1
Ayr Parkhouse FC	1-1	4-0	2-1	0-0	■	1-0	2-2	3-0	4-2	2-2	1-0	1-2
Cowdenbeath FC	0-2	1-4	2-0	2-2	2-1	■	2-2	0-1	0-1	0-0	2-1	0-2
Dumbarton FC	1-0	1-3	2-0	4-3	3-2	0-0	■	4-1	1-1	2-1	1-0	3-1
East Stirlingshire FC	0-0	4-1	3-1	3-1	3-0	2-1	1-0	■	1-3	0-1	1-4	1-0
Leith Athletic FC	1-2	6-2	5-1	2-0	1-0	2-0	2-0	1-0	■	0-3	3-0	2-2
Raith Rovers FC	0-0	3-1	6-2	4-0	3-0	4-1	1-1	2-0	0-0	■	4-1	4-2
St. Bernard's FC	2-1	1-1	1-0	0-0	1-0	2-5	4-2	2-0	3-2	3-3	■	0-2
Vale of Leven FC	1-0	5-0	4-1	3-0	1-1	1-0	0-1	1-1	2-1	2-1	4-0	■

Division 2

		Pd	Wn	Dw	Ls	GF	GA	Pts
1.	Abercorn FC (Paisley)	22	13	5	4	39	17	31
2.	Raith Rovers FC (Kirkcaldy)	22	11	6	5	46	22	28
3.	Vale of Leven FC (Alexandria)	22	12	4	6	38	25	28
4.	Dumbarton FC (Dumbarton)	22	10	5	7	34	34	25
5.	Ayr FC (Ayr)	22	10	3	9	43	36	23
6.	Leith Athletic FC (Edinburgh)	22	10	3	9	37	33	23
7.	Ayr Parkhouse FC (Ayr)	22	8	5	9	29	31	21
8.	St. Bernard's FC (Edinburgh)	22	9	3	10	34	27	21
9.	East Stirlingshire FC (Falkirk)	22	9	3	10	27	33	21
10.	Albion Rovers FC (Whifflet)	22	9	2	11	37	47	20
11.	Cowdenbeath FC (Cowdenbeath)	22	4	4	14	19	42	12
12.	Arthurlie FC (Barrhead)	22	5	1	16	29	55	11
		264	110	44	110	412	412	264

SCOTTISH CUP FINAL (Hampden Park, Glasgow – 10/04/1909 – 70,000)

Rangers FC (Glasgow)	2-2	Celtic FC (Glasgow)
Gilchrist, Bennett	*(H.T. 0-1)*	*Quinn, Munro*

Rangers: Rennie, Law, Craig, May, Stark, Galt, Bennett, Gilchrist, Campbell, McPherson, Smith.
Celtic: Adams, McNair, Weir, Young, Dodds, Hay, Munro, McMenemey, Quinn, Somers, Hamilton.

SCOTTISH CUP FINAL REPLAY (Hampden Park, Glasgow – 17/04/1909 – 60,000)

Rangers FC (Glasgow)	1-1	Celtic FC (Glasgow)
Gordon	*(H.T. 1-0)*	*Quinn*

Rangers: Rennie, Law, Craig, Gordon, Stark, Galt, Bennett, Gilchrist, Reid, McPherson, Smith.
Celtic: Adams, McNair, Weir, Young, Dodds, Hay, Kirlichan, McMenemey, Quinn, Somers, Hamilton.

Some newspapers had suggested that if the score was level at 90 minutes in the replay, extra-time would be played. However, the rules stated that extra-time applied only to a 3rd match "if necessary". When teams left the field after 90 minutes of the replay a section of the crowd began to protest which led to a full-scale riot in which pay-boxes were set on fire and hundreds of fans were injured. As both teams refused to take part in a 2nd replay the SFA decided to withhold the cup for this season.

Semi-finals (20/03/1909 – 27/03/1909)

Celtic FC (Glasgow)	0-0, 2-0	Clyde FC (Glasgow)
Falkirk FC (Falkirk)	0-1	Rangers FC (Glasgow)

1909-10 SEASON

1909-10 Scottish Football League Division 1	Aberdeen	Airdrieonians	Celtic	Clyde	Dundee	Falkirk	Hamilton	Hearts	Hibernian	Kilmarnock	Morton	Motherwell	Partick Thistle	Port Glasgow	Queen's Park	Rangers	St. Mirren	Third Lanark
Aberdeen FC	■	1-0	0-1	1-1	3-1	0-1	1-0	3-0	1-0	0-1	1-0	2-2	1-1	3-0	3-1	1-1	2-0	2-1
Airdrieonians FC	1-3	■	0-2	2-0	3-0	2-1	2-1	3-1	0-2	2-2	3-2	2-2	1-3	1-1	3-4	2-1	0-0	1-1
Celtic FC	2-0	3-1	■	2-1	1-0	2-0	3-1	1-0	0-0	2-1	3-0	2-2	3-1	4-0	6-0	1-1	1-1	2-0
Clyde FC	2-1	1-1	0-1	■	2-0	0-0	1-0	2-2	2-1	0-0	1-0	3-1	5-0	0-1	0-1	1-0	2-1	2-1
Dundee FC	0-0	3-0	0-0	1-1	■	1-0	2-1	4-1	4-2	2-2	2-1	2-0	1-1	4-0	3-0	4-2	2-1	2-0
Falkirk FC	1-0	4-1	2-0	6-1	6-1	■	2-1	2-1	2-0	4-0	2-0	3-1	2-0	0-0	1-1	3-1	1-1	3-1
Hamilton Academical FC	1-0	1-1	1-5	2-1	3-3	1-3	■	2-1	1-1	1-7	2-2	3-1	1-0	3-1	4-2	2-3	3-1	4-2
Heart of Midlothian FC	0-0	0-1	1-2	2-0	1-0	4-2	1-2	■	1-0	3-0	5-1	5-1	2-2	6-0	3-2	1-3	0-1	2-2
Hibernian FC	1-2	3-0	1-0	0-1	0-0	1-1	1-0	1-4	■	2-1	2-1	1-0	3-1	2-1	1-0	1-0	0-0	0-0
Kilmarnock FC	0-2	3-3	0-1	6-3	2-1	0-2	1-0	1-1	4-0	■	2-0	2-1	2-1	4-0	6-1	0-2	2-1	0-0
Morton FC	0-1	2-1	2-1	2-1	1-0	0-1	2-0	3-3	2-0	4-0	■	0-1	2-0	0-2	1-4	1-0	0-2	
Motherwell FC	2-1	0-1	1-3	0-0	1-1	2-2	2-2	1-0	3-1	3-1	5-0	■	2-2	6-3	3-0	2-3	5-2	1-3
Partick Thistle FC	1-1	1-1	1-3	1-1	1-0	2-2	2-3	1-3	3-1	3-0	0-1	2-1	■	3-1	0-2	0-0	3-2	0-0
Port Glasgow Athletic FC	0-3	1-2	2-3	0-5	0-3	0-1	2-1	0-2	0-2	1-1	1-1	0-1	2-4	■	3-0	1-1	0-2	2-4
Queen's Park FC	2-2	2-4	0-1	2-2	3-0	1-4	2-0	2-2	1-2	1-1	5-2	3-1	2-0	6-1	■	3-2	2-1	0-0
Rangers FC	2-1	3-0	0-0	1-0	2-1	0-1	5-1	1-0	1-0	3-0	2-1	4-1	2-1	4-0	7-1	■	1-1	1-0
St. Mirren FC	1-2	2-1	2-1	0-2	3-2	1-5	2-0	1-0	3-0	2-1	0-2	1-2	3-2	4-1	2-0	1-6	■	3-1
Third Lanark FC	2-0	3-0	0-1	1-3	0-2	1-1	2-2	3-1	0-1	7-0	6-2	0-2	3-1	5-0	3-0	2-1	5-2	■

	Division 1	Pd	Wn	Dw	Ls	GF	GA	Pts	
1.	CELTIC FC (GLASGOW)	34	24	6	4	63	22	54	
2.	Falkirk FC (Falkirk)	34	22	8	4	71	28	52	
3.	Rangers FC (Glasgow)	34	20	6	8	70	35	46	
4.	Aberdeen FC (Aberdeen)	34	16	8	10	44	29	40	
5.	Clyde FC (Glasgow)	34	14	9	11	47	40	37	
6.	Dundee FC (Dundee)	34	14	8	12	52	44	36	
7.	Third Lanark FC (Glasgow)	34	13	8	13	62	44	34	
8.	Hibernian FC (Edinburgh)	34	14	6	14	33	40	34	
9.	Airdrieonians FC (Airdrie)	34	12	9	13	46	57	33	
10.	Motherwell FC (Motherwell)	34	12	8	14	59	60	32	
11.	Kilmarnock FC (Kilmarnock)	34	12	8	14	53	59	32	
12.	Heart of Midlothian FC (Edinburgh)	34	12	7	15	59	50	31	
13.	St. Mirren FC (Paisley)	34	13	5	16	48	58	31	
14.	Queen's Park FC (Glasgow)	34	12	6	16	54	74	30	
15.	Hamilton Academical FC (Hamilton)	34	11	6	17	50	67	28	
16.	Partick Thistle FC (Glasgow)	34	8	10	16	45	59	26	
17.	Morton FC (Greenock)	34	11	3	20	38	60	25	
18.	Port Glasgow Athletic FC (Port Glasgow)	34	3	5	26	25	93	11	R
		612	243	126	243	919	919	612	

Top goalscorers 1909-10

1)	James QUINN	(Celtic FC)	24
	John SIMPSON	(Falkirk FC)	24
3)	John MURRAY	(Motherwell FC)	20
	James RICHARDSON	(Third Lanark FC)	20
5)	William HUNTER	(Rangers FC)	19

1909-1910 Scottish Football League Division 2	Abercorn	Albion Rovers	Arthurlie	Ayr	Ayr Parkhouse	Cowdenbeath	Dumbarton	East Stirling	Leith Athletic	Raith Rovers	St. Bernard's	Vale of Leven
Abercorn FC	■	3-2	2-3	2-0	2-1	1-0	5-2	2-1	3-1	1-1	3-3	2-2
Albion Rovers FC	5-2	■	4-1	2-0	1-3	1-1	3-1	2-1	1-2	0-0	3-2	2-1
Arthurlie FC	1-1	2-2	■	1-0	1-4	2-1	1-2	1-2	3-3	1-2	1-2	2-1
Ayr FC	2-1	4-3	2-2	■	2-0	1-1	3-1	2-1	1-3	2-3	3-0	4-3
Ayr Parkhouse FC	2-2	2-2	1-3	1-3	■	4-0	4-2	1-2	1-1	0-2	2-3	0-2
Cowdenbeath FC	2-1	1-0	1-2	2-2	1-0	■	1-3	2-1	2-0	0-1	3-0	2-1
Dumbarton FC	1-1	0-0	3-2	3-1	5-0	1-0	■	5-2	1-1	4-1	1-0	1-1
East Stirlingshire FC	3-1	1-0	2-2	2-5	3-0	3-0	3-2	■	2-2	1-2	3-1	2-0
Leith Athletic FC	3-0	1-0	3-0	3-0	2-0	4-0	2-1	3-0	■	0-0	1-0	3-0
Raith Rovers FC	2-0	3-0	4-2	2-0	1-0	3-2	2-1	1-0	2-2	■	2-1	0-0
St. Bernard's FC	1-1	4-0	2-1	3-0	1-0	1-0	2-1	6-2	1-1	2-1	■	6-1
Vale of Leven FC	2-2	4-1	3-0	1-0	2-1	2-0	3-3	3-1	1-3	2-1	1-2	■

Division 2

		Pd	Wn	Dw	Ls	GF	GA	Pts	
1.	Leith Athletic FC (Edinburgh)	22	13	7	2	44	19	33	
2.	Raith Rovers FC (Kirkcaldy)	22	14	5	3	36	21	33	P
3.	St. Bernard's FC (Edinburgh)	22	12	3	7	43	31	27	
4.	Dumbarton FC (Dumbarton)	22	9	5	8	44	38	23	
5.	Abercorn FC (Paisley)	22	7	8	7	38	40	22	
6.	Vale of Leven FC (Alexandria)	22	8	5	9	36	38	21	
7.	Ayr FC (Ayr)	22	9	3	10	37	40	21	*
8.	East Stirlingshire FC (Falkirk)	22	9	2	11	38	43	20	
9.	Albion Rovers FC (Whifflet)	22	7	5	10	34	39	19	
10.	Arthurlie FC (Barrhead)	22	6	5	11	34	47	17	
11.	Cowdenbeath FC (Cowdenbeath)	22	7	3	12	22	34	17	
12.	Ayr Parkhouse FC (Ayr)	22	4	3	15	27	43	11	*
		264	105	54	105	433	433	264	

Elected: Dundee Hibernian FC (Dundee)

* Ayr FC (Ayr) merged with Ayr Parkhouse FC (Ayr) to become Ayr United FC (Ayr) from the next season.

SCOTTISH CUP FINAL (Ibrox Park, Glasgow – 09/04/1910 – 60,000)

DUNDEE FC (DUNDEE)   2-2   Clyde FC (Glasgow)
Blair o.g., Langlands   (H.T. 0-2)   *Chalmers, Booth*

Dundee: Crumley, Lawson, Chaplin, Lee, Dainty, Comrie, Bellamy, Langlands, Hunter, McFarlane, Fraser.
Clyde: McTurk, Watson, Blair, Walker, McAteer, Robertson, Strling, McCartney, Chalmers, Jackson, Booth.

SCOTTISH CUP FINAL REPLAY   (Ibrox Park, Glasgow – 16/04/1910 – 25,000)
DUNDEE FC (DUNDEE)   0-0   Clyde FC (Glasgow)

Dundee: Crumley, Neal, Chaplin, Lee, Dainty, Comrie, Bellamy, Langlands, Hunter, McFarlane, Fraser.
Clyde: McTurk, Watson, Blair, Walker, McAteer, Robertson, Strling, McCartney, Chalmers, Jackson, Booth.

SCOTTISH CUP FINAL 2ND REPLAY   (Ibrox Park, Glasgow – 20/04/1910 – 25,000)
DUNDEE FC (DUNDEE)   2-1   Clyde FC (Glasgow)
Bellamy, Hunter   *(H.T. 1-1)*   *Chalmers*

Dundee: Crumley, Lawson, McEwan, Lee, Dainty, Comrie, Bellamy, Langlands, Hunter, McFarlane, Fraser.
Clyde: McTurk, Watson, Blair, Walker, McAteer, Robertson, Wylie, McCartney, Chalmers, Wyse, Booth.

Semi-finals   (12/03/1910 – 23/03/1910)

Clyde FC (Glasgow)	3-1	Celtic FC (Glasgow)
Hibernian FC (Edinburgh)	0-0, 0-0, 0-1	Dundee FC (Dundee)

(The 3rd match was played at Celtic Park)

1910-11 SEASON

1910-11 Scottish Football League Division 1	Aberdeen	Airdrieonians	Celtic	Clyde	Dundee	Falkirk	Hamilton	Hearts	Hibernian	Kilmarnock	Morton	Motherwell	Partick Thistle	Port Glasgow	Queen's Park	Rangers	St. Mirren	Third Lanark
Aberdeen FC	■	1-0	1-0	1-0	0-0	1-0	2-2	3-2	1-1	1-1	3-1	3-0	1-1	5-1	2-0	1-0	2-1	3-1
Airdrieonians FC	1-3	■	0-0	2-2	3-1	3-1	0-1	4-1	3-0	3-1	2-1	1-1	2-0	5-2	3-3	1-4	3-2	0-1
Celtic FC	0-0	3-0	■	2-0	2-1	0-0	3-0	0-0	2-0	2-0	0-1	3-0	2-0	2-0	5-0	0-1	5-0	0-0
Clyde FC	0-0	2-0	0-2	■	1-1	2-1	1-0	4-0	2-0	0-0	0-0	2-0	1-2	3-0	0-0	0-1	1-1	2-0
Dundee FC	2-0	1-0	1-0	1-0	■	1-1	2-0	4-1	1-1	2-1	1-2	3-1	2-1	5-0	3-1	0-2	5-1	2-1
Falkirk FC	1-1	2-1	2-1	4-1	0-1	■	4-0	3-1	2-1	2-2	3-2	3-1	3-0	3-0	0-0	2-2	3-2	4-2
Hamilton Academical FC	1-0	1-1	0-1	1-1	1-2	3-2	■	1-2	1-1	0-2	2-1	1-0	0-1	2-1	3-1	2-4	2-0	1-4
Heart of Midlothian FC	0-3	2-2	1-1	1-1	2-3	1-1	2-0	■	2-0	5-0	2-0	1-0	3-1	4-1	0-0	1-0	0-0	0-1
Hibernian FC	2-1	2-0	0-4	1-1	4-1	1-2	2-1	1-0	■	0-1	3-3	2-1	1-0	1-0	2-0	1-3	2-0	2-1
Kilmarnock FC	0-1	0-1	1-0	5-2	2-0	2-2	3-0	3-1	3-1	■	2-3	1-0	1-1	2-1	1-0	0-2	2-2	1-5
Morton FC	1-1	0-1	1-1	0-2	1-1	0-1	2-1	2-2	2-2	0-0	■	3-0	1-1	4-1	0-0	1-0	2-3	2-3
Motherwell FC	0-1	2-2	2-1	0-2	3-0	0-3	2-2	3-2	1-2	1-0	3-2	■	2-3	3-3	0-1	1-2	2-0	0-1
Partick Thistle FC	1-0	2-1	1-1	0-0	3-2	3-1	1-0	2-1	2-1	1-0	1-0	2-1	■	3-0	3-0	2-2	2-2	1-0
Queen's Park FC	2-4	0-1	0-1	1-3	1-2	0-2	2-1	2-0	0-1	1-1	0-0	1-0	0-3	■	2-1	0-4	2-0	1-4
Raith Rovers FC	0-1	1-1	2-1	1-2	2-1	2-2	2-0	3-2	1-3	1-1	2-0	0-1	2-2	1-1	■	0-2	4-0	2-2
Rangers FC	2-4	7-1	1-1	6-1	1-2	1-1	4-0	2-0	4-0	3-0	1-5	7-2	2-0	4-0	4-1	■	1-0	3-1
St. Mirren FC	2-0	3-1	1-1	0-2	1-0	1-3	1-0	3-0	2-0	1-1	1-2	4-1	2-1	3-1	2-1	2-1	■	1-2
Third Lanark FC	2-2	0-0	1-1	2-4	2-0	3-1	3-1	1-0	0-3	0-2	3-2	2-4	4-3	2-1	2-1	1-1	2-2	■

45

Division 1

		Pd	Wn	Dw	Ls	GF	GA	Pts
1.	RANGERS FC (GLASGOW)	34	23	6	5	90	34	52
2.	Aberdeen FC (Aberdeen)	34	19	10	5	53	28	48
3.	Falkirk FC (Falkirk)	34	17	10	7	65	42	44
4.	Partick Thistle FC (Glasgow)	34	17	8	9	50	41	42
5.	Celtic FC (Glasgow)	34	15	11	8	48	18	41
6.	Dundee FC (Dundee)	34	18	5	11	54	42	41
7.	Clyde FC (Glasgow)	34	14	11	9	45	36	39
8.	Third Lanark FC (Glasgow)	34	16	7	11	59	53	39
9.	Hibernian FC (Edinburgh)	34	15	6	13	44	48	36
10.	Kilmarnock FC (Kilmarnock)	34	12	10	12	42	45	34
11.	Airdrieonians FC (Airdrie)	34	12	9	13	49	53	33
12.	St. Mirren FC (Paisley)	34	12	7	13	46	57	31
13.	Morton FC (Greenock)	34	9	11	14	49	51	29
14.	Heart of Midlothian FC (Edinburgh)	34	8	8	18	42	59	24
15.	Raith Rovers FC (Kirkcaldy)	34	7	10	17	36	55	24
16.	Hamilton Academical FC (Hamilton)	34	8	5	21	31	60	21
17.	Motherwell FC (Motherwell)	34	8	4	22	37	66	20
18.	Queen's Park FC (Glasgow)	34	5	4	25	28	80	14
		612	235	142	235	868	868	612

Top goalscorer 1910-11

1) William REID   (Rangers FC)   38

1910-1911 Scottish Football League Division 2	Abercorn	Albion Rovers	Arthurlie	Ayr United	Cowdenbeath	Dumbarton	Dundee Hibernian	East Stirling	Leith Athletic	Port Glasgow	St. Bernard's	Vale of Leven
Abercorn FC		1-0	2-0	3-3	1-3	3-2	1-2	3-2	1-4	3-0	1-0	1-2
Albion Rovers FC	2-1		3-2	1-2	1-0	3-0	0-0	1-0	2-2	0-1	2-1	1-1
Arthurlie FC	2-1	1-1		1-4	2-0	1-3	3-1	0-0	5-1	3-0	1-0	2-0
Ayr United FC	3-4	1-2	2-0		3-0	5-1	3-0	4-0	3-1	2-0	5-1	2-2
Cowdenbeath FC	2-1	0-0	1-0	5-1		2-3	3-0	1-0	2-0	4-0	3-1	1-2
Dumbarton FC	4-1	2-0	4-1	3-2	2-0		3-1	4-0	2-0	2-1	8-2	1-0
Dundee Hibernian FC	4-1	1-0	2-0	1-1	2-0	0-3		0-0	2-3	4-1	1-2	1-1
East Stirlingshire FC	5-1	0-1	1-1	2-0	1-1	2-0	3-1		3-3	3-0	2-0	1-0
Leith Athletic FC	4-2	1-0	1-1	4-6	1-1	1-3	1-1	3-1		1-0	2-3	3-2
Port Glasgow Athletic FC	2-3	3-1	3-0	1-0	5-1	2-0	1-2	4-0	1-1		0-0	1-1
St. Bernard's FC	3-2	0-3	3-0	4-1	0-0	2-1	4-3	5-1	1-3	0-1		2-0
Vale of Leven FC	1-2	1-2	0-0	0-1	1-1	1-1	2-0	1-1	1-2	1-0	1-2	

	Division 2	Pd	Wn	Dw	Ls	GF	GA	Pts	
1.	Dumbarton FC (Dumbarton)	22	15	1	6	52	30	31	
2.	Ayr United FC (Ayr)	22	12	3	7	54	36	27	
3.	Albion Rovers FC (Whifflet)	22	10	5	7	26	21	25	
4.	Leith Athletic FC (Edinburgh)	22	9	6	7	42	43	24	
5.	Cowdenbeath FC (Cowdenbeath)	22	9	5	8	31	27	23	
6.	St. Bernard's FC (Edinburgh)	22	10	2	10	36	41	22	
7.	East Stirlingshire FC (Falkirk)	22	7	6	9	28	34	20	
8.	Port Glasgow Athletic FC (Port Glasgow)	22	8	3	11	27	32	19	*
9.	Dundee Hibernian FC (Dundee)	22	7	5	10	29	36	19	
10.	Arthurlie FC (Barrhead)	22	7	5	10	26	33	19	
11.	Abercorn FC (Paisley)	22	9	1	12	39	50	19	
12.	Vale of Leven FC (Alexandria)	22	4	8	10	21	28	16	
		264	107	50	107	411	411	264	

* Port Glasgow Athletic FC (Port Glasgow) resigned from the league and later disbanded.

Elected: St. Johnstone FC (Perth)

SCOTTISH CUP FINAL   (Ibrox Park, Glasgow – 08/04/1911 – 45,000)

CELTIC FC (GLASGOW)   0-0   Hamilton Academical FC (Hamilton)

Celtic: Adams, McNair, Dodds, Young, McAteer, Hay, Kirlichan, McMenemey, Quinn, Hastie, Hamilton.
Hamilton: J. Watson, Davie, Millar, P. Watson, W. McLaughlin, Eglinton, J.H. McLaughlin, Waugh, Hunter, Hastie, McNeil.

SCOTTISH CUP FINAL REPLAY   (Ibrox Park, Glasgow – 15/04/1911 – 25,000)

CELTIC FC (GLASGOW)   2-0   Hamilton Academical FC (Hamilton)
Quinn, McAteer   *(H.T. 2-0)*

Celtic: Adams, McNair, Dodds, Young, McAteer, Hay, Kirlichan, McMenemey, Quinn, McAtee, Hamilton.
Hamilton: J. Watson, Davie, Millar, P. Watson, W. McLaughlin, Eglinton, J.H. McLaughlin, Waugh, Hunter, Hastie, McNeil.

Semi-finals   (11/03/1911)

Celtic FC (Glasgow)	1-0	Aberdeen FC (Aberdeen)
Hamilton Academical FC (Hamilton)	3-2	Dundee FC (Dundee)

1911-12 SEASON

1911-1912 Season Scottish Football League Division 1	Aberdeen	Airdrieonians	Celtic	Clyde	Dundee	Falkirk	Hamilton	Hearts	Hibernian	Kilmarnock	Morton	Motherwell	Partick Thistle	Port Glasgow	Queen's Park	Rangers	St. Mirren	Third Lanark
Aberdeen FC		3-0	1-1	0-0	2-1	1-0	2-0	1-0	1-1	1-2	1-2	0-1	3-1	3-0	3-1	1-2	2-1	1-2
Airdrieonians FC	3-0		0-0	0-1	0-0	2-1	1-1	2-0	1-0	1-0	0-1	1-0	1-2	4-2	5-1	2-2	1-2	1-1
Celtic FC	1-0	3-0		3-2	2-0	3-1	2-1	1-1	3-1	2-0	1-1	2-0	3-0	2-1	1-1	3-0	3-1	3-1
Clyde FC	0-1	2-1	1-1		3-0	1-2	3-0	1-2	1-0	3-1	1-0	1-2	2-1	0-1	2-0	0-2	3-0	1-0
Dundee FC	4-0	1-1	3-1	2-0		1-1	2-0	1-1	3-2	5-2	0-3	3-1	0-2	4-0	2-2	2-1	4-0	3-1
Falkirk FC	3-0	2-1	1-1	2-1	0-0		1-0	2-2	1-0	2-0	2-1	1-3	0-1	3-1	0-3	0-2	3-1	7-0
Hamilton Academical FC	1-1	1-2	1-0	0-0	0-1	1-3		1-1	3-0	4-0	3-1	1-0	0-3	2-1	0-1	1-1	1-0	1-1
Heart of Midlothian FC	1-2	2-1	2-1	1-0	1-4	0-2	2-0		3-0	1-1	2-0	2-1	2-1	0-0	2-0	2-1	1-2	4-0
Hibernian FC	1-1	2-1	1-1	1-2	2-1	5-0	1-0	0-4		0-1	1-2	1-0	4-0	2-0	3-0	5-0	0-0	3-2
Kilmarnock FC	3-0	2-1	0-2	1-3	1-0	1-0	2-3	1-3	1-2		1-0	1-1	0-1	1-2	3-1	3-2	1-1	0-0
Morton FC	2-1	1-0	1-1	1-3	4-2	2-1	3-1	2-2	2-1	2-0		0-2	2-0	2-2	0-1	2-1	1-0	0-1
Motherwell FC	2-0	0-0	3-2	2-3	0-0	2-0	0-2	0-3	0-2	0-1	0-1		1-2	1-0	3-0	1-2	3-2	2-1
Partick Thistle FC	3-1	1-2	1-1	1-0	2-0	0-0	0-0	2-2	3-0	3-1	1-1	1-0		2-1	2-2	0-1	0-0	2-2
Queen's Park FC	2-5	2-1	1-4	2-2	1-0	0-2	0-0	0-3	2-0	1-0	1-1	1-1	0-1		2-1	0-0	2-0	1-1
Raith Rovers FC	1-1	0-1	1-2	0-5	1-1	1-0	1-2	3-1	2-2	3-2	1-1	3-0	3-2	0-0		0-1	1-1	4-0
Rangers FC	2-0	4-1	3-1	1-2	2-1	4-0	7-0	2-1	2-0	6-1	6-1	3-1	4-1	1-0	5-0		4-0	4-0
St. Mirren FC	1-3	1-1	1-1	0-2	1-1	1-1	0-1	2-0	2-1	2-4	1-1	1-0	0-3	2-0	2-0	1-5		1-1
Third Lanark FC	0-2	0-1	1-0	1-5	1-0	1-2	1-0	3-0	2-0	2-0	3-1	1-1	1-2	2-0	2-0	1-3	4-2	

	Division 1	Pd	Wn	Dw	Ls	GF	GA	Pts
1.	RANGERS FC (GLASGOW)	34	24	3	7	86	34	51
2.	Celtic FC (Glasgow)	34	17	11	6	58	33	45
3.	Clyde FC (Glasgow)	34	19	4	11	56	32	42
4.	Heart of Midlothian FC (Edinburgh)	34	16	8	10	54	40	40
5.	Partick Thistle FC (Glasgow)	34	16	8	10	47	40	40
6.	Morton FC (Greenock)	34	14	9	11	44	44	37
7.	Falkirk FC (Falkirk)	34	15	6	13	46	43	36
8.	Dundee FC (Dundee)	34	13	9	12	52	41	35
9.	Aberdeen FC (Aberdeen)	34	14	7	13	44	44	35
10.	Airdrieonians FC (Airdrie)	34	12	8	14	40	41	32
11.	Third Lanark FC (Glasgow)	34	12	7	15	40	57	31
12.	Hamilton Academical FC (Hamilton)	34	11	8	15	32	44	30
13.	Hibernian FC (Edinburgh)	34	12	5	17	44	47	29
14.	Motherwell FC (Motherwell)	34	11	5	18	34	44	27
15.	Raith Rovers FC (Kirkcaldy)	34	9	9	16	39	59	27
16.	Kilmarnock FC (Kilmarnock)	34	11	4	19	38	60	26
17.	Queen's Park FC (Glasgow)	34	8	9	17	29	53	25
18.	St. Mirren FC (Paisley)	34	7	10	17	32	59	24
		612	241	130	241	815	815	612

Top goalscorer 1911-12

1) William REID   (Rangers FC)   33

1911-1912 Scottish Football League Division 2	Abercorn	Albion Rovers	Arthurlie	Ayr United	Cowdenbeath	Dumbarton	Dundee Hibernian	East Stirling	Leith Athletic	St. Bernard's	St. Johnstone	Vale of Leven
Abercorn FC	■	3-1	1-1	0-1	2-2	2-1	3-1	3-0	3-0	3-0	2-1	3-2
Albion Rovers FC	1-4	■	0-1	0-2	2-5	2-1	1-0	4-1	1-0	2-3	0-1	1-0
Arthurlie FC	0-1	5-0	■	0-1	1-0	4-2	1-1	0-1	3-4	2-2	4-1	4-2
Ayr United FC	4-2	4-0	3-0	■	4-0	2-1	6-0	2-0	4-2	3-2	1-1	4-0
Cowdenbeath FC	2-0	2-1	0-1	1-2	■	0-3	2-0	1-0	3-1	5-0	3-1	1-3
Dumbarton FC	1-5	2-0	1-0	6-1	2-0	■	1-0	2-1	5-2	3-0	4-1	2-0
Dundee Hibernian FC	1-1	0-1	0-0	2-2	5-2	4-2	■	1-0	1-0	2-2	1-0	0-1
East Stirlingshire FC	0-0	0-0	2-0	1-0	0-1	1-0	3-1	■	0-1	2-4	2-2	2-0
Leith Athletic FC	2-1	1-0	1-0	1-3	2-2	2-2	3-0	2-0	■	2-0	0-0	0-0
St. Bernard's FC	0-1	1-0	1-1	2-2	0-1	2-1	7-1	1-3	2-1	■	2-0	5-0
St. Johnstone FC	1-0	3-1	4-1	1-0	0-3	0-1	1-0	3-1	2-0	0-0	■	2-0
Vale of Leven FC	0-3	2-1	2-1	2-3	1-3	2-4	2-0	3-1	2-4	1-2	1-4	■

Division 2

		Pd	Wn	Dw	Ls	GF	GA	Pts
1.	Ayr United FC (Ayr)	22	16	3	3	54	24	35
2.	Abercorn FC (Paisley)	22	13	4	5	43	22	30
3.	Dumbarton FC (Dumbarton)	22	13	1	8	47	31	27
4.	Cowdenbeath FC (Cowdenbeath)	22	12	2	8	39	31	26
5.	St. Johnstone FC (Perth)	22	10	4	8	29	27	24
6.	St. Bernard's FC (Edinburgh)	22	9	5	8	38	36	23
7.	Leith Athletic FC (Edinburgh)	22	9	4	9	31	34	22
8.	Arthurlie FC (Barrhead)	22	7	5	10	30	30	19
9.	East Stirlingshire FC (Falkirk)	22	7	3	12	21	31	17
10.	Dundee Hibernian FC (Dundee)	22	5	5	12	21	41	15
11.	Albion Rovers FC (Whifflet)	22	6	1	15	19	41	13
12.	Vale of Leven FC (Alexandria)	22	6	1	15	26	50	13
		264	113	38	113	398	398	264

Elected: Dunfermline Athletic FC (Dunfermline), Johnstone FC (Johnstone)

Division 2 was extended to 14 clubs for next season

SCOTTISH CUP FINAL (Ibrox Park, Glasgow – 06/04/1912 – 45,000)

CELTIC FC (GLASGOW)   2-0   Clyde FC (Glasgow)
McMenemey, Gallagher   (H.T. 1-0)

Celtic: Mulrooney, McNair, Dodds, Young, Loney, Johnstone, McAtee, Gallagher, Quinn, McMenemey, Brown.
Clyde: Grant, Gilligan, Blair, Walker, McAndrew, Collins, Hamilton, Jackson, Morrison, Carmichael, Stevens.

Semi-finals (09/03/1912 – 30/03/1912)

| Celtic FC (Glasgow) | 3-0 | Heart of Midlothian FC (Edinburgh) |
| Clyde FC (Glasgow) | 3-1 | Third Lanark FC (Glasgow) |

1912-13 SEASON

1912-1913 Scottish Football League Division 1	Aberdeen	Airdrieonians	Celtic	Clyde	Dundee	Falkirk	Hamilton	Hearts	Hibernian	Kilmarnock	Morton	Motherwell	Partick Thistle	Port Glasgow	Queen's Park	Rangers	St. Mirren	Third Lanark
Aberdeen FC	■	4-1	3-0	0-1	1-0	2-2	2-0	0-1	1-3	0-0	0-0	2-2	3-1	4-0	2-0	1-3	4-0	2-0
Airdrieonians FC	1-1	■	1-4	2-3	1-1	5-1	4-0	1-0	1-0	3-2	5-1	1-1	2-0	4-3	0-1	3-0	2-2	3-2
Celtic FC	2-0	1-1	■	3-0	2-0	1-2	2-1	1-0	1-1	4-1	1-0	1-2	1-0	1-0	4-1	3-2	2-1	2-0
Clyde FC	0-1	0-0	1-1	■	2-2	0-0	2-1	0-0	2-0	0-0	0-1	3-2	1-0	3-0	1-0	0-1	2-2	1-1
Dundee FC	1-3	1-1	3-1	1-3	■	2-2	2-1	3-0	2-2	0-0	0-1	0-0	1-0	1-0	1-0	0-0	0-0	1-0
Falkirk FC	3-1	2-3	0-0	0-2	2-0	■	6-0	2-0	0-2	0-0	2-1	1-1	2-0	3-1	0-1	2-0	2-0	2-2
Hamilton Academical FC	3-0	1-3	0-1	0-1	1-0	0-0	■	4-2	3-1	3-1	3-1	0-0	2-0	2-1	4-0	0-2	3-1	0-0
Heart of Midlothian FC	4-1	1-1	0-0	3-2	4-3	0-2	0-0	■	1-0	5-0	4-2	0-1	4-0	10-3	2-0	1-1	2-0	1-2
Hibernian FC	3-1	2-2	1-0	3-1	4-0	3-3	3-1	0-3	■	4-0	3-1	1-2	1-0	3-0	1-2	0-1	1-1	1-4
Kilmarnock FC	3-1	0-1	0-2	3-2	2-0	1-1	1-1	2-2	0-1	■	1-1	0-1	2-1	2-1	4-3	2-3	2-1	2-0
Morton FC	0-1	2-0	1-2	3-0	1-1	1-1	3-1	1-2	0-3	1-3	■	2-2	3-1	2-1	1-0	0-3	3-2	4-0
Motherwell FC	1-1	2-1	1-0	0-1	0-0	1-4	0-0	1-2	5-1	0-1	2-0	■	4-1	6-3	1-1	1-2	3-1	0-0
Partick Thistle FC	0-1	1-1	2-3	2-2	2-0	2-1	2-1	1-3	1-2	4-1	5-3	1-1	■	1-0	2-0	2-3	2-1	3-1
Queen's Park FC	0-1	0-4	0-1	3-0	1-3	2-1	0-1	1-6	3-5	1-1	3-0	1-1	0-0	■	1-0	2-3	2-3	0-2
Raith Rovers FC	0-0	2-4	2-1	5-1	0-0	0-1	3-5	3-3	4-2	0-0	2-2	2-0	0-2	5-0	■	2-2	2-2	1-3
Rangers FC	3-1	4-2	0-1	3-1	3-3	2-1	3-2	2-4	5-3	3-0	1-1	3-1	2-0	4-0	4-0	■	2-1	2-1
St. Mirren FC	2-2	1-0	1-3	1-0	2-0	1-4	0-0	2-1	0-3	4-0	3-2	2-1	2-1	5-0	4-4	0-3	■	2-2
Third Lanark FC	0-0	0-0	0-1	0-3	4-1	1-1	0-0	1-0	3-0	0-0	1-5	0-1	1-0	0-1	0-0	0-1	0-0	■

Division 1

		Pd	Wn	Dw	Ls	GF	GA	Pts
1.	RANGERS FC (GLASGOW)	34	24	5	5	76	41	53
2.	Celtic FC (Glasgow)	34	22	5	7	53	28	49
3.	Heart of Midlothian FC (Edinburgh)	34	17	7	10	71	43	41
4.	Airdrieonians FC (Airdrie)	34	15	11	8	64	46	41
5.	Falkirk FC (Falkirk)	34	14	12	8	56	38	40
6.	Motherwell FC (Motherwell)	34	12	13	9	47	39	37
7.	Aberdeen FC (Aberdeen)	34	14	9	11	47	40	37
8.	Hibernian FC (Edinburgh)	34	16	5	13	63	54	37
9.	Clyde FC (Glasgow)	34	13	9	12	41	44	35
10.	Hamilton Academical FC (Hamilton)	34	12	8	14	44	47	32
11.	Kilmarnock FC (Kilmarnock)	34	10	11	13	37	54	31
12.	St. Mirren FC (Paisley)	34	10	10	14	50	60	30
13.	Morton FC (Greenock)	34	11	7	16	50	59	29
14.	Dundee FC (Dundee)	34	8	13	13	33	46	29
15.	Third Lanark FC (Glasgow)	34	8	12	14	31	41	28
16.	Raith Rovers FC (Kirkcaldy)	34	8	10	16	46	60	26
17.	Partick Thistle FC (Glasgow)	34	10	4	20	40	55	24
18.	Queen's Park FC (Glasgow)	34	5	3	26	34	88	13
		612	229	154	229	883	883	612

Top goalscorer 1912-13

1) James REID   (Airdrieonians FC)   30

1912-1913 Scottish Football League Division 2	Abercorn	Albion Rovers	Arthurlie	Ayr United	Cowdenbeath	Dumbarton	Dundee Hibernian	Dunfermline	East Stirling	Johnstone	Leith Athletic	St. Bernard's	St. Johnstone	Vale of Leven
Abercorn FC	■	1-0	1-0	0-0	3-1	1-2	2-0	0-1	2-2	2-0	1-1	3-0	2-1	2-0
Albion Rovers FC	0-0	■	4-2	0-1	0-3	1-0	5-1	2-1	0-0	3-1	3-0	3-2	2-1	5-0
Arthurlie FC	2-3	3-1	■	1-2	0-2	0-2	4-1	2-2	1-1	2-0	4-1	2-1	3-0	1-0
Ayr United FC	0-2	3-0	1-1	■	1-0	1-1	0-0	1-0	3-0	5-0	3-0	3-0	3-1	6-0
Cowdenbeath FC	0-1	2-0	1-1	1-1	■	2-1	1-1	2-2	1-2	2-0	3-1	2-0	2-2	1-0
Dumbarton FC	3-0	3-2	4-0	1-0	0-1	■	2-0	2-1	0-1	1-1	2-1	0-2	1-0	1-1
Dundee Hibernian FC	3-0	2-1	3-1	1-0	0-0	3-3	■	1-1	2-3	7-1	2-1	1-1	1-1	1-2
Dunfermline Athletic FC	3-0	5-2	5-1	0-0	1-0	3-0	0-0	■	1-0	2-1	1-1	2-0	1-0	4-0
East Stirlingshire FC	5-1	0-1	4-2	0-0	0-1	3-1	1-1	4-2	■	1-1	1-1	2-0	2-0	1-2
Johnstone FC	1-1	3-0	1-0	2-1	4-2	2-1	4-1	1-1	0-2	■	1-0	1-2	1-0	2-0
Leith Athletic FC	1-1	0-0	4-1	1-4	0-3	2-2	2-0	0-2	0-3	1-0	■	3-0	0-1	1-1
St. Bernard's FC	3-0	3-2	0-0	3-0	2-1	1-3	3-0	4-1	2-1	1-1	1-2	■	1-0	2-0
St. Johnstone FC	1-1	2-1	3-2	3-3	1-2	1-0	2-0	1-2	1-3	2-2	2-2	1-0	■	1-1
Vale of Leven FC	1-3	1-0	2-1	1-3	3-0	0-2	2-2	2-1	1-1	3-0	5-0	0-2	0-1	■

Division 2

		Pd	Wn	Dw	Ls	GF	GA	Pts	
1.	Ayr United FC (Ayr)	26	13	8	5	45	19	34	P
2.	Dunfermline Athletic FC (Dunfermline)	26	13	7	6	45	27	33	
3.	East Stirlingshire FC (Falkirk)	26	12	8	6	43	27	32	
4.	Abercorn FC (Paisley)	26	12	7	7	33	31	31	
5.	Cowdenbeath FC (Cowdenbeath)	26	12	6	8	36	27	30	
6.	Dumbarton FC (Dumbarton)	26	12	5	9	38	30	29	P
7.	St. Bernard's FC (Edinburgh)	26	12	3	11	36	34	27	
8.	Johnstone FC (Johnstone)	26	9	6	11	31	43	24	
9.	Albion Rovers FC (Whifflet)	26	10	3	13	38	40	23	
10.	Dundee Hibernian FC (Dundee)	26	6	10	10	34	43	22	
11.	St. Johnstone FC (Perth)	26	7	7	12	29	38	21	
12.	Vale of Leven FC (Alexandria)	26	8	5	13	28	44	21	
13.	Arthurlie FC (Barrhead)	26	7	5	14	37	49	19	
14.	Leith Athletic FC (Edinburgh)	26	5	8	13	26	47	18	
		364	138	88	138	499	499	364	

** Ayr United FC (Ayr) and Dumbarton FC (Dumbarton) were elected to Division 1 which was extended to 20 clubs for the next season with Division 2 being reduced to 12 clubs.

SCOTTISH CUP FINAL   (Celtic Park, Glasgow – 12/04/1913 – 45,000)

FALKIRK FC (FALKIRK)   2-0   Raith Rovers FC (Kirkcaldy)
Robertson, Logan   *(H.T. 1-0)*

Falkirk: Stewart, Orrock, Donaldson, McDonald, T. Logan, McMillan, McNaught, Gibbons, Robertson, Croal, Terris.

Raith: McLeod, Morrison, Cumming, J. Gibson, J. Logan, Anderson, Cranston, Graham, Martin, Gourlay, F. Gibson.

Semi-finals   (29/03/1913 – 05/04/1913)

Falkirk FC (Falkirk)   1-0   Heart of Midlothian FC (Edinburgh)
Raith Rovers FC (Kirkcaldy)   1-1, 1-0   Clyde FC (Glasgow)

1913-14 SEASON

1913-1914 Scottish Football League Division 1	Aberdeen	Airdrieonians	Ayr United	Celtic	Clyde	Dumbarton	Dundee	Falkirk	Hamilton	Hearts	Hibernian	Kilmarnock	Morton	Motherwell	Partick Thistle	Queen's Park	Raith Rovers	Rangers	St. Mirren	Third Lanark
Aberdeen FC	■	0-0	2-2	0-1	1-2	2-3	2-2	0-0	5-0	0-1	1-2	1-2	2-1	0-0	0-0	2-1	1-0	0-0	2-1	0-0
Airdrieonians FC	4-1	■	1-1	0-1	1-1	4-1	3-0	0-0	3-2	2-2	4-3	3-1	7-1	3-1	0-0	3-3	5-2	0-3	3-1	0-0
Ayr United FC	2-1	0-2	■	0-6	2-0	1-2	1-3	3-2	3-1	0-4	1-2	0-0	0-2	4-0	2-1	2-2	0-0	1-2	2-0	2-0
Celtic FC	2-1	1-0	5-1	■	2-0	4-0	1-0	4-0	1-0	0-0	3-0	4-0	3-0	0-0	1-1	5-0	2-1	4-0	0-2	3-0
Clyde FC	1-0	0-0	1-2	0-1	■	0-0	2-1	1-1	0-2	2-2	4-0	0-0	3-0	5-0	2-1	3-1	0-1	0-1	0-3	3-1
Dumbarton FC	0-1	1-0	2-1	0-4	1-3	■	2-3	0-4	1-1	2-1	0-3	1-1	2-6	1-1	1-0	4-0	2-2	0-3	2-1	2-0
Dundee FC	0-1	2-0	2-0	0-1	2-0	5-1	■	4-1	1-0	2-2	2-2	3-1	1-2	2-1	4-1	5-2	1-0	0-2	1-0	3-1
Falkirk FC	2-0	1-1	1-3	1-0	1-0	3-1	4-0	■	2-1	0-0	3-2	4-1	1-1	2-0	4-3	3-2	4-0	4-1	3-1	1-1
Hamilton Academical FC	3-0	2-4	4-0	1-2	1-1	3-1	1-1	1-1	■	1-3	0-1	6-0	1-1	1-0	2-1	2-3	1-0	0-1	1-0	0-1
Heart of Midlothian FC	4-0	3-1	2-1	2-0	1-0	5-1	3-0	1-0	1-0	■	3-1	0-1	4-0	2-1	1-0	1-0	2-1	6-0	0-0	
Hibernian FC	1-0	1-4	0-5	1-2	1-1	4-1	0-3	6-0	1-2		■	0-1	1-2	2-0	0-2	2-3	0-3	0-3	5-3	1-0
Kilmarnock FC	1-2	3-2	0-1	0-1	2-2	6-0	0-0	2-3	5-2	0-3	0-3	■	0-1	2-0	2-0	3-0	3-1	1-6	3-1	1-1
Morton FC	3-1	0-2	2-1	0-4	2-0	3-1	3-0	6-0	4-2	3-0	2-1	2-0	■	3-1	1-0	2-1	2-1	0-1	4-0	3-1
Motherwell FC	3-2	0-1	2-0	1-1	2-1	4-3	0-1	1-2	3-1	0-2	2-3	4-0	2-3	■	1-1	1-3	3-2	1-0	3-0	1-2
Partick Thistle	0-1	0-1	0-3	0-0	1-1	2-1	2-1	1-2	0-2	2-1	3-0	4-2	1-3	2-1	■	1-1	2-1	1-1	2-1	1-0
Queen's Park FC	2-2	0-2	3-3	0-2	0-2	3-0	0-4	3-1	0-0	1-1	4-2	3-1	1-3	4-2	1-0	■	2-0	0-6	0-0	2-2
Raith Rovers FC	4-1	1-1	5-1	1-2	2-0	1-2	4-1	0-1	5-2	0-0	1-1	1-1	1-2	0-3	3-0	1-0	■	0-3	5-1	3-0
Rangers FC	5-1	2-0	5-2	0-2	2-1	3-2	0-1	3-2	3-0	3-2	1-1	1-0	1-0	0-0	3-0	4-0		■	2-1	2-0
St. Mirren FC	0-2	1-4	1-1	0-3	3-2	1-1	0-3	1-1	1-0	1-0	3-3	1-1	0-2	4-0	1-0	3-1	0-1	0-1	■	1-2
Third Lanark FC	0-0	1-1	4-2	1-3	0-0	1-0	2-1	2-1	1-2	2-1	2-1	1-1	3-1	0-1	2-1	5-0	0-2	2-4	1-0	■

Division 1

		Pd	Wn	Dw	Ls	GF	GA	Pts
1.	CELTIC FC (GLASGOW)	38	30	5	3	81	14	65
2.	Rangers FC (Glasgow)	38	27	5	6	79	31	59
3.	Heart of Midlothian FC (Edinburgh)	38	23	8	7	70	29	54
4.	Morton FC (Greenock)	38	26	2	10	76	51	54
5.	Falkirk FC (Falkirk)	38	20	9	9	69	51	49
6.	Airdrieonians FC (Airdrie)	38	18	12	8	72	43	48
7.	Dundee FC (Dundee)	38	19	5	14	64	53	43
8.	Third Lanark FC (Glasgow)	38	13	10	15	42	51	36
9.	Clyde FC (Glasgow)	38	11	11	16	44	44	33
10.	Ayr United FC (Ayr)	38	13	7	18	56	72	33
11.	Raith Rovers FC (Kirkcaldy)	38	13	6	19	56	57	32
12.	Kilmarnock FC (Kilmarnock)	38	11	9	18	48	68	31
13.	Hibernian FC (Edinburgh)	38	12	6	20	58	75	30
14.	Aberdeen FC (Aberdeen)	38	10	10	18	38	55	30
15.	Partick Thistle FC (Glasgow)	38	10	9	19	37	51	29
16.	Queen's Park FC (Glasgow)	38	10	9	19	52	84	29
17.	Hamilton Academical FC (Hamilton)	38	11	6	21	49	66	28
18.	Motherwell FC (Motherwell)	38	11	6	21	46	65	28
19.	Dumbarton FC (Dumbarton)	38	10	7	21	45	87	27
20.	St. Mirren FC (Paisley)	38	8	6	24	38	73	22
		760	306	148	306	1120	1120	760

Top goalscorer 1913-14

1) James REID   (Airdrieonians FC)   27

1913-1914 Scottish Football League Division 2	Abercorn	Albion Rovers	Arthurlie	Cowdenbeath	Dundee Hibernian	Dunfermline	East Stirling	Johnstone	Leith Athletic	St. Bernard's	St. Johnstone	Vale of Leven
Abercorn FC		1-0	2-1	0-0	2-0	1-6	2-1	3-1	1-1	3-3	0-1	4-0
Albion Rovers FC	4-1		1-1	3-1	2-1	1-0	1-1	5-1	6-4	2-1	2-2	2-1
Arthurlie FC	0-2	3-0		1-0	3-2	3-2	2-2	4-1	5-0	3-3	2-0	2-0
Cowdenbeath FC	2-1	0-0	1-0		7-0	0-0	2-1	2-0	2-0	3-0	2-0	3-1
Dundee Hibernian FC	2-1	2-2	1-0	3-0		2-1	3-1	5-0	1-1	1-3	3-2	2-0
Dunfermline Athletic FC	2-0	3-2	6-1	0-0	1-0		1-1	7-1	1-0	2-1	4-3	2-3
East Stirlingshire FC	2-1	2-0	3-2	3-0	1-3	4-3		5-0	2-1	1-1	2-2	1-1
Johnstone FC	1-3	0-0	2-1	0-0	1-0	1-2	1-1		0-1	1-1	3-1	4-0
Leith Athletic FC	3-0	1-1	2-0	0-1	1-1	1-1	1-1	5-1		1-1	1-1	1-0
St. Bernard's FC	0-1	0-1	1-0	1-2	1-2	1-0	5-2	3-0	4-0		1-1	4-2
St. Johnstone FC	2-1	5-0	6-0	2-3	0-0	0-3	5-3	4-2	4-3	1-3		4-0
Vale of Leven FC	0-2	2-3	1-1	1-3	1-2	2-1	1-0	2-0	3-3	2-1	0-2	

Division 2

		Pd	Wn	Dw	Ls	GF	GA	Pts
1.	Cowdenbeath FC (Cowdenbeath)	22	13	5	4	34	17	31
2.	Albion Rovers FC (Whifflet)	22	10	7	5	38	33	27
3.	Dunfermline Athletic FC (Dunfermline)	22	11	4	7	46	28	26
4.	Dundee Hibernian FC (Dundee)	22	11	4	7	36	31	26
5.	St. Johnstone FC (Perth)	22	9	5	8	48	38	23
6.	Abercorn FC (Paisley)	22	10	3	9	32	32	23
7.	St. Bernard's FC (Edinburgh)	22	8	6	8	39	31	22
8.	East Stirlingshire FC (Falkirk)	22	7	8	7	40	36	22
9.	Arthurlie FC (Barrhead)	22	8	4	10	35	38	20
10.	Leith Athletic FC (Edinburgh)	22	5	9	8	31	37	19
11.	Vale of Leven FC (Alexandria)	22	5	3	14	23	47	13
12.	Johnstone FC (Johnstone)	22	4	4	14	21	55	12
		264	101	62	101	423	423	264

Elected: Clydebank FC (Clydebank), Lochgelly United FC (Lochgelly)

Division 2 was extended to 14 clubs for the next season.

The League names changed to Division "A" and Division "B" for the next season.

SCOTTISH CUP FINAL   (Ibrox Park, Glasgow – 11/04/1914 – 56,000)

CELTIC FC (GLASGOW)   0-0   Hibernian FC (Edinburgh)

Celtic: Shaw, McNair, Dodds, Young, Johnstone, McMaster, McAtee, Gallagher, Owers, McMenemey, Browning.
Hibernian: Allan, Girdwood, Templeton, Kerr, Paterson, Grossert, Wilson, Fleming, Hendren, Wood, Smith.

SCOTTISH CUP FINAL REPLAY (Ibrox Park, Glasgow – 16/04/1914 – 40,000)

CELTIC FC (GLASGOW)	4-1	Hibernian FC (Edinburgh)
McColl 2, Browning 2	(H.T. 3-0)	Smith

Celtic: Shaw, McNair, Dodds, Young, Johnstone, McMaster, McAtee, Gallagher, McColl, McMenemey, Browning.
Hibernian: Allan, Girdwood, Templeton, Kerr, Paterson, Grossert, Wilson, Fleming, Hendren, Wood, Smith.

Semi-finals (28/03/1914)

Celtic FC (Glasgow)	2-0	Third Lanark FC (Glasgow)
Hibernian FC (Edinburgh)	3-1	St. Mirren FC (Paisley)

1914-15 SEASON

1914-1915 Scottish Football League Division "A"	Aberdeen	Airdrieonians	Ayr United	Celtic	Clyde	Dumbarton	Dundee	Falkirk	Hamilton	Hearts	Hibernian	Kilmarnock	Morton	Motherwell	Partick Thistle	Queen's Park	Raith Rovers	Rangers	St. Mirren	Third Lanark
Aberdeen FC	■	3-0	1-1	0-1	2-0	0-0	2-1	1-2	1-0	0-0	0-0	3-0	2-0	3-1	0-0	1-1	1-3	2-0	0-0	1-2
Airdrieonians FC	3-0	■	1-2	0-1	2-1	4-1	3-4	3-2	3-2	2-2	1-3	0-2	0-0	4-1	0-0	2-1	3-3	1-2	2-1	1-0
Ayr United FC	1-0	0-0	■	1-0	3-1	2-1	0-0	1-2	2-0	0-2	2-1	2-0	2-1	1-1	4-0	2-1	3-0	2-0	0-2	1-0
Celtic FC	1-0	3-0	4-0	■	3-0	1-0	6-0	1-0	3-1	1-1	5-1	2-0	6-2	1-0	6-1	5-1	3-1	2-1	2-1	1-0
Clyde FC	3-0	0-0	3-1	0-2	■	2-1	1-1	4-2	2-2	1-2	1-0	1-0	2-3	0-0	1-3	2-1	1-0	1-2	1-2	1-2
Dumbarton FC	3-2	1-4	1-2	1-4	2-1	■	1-1	0-1	0-1	3-2	1-0	1-0	3-2	1-1	0-2	3-0	3-1	1-1	2-4	2-1
Dundee FC	1-3	2-0	2-3	1-3	3-0	0-0	■	1-0	1-0	1-2	2-4	0-1	1-1	1-0	1-2	2-0	2-0	1-1	2-1	0-0
Falkirk FC	1-1	2-1	1-1	0-1	3-1	1-3	0-1	■	2-0	1-1	0-0	3-2	2-0	5-1	2-1	1-0	3-1	1-3	2-0	1-1
Hamilton Academical FC	3-0	0-1	2-1	0-1	3-2	4-1	2-0	0-1	■	1-3	2-2	0-0	1-1	0-3	2-2	3-0	1-1	4-3	5-2	4-2
Heart of Midlothian FC	2-0	3-1	1-0	2-0	2-0	4-1	3-2	2-0	3-0	■	3-1	3-1	1-0	2-0	3-1	2-2	4-0	3-4	5-0	2-0
Hibernian FC	1-2	1-0	0-4	1-1	3-1	2-2	2-0	1-1	0-2	2-2	■	3-1	1-1	1-2	4-1	4-0	2-1	1-2	3-2	4-2
Kilmarnock FC	5-2	2-1	1-2	1-3	0-3	4-0	3-2	1-0	1-0	0-2	5-1	■	2-2	2-2	2-0	3-0	3-1	0-1	2-1	2-1
Morton FC	1-1	4-1	3-0	0-2	2-0	3-2	2-0	1-0	4-0	2-0	0-0	3-1	■	2-0	2-2	6-2	1-0	0-1	3-3	4-2
Motherwell FC	1-1	4-2	1-1	1-1	0-2	2-3	1-1	4-1	2-4	0-1	3-0	3-2	1-1	■	1-0	1-0	1-2	2-4	0-2	3-2
Partick Thistle	3-0	4-0	2-0	0-2	0-0	1-2	4-1	2-0	1-4	0-2	3-1	0-0	1-5	4-1	■	5-0	2-1	3-1	0-1	1-1
Queen's Park FC	3-1	0-1	1-1	0-3	9-1	2-2	0-3	1-2	0-2	0-4	0-2	1-0	0-2	0-3	0-2	■	1-3	0-4	4-1	1-2
Raith Rovers FC	5-1	3-0	0-0	2-2	2-0	1-2	1-1	1-3	1-3	1-1	3-0	1-1	2-1	2-2	1-2	■	1-2	2-2	1-1
Rangers FC	1-1	0-5	1-3	2-1	1-2	1-0	2-0	3-0	1-0	1-2	4-2	2-1	0-2	5-0	0-1	4-1	1-2	■	5-0	3-0
St. Mirren FC	0-2	0-0	1-3	3-3	3-1	1-1	0-1	2-0	1-0	1-0	4-2	2-3	2-4	1-1	2-0	3-0	3-2	0-2	■	2-0
Third Lanark FC	0-1	0-2	2-1	0-4	1-1	1-0	7-0	0-0	1-2	2-2	2-2	3-2	3-3	1-0	4-0	1-1	3-0	1-1	0-0	■

	Division "A"	Pd	Wn	Dw	Ls	GF	GA	Pts
1.	CELTIC FC (GLASGOW)	38	30	5	3	91	25	65
2.	Heart of Midlothian FC (Edinburgh)	38	27	7	4	83	32	61
3.	Rangers FC (Glasgow)	38	23	4	11	74	47	50
4.	Morton FC (Greenock)	38	18	12	8	74	48	48
5.	Ayr United FC (Ayr)	38	20	8	10	55	40	48
6.	Falkirk FC (Falkirk)	38	16	7	15	48	48	39
7.	Hamilton Academical FC (Hamilton)	38	16	6	16	60	55	38
8.	Partick Thistle FC (Glasgow)	38	15	8	15	56	58	38
9.	St. Mirren FC (Paisley)	38	14	8	16	56	65	36
10.	Airdrieonians FC (Airdrie)	38	14	7	17	54	60	35
11.	Hibernian FC (Edinburgh)	38	12	11	15	59	66	35
12.	Kilmarnock FC (Kilmarnock)	38	15	4	19	55	59	34
13.	Dumbarton FC (Dumbarton)	38	13	8	17	51	66	34
14.	Aberdeen FC (Aberdeen)	38	11	11	16	39	53	33
15.	Dundee FC (Dundee)	38	12	9	17	43	61	33
16.	Third Lanark FC (Glasgow)	38	10	12	16	51	57	32
17.	Clyde FC (Glasgow)	38	12	6	20	44	59	30
18.	Motherwell FC (Motherwell)	38	10	10	18	49	66	30
19.	Raith Rovers FC (Kirkcaldy)	38	9	10	19	53	68	28
20.	Queen's Park FC (Glasgow)	38	4	5	29	27	90	13
		760	301	158	301	1122	1122	760

Top goalscorers 1914-15

1)	Thomas GRACIE	(Heart of Midlothian FC)	29
	James RICHARDSON	(Ayr United FC)	29
3)	William REID	(Rangers FC)	28
4)	James McCOLL	(Celtic FC)	25
5)	James GOURLEY	(Morton FC)	23

1914-1915 Scottish Football League Division "B"	Abercorn	Albion Rovers	Arthurlie	Clydebank	Cowdenbeath	Dundee Hibernian	Dunfermline	East Stirling	Johnstone	Leith Athletic	Lochgelly United	St. Bernard's	St. Johnstone	Vale of Leven
Abercorn FC	■	1-0	1-2	4-2	2-2	4-2	1-2	3-3	1-1	1-1	0-1	1-3	3-1	3-1
Albion Rovers FC	0-0	■	2-0	2-2	0-1	3-0	3-0	4-2	2-2	0-4	2-1	1-1	4-1	4-1
Arthurlie FC	1-1	0-3	■	0-3	9-2	2-1	2-0	0-1	1-3	0-2	5-3	1-2	2-2	5-1
Clydebank FC	6-1	1-1	6-0	■	1-0	2-3	3-0	3-1	5-1	9-2	4-0	1-4	2-2	3-1
Cowdenbeath FC	5-0	2-0	5-1	2-1	■	3-0	3-1	2-1	3-0	0-1	2-0	2-0	1-0	3-0
Dundee Hibernian FC	2-1	6-1	3-3	1-3	2-2	■	0-2	1-3	3-0	1-3	4-3	1-0	3-1	4-1
Dunfermline Athletic FC	3-0	4-0	3-2	1-0	0-1	3-1	■	2-2	3-1	2-3	1-3	2-1	3-2	7-2
East Stirlingshire FC	3-2	0-0	3-0	3-1	0-0	4-3	2-0	■	4-1	3-0	3-2	3-0	2-1	3-2
Johnstone FC	4-1	2-2	2-1	1-0	2-1	2-1	1-0	3-1	■	0-0	3-1	2-1	3-4	2-0
Leith Athletic FC	3-3	3-0	3-2	0-2	0-0	4-2	1-0	1-0	3-0	■	5-0	5-0	3-0	4-1
Lochgelly United FC	4-0	1-0	2-2	1-3	0-4	2-1	1-4	6-1	6-0	0-0	■	1-3	1-1	1-0
St. Bernard's FC	4-0	3-1	6-0	2-1	1-0	5-1	2-1	3-2	4-2	2-0	6-0	■	3-1	2-1
St. Johnstone FC	4-0	4-1	2-3	4-3	2-1	3-1	2-2	3-2	2-2	2-2	5-1	3-1	■	2-0
Vale of Leven FC	5-1	0-1	4-1	0-0	2-2	1-0	0-3	1-1	2-1	1-1	1-2	1-7	4-2	■

Division "B" (Play-offs)

		Pd	Wn	Dw	Ls	GF	GA	Pts
1.	Cowdenbeath FC (Cowdenbeath)	2	2	-	-	4	1	4
2.	Leith Athletic FC (Edinburgh)	2	1	-	1	2	2	2
3.	St. Bernard's FC (Edinburgh)	2	-	-	2	2	5	-
		6	3	-	3	8	8	6

1914-1915 Scottish Football League Division "B" Play-offs	Cowdenbeath	Leith Athletic	St. Bernards
Cowdenbeath FC	■	---	3-1
Leith Athletic FC	0-1	■	---
St. Bernard's FC	---	1-2	■

Division "B"

		Pd	Wn	Dw	Ls	GF	GA	Pts
1.	Cowdenbeath FC (Cowdenbeath)	26	16	5	5	49	17	37
1.	Leith Athletic FC (Edinburgh)	26	15	7	4	54	31	37
1.	St. Bernard's FC (Edinburgh)	26	18	1	7	66	34	37
4.	East Stirlingshire FC (Falkirk)	26	13	5	8	53	44	31
5.	Clydebank FC (Clydebank)	26	13	4	9	67	37	30
6.	Dunfermline Athletic FC (Dunfermline)	26	13	2	11	49	39	28
7.	Johnstone FC (Johnstone)	26	11	5	10	41	52	·27
8.	St. Johnstone FC (Perth)	26	10	6	10	56	53	26
9.	Albion Rovers FC (Whifflet)	26	9	7	10	37	42	25
10.	Lochgelly United FC (Lochgelly)	26	9	3	14	43	60	21
11.	Dundee Hibernian FC (Dundee)	26	8	3	15	48	61	19
12.	Abercorn FC (Paisley)	26	5	7	14	35	65	17
13.	Arthurlie FC (Barrhead)	26	6	4	16	36	66	16
14.	Vale of Leven FC (Alexandria)	26	4	5	17	33	66	13
		364	150	64	150	667	667	364

Division "B" was suspended due to difficult conditions created by World War 1. Some clubs continued to play in regional competitions while others "closed down" for the duration of the war.

1915-16 SEASON

1915-1916 Scottish Football League Division "A"	Aberdeen	Airdrieonians	Ayr United	Celtic	Clyde	Dumbarton	Dundee	Falkirk	Hamilton	Hearts	Hibernian	Kilmarnock	Morton	Motherwell	Partick Thistle	Queen's Park	Raith Rovers	Rangers	St. Mirren	Third Lanark
Aberdeen FC	■	2-1	1-1	0-4	1-1	2-2	2-0	2-0	1-3	1-1	1-1	2-0	0-1	5-0	1-1	5-1	2-1	0-0	2-1	1-1
Airdrieonians FC	1-1	■	3-1	0-5	4-1	2-1	1-2	2-3	1-1	0-0	1-0	0-0	0-0	4-0	0-2	3-0	2-1	0-1	0-0	1-0
Ayr United FC	2-1	2-0	■	0-4	2-0	3-1	1-2	4-1	1-0	3-1	2-3	2-0	1-1	3-2	0-0	4-1	1-1	1-0	1-1	6-0
Celtic FC	3-1	6-0	3-1	■	5-0	6-0	3-0	2-1	5-1	0-0	3-1	2-0	0-0	3-1	5-0	6-2	6-0	2-2	0-2	4-1
Clyde FC	3-2	1-2	1-3	1-3	■	3-1	2-0	3-2	1-2	1-4	2-1	1-1	2-3	1-2	1-2	0-1	1-0	0-2	4-1	2-2
Dumbarton FC	2-1	3-1	0-3	1-2	2-1	■	1-1	3-1	7-0	1-1	2-1	1-1	1-1	0-0	2-0	2-4	1-0	1-3	2-0	1-1
Dundee FC	1-1	4-0	2-0	0-2	1-0	0-1	■	3-3	3-1	1-0	2-1	2-0	0-1	1-3	3-0	7-1	3-0	2-0	1-0	1-0
Falkirk FC	0-3	3-2	1-0	0-2	1-2	1-2	2-0	■	2-1	1-1	1-1	0-0	0-0	0-1	3-2	0-0	2-0	2-1	1-1	
Hamilton Academical FC	2-0	2-1	2-3	2-3	3-1	1-1	4-4	0-1	■	3-2	3-2	5-2	5-2	3-1	1-0	5-2	2-0	0-1	4-1	2-1
Heart of Midlothian FC	1-2	1-1	0-5	2-0	3-1	3-1	1-0	0-2	3-0	■	1-3	0-1	2-0	4-0	1-0	5-3	2-1	1-2	3-1	2-0
Hibernian FC	0-0	3-0	3-1	0-4	0-1	1-1	0-2	2-1	1-3	1-2	■	1-0	0-2	1-2	0-4	3-0	1-0	1-2	2-1	0-1
Kilmarnock FC	5-0	4-0	0-1	0-3	0-1	5-1	2-0	1-3	3-0	3-1	0-0	■	1-1	1-0	1-1	4-0	2-0	0-3	1-1	1-1
Morton FC	3-0	8-2	0-1	0-1	3-0	3-1	3-1	6-0	8-1	---	5-1	2-0	■	1-0	0-1	5-0	4-0	2-0	3-0	2-0
Motherwell FC	2-2	3-2	0-3	1-3	2-2	4-2	3-0	1-1	0-3	1-3	1-1	1-1	2-3	■	2-2	2-1	1-4	2-2	3-1	3-4
Partick Thistle FC	3-0	4-1	1-1	0-4	2-3	0-0	1-0	0-2	4-1	4-0	3-2	3-1		5-0	■	2-0	5-2	4-0	1-0	
Queen's Park FC	0-1	3-0	2-2	0-1	2-2	0-2	2-0	2-1	2-1	0-3	4-2	1-2	4-4	1-4	1-1	■	4-1	0-6	2-1	0-0
Raith Rovers FC	3-1	1-1	0-4	0-2	2-0	1-0	0-2	3-1	2-0	1-2	1-1	1-1	2-1	1-0	2-0	0-3	■	1-3	0-1	0-1
Rangers FC	4-0	3-0	5-2	3-0	2-2	2-2	3-2	1-0	3-0	0-4	4-2	3-1	1-0	4-1	0-1	6-0	3-0	■	4-0	4-0
St. Mirren FC	3-2	2-4	1-0	0-5	1-0	1-2	1-2	2-1	5-0	4-1	3-1	3-0	1-3	5-0	0-2	1-2	2-0	1-1	■	1-0
Third Lanark FC	6-2	0-1	1-1	0-4	1-1	4-0	2-1	0-0	1-3	3-0	1-2	1-3	1-3	0-0	0-0	2-0	0-1	3-0		■

Division "A"   **Pd**   **Wn**   **Dw**   **Ls**   **GF**   **GA**   **Pts**

1. CELTIC FC (GLASGOW)   38   32   3   3   116   23   67
2. Rangers FC (Glasgow)   38   25   6   7   87   39   56
3. Morton FC (Greenock)   37   22   7   8   86   35   51 *
4. Ayr United FC (Ayr)   38   20   8   10   72   45   48
5. Partick Thistle FC (Glasgow)   38   19   8   11   65   41   46
6. Heart of Midlothian FC (Edinburgh)   37   20   6   11   66   45   46 *
7. Hamilton Academical FC (Hamilton)   38   19   3   16   68   76   41
8. Dundee FC (Dundee)   38   18   4   16   56   49   40
9. Dumbarton FC (Dumbarton)   38   13   11   14   54   64   37
10. Kilmarnock FC (Kilmarnock)   38   12   11   15   46   49   35
11. Aberdeen FC (Aberdeen)   38   11   12   15   51   64   34
12. Falkirk FC (Falkirk)   38   12   9   17   45   61   33
13. St. Mirren FC (Paisley)   38   13   4   21   50   67   30
14. Motherwell FC (Motherwell)   38   11   8   19   55   82   30
15. Airdrieonians FC (Airdrie)   38   11   8   19   44   74   30
16. Third Lanark FC (Glasgow)   38   9   11   18   40   56   29
17. Clyde FC (Glasgow)   38   11   7   20   49   71   29
18. Queen's Park FC (Glasgow)   38   11   6   21   53   100   28
19. Hibernian FC (Edinburgh)   38   9   7   22   44   71   25
20. Raith Rovers FC (Kirkcaldy)   38   9   5   24   30   65   23

                      758   307   144   307   1177   1177   758

Morton FC vs Heart of Midlothian FC was not played and no points were awarded.

Top goalscorers 1915-16

1) James McCOLL   (Celtic FC)   34
2) Patrick GALLAGHER   (Celtic FC)   28
3) David BROWN   (Dundee FC)   27
   James RICHARDSON   (Ayr United FC)   27
5) William CULLEY   (Kilmarnock FC)   23

1916-17 SEASON

1916-1917 Scottish Football League Division "A"	Aberdeen	Airdrieonians	Ayr United	Celtic	Clyde	Dumbarton	Dundee	Falkirk	Hamilton	Hearts	Hibernian	Kilmarnock	Morton	Motherwell	Partick Thistle	Queen's Park	Raith Rovers	Rangers	St. Mirren	Third Lanark
Aberdeen FC		1-2	1-0	0-0	0-1	2-4	5-1	0-1	0-1	2-0	2-1	1-1	1-1	0-1	2-0	2-4	1-2	3-1	1-1	0-1
Airdrieonians FC	3-1		1-0	1-2	3-0	2-1	2-3	1-0	2-2	3-2	3-1	3-2	2-1	3-1	3-1	3-0	2-0	2-0	7-1	1-0
Ayr United FC	1-0	1-1		0-1	1-1	3-1	1-2	2-2	1-1	2-0	2-1	0-2	0-3	1-2	0-0	1-1	2-1	1-3	2-1	0-1
Celtic FC	1-0	3-1	5-0		0-0	1-1	2-0	2-0	6-1	1-0	3-1	0-2	0-0	1-0	0-0	3-2	5-0	0-0	3-0	2-0
Clyde FC	2-0	1-1	1-4	0-5		2-2	2-0	1-1	1-1	0-1	1-2	1-1	1-0	0-1	2-1	1-1	2-0	0-2	2-1	1-1
Dumbarton FC	1-1	1-1	3-1	1-3	5-1		4-3	1-1	0-0	4-1	2-1	1-1	1-4	3-1	2-1	0-2	2-2	0-3	2-1	2-3
Dundee FC	1-1	2-2	2-1	1-2	0-1	4-1		1-2	3-1	2-3	3-1	0-2	3-1	0-2	5-1	2-1	6-2	2-1	0-2	0-1
Falkirk FC	4-2	0-0	1-2	1-1	3-3	2-3	2-0		4-0	2-1	0-1	2-0	2-1	3-1	0-1	1-2	1-1	0-2	0-2	1-1
Hamilton Academical FC	4-1	1-0	2-1	0-4	2-1	3-1	2-4	1-1		1-0	4-1	3-0	0-1	2-4	0-1	2-0	3-1	3-1	1-1	1-1
Heart of Midlothian FC	2-0	1-4	1-2	0-1	0-3	0-1	1-0	1-6	3-1		2-1	0-0	4-1	1-3	1-0	2-0	2-1	1-3	1-2	2-1
Hibernian FC	3-3	1-1	1-4	0-1	1-1	3-1	1-2	1-2	4-3	0-2		2-1	2-4	2-3	1-0	5-1	3-3	0-0	2-1	1-1
Kilmarnock FC	7-0	1-3	1-2	2-2	2-0	0-0	3-0	4-1	4-0	3-0	1-3		3-2	3-0	0-1	4-2	3-0	4-1	1-4	2-1
Morton FC	2-0	2-1	2-0	0-1	3-1	3-1	1-0	2-0	3-0	3-2	1-1	2-1		2-1	3-2	4-2	7-0	1-0	0-3	3-0
Motherwell FC	1-2	1-0	2-1	0-4	3-3	3-0	4-2	1-0	2-2	2-0	1-1	0-1	0-2		2-3	4-1	2-2	2-1	2-1	0-2
Partick Thistle FC	4-0	0-0	3-0	0-2	1-0	6-0	3-0	1-0	5-0	0-0	0-3	1-1	0-0	1-1		0-2	2-0	0-1	0-1	1-0
Queen's Park FC	2-1	0-5	3-2	1-3	2-2	1-0	2-2	1-1	4-2	1-1	4-1	0-1	3-4	0-0	2-1		3-1	1-4	1-2	3-4
Raith Rovers FC	3-0	0-2	1-3	1-4	1-1	0-3	3-2	0-6	0-1	1-4	2-1	0-4	1-2	2-1	3-1	2-0		1-4	1-1	0-1
Rangers FC	1-0	3-0	1-0	0-0	1-0	6-0	3-0	3-1	2-0	1-0	5-1	3-0	0-1	2-1	3-0	1-0	4-3		1-0	0-2
St. Mirren FC	1-0	1-0	0-0	1-5	0-1	0-0	2-0	5-0	2-2	0-1	1-1	2-1	0-0	3-1	1-2	3-0	0-0	1-1		2-0
Third Lanark FC	2-0	1-0	4-3	0-0	1-0	1-1	0-0	5-4	3-1	1-1	1-1	3-0	0-0	2-1	2-0	4-1	0-1	1-1	1-0	

	Division "A"	Pd	Wn	Dw	Ls	GF	GA	Pts	
1.	CELTIC FC (GLASGOW)	38	27	10	1	79	17	64	
2.	Morton FC (Greenock)	38	24	6	8	72	39	54	
3.	Rangers FC (Glasgow)	38	24	5	9	68	32	53	
4.	Airdrieonians FC (Airdrie)	38	21	8	9	71	38	50	
5.	Third Lanark FC (Glasgow)	38	19	11	8	53	37	49	
6.	Kilmarnock FC (Kilmarnock)	38	18	7	13	69	46	43	
7.	St. Mirren FC (Paisley)	38	15	10	13	49	43	40	
8.	Motherwell FC (Motherwell)	38	16	6	16	57	59	38	
9.	Partick Thistle FC (Glasgow)	38	14	7	17	44	43	35	
10.	Dumbarton FC (Dumbarton)	38	12	11	15	56	73	35	
11.	Hamilton Academical FC (Hamilton)	38	13	9	16	54	73	35	
12.	Falkirk FC (Falkirk)	38	12	10	16	58	57	34	
13.	Clyde FC (Glasgow)	38	10	14	14	41	53	34	
14.	Heart of Midlothian FC (Edinburgh)	38	14	4	20	44	59	32	
15.	Ayr United FC (Ayr)	38	12	7	19	47	59	31	
16.	Dundee FC (Dundee)	38	13	4	21	58	71	30	#
17.	Hibernian FC (Edinburgh)	38	10	10	18	57	72	30	
18.	Queen's Park FC (Glasgow)	38	11	7	20	56	81	29	
19.	Raith Rovers FC (Kirkcaldy)	38	8	7	23	42	91	23	#
20.	Aberdeen FC (Aberdeen)	38	7	7	24	36	68	21	#
		760	300	160	300	1111	1111	760	

Aberdeen FC, Dundee FC and Raith Rovers FC all withdrew from the league due to travelling difficulties caused by the war-time conditions and restrictions.

Top goalscorers 1916-17

1)	Bert YARNALL	(Airdrieonians FC)	39
2)	David BROWN	(Dundee FC)	31
3)	David McLEAN	(Third Lanark FC)	28
4)	Hugh FERGUSON	(Motherwell FC)	24
	James McCOLL	(Celtic FC)	24

Elected: Clydebank FC (Clydebank)

The league was reduced to 18 clubs for the next season

1917-18 SEASON

1917-1918 Scottish Football League Division "A"	Airdrieonians	Ayr United	Celtic	Clyde	Clydebank	Dumbarton	Falkirk	Hamilton	Hearts	Hibernian	Kilmarnock	Morton	Motherwell	Partick Thistle	Queen's Park	Rangers	St. Mirren	Third Lanark
Airdrieonians FC		4-1	2-0	3-0	1-2	0-0	3-1	2-1	0-1	3-0	0-1	1-1	3-1	0-1	2-4	1-2	1-0	0-3
Ayr United FC	1-2		1-2	1-3	1-2	0-1	4-0	2-0	1-1	2-2	0-3	0-1	1-3	0-0	2-3	0-2	2-1	2-2
Celtic FC	3-3	4-0		3-2	3-0	3-0	0-0	1-0	3-0	2-0	2-3	2-0	1-1	2-1	3-0	0-0	1-0	1-3
Clyde FC	3-1	4-0	1-4		0-3	0-4	1-0	1-3	3-0	2-5	1-2	0-2	0-2	0-0	1-1	0-3	1-2	2-0
Clydebank FC	3-3	3-1	1-2	0-4		1-2	1-1	2-1	3-1	2-0	1-0	1-2	1-2	3-1	1-1	4-1	2-2
Dumbarton FC	2-0	1-0	0-2	3-1	2-3		4-1	1-2	1-1	1-0	1-4	0-3	4-3	1-1	2-1	2-4	5-2	0-1
Falkirk FC	4-3	3-0	1-3	4-0	0-4	1-1		2-1	4-0	2-2	1-0	0-3	1-1	1-1	1-1	2-0	1-0	1-1
Hamilton Academical FC	1-1	0-3	1-2	2-0	3-3	2-0	1-1		3-0	1-0	4-1	2-1	3-3	2-2	1-2	1-2	2-1	4-0
Heart of Midlothian FC	1-0	2-0	0-1	3-0	1-0	1-2	0-2	3-2		1-0	3-0	1-0	0-1	1-1	2-1	0-3	2-1	3-1
Hibernian FC	3-1	1-1	0-2	2-0	0-1	0-3	2-1	1-1	1-3		0-3	2-2	2-2	2-1	4-2	0-1	3-1	4-1
Kilmarnock FC	3-0	2-0	1-3	4-0	4-2	0-0	3-0	2-3	4-3	3-1		4-0	4-0	0-0	3-1	0-1	5-1	3-1
Morton FC	0-3	1-0	1-1	2-0	2-1	2-2	1-0	3-0	1-1	1-1	2-2		2-0	1-3	2-1	1-1	3-1	2-0
Motherwell FC	2-0	5-1	3-4	1-3	4-1	0-0	2-1	3-0	4-0	2-1	1-1	1-3		4-1	6-3	0-0	2-1	3-1
Partick Thistle FC	2-1	1-3	0-0	3-0	2-0	0-0	1-0	5-0	4-1	2-2	0-3	3-3	1-0		5-1	2-0	2-0	3-5
Queen's Park FC	3-0	0-0	0-2	4-2	3-1	2-0	5-0	2-1	4-0	2-0	3-0	3-0	2-2	2-0		2-3	1-1	3-3
Rangers FC	4-0	0-0	1-2	2-1	1-0	2-1	4-1	4-2	2-0	3-0	3-0	4-2	2-1	1-0	3-0		2-0	4-2
St. Mirren FC	2-0	1-1	0-0	0-1	3-1	2-1	1-0	5-1	3-2	1-1	2-0	0-1	1-1	0-0	3-1	0-0		3-1
Third Lanark FC	2-2	1-1	0-2	3-0	0-1	4-1	4-0	2-1	2-3	1-0	1-1	1-2	2-4	0-1	5-0	0-1	1-2	

	Division "A"	Pd	Wn	Dw	Ls	GF	GA	Pts
1.	RANGERS FC (GLASGOW)	34	25	6	3	66	24	56
2.	Celtic FC (Glasgow)	34	24	7	3	66	26	55
3.	Kilmarnock FC (Kilmarnock)	34	19	5	10	69	41	43
4.	Morton FC (Greenock)	34	17	9	8	53	42	43
5.	Motherwell FC (Motherwell)	34	16	9	9	70	51	41
6.	Partick Thistle FC (Glasgow)	34	14	12	8	51	37	40
7.	Queen's Park FC (Glasgow)	34	14	6	14	64	63	34
8.	Dumbarton FC (Dumbarton)	34	13	8	13	48	49	34
9.	Clydebank FC (Clydebank)	34	14	5	15	55	56	33
10.	Heart of Midlothian FC (Edinburgh)	34	14	4	16	41	58	32
11.	St. Mirren FC (Paisley)	34	11	7	16	42	50	29
12.	Hamilton Academical FC (Hamilton)	34	11	6	17	52	63	28
13.	Third Lanark FC (Glasgow)	34	10	7	17	56	62	27
14.	Falkirk FC (Falkirk)	34	9	9	16	38	58	27
15.	Airdrieonians FC (Airdrie)	34	10	6	18	46	58	26
16.	Hibernian FC (Edinburgh)	34	8	9	17	42	57	25
17.	Clyde FC (Glasgow)	34	9	2	23	37	72	20
18.	Ayr United FC (Ayr)	34	5	9	20	32	61	19
		612	243	126	243	928	928	612

Top goalscorers 1917-18

1) Hugh FERGUSON (Motherwell FC) 35
2) David McLEAN (Third Lanark FC) 31
3) Neil HARRIS (Partick Thistle FC) 21
4) Patrick GALLAGHER (Celtic FC) 17
5) William CULLEY (Kilmarnock FC) 16

1918-19 SEASON

1918-1919 Scottish Football League Division "A"	Airdrieonians	Ayr United	Celtic	Clyde	Clydebank	Dumbarton	Falkirk	Hamilton	Hearts	Hibernian	Kilmarnock	Morton	Motherwell	Partick Thistle	Queen's Park	Rangers	St. Mirren	Third Lanark
Airdrieonians FC	■	0-1	1-2	1-2	2-1	1-1	1-1	0-2	1-0	3-3	2-2	2-1	1-1	1-1	1-2	0-0	3-1	1-6
Ayr United FC	1-4	■	0-2	4-1	2-0	5-0	2-0	4-1	1-2	5-0	3-1	1-5	1-2	0-1	2-0	1-1	2-0	0-2
Celtic FC	3-0	1-0	■	2-0	3-1	2-0	4-0	4-1	1-1	2-0	2-1	1-1	0-0	2-1	2-0	0-3	1-0	3-1
Clyde FC	3-5	3-1	0-3	■	0-2	4-1	2-4	0-1	4-2	2-1	1-1	0-2	1-2	1-1	0-1	0-4	1-1	1-1
Clydebank FC	2-2	1-3	0-2	3-1	■	3-1	3-2	3-3	1-3	2-1	3-1	2-3	2-1	1-3	3-2	0-5	1-1	1-1
Dumbarton FC	0-0	0-0	0-5	1-0	1-1	■	1-2	1-2	1-2	4-0	0-1	0-1	2-0	1-1	0-0	0-2	0-0	4-3
Falkirk FC	1-0	4-4	1-2	1-3	0-0	5-1	■	3-1	0-0	1-1	0-1	1-2	2-3	2-2	2-3	0-4	1-2	4-5
Hamilton Academical FC	3-1	2-2	1-2	4-2	1-3	0-3	1-2	■	1-4	1-0	2-0	1-1	1-3	1-2	0-1	0-3	3-2	1-0
Heart of Midlothian FC	0-0	2-3	2-3	3-0	2-1	2-0	5-0	4-1	■	3-1	1-4	1-1	0-0	1-0	2-2	1-4	0-0	2-0
Hibernian FC	2-1	0-1	0-3	3-1	1-2	1-0	2-1	1-2	1-3	■	1-4	0-3	0-3	0-2	1-0	1-2	1-2	1-5
Kilmarnock FC	3-1	2-3	1-1	5-3	2-3	0-0	0-0	5-0	2-2	7-1	■	0-1	0-2	0-3	1-0	1-0	1-3	0-1
Morton FC	3-2	1-1	0-0	3-0	2-2	3-1	4-0	3-3	2-0	9-2	2-2	■	6-2	3-0	3-3	1-0	3-1	1-1
Motherwell FC	1-3	4-0	3-1	3-2	1-1	3-0	2-1	1-1	1-2	0-0	1-2	2-0	■	1-1	3-1	0-1	1-2	1-1
Partick Thistle FC	0-1	1-3	0-1	1-1	3-1	1-3	4-2	6-3	3-1	2-0	4-0	2-1	2-0	■	2-1	1-0	5-1	1-2
Queen's Park FC	1-0	2-2	0-3	3-1	3-4	1-2	2-0	3-2	4-0	3-0	1-2	4-2	1-3	4-3	■	0-2	4-1	3-4
Rangers FC	2-1	6-2	1-1	3-0	3-0	3-0	1-0	3-0	3-2	5-1	8-0	1-0	0-0	1-0	4-0	■	2-0	4-0
St. Mirren FC	1-2	1-1	0-4	1-1	2-1	2-0	3-1	2-0	3-3	3-1	1-5	2-2	1-0	1-1	1-1	2-2	■	0-0
Third Lanark FC	1-1	1-1	2-3	1-4	2-0	2-4	2-2	1-3	3-1	4-2	3-4	0-1	1-1	1-2	1-3	1-2	1-0	■

	Division "A"	Pd	Wn	Dw	Ls	GF	GA	Pts
1.	CELTIC FC (GLASGOW)	34	26	6	2	71	22	58
2.	Rangers FC (Glasgow)	34	26	5	3	86	16	57
3.	Morton FC (Greenock)	34	18	11	5	76	40	47
4.	Partick Thistle FC (Glasgow)	34	17	7	10	62	43	41
5.	Motherwell FC (Motherwell)	34	14	10	10	51	40	38
6.	Ayr United FC (Ayr)	34	15	8	11	62	53	38
7.	Heart of Midlothian FC (Edinburgh)	34	14	9	11	59	52	37
8.	Queen's Park FC (Glasgow)	34	15	5	14	59	57	35
9.	Kilmarnock FC (Kilmarnock)	34	14	7	13	61	59	35
10.	Clydebank FC (Clydebank)	34	12	8	14	54	65	32
11.	St. Mirren FC (Paisley)	34	10	12	12	43	55	32
12.	Third Lanark FC (Glasgow)	34	11	9	14	60	62	31
13.	Airdrieonians FC (Airdrie)	34	9	11	14	45	54	29
14.	Hamilton Academical FC (Hamilton)	34	11	5	18	49	75	27
15.	Dumbarton FC (Dumbarton)	34	7	8	19	31	58	22
16.	Falkirk FC (Falkirk)	34	6	8	20	46	73	20
17.	Clyde FC (Glasgow)	34	7	6	21	45	75	20
18.	Hibernian FC (Edinburgh)	34	5	3	26	30	91	13
		612	237	138	237	990	990	612

Top goalscorers 1918-19

1) David McLEAN   (Rangers FC)   29
2) Russell ALLAN   (Third Lanark FC)   24
3) William CULLEY (Kilmarnock FC)   20
4) Hugh FERGUSON   (Motherwell FC)   19
5) Robert MORTON   (Queen's Park FC)   18

Aberdeen FC (Aberdeen), Albion Rovers FC (Whifflet), Dundee FC (Dundee) and Raith Rovers FC (Kirkcaldy) were elected to the league which was extended to 22 clubs for the next season.

Albion Rovers FC (Whifflet) moved to the neighbouring larger town of Coatbridge during December 1919.

At the A.G.M of the Scottish League on 3rd April 1919 it was decided to continue with only 1 division in the League for next season. Former Division "B" clubs which had been playing in regional competitions, but were still League members, objected to this decision but were outvoted. In protest at this decision Dundee Hibernian FC (Dundee) resigned their League membership and the clubs continued to play in regional league competitions.

1919-20 SEASON

1919-1920 Scottish Football League Division "A"	Aberdeen	Airdrieonians	Albion Rovers	Ayr United	Celtic	Clyde	Clydebank	Dumbarton	Dundee	Falkirk	Hamilton	Hearts	Hibernian	Kilmarnock	Morton	Motherwell	Partick Thistle	Queen's Park	Raith Rovers	Rangers	St. Mirren	Third Lanark
Aberdeen FC	■	2-1	2-0	2-1	0-1	1-0	0-2	3-4	2-0	1-1	2-0	1-1	1-1	1-0	0-0	1-1	0-0	1-1	3-1	0-2	0-1	0-1
Airdrieonians FC	2-0	■	2-1	1-0	0-0	0-0	1-0	1-1	1-2	1-0	2-0	4-1	2-0	0-0	0-0	0-1	2-0	3-0	3-1	0-1	1-1	1-2
Albion Rovers FC	1-1	0-2	■	2-1	0-5	0-2	2-1	1-2	1-2	2-1	1-1	6-2	1-2	0-2	2-4	1-1	2-0	2-0	0-0	0-4	0-2	3-2
Ayr United FC	0-0	1-1	4-0	■	1-1	3-1	1-1	2-1	5-3	5-1	4-0	1-2	1-0	5-0	2-0	0-0	3-0	2-2	1-1	0-3	1-2	2-0
Celtic FC	5-0	1-0	3-0	4-0	■	3-1	3-1	3-1	1-1	1-1	2-0	3-0	7-3	1-0	1-1	5-0	0-0	3-1	3-0	1-1	2-2	2-1
Clyde FC	2-0	0-2	2-2	4-0	0-2	■	0-3	1-2	3-2	4-0	2-2	0-1	2-0	2-1	4-2	4-1	3-2	4-2	4-3	0-0	3-3	0-1
Clydebank FC	3-0	1-2	5-2	4-3	2-0	2-3	■	1-1	3-3	3-1	3-0	0-1	3-3	1-0	1-0	5-1	2-1	1-1	4-1	0-0	3-1	0-0
Dumbarton FC	4-0	1-1	2-1	1-1	0-0	1-0	1-0	■	0-3	-0	4-1	2-0	2-0	2-2	0-1	2-3	1-1	1-5	1-1	0-0	1-3	0-0
Dundee FC	1-3	1-1	3-2	7-1	2-1	3-0	1-0	3-1	■	1-0	2-1	1-0	3-1	3-2	2-0	3-0	2-1	1-1	5-4	0-2	1-2	3-1
Falkirk FC	3-1	0-2	1-1	1-2	1-2	1-1	1-0	3-2	2-1	■	3-2	3-3	3-0	1-0	1-1	1-2	2-2	2-0	4-1	0-3	3-1	0-0
Hamilton Academical FC	2-1	1-0	0-2	2-1	1-2	2-2	2-0	1-3	0-1	3-1	■	2-2	3-2	5-2	2-2	0-3	3-2	3-0	5-5	1-2	2-1	0-0
Heart of Midlothian FC	1-1	3-1	0-0	0-1	0-1	0-3	4-2	1-2	2-1	3-0	2-0	■	1-3	0-1	3-6	2-0	3-1	3-1	1-1	0-0	1-2	1-1
Hibernian FC	2-1	1-4	0-1	1-2	1-2	1-0	2-0	3-3	0-0	2-0	3-0	2-4	■	4-1	1-0	0-1	6-2	3-2	2-0	1-1	2-1	1-2
Kilmarnock FC	0-3	3-2	1-0	2-1	2-3	2-1	2-4	3-1	4-2	3-0	2-1	2-1	4-1	■	0-1	0-1	2-0	1-0	2-0	1-7	3-2	1-0
Morton FC	3-1	0-2	1-1	3-1	1-2	2-0	1-1	4-0	0-0	3-0	4-0	2-0	1-1	4-0	■	0-1	0-0	0-1	0-0	0-2	3-1	5-1
Motherwell FC	3-3	2-1	2-0	1-1	0-0	5-1	3-2	1-1	3-1	4-0	1-0	4-1	3-2	1-1	4-3	■	1-0	4-1	4-1	1-0	3-0	3-3
Partick Thistle FC	0-1	3-1	2-0	2-2	1-2	2-2	3-2	1-0	1-0	1-1	4-3	0-2	1-0	1-0	1-1	2-1	■	2-0	3-0	1-2	3-3	2-1
Queen's Park FC	3-0	1-0	2-1	6-3	1-2	4-1	0-2	2-1	3-2	2-0	3-1	2-2	2-2	1-3	4-3	1-1	0-1	■	1-2	0-0	1-1	2-0
Raith Rovers FC	2-2	3-2	3-0	2-1	0-3	3-1	1-3	2-0	1-3	0-0	1-0	1-0	1-0	5-1	1-1	0-2	2-0	2-5	■	1-2	3-0	0-2
Rangers FC	3-2	3-2	3-0	2-1	3-0	1-0	1-2	4-0	6-1	3-1	4-1	3-0	7-0	5-0	3-1	0-0	2-2	3-1	3-2	■	3-1	6-1
St. Mirren FC	3-1	4-2	1-2	1-4	0-2	0-0	0-3	1-5	1-3	1-0	2-0	4-1	2-1	1-2	1-3	2-1	2-0	3-1	1-1	0-4	■	2-2
Third Lanark FC	2-2	1-1	1-0	2-1	1-4	4-1	1-2	1-0	2-0	4-1	1-3	2-1	2-0	0-1	0-4	2-0	0-0	1-1	4-3	0-2	4-1	■

	Division "A"	Pd	Wn	Dw	Ls	GF	GA	Pts
1.	RANGERS FC (GLASGOW)	42	31	9	2	106	25	71
2.	Celtic FC (Glasgow)	42	29	10	3	89	31	68
3.	Motherwell FC (Motherwell)	42	23	11	8	74	53	57
4.	Dundee FC (Dundee)	42	22	6	14	79	65	50
5.	Clydebank FC (Clydebank)	42	20	8	14	78	54	48
6.	Morton FC (Greenock)	42	16	13	13	71	48	45
7.	Airdrieonians FC (Airdrie)	42	17	10	15	57	43	44
8.	Third Lanark FC (Glasgow)	42	16	11	15	56	62	43
9.	Kilmarnock FC (Kilmarnock)	42	20	3	19	59	74	43
10.	Ayr United FC (Ayr)	42	15	10	17	72	69	40
11.	Dumbarton FC (Dumbarton)	42	13	13	16	57	65	39
12.	Queen's Park FC (Glasgow)	42	14	10	18	67	73	38
13.	Partick Thistle FC (Glasgow)	42	13	12	17	51	62	38
14.	St. Mirren FC (Paisley)	42	15	8	19	63	81	38
15.	Clyde FC (Glasgow)	42	14	9	19	64	71	37
16.	Heart of Midlothian FC (Edinburgh)	42	14	9	19	57	72	37
17.	Aberdeen FC (Aberdeen)	42	11	13	18	46	64	35
18.	Hibernian FC (Edinburgh)	42	13	7	22	60	79	33
19.	Raith Rovers FC (Kirkcaldy)	42	11	10	21	61	83	32
20.	Falkirk FC (Falkirk)	42	10	11	21	45	74	31
21.	Hamilton Academical FC (Hamilton)	42	11	7	24	56	86	29
22.	Albion Rovers FC (Coatbridge)	42	10	8	24	43	77	28
		924	358	208	358	1411	1411	924

Top goalscorers 1919-20

1) Hugh FERGUSON   (Motherwell FC)   33

Non-Division "A" clubs set-up a new "Central League" for next season after the re-introduction of Division "B" was again rejected at the A.G.M. of the Scottish League.

SCOTTISH CUP FINAL   (Hampden Park, Glasgow – 17/04/1920 – 95,000)

KILMARNOCK FC (KILMARNOCK)   3-2   Albion Rovers FC (Coatbridge)
Culley, Short, J. Smith   *(H.T. 1-1)*   *Watson, Hillhouse*
Kilmarnock: Blair, Hamilton, Gibson, Bagan, Shortt, Neave, McNaught, M. Smith, J.R. Smith, Culley, McPhail.
Albion: Short, Penman, Bell, Wilson, Black, Ford, Ribchester, James White, John White, Watson, Hillhouse.

Semi-finals   (27/03/1920 – 07/04/1920)

| Albion Rovers FC (Coatbridge) | 1-1, 0-0, 2-0 | Rangers FC (Glasgow) |
| Kilmarnock FC (Kilmarnock) | 3-2 | Morton FC (Greenock) |

1920-21 SEASON

1920-1921 Scottish Football League Division "A"	Aberdeen	Airdrieonians	Albion Rovers	Ayr United	Celtic	Clyde	Clydebank	Dumbarton	Dundee	Falkirk	Hamilton	Hearts	Hibernian	Kilmarnock	Morton	Motherwell	Partick Thistle	Queen's Park	Raith Rovers	Rangers	St. Mirren	Third Lanark
Aberdeen FC	■	1-0	1-0	0-0	1-2	3-0	4-0	2-0	0-0	1-1	3-1	5-2	0-1	1-1	0-1	1-1	0-3	2-2	1-0	1-1	3-1	0-1
Airdrieonians FC	5-2	■	5-1	1-2	2-3	5-1	2-1	1-1	1-1	1-1	1-3	0-1	5-1	3-0	3-2	1-1	1-2	4-1	3-1	0-3	1-1	1-3
Albion Rovers FC	0-2	1-1	■	1-2	0-1	5-2	1-1	3-0	2-3	3-1	3-4	1-1	0-2	2-0	3-2	1-1	0-0	2-1	0-1	1-2	1-2	1-2
Ayr United FC	2-2	1-2	3-0	■	3-1	1-3	5-1	3-0	1-1	2-2	1-1	0-0	2-1	0-0	0-2	0-0	2-1	3-0	1-0	1-1	4-2	5-1
Celtic FC	3-1	2-1	0-2	3-1	■	1-0	1-1	1-1	2-0	4-1	2-1	3-2	3-0	2-0	1-1	1-0	1-0	5-1	5-0	1-2	6-0	3-0
Clyde FC	2-0	3-0	2-0	3-1	2-1	■	4-0	2-1	5-2	1-1	1-0	2-1	2-0	1-2	0-0	1-0	2-1	2-0	2-1	1-3	3-1	2-2
Clydebank FC	1-1	1-2	4-1	2-0	0-2	1-0	■	1-2	0-1	1-2	1-1	1-2	2-2	2-2	3-1	1-2	1-1	2-0	1-1	2-4	3-4	3-0
Dumbarton FC	0-1	1-2	0-4	0-1	1-3	0-2	1-0	■	1-1	4-1	3-0	0-3	1-0	1-0	1-2	2-0	0-1	4-0	2-0	2-5	1-0	0-1
Dundee FC	1-1	0-1	3-0	2-0	1-2	2-1	2-0	2-1	■	2-0	4-0	3-0	1-1	3-1	0-0	2-1	1-0	1-1	0-0	1-2	2-0	2-1
Falkirk FC	0-0	2-3	0-0	2-2	1-3	2-1	3-1	5-1	2-2	■	1-2	2-2	0-3	2-0	1-0	1-0	1-2	1-2	2-2	0-2	4-0	1-3
Hamilton Academical FC	0-2	0-0	0-0	3-0	1-1	2-1	0-0	1-1	1-0	2-0	■	3-1	1-1	2-0	4-2	1-4	0-1	0-0	0-1	3-0	1-1
Heart of Midlothian FC	0-0	2-1	1-1	4-1	0-1	6-0	2-0	6-2	3-1	0-2	3-0	■	5-1	4-1	0-1	1-0	4-0	2-0	1-0	0-4	1-0	3-0
Hibernian FC	2-3	0-2	5-2	3-2	0-3	0-1	4-1	2-0	2-0	0-0	0-1	3-0	■	0-0	4-0	2-3	2-0	0-2	1-1	1-1	1-0	2-1
Kilmarnock FC	1-0	2-0	3-1	2-1	3-2	0-1	2-2	4-1	5-0	2-0	5-0	1-2	1-3	■	3-1	0-3	0-1	1-1	1-0	1-2	3-2	3-2
Morton FC	6-1	0-0	1-3	0-0	1-1	2-1	1-1	4-1	1-0	2-0	0-1	1-1	1-1	9-2	■	4-1	4-0	4-3	1-3	0-0	1-0	1-1
Motherwell FC	4-0	1-0	1-1	6-1	1-1	3-1	0-0	8-2	1-2	4-2	2-0	2-2	4-2	0-1	2-2	■	0-4	2-1	2-1	0-2	2-0	1-3
Partick Thistle FC	2-2	0-0	0-0	0-0	0-1	2-1	2-2	1-0	2-1	2-1	1-1	0-0	3-2	1-1	4-0	0-0	■	5-0	3-1	0-2	5-1	1-0
Queen's Park FC	0-2	1-3	1-1	3-0	0-2	1-0	2-0	3-0	0-0	0-0	3-1	1-1	0-2	1-2	1-1	0-6	1-1	■	3-2	1-1	2-2	0-1
Raith Rovers FC	1-0	3-2	2-4	2-1	2-0	0-1	3-0	3-1	1-2	1-3	1-0	2-1	2-0	2-0	1-2	1-0	5-0	■	0-1	3-1	1-2
Rangers FC	2-1	4-1	2-1	7-2	0-2	3-1	1-0	2-0	5-0	2-0	4-0	0-0	1-0	2-0	2-0	2-1	3-0	3-1	1-0	■	2-0	2-1
St. Mirren FC	1-1	0-1	1-2	1-4	0-2	3-2	3-0	4-1	0-1	2-3	1-0	0-4	0-2	1-2	2-2	1-2	0-2	1-2	3-2	0-1	■	1-3
Third Lanark FC	3-1	7-3	2-2	3-1	1-2	3-0	1-3	4-0	0-1	5-0	1-1	3-0	0-2	4-4	1-2	0-1	1-0	1-2	3-0	0-1	2-1	■

Division "A"

		Pd	Wn	Dw	Ls	GF	GA	Pts
1.	RANGERS FC (GLASGOW)	42	35	6	1	91	24	76
2.	Celtic FC (Glasgow)	42	30	6	6	86	35	66
3.	Heart of Midlothian FC (Edinburgh)	42	20	10	12	74	49	50
4.	Dundee FC (Dundee)	42	19	11	12	54	48	49
5.	Motherwell FC (Motherwell)	42	19	10	13	75	51	48
6.	Partick Thistle FC (Glasgow)	42	17	12	13	53	39	46
7.	Clyde FC (Glasgow)	42	21	3	18	63	62	45
8.	Third Lanark FC (Glasgow)	42	19	6	17	74	61	44
9.	Morton FC (Greenock)	42	15	14	13	66	58	44
10.	Airdrieonians FC (Airdrie)	42	17	9	16	71	64	43
11.	Aberdeen FC (Aberdeen)	42	14	14	14	53	54	42
12.	Kilmarnock FC (Kilmarnock)	42	17	8	17	62	68	42
13.	Hibernian FC (Edinburgh)	42	16	9	17	58	57	41
14.	Ayr United FC (Ayr)	42	14	12	16	62	69	40
15.	Hamilton Academical FC (Hamilton)	42	14	12	16	44	57	40
16.	Raith Rovers FC (Kirkcaldy)	42	16	5	21	54	58	37
17.	Albion Rovers FC (Coatbridge)	42	11	12	19	57	68	34
18.	Falkirk FC (Falkirk)	42	11	12	19	54	72	34
19.	Queen's Park FC (Glasgow)	42	11	11	20	45	80	33
20.	Clydebank FC (Clydebank)	42	7	14	21	47	72	28
21.	Dumbarton FC (Dumbarton)	42	10	4	28	41	89	24
22.	St. Mirren FC (Paisley)	42	7	4	31	43	92	18
		924	360	204	360	1327	1327	924

Top goalscorer 1920-21

1) Hugh FERGUSON　　　　　　　(Motherwell FC)　　　43

Due to the popularity of the "Central League" (and also to the large crowds which it had attracted) it was decided to re-introduce Division "B" for season 1921-22 with automatic promotion/relegation being introduced for the first time.

SCOTTISH CUP FINAL   (Celtic Park, Glasgow – 16/04/1921 – 28,294)

PARTICK THISTLE FC (GLASGOW)　　　1-0　　　　　　　　　Rangers FC (Glasgow)
Blair　　　　　　　　　　　　　　　(H.T. 1-0)

Partick: Campbell, Crichton, Bulloch, Harris, Wilson, Borthwick, Blair, Kinloch, Johnstone, McMenemy, Salisbury.

Rangers: Robb, Manderson, McCandless, Meiklejohn, Dixon, Bowie, Archibald, Cunningham, Henderson, Cairns, Morton.

Semi-finals   (26/03/1921 – 05/04/1921)

Partick Thistle FC (Glasgow)　　　　0-0, 0-0, 2-0　　　　Heart of Midlothian FC (Edinburgh)
Rangers FC (Glasgow)　　　　　　　4-1　　　　　　　　Albion Rovers FC (Coatbridge)

1921-22 SEASON

1921-1922 Scottish Football League Division 1	Aberdeen	Airdrieonians	Albion Rovers	Ayr United	Celtic	Clyde	Clydebank	Dumbarton	Dundee	Falkirk	Hamilton	Hearts	Hibernian	Kilmarnock	Morton	Motherwell	Partick Thistle	Queen's Park	Raith Rovers	Rangers	St. Mirren	Third Lanark
Aberdeen FC	■	3-0	2-0	1-0	1-1	4-2	2-0	3-0	1-2	1-1	0-0	0-1	1-2	0-1	2-2	2-0	2-1	2-1	1-2	0-0	0-1	3-0
Airdrieonians FC	4-0	■	1-1	2-1	0-2	1-1	2-3	3-1	0-2	3-0	1-1	3-0	2-1	2-0	3-2	2-0	0-1	1-1	0-2	1-2	4-1	0-1
Albion Rovers FC	0-2	2-0	■	2-3	0-2	1-1	2-0	1-0	1-0	4-0	1-0	2-0	2-1	4-0	1-2	0-0	0-1	1-1	2-0	0-5	0-0	1-0
Ayr United FC	1-1	1-2	2-1	■	0-0	3-2	1-0	2-0	0-2	1-1	2-0	2-1	2-2	4-2	0-0	2-1	2-1	1-0	0-0	0-1	2-3	2-0
Celtic FC	2-0	1-0	3-1	2-1	■	1-0	6-0	4-0	4-0	0-0	4-0	3-0	3-1	1-0	1-0	2-0	3-0	3-1	4-0	0-1	2-0	2-0
Clyde FC	2-0	1-1	1-1	2-1	1-1	■	2-1	5-0	3-1	1-2	1-1	3-2	2-0	3-0	1-1	0-0	4-0	0-2	1-1	0-0	1-1	1-0
Clydebank FC	1-1	2-0	0-3	2-0	0-2	1-2	■	0-1	0-3	0-0	1-1	1-1	0-2	1-1	2-1	2-0	1-3	0-0	0-3	1-7	3-2	0-4
Dumbarton FC	1-1	1-0	1-2	3-1	0-5	4-1	2-0	■	2-0	0-0	1-2	3-2	1-1	5-3	2-1	3-2	1-4	2-3	1-2	0-4	0-2	3-3
Dundee FC	1-0	1-1	2-0	1-0	0-0	2-1	1-1	2-0	■	3-0	2-0	2-0	0-0	5-0	2-1	1-0	3-1	1-0	0-0	2-2	2-0
Falkirk FC	2-1	2-0	0-1	1-1	1-1	0-0	3-1	0-0	1-0	■	0-0	1-0	3-1	2-1	7-0	1-0	3-0	2-0	1-1	1-0	3-1	1-2
Hamilton Academical FC	2-2	0-0	5-3	2-2	1-3	1-0	3-1	1-1	1-2	1-1	■	1-0	1-2	7-1	1-1	3-1	3-2	1-1	1-2	0-0	2-3	0-1
Heart of Midlothian FC	2-1	4-0	2-2	6-2	1-2	0-1	3-0	2-0	0-0	4-1	0-0	■	0-2	1-0	0-0	0-0	1-3	0-1	1-1	1-2	3-2	3-1
Hibernian FC	0-1	0-0	0-1	1-1	2-1	2-1	6-0	0-0	1-1	1-1	1-0	2-1	■	3-0	2-1	2-0	2-0	3-0	2-1	0-0	1-1	0-1
Kilmarnock FC	2-3	2-1	1-1	2-2	4-3	1-0	3-2	1-0	5-3	1-2	1-1	3-0	1-1	■	2-1	4-0	2-1	2-0	2-2	1-2	1-1	3-0
Morton FC	2-1	3-0	2-1	2-1	1-1	0-3	3-0	1-0	2-1	2-0	1-0	1-1	2-2	5-1	■	0-0	4-0	1-0	3-1	1-2	2-1	1-1
Motherwell FC	3-0	1-2	1-1	2-1	1-1	2-0	5-2	5-0	2-1	0-1	2-1	3-1	4-1	3-0	2-0	■	2-1	5-1	2-1	2-0	1-1	1-3
Partick Thistle FC	2-0	1-1	0-1	1-1	0-0	2-1	1-0	4-2	4-1	0-0	1-0	1-1	2-0	2-0	3-2	0-2	■	1-0	2-1	0-1	3-1	2-2
Queen's Park FC	3-1	1-1	0-4	1-6	1-3	0-3	2-2	1-0	0-3	2-1	1-5	1-1	1-3	1-1	1-3	2-1	0-1	■	1-3	2-4	1-0	0-0
Raith Rovers FC	2-1	1-0	3-0	5-0	1-1	1-1	5-0	1-1	0-0	2-1	1-0	3-1	0-0	4-0	1-0	4-1	2-0	1-1	■	0-3	2-3	2-2
Rangers FC	1-0	3-0	3-1	2-0	1-1	3-0	6-1	1-1	2-1	0-0	5-0	0-2	2-0	1-0	3-0	2-1	2-2	2-1	0-1	■	4-1	2-1
St. Mirren FC	2-1	1-0	2-1	1-1	0-2	6-3	4-1	4-2	2-1	0-0	5-0	2-1	1-1	1-1	2-1	1-2	5-0	1-1	1-2	■	1-2
Third Lanark FC	2-0	2-2	2-2	2-0	0-0	1-1	4-1	1-1	1-0	1-1	2-2	2-0	2-1	0-1	4-3	1-2	0-1	1-0	1-3	0-1	■

Division 1

		Pd	Wn	Dw	Ls	GF	GA	Pts	
1.	CELTIC FC (GLASGOW)	42	27	13	2	83	20	67	
2.	Rangers FC (Glasgow)	42	28	10	4	83	26	66	
3.	Raith Rovers FC (Kirkcaldy)	42	19	13	10	66	43	51	
4.	Dundee FC (Dundee)	42	19	11	12	57	40	49	
5.	Falkirk FC (Falkirk)	42	16	17	9	48	38	49	
6.	Partick Thistle FC (Glasgow)	42	20	8	14	57	53	48	
7.	Hibernian FC (Edinburgh)	42	16	14	12	55	44	46	
8.	St. Mirren FC (Paisley)	42	17	12	13	71	61	46	
9.	Third Lanark FC (Glasgow)	42	17	12	13	58	52	46	
10.	Clyde FC (Glasgow)	42	16	12	14	60	51	44	
11.	Albion Rovers FC (Coatbridge)	42	17	10	15	55	51	44	
12.	Morton FC (Greenock)	42	16	10	16	58	57	42	
13.	Motherwell FC (Motherwell)	42	16	7	19	63	58	39	
14.	Ayr United FC (Ayr)	42	13	12	17	55	63	38	
15.	Aberdeen FC (Aberdeen)	42	13	9	20	48	54	35	
16.	Airdrieonians FC (Airdrie)	42	12	11	19	46	56	35	
17.	Kilmarnock FC (Kilmarnock)	42	13	9	20	56	83	35	
18.	Hamilton Academical FC (Hamilton)	42	9	16	17	51	62	34	
19.	Heart of Midlothian FC (Edinburgh)	42	11	10	21	50	60	32	
20.	Dumbarton FC (Dumbarton)	42	10	10	22	46	81	30	R
21.	Queen's Park FC (Glasgow)	42	9	10	23	38	82	28	R
22.	Clydebank FC (Clydebank)	42	6	8	28	34	103	20	R
		924	340	244	340	1238	1238	924	

Top goalscorer 1922-22

1) Duncan WALKER   (St. Mirren FC)   45

1921-1922 Scottish Football League Division 2	Alloa Athletic	Arbroath	Armadale	Bathgate	Bo'ness	Broxburn	Clackmannan	Cowdenbeath	Dundee Hibern.	Dunfermline	East Fife	East Stirling	Forfar Athletic	Johnstone	King's Park	Lochgelly	St. Bernard's	St. Johnstone	Stenhousemuir	Vale of Leven
Alloa Athletic FC	■	2-1	2-2	3-2	5-1	3-0	2-0	2-0	3-0	2-0	1-1	3-1	3-1	1-1	1-1	2-0	2-1	1-0	1-0	4-0
Arbroath FC	0-1	■	3-1	2-0	1-0	0-0	2-0	0-1	2-0	0-0	2-1	1-1	2-2	3-1	2-5	1-0	2-2	3-1	0-1	1-1
Armadale FC	2-0	4-2	■	1-0	2-1	4-3	8-1	2-1	3-1	1-0	1-2	0-1	1-0	1-2	3-2	3-1	3-0	4-0	2-2	3-1
Bathgate FC	0-0	2-0	0-0	■	2-0	1-1	1-0	0-0	4-2	3-1	2-3	2-2	2-1	4-0	3-1	1-2	2-2	0-0	4-0	0-0
Bo'ness FC	1-1	3-1	1-0	2-0	■	3-1	2-0	0-2	1-0	2-1	5-0	4-2	1-1	2-0	2-0	3-4	0-1	5-1	2-1	2-1
Broxburn United FC	0-1	0-0	1-0	0-1	2-0	■	1-0	2-1	3-0	3-2	0-0	4-1	2-2	2-1	1-2	2-0	1-2	1-1	0-0	2-1
Clackmannan FC	1-2	2-2	0-1	1-3	2-1	2-2	■	0-1	1-1	2-0	0-4	3-1	2-0	2-1	1-0	1-3	2-3	0-0	3-2	0-0
Cowdenbeath FC	1-2	2-2	2-0	2-0	0-0	0-1	4-0	■	3-0	1-0	1-0	0-0	0-0	4-0	3-0	4-3	3-0	2-0	4-1	1-0
Dundee Hibernian FC	0-4	1-2	4-1	1-2	2-2	1-0	7-1	2-6	■	1-0	0-1	2-0	1-0	0-1	0-1	4-0	2-0	3-1	1-1	0-2
Dunfermline Athletic FC	0-1	5-1	4-0	1-1	4-1	0-0	2-0	2-2	4-1	■	2-0	4-0	1-0	2-0	3-1	3-1	1-1	1-2	0-0	1-1
East Fife FC	0-2	2-1	0-2	1-2	2-1	2-0	2-2	2-0	0-0	0-2	■	4-2	0-1	2-2	5-4	1-0	4-2	2-2	4-0	1-2
East Stirlingshire FC	1-2	2-0	2-2	2-1	1-1	0-2	1-0	0-1	3-2	2-1	2-2	■	1-0	1-2	1-1	2-0	1-0	1-0	0-0	3-1
Forfar Athletic FC	2-1	1-1	1-2	2-1	1-0	1-1	2-2	1-0	0-2	3-0	2-2	0-0	■	1-1	2-0	1-0	3-2	1-0	3-1	0-0
Johnstone FC	2-5	4-0	1-0	0-3	1-1	1-0	1-1	0-0	2-2	2-0	1-0	3-1	1-3	■	4-1	2-0	1-0	0-0	1-1	2-1
King's Park FC	1-8	3-2	0-1	0-0	1-1	0-2	2-1	3-1	0-2	2-3	1-1	2-1	3-0	■	■	1-0	0-0	2-2	2-1	0-0
Lochgelly United FC	1-3	0-0	1-1	0-2	0-3	1-1	4-0	2-1	1-1	1-1	3-1	4-1	4-1	0-1	0-0	■	0-0	2-1	4-0	2-0
St. Bernard's FC	2-0	0-0	1-0	1-2	1-2	4-0	1-0	0-2	2-0	0-1	1-5	6-0	0-0	1-1	■	1-0	■	1-0	3-1	2-1
St. Johnstone FC	4-3	1-0	3-0	1-1	1-0	1-2	1-3	1-0	3-1	0-0	0-0	2-0	2-1	1-0	2-2	1-1	1-3	■	1-0	2-1
Stenhousemuir FC	1-1	2-1	2-1	2-1	1-0	1-0	1-2	2-0	3-0	5-2	2-0	1-1	4-0	2-2	1-1	1-0	4-1	3-1	■	0-1
Vale of Leven FC	1-1	2-1	0-2	4-1	3-0	3-0	4-2	0-0	2-2	1-1	1-0	3-1	3-0	3-2	2-0	2-1	2-1	1-0	■	■

	Division 2	Pd	Wn	Dw	Ls	GF	GA	Pts	
1.	Alloa Athletic FC (Alloa)	38	26	8	4	81	32	60	P
2.	Cowdenbeath FC (Cowdenbeath)	38	19	9	10	57	30	47	
3.	Armadale FC (Armadale)	38	20	5	13	64	48	45	
4.	Vale of Leven FC (Alexandria)	38	17	10	11	54	43	44	
5.	Bathgate FC (Bathgate)	38	16	11	11	56	41	43	
6.	Bo'ness FC (Bo'ness)	38	16	7	15	56	49	39	
7.	Broxburn United FC (Broxburn)	38	14	11	13	43	43	39	
8.	Dunfermline Athletic FC (Dunfermline)	38	14	10	14	56	42	38	
9.	St. Bernard's FC (Edinburgh)	38	15	8	15	50	49	38	
10.	East Fife FC (Methil)	38	15	8	15	54	54	38	
11.	Stenhousemuir FC (Stenhousemuir)	38	14	10	14	50	51	38	
12.	Johnstone FC (Johnstone)	38	14	10	14	46	59	38	
13.	St. Johnstone FC (Perth)	38	12	11	15	41	52	35	
14.	Forfar Athletic FC (Forfar)	38	11	12	15	43	51	34	
15.	East Stirlingshire FC (Falkirk)	38	12	10	16	43	60	34	
16.	Arbroath FC (Arbroath)	38	11	11	16	45	56	33	
17.	King's Park FC (Stirling)	38	10	12	16	47	65	32	
18.	Lochgelly United FC (Lochgelly)	38	11	9	18	46	54	31	
19.	Dundee Hibernian FC (Dundee)	38	10	8	20	47	65	28	n/r
20.	Clackmannan FC (Clackmannan)	38	9	8	21	40	75	26	n/r
		760	286	188	286	1019	1019	760	

SCOTTISH CUP FINAL   (Hampden Park, Glasgow – 15/04/1922 – 70,000)

MORTON FC (GREENOCK)   1-0   Rangers FC (Glasgow)

Gourlay   *(H.T. 1-0)*

Morton: Edwards, McIntyre, R.Brown, Gourlay, Wright, McGregor, McNab, McKay, Buchanan, A.Brown, McMinn.

Rangers: Robb, Manderson, McCandless, Meiklejohn, Dixon, Muirhead, Archibald, Cunningham, Henderson, Cairns, Morton.

Semi-finals   (25/03/1922 – 01/04/1922)

Morton FC (Greenock)	3-1	Aberdeen FC (Aberdeen)
Rangers FC (Glasgow)	2-0	Partick Thistle FC (Glasgow)

1922-23 SEASON

1922-1923 Scottish Football League Division 1	Aberdeen	Airdrieonians	Albion Rovers	Alloa Athletic	Ayr United	Celtic	Clyde	Dundee	Falkirk	Hamilton	Hearts	Hibernian	Kilmarnock	Morton	Motherwell	Partick Thistle	Raith Rovers	Rangers	St. Mirren	Third Lanark
Aberdeen FC	■	0-1	1-2	1-0	4-1	3-1	1-0	0-0	1-1	1-0	0-1	2-0	5-0	1-1	2-1	0-0	1-0	0-0	4-2	1-1
Airdrieonians FC	2-0	■	2-0	0-2	2-1	1-0	1-1	1-1	5-1	3-1	2-2	2-1	4-1	1-0	4-1	3-3	4-0	1-0	2-1	1-0
Albion Rovers FC	0-2	1-2	■	2-1	2-1	2-3	3-0	0-0	1-2	2-0	1-2	1-1	3-0	1-1	0-1	1-2	2-1	2-0	0-1
Alloa Athletic FC	0-2	0-3	2-0	■	1-1	2-3	0-0	1-3	1-2	0-2	0-3	2-1	3-3	1-1	1-1	1-0	0-1	0-2	1-1	0-0
Ayr United FC	2-1	2-1	2-2	1-1	■	0-1	4-1	1-0	4-0	1-1	1-1	2-1	1-0	2-0	2-1	2-0	1-1	1-1	1-2
Celtic FC	1-2	1-1	1-1	1-0	1-4	■	0-0	2-1	1-1	2-1	2-1	0-0	1-2	3-1	1-0	4-3	3-0	1-3	1-0	3-0
Clyde FC	0-1	2-0	3-0	1-0	1-0	0-1	■	4-3	0-1	1-2	1-1	0-0	2-0	1-0	3-0	2-0	2-0	0-0	2-1	1-0
Dundee FC	1-1	1-0	4-0	2-1	1-0	0-1	1-0	■	3-0	3-0	0-0	1-0	2-0	0-1	3-1	1-0	0-4	1-2	2-0	2-0
Falkirk FC	2-2	1-1	1-0	0-0	0-0	0-0	0-0	1-0	■	3-1	1-0	5-0	0-0	3-0	1-0	1-1	1-1	2-0	1-1	4-0
Hamilton Academical FC	0-0	0-1	1-0	2-0	0-1	1-1	1-2	0-0	0-1	■	3-1	2-1	3-3	1-1	3-0	6-1	1-1	0-3	2-0	3-1
Heart of Midlothian FC	0-0	1-1	2-2	1-1	1-1	0-3	2-1	2-1	1-1	1-2	■	2-2	5-0	3-1	1-2	3-0	0-0	0-0	2-2	2-0
Hibernian FC	2-0	1-0	3-0	2-1	3-0	1-0	1-2	3-3	1-0	2-0	2-1	■	1-1	0-1	2-1	1-0	2-0	2-0	0-3	2-0
Kilmarnock FC	1-0	0-1	7-0	2-2	2-0	4-3	4-1	2-0	1-0	3-0	1-2	1-0	■	3-2	0-6	1-3	1-2	1-2	1-2	2-0
Morton FC	2-1	3-1	3-0	1-0	0-0	0-1	1-0	2-3	1-1	3-1	0-1	1-0	1-4	■	2-0	1-2	4-0	1-1	0-1	2-3
Motherwell FC	3-1	0-0	1-0	2-0	4-0	0-0	5-3	3-4	3-2	0-0	4-1	0-2	4-1	4-3	■	1-1	2-0	0-4	1-1	1-1
Partick Thistle FC	2-1	0-0	3-0	2-0	2-1	0-2	0-0	2-0	0-1	5-3	2-2	1-0	1-1	0-1	3-0	■	2-0	0-1	4-1	3-0
Raith Rovers FC	1-1	0-0	1-1	1-0	0-0	0-3	1-0	0-3	0-0	1-0	2-1	2-2	1-0	1-1	1-0	■	2-0	2-1	1-0
Rangers FC	1-1	4-1	2-2	2-1	2-0	2-1	4-1	2-0	3-0	3-0	2-0	1-0	0-0	2-1	4-1	1-0	■	1-1	5-1
St. Mirren FC	0-1	4-0	1-1	0-1	0-0	1-0	2-0	4-0	2-2	2-1	2-1	2-1	2-0	1-1	3-3	1-0	1-1	1-0	■	3-1
Third Lanark FC	2-1	1-3	2-2	0-1	3-0	1-0	3-0	2-0	1-1	2-0	3-1	0-1	1-2	1-1	1-2	1-1	2-1	2-2	1-3	■

Division 1

		Pd	Wn	Dw	Ls	GF	GA	Pts	
1.	RANGERS FC (GLASGOW)	38	23	9	6	67	29	55	
2.	Airdrieonians FC (Airdrie)	38	20	10	8	58	38	50	
3.	Celtic FC (Glasgow)	38	19	8	11	52	39	46	
4.	Falkirk FC (Falkirk)	38	14	17	7	44	32	45	
5.	Aberdeen FC (Aberdeen)	38	15	12	11	46	34	42	
6.	St. Mirren FC (Paisley)	38	15	12	11	54	44	42	
7.	Dundee FC (Dundee)	38	17	7	14	51	45	41	
8.	Hibernian FC (Edinburgh)	38	17	7	14	45	40	41	
9.	Raith Rovers FC (Kirkcaldy)	38	13	13	12	31	43	39	
10.	Ayr United FC (Ayr)	38	13	12	13	43	44	38	
11.	Partick Thistle FC (Glasgow)	38	14	9	15	51	48	37	
12.	Heart of Midlothian FC (Edinburgh)	38	11	15	12	51	50	37	
13.	Motherwell FC (Motherwell)	38	13	10	15	59	60	36	
14.	Morton FC (Greenock)	38	12	11	15	44	47	35	
15.	Kilmarnock FC (Kilmarnock)	38	14	7	17	57	66	35	
16.	Clyde FC (Glasgow)	38	12	9	17	36	44	33	
17.	Third Lanark FC (Glasgow)	38	11	8	19	40	59	30	
18.	Hamilton Academical FC (Hamilton)	38	11	7	20	43	59	29	
19.	Albion Rovers FC (Coatbridge)	38	8	10	20	38	64	26	R
20.	Alloa Athletic FC (Alloa)	38	6	11	21	27	52	23	R
		760	278	204	278	937	937	760	

Top goalscorer 1922-23

1) John WHITE   (Heart of Midlothian FC)   30

1922-1923 Scottish Football League Division 2	Arbroath	Armadale	Bathgate	Bo'ness	Broxburn United	Clydebank	Cowdenbeath	Dumbarton	Dunfermline	East Fife	East Stirling	Forfar Athletic	Johnstone	King's Park	Lochgelly United	Queen's Park	St. Bernard's	St. Johnstone	Stenhousemuir	Vale of Leven
Arbroath FC	■	1-2	0-0	0-0	0-3	0-0	1-3	1-1	1-1	3-1	4-1	1-2	2-0	0-1	3-1	2-1	3-2	1-1	1-1	1-0
Armadale FC	3-0	■	2-2	3-0	2-1	2-0	1-1	1-0	1-0	2-2	5-0	7-2	2-3	5-1	2-0	3-0	2-0	3-2	2-2	
Bathgate FC	2-1	4-2	■	3-3	2-2	1-0	0-1	4-1	1-1	2-1	3-2	5-1	3-0	3-0	5-0	0-0	2-0	0-1	4-0	4-1
Bo'ness FC	1-1	0-0	2-1	■	2-0	1-1	2-0	0-2	2-1	0-0	2-1	5-0	0-0	1-4	2-2	2-1	2-2	2-0	6-2	1-0
Broxburn United FC	1-1	2-0	2-0	1-2	■	1-0	0-0	1-1	0-2	2-0	1-0	3-2	2-0	3-0	4-1	0-0	1-0	0-0	0-2	1-1
Clydebank FC	3-1	1-0	5-0	4-0	3-0	■	2-0	1-1	3-0	3-2	5-0	1-0	1-0	2-0	3-1	1-2	1-1	3-1	4-1	2-0
Cowdenbeath FC	7-4	0-1	3-1	1-1	2-1	1-1	■	1-0	0-1	1-2	1-0	3-1	1-2	3-2	4-0	0-1	2-1	1-1	4-0	1-0
Dumbarton FC	3-0	3-0	2-0	2-0	1-1	1-1	1-0	■	2-0	1-2	3-0	1-1	6-1	2-0	5-0	0-2	2-1	0-0	1-0	3-0
Dunfermline Athletic FC	1-2	2-2	0-2	2-1	1-1	2-2	2-0	3-0	■	0-1	5-1	0-1	1-1	2-0	0-1	0-0	4-1	3-1	1-0	0-0
East Fife FC	2-1	3-0	1-1	1-1	0-1	0-0	0-2	2-1	1-0	■	2-0	4-1	1-0	3-1	1-2	0-2	0-1	1-3	4-0	2-0
East Stirlingshire FC	3-0	5-2	1-2	1-1	0-1	1-2	3-1	2-1	1-1	0-3	■	2-0	3-2	2-2	1-0	3-3	2-0	1-1	1-1	1-0
Forfar Athletic FC	2-1	1-1	3-1	1-1	2-0	0-1	0-1	0-3	0-2	2-1	2-0	■	5-2	4-2	3-1	2-0	2-2	2-0	2-2	3-3
Johnstone FC	2-2	2-1	1-1	2-0	0-2	1-0	4-1	2-0	1-0	1-3	2-0	0-2	■	1-0	0-1	0-2	1-1	1-0	4-2	3-0
King's Park FC	2-0	3-1	2-1	0-0	3-2	2-3	3-2	2-2	2-1	2-0	1-0	1-1	0-1	■	0-1	0-1	1-0	1-3	3-1	0-0
Lochgelly United FC	1-0	1-0	2-3	1-1	1-1	0-5	3-2	3-2	2-0	1-0	3-0	2-1	0-0	0-1	■	2-4	1-0	0-1	3-1	2-1
Queen's Park FC	6-1	3-0	2-1	2-1	5-0	1-1	2-0	3-2	1-1	4-1	2-1	2-1	4-0	1-0	3-0	■	1-1	2-0	4-1	2-1
St. Bernard's FC	2-2	0-0	1-1	1-1	0-0	1-2	0-0	0-1	2-1	2-2	0-1	2-1	1-0	3-0	1-0	1-0	■	4-4	1-0	3-1
St. Johnstone FC	6-3	2-0	3-1	0-0	1-1	1-0	3-2	1-0	1-0	1-0	2-2	6-1	3-1	0-0	1-0	1-1	1-1	■	3-0	4-2
Stenhousemuir FC	3-0	1-1	2-0	0-1	5-0	1-1	4-2	4-1	1-0	2-1	4-1	2-1	0-1	1-1	2-1	0-2	1-1	■	2-1	
Vale of Leven FC	0-0	2-2	4-1	3-1	3-0	2-1	1-2	0-3	5-4	0-1	4-3	2-0	2-0	5-1	0-0	1-2	2-0	0-1	1-0	■

	Division 2	Pd	Wn	Dw	Ls	GF	GA	Pts	
1.	Queen's Park FC (Glasgow)	38	24	9	5	73	31	57	P
2.	Clydebank FC (Clydebank)	38	21	10	7	69	29	52	P
3.	St. Johnstone FC (Perth)	38	19	12	7	60	39	48	-2
4.	Dumbarton FC (Dumbarton)	38	17	8	13	61	40	42	
5.	Bathgate FC (Bathgate)	38	16	9	13	67	55	41	
6.	Armadale FC (Armadale)	38	15	11	12	63	52	41	
7.	Bo'ness FC (Bo'ness)	38	12	17	9	48	46	41	
8.	Broxburn United FC (Broxburn)	38	14	12	12	42	45	40	
9.	East Fife FC (Methil)	38	16	7	15	48	42	39	
10.	Lochgelly United FC (Lochgelly)	38	16	5	17	41	64	37	
11.	Cowdenbeath FC (Cowdenbeath)	38	16	6	16	56	52	36	-2
12.	King's Park FC (Stirling)	38	14	6	18	46	59	34	
13.	Dunfermline Athletic FC (Dunfermline)	38	11	11	16	46	44	33	
14.	Stenhousemuir FC (Stenhousemuir)	38	13	7	18	53	67	33	
15.	Forfar Athletic FC (Forfar)	38	13	7	18	53	73	33	
16.	Johnstone FC (Johnstone)	38	13	6	19	41	62	32	
17.	Vale of Leven FC (Alexandria)	38	11	8	19	50	59	30	
18.	St. Bernard's FC (Edinburgh)	38	8	15	15	39	50	29	-2
19.	East Stirlingshire FC (Falkirk)	38	10	8	20	48	69	28	R
20.	Arbroath FC (Arbroath)	38	8	12	18	45	71	28	
		760	287	186	287	1049	1049	754	

Cowdenbeath FC, St. Bernard's FC and St. Johnstone were each deducted 2 points for fielding ineligible players.

Elected: Dundee Hibernian FC (Dundee)

SCOTTISH CUP FINAL (Hampden Park, Glasgow – 11/03/1923 – 80,100)

CELTIC FC (GLASGOW)   1-0   Hibernian FC (Edinburgh)
Cassidy   (H.T. 0-0)
Celtic: Shaw, McNair, W. McStay, J. McStay, Cringan, MacFarlane, McAtee, Gallacher, Cassidy, McLean, Connolly.
Hibernian: Harper, McGinnigle, Dornan, Kerr, Miller, Shaw, Ritchie, Dunn, McColl, Halligan, Walker.

Semi-finals (10/03/1923)

Celtic FC (Glasgow)   2-0   Motherwell FC (Motherwell)
Hibernian FC (Edinburgh)   1-0   Third Lanark FC (Glasgow)

1923-24 SEASON

1923-1924 Scottish Football League Division 1	Aberdeen	Airdrieonians	Ayr United	Celtic	Clyde	Clydebank	Dundee	Falkirk	Hamilton	Hearts	Hibernian	Kilmarnock	Morton	Motherwell	Partick Thistle	Queen's Park	Raith Rovers	Rangers	St. Mirren	Third Lanark
Aberdeen FC	■	1-2	1-0	0-2	3-0	3-1	0-0	0-0	2-0	2-1	1-1	2-0	0-2	3-1	2-1	1-1	1-0	1-0	2-0	2-2
Airdrieonians FC	2-1	■	4-0	2-0	6-1	3-2	4-2	4-1	3-2	3-0	1-1	2-2	1-1	2-0	1-1	2-2	1-0	0-0	4-0	3-1
Ayr United FC	1-1	2-3	■	4-2	2-1	3-1	2-0	2-0	0-0	2-1	2-2	0-0	1-0	0-0	1-1	2-1	1-0	2-1	2-2	3-0
Celtic FC	4-0	2-2	3-0	■	4-0	1-2	0-0	2-1	1-0	4-1	1-1	2-1	3-0	2-1	1-2	1-0	0-0	2-2	0-1	3-1
Clyde FC	1-0	1-1	1-0	0-0	■	2-0	0-2	2-1	0-0	2-2	2-0	1-1	3-0	2-3	4-4	0-1	2-1	3-1	0-3	0-1
Clydebank FC	2-1	0-1	1-0	0-0	2-1	■	0-0	0-1	1-0	2-1	2-4	1-2	0-1	0-2	2-0	2-1	2-1	1-2	2-2	1-5
Dundee FC	1-1	3-1	2-1	2-1	3-1	4-1	■	4-2	1-1	5-1	7-2	4-2	1-1	4-1	0-0	3-0	1-1	1-4	1-1	1-0
Falkirk FC	0-0	0-3	2-0	3-1	1-0	2-0	4-1	■	1-2	0-0	1-1	2-1	2-0	2-0	0-1	1-3	3-0	0-1	0-0	4-1
Hamilton Academical FC	3-0	5-1	0-0	2-5	1-2	3-2	0-0	1-2	■	1-3	2-1	2-1	4-1	2-1	3-1	2-1	0-2	2-3	2-0	2-0
Heart of Midlothian FC	0-1	4-2	2-3	0-0	6-0	2-0	1-0	3-1	4-0	■	1-1	4-1	3-1	2-1	2-1	5-2	1-2	0-0	0-0	3-1
Hibernian FC	0-1	2-0	3-0	0-0	3-1	3-2	2-0	1-0	1-3	1-1	■	3-1	2-1	2-4	3-1	4-0	4-0	1-3	1-1	5-2
Kilmarnock FC	2-1	1-2	1-1	1-1	3-0	2-3	1-3	2-1	1-0	2-1	1-3	■	1-0	3-1	1-4	1-2	1-1	2-0	0-0	
Morton FC	1-1	2-1	4-0	1-0	1-2	1-0	2-1	2-1	0-0	1-0	1-0	0-2	■	3-2	1-2	3-1	2-0	0-1	4-0	2-2
Motherwell FC	1-1	2-1	1-0	0-1	1-1	3-2	4-2	3-1	3-1	3-2	2-1	4-0	3-1	■	1-1	2-1	1-3	0-3	0-2	2-2
Partick Thistle FC	1-0	2-1	3-0	1-1	6-1	1-1	5-2	0-1	0-1	1-0	2-2	2-0	0-2	■	3-0	2-0	0-6	1-2	2-2	
Queen's Park FC	1-0	0-2	0-0	0-2	0-0	1-1	1-1	4-2	2-1	1-1	1-1	3-1	3-1	2-2	0-2	■	2-1	0-2	0-1	1-0
Raith Rovers FC	1-0	2-0	4-1	1-0	2-1	1-0	3-0	3-0	0-1	1-1	0-2	4-1	4-0	1-1	4-1	2-0	■	0-1	1-1	6-1
Rangers FC	2-0	0-1	5-0	0-0	2-1	3-0	1-1	2-2	4-0	1-0	2-1	2-0	2-1	2-0	1-0	1-0	0-1	■	5-0	2-0
St. Mirren FC	2-0	0-1	4-0	0-1	3-1	6-2	2-2	1-0	4-1	0-0	1-1	0-1	3-1	4-0	1-2	2-0	1-1	0-0	■	3-1
Third Lanark FC	2-1	0-0	3-0	1-3	0-0	2-1	3-5	2-1	3-2	2-1	1-4	2-1	0-2	2-1	2-4	2-3	1-1	1-3	3-0	■

	Division 1	Pd	Wn	Dw	Ls	GF	GA	Pts	
1.	RANGERS FC (GLASGOW)	38	25	9	4	72	22	59	
2.	Airdrieonians FC (Airdrie)	38	20	10	8	72	46	50	
3.	Celtic FC (Glasgow)	38	17	12	9	56	33	46	
4.	Raith Rovers FC (Kirkcaldy)	38	18	7	13	56	38	43	
5.	Dundee FC (Dundee)	38	15	13	10	70	57	43	
6.	St. Mirren FC (Paisley)	38	15	12	11	53	45	42	
7.	Hibernian FC (Edinburgh)	38	15	11	12	66	52	41	
8.	Partick Thistle FC (Glasgow)	38	15	9	14	58	55	39	
9.	Heart of Midlothian FC (Edinburgh)	38	14	10	14	61	50	38	
10.	Motherwell FC (Motherwell)	38	15	7	16	58	63	37	
11.	Morton FC (Greenock)	38	16	5	17	48	54	37	
12.	Hamilton Academical FC (Hamilton)	38	15	6	17	52	57	36	
13.	Aberdeen FC (Aberdeen)	38	13	10	15	37	41	36	
14.	Ayr United FC (Ayr)	38	12	10	16	38	60	34	
15.	Falkirk FC (Falkirk)	38	13	6	19	46	53	32	
16.	Kilmarnock FC (Kilmarnock)	38	12	8	18	48	65	32	
17.	Queen's Park FC (Glasgow)	38	11	9	18	43	60	31	
18.	Third Lanark FC (Glasgow)	38	11	8	19	54	78	30	
19.	Clyde FC (Glasgow)	38	10	9	19	40	70	29	R
20.	Clydebank FC (Clydebank)	38	10	5	23	42	71	25	R
		760	292	176	292	1070	1070	760	

Top goalscorer 1923-24

1) David HALLIDAY   (Dundee FC)   38

1923-1924 Scottish Football League Division 2	Albion Rovers	Alloa Athletic	Arbroath	Armadale	Bathgate	Bo'ness	Broxburn United	Cowdenbeath	Dumbarton	Dundee United	Dunfermline	East Fife	Forfar Athletic	Johnstone	King's Park	Lochgelly United	St. Bernard's	St. Johnstone	Stenhousemuir	Vale of Leven
Albion Rovers FC	■	2-0	7-1	4-0	2-2	4-0	1-3	2-1	1-0	1-2	1-2	1-1	3-1	3-1	3-0	5-1	2-1	0-0	2-2	5-0
Alloa Athletic FC	0-1	■	3-2	1-0	1-0	0-0	1-0	1-0	0-2	0-1	1-1	2-1	1-1	3-3	1-1	3-1	4-2	1-0	2-1	4-0
Arbroath FC	1-1	1-0	■	2-1	2-1	0-0	0-0	0-0	3-0	2-1	0-1	3-0	0-1	1-2	5-1	3-0	0-3	0-0	0-1	3-0
Armadale FC	3-1	2-1	2-2	■	4-4	1-0	3-1	1-0	4-1	1-1	3-1	2-1	0-1	0-0	2-4	1-0	3-2	1-3	1-0	2-0
Bathgate FC	2-0	4-1	2-1	0-0	■	2-0	2-1	1-1	2-1	3-0	1-0	0-0	4-2	3-0	2-0	4-1	0-1	1-1	1-1	1-1
Bo'ness FC	1-1	2-1	3-0	3-1	2-3	■	3-0	1-1	0-2	1-1	2-1	2-1	2-0	2-1	1-1	0-2	2-0	1-2	2-0	1-1
Broxburn United FC	4-2	1-2	0-0	3-1	0-0	1-3	■	0-1	3-0	1-2	1-1	1-0	3-0	0-0	0-3	3-2	3-1	2-2	0-0	3-1
Cowdenbeath FC	4-0	1-0	2-1	0-1	2-0	3-1	3-0	■	4-1	4-4	3-2	3-0	4-1	2-0	5-0	2-1	1-1	1-1	2-2	3-1
Dumbarton FC	0-1	5-0	1-0	0-2	6-2	1-1	2-0	2-2	■	3-0	1-0	1-1	5-1	2-1	0-5	3-0	1-0	1-4	0-1	1-0
Dundee United FC	2-0	0-1	2-0	4-0	2-0	0-0	0-2	0-0	0-1	■	2-2	0-0	2-0	1-1	0-0	1-0	3-2	1-1	0-1	3-1
Dunfermline Athletic FC	1-1	2-2	2-1	1-2	1-0	2-1	1-3	1-2	2-0	1-0	■	2-0	0-0	2-1	3-2	6-1	1-1	0-1	4-2	2-2
East Fife FC	1-2	1-0	2-0	2-1	0-1	2-0	2-1	3-2	2-0	0-0	1-2	■	7-0	2-1	2-2	1-0	2-0	1-1	6-0	0-1
Forfar Athletic FC	3-1	2-0	0-5	1-5	2-2	2-0	2-1	1-0	2-1	0-0	1-0	0-1	■	3-2	0-0	3-1	1-0	1-2	2-4	1-0
Johnstone FC	3-3	2-1	1-3	3-2	3-3	4-1	2-0	2-1	2-1	1-0	3-1	4-2	■	1-0	2-0	0-2	1-0	1-1	4-1
King's Park FC	1-1	1-0	2-2	1-2	3-0	4-0	1-2	0-3	2-0	2-3	1-1	2-2	1-1	3-1	■	4-0	1-0	1-0	1-0
Lochgelly United FC	1-0	0-2	0-2	1-0	1-0	1-2	1-1	0-1	0-2	0-0	1-1	0-4	0-2	0-1	3-8	■	1-1	0-3	0-1	1-2
St. Bernard's FC	1-1	2-1	2-0	0-0	0-2	2-3	1-2	0-1	3-0	0-0	2-2	4-3	2-2	2-1	1-1	1-0	■	0-1	1-1	3-1
St. Johnstone FC	6-1	2-1	2-1	5-0	0-0	3-0	3-1	0-4	4-4	4-1	1-0	3-0	2-0	2-1	5-1	6-0	4-1	■	1-1	2-1
Stenhousemuir FC	1-1	3-1	2-0	2-0	5-1	1-1	4-3	1-2	1-2	3-0	0-0	3-0	1-0	2-0	3-5	3-0	3-0	0-0	■	0-1
Vale of Leven FC	0-0	3-1	3-2	3-2	1-2	1-1	3-0	0-3	2-2	1-1	1-2	1-1	0-4	2-0	2-0	0-4	2-2	1-0	■

Division 2

		Pd	Wn	Dw	Ls	GF	GA	Pts	
1.	St. Johnstone FC (Perth)	38	22	12	4	79	33	56	P
2.	Cowdenbeath FC (Cowdenbeath)	38	23	9	6	78	33	55	P
3.	Bathgate FC (Bathgate)	38	16	12	10	58	49	44	
4.	Stenhousemuir FC (Stenhousemuir)	38	16	11	11	58	45	43	
5.	Albion Rovers FC (Coatbridge)	38	15	12	11	67	53	42	
6.	King's Park FC (Stirling)	38	16	10	12	67	57	42	
7.	Dunfermline Athletic FC (Dunfermline)	38	14	11	13	52	46	39	
8.	Johnstone FC (Johnstone)	38	16	7	15	60	56	39	
9.	Dundee Hibernian/United FC (Dundee)	38	12	15	11	41	41	39	*
10.	Dumbarton FC (Dumbarton)	38	17	5	16	55	56	39	
11.	Armadale FC (Armadale)	38	16	6	16	56	63	38	
12.	East Fife FC (Methil)	38	14	9	15	54	47	37	
13.	Bo'ness FC (Bo'ness)	38	13	11	14	45	53	37	
14.	Forfar Athletic FC (Forfar)	38	14	7	17	42	67	35	
15.	Broxburn United FC (Broxburn)	38	13	8	17	50	56	34	
16.	Alloa Athletic FC (Alloa)	38	14	6	18	44	53	34	
17.	Arbroath FC (Arbroath)	38	12	8	18	49	51	32	
18.	St. Bernard's FC (Edinburgh)	38	11	10	17	49	54	32	
19.	Vale of Leven FC (Alexandria)	38	11	9	18	41	67	31	R
20.	Lochgelly United FC (Lochgelly)	38	4	4	30	21	86	12	R
		760	289	182	289	1066	1066	760	

* Dundee Hibernian FC (Dundee) changed their name to Dundee United FC (Dundee) on 26th October 1923.

1923-1924 Scottish Football League Division 3	Arthurlie	Beith	Brechin City	Clackmannan	Dumbarton Harp	Dykehead FC	East Stirling	Galston	Helensburgh	Mid-Annandale	Montrose	Nithsdale	Peebles Rovers	Queen/South	Royal Albert	Solway Star
Arthurlie FC	■	0-1	4-0	2-0	3-0	3-0	2-3	3-2	5-0	3-2	3-0	2-1	1-1	3-2	2-0	3-2
Beith FC	0-1	■	2-1	3-2	6-2	0-3	2-0	4-1	3-4	2-1	1-1	3-0	2-0	4-0	1-0	4-0
Brechin City FC	2-0	1-0	■	0-1	1-3	1-0	1-1	2-9	1-1	2-3	0-4	3-3	1-1	0-0	0-1	0-2
Clackmannan FC	0-1	2-2	2-1	■	1-1	3-0	5-1	1-1	3-0	1-0	1-2	1-3	0-0	0-1	3-2	2-1
Dumbarton Harp FC	0-2	0-0	0-2	2-3	■	1-0	0-0	4-1	1-1	0-0	4-3	1-0	1-0	0-5	2-0	3-1
Dykehead FC	1-2	5-1	4-0	3-0	3-2	■	4-0	3-1	1-0	3-2	1-0	2-0	4-1	2-2	4-0	1-0
East Stirlingshire FC	1-1	2-1	4-1	5-0	4-1	1-0	■	3-1	2-0	2-0	3-0	4-0	2-1	2-1	1-1	1-1
Galston FC	0-3	3-0	2-0	1-1	3-1	2-3	1-4	■	1-0	1-4	3-1	2-3	5-3	2-0	2-0	2-0
Helensburgh FC	0-2	1-2	3-2	1-2	1-3	2-4	3-3	2-1	■	3-3	4-0	0-0	2-4	2-2	6-1	1-1
Mid-Annandale FC	2-2	2-3	6-1	6-1	2-1	1-0	0-1	4-1	4-3	■	1-1	2-0	3-2	1-3	4-1	0-1
Montrose FC	1-1	2-1	4-2	1-0	1-1	6-2	2-1	5-0	4-1	2-0	■	2-1	1-0	1-1	2-1	5-1
Nithsdale Wanderers FC	0-1	2-0	5-0	1-1	0-4	1-0	0-0	4-0	2-0	2-0	3-0	■	3-2	1-1	3-1	2-1
Peebles Rovers FC	1-3	0-0	2-0	4-0	0-0	2-1	2-6	1-3	5-2	1-2	3-1	0-0	■	1-1	3-0	2-2
Queen of the South FC	0-0	2-0	7-2	5-0	5-2	2-0	1-0	6-1	4-0	3-0	3-3	0-0	4-0	■	0-1	1-1
Royal Albert FC	0-1	2-1	2-0	3-0	3-0	2-1	1-3	4-2	1-1	2-4	2-1	4-0	2-0		■	3-3
Solway Star FC	2-0	1-0	1-1	1-1	0-0	3-0	3-3	4-1	2-1	1-3	3-1	0-1	2-1	0-2	2-3	■

	Division 3	Pd	Wn	Dw	Ls	GF	GA	Pts	
1.	Arthurlie FC (Barrhead)	30	21	5	4	59	24	47	P
2.	East Stirlingshire FC (Falkirk)	30	17	8	5	63	36	42	P
3.	Queen of the South FC (Dumfries)	30	14	10	6	64	31	38	
4.	Montrose FC (Montrose)	30	15	6	9	60	48	36	
5.	Dykehead FC (Shotts)	30	16	1	13	55	41	33	
6.	Nithsdale Wanderers FC (Sanquhar)	30	13	7	10	42	35	33	
7.	Beith FC (Beith)	30	14	4	12	49	41	32	
8.	Mid-Annandale FC (Lockerbie)	30	13	5	12	59	48	31	
9.	Royal Albert FC (Larkhall)	30	12	4	14	44	53	28	
10.	Dumbarton Harp FC (Dumbarton)	30	10	8	12	40	51	28	
11.	Solway Star FC (Annan)	30	9	9	12	42	48	27	
12.	Clackmannan FC (Clackmannan)	30	10	7	13	37	54	27	
13.	Galston FC (Galston)	30	11	3	16	53	70	25	
14.	Peebles Rovers FC (Peebles)	30	7	8	15	43	56	22	
15.	Helensburgh FC (Helensburgh)	30	5	7	18	46	72	17	
16.	Brechin City FC (Brechin)	30	4	6	20	28	76	14	
		480	191	98	191	784	784	480	

Elected: Leith Athletic FC (Edinburgh)

Division 3 was extended to 17 teams from the next season.

SCOTTISH CUP FINAL   (Ibrox Park, Glasgow – 19/04/1924 – 59,218)

AIRDRIEONIANS FC (AIRDRIE)   2-0   Hibernian FC (Edinburgh)

Russell 2   *(H.T. 2-0)*

Airdrieonians: Ewart, Dick, McQueen, Preston, McDougall, Bennie, Reid, Russell, Gallacher, McPhail, Somerville.
Hibernian: Harper, McGinnigle, Dornan, Kerr, Miller, Shaw, Ritchie, Dunn, McColl, Halligan, Walker.

Semi-finals   (22/03/1924 – 09/04/1924)

Aberdeen FC (Aberdeen)   0-0, 0-0, 0-1   Hibernian FC (Edinburgh)
                        (All three matches were played at Dens Park)
Airdrieonians FC (Airdrie)   2-1   Falkirk FC (Falkirk)

1924-25 SEASON

1924-1925 Scottish Football League Division 1	Aberdeen	Airdrieonians	Ayr United	Celtic	Clyde	Dundee	Falkirk	Hamilton	Hearts	Hibernian	Kilmarnock	Morton	Motherwell	Partick Thistle	Queen's Park	Raith Rovers	Rangers	St. Johnstone	St. Mirren	Third Lanark
Aberdeen FC	■	1-2	0-1	0-4	3-0	0-0	1-1	2-0	0-0	0-1	0-0	0-1	2-0	2-0	3-1	2-3	0-1	2-1	2-3	3-1
Airdrieonians FC	0-0	■	3-0	3-1	2-0	1-1	1-1	2-0	2-2	2-0	4-2	6-2	5-0	4-1	3-0	1-0	1-0	6-0	2-0	3-0
Ayr United FC	3-3	0-1	■	1-2	1-2	1-0	0-0	3-1	2-1	2-2	0-1	4-0	1-0	0-1	1-1	3-2	0-4	5-3	1-1	0-0
Celtic FC	3-1	1-1	2-0	■	3-1	4-0	6-1	0-2	1-0	1-1	6-0	2-1	4-0	1-2	1-1	2-0	0-1	2-1	5-0	7-0
Cowdenbeath FC	2-1	2-1	4-0	3-0	■	2-0	1-0	3-1	1-2	1-1	5-2	5-0	4-0	3-0	4-0	1-1	2-2	1-2	5-4	3-4
Dundee FC	2-0	3-2	1-0	0-0	1-1	■	1-0	2-0	6-0	3-0	3-1	0-0	1-0	0-2	2-4	2-0	0-0	2-0	0-2	1-2
Falkirk FC	2-0	0-2	0-3	1-2	5-1	1-2	■	2-1	2-1	0-0	0-0	3-0	2-1	1-0	7-0	1-1	1-1	2-0	2-1	1-2
Hamilton Academical FC	2-1	1-2	1-0	0-4	5-1	4-1	1-2	■	0-2	0-2	2-1	1-0	1-1	1-1	3-1	1-0	1-0	3-2	1-3	1-2
Heart of Midlothian FC	1-1	2-0	2-3	3-1	3-3	1-0	3-2	3-2	■	2-0	1-1	5-1	2-2	2-1	3-1	2-2	1-2	1-1	5-2	2-3
Hibernian FC	4-1	1-1	7-0	2-3	4-1	4-2	1-2	2-1	2-1	■	2-0	2-0	1-0	3-2	2-0	3-0	4-1	5-0	2-0	5-1
Kilmarnock FC	0-1	2-3	4-1	2-1	0-0	4-1	1-0	1-3	2-1	0-1	■	3-1	0-2	1-1	3-1	0-0	4-0	3-2	2-2
Morton FC	1-1	0-1	3-1	1-0	1-3	1-1	2-0	2-0	2-0	2-2	2-2	■	0-0	1-6	4-0	2-3	1-1	1-1	2-1	1-0
Motherwell FC	1-2	1-5	1-1	1-0	0-3	4-1	4-1	3-3	0-0	1-1	2-1	3-0	■	1-3	4-1	2-1	1-1	4-1	1-2	8-0
Partick Thistle FC	1-4	2-1	2-0	2-2	6-1	1-1	2-0	3-0	3-3	3-1	2-1	2-2	2-2	■	3-1	0-0	0-1	0-1	1-3	0-3
Queen's Park FC	4-1	1-2	4-1	3-1	1-1	0-1	2-0	1-3	2-0	1-0	1-2	0-2	2-1	0-0	■	2-0	1-3	2-2	2-1	1-1
Raith Rovers FC	2-2	0-2	2-1	2-2	3-1	4-3	2-0	0-1	2-0	1-3	3-1	2-0	1-0	5-1	1-1	■	0-4	0-0	2-0	2-0
Rangers FC	2-0	1-1	1-0	4-1	1-0	2-0	3-1	2-0	4-1	3-0	1-1	2-0	1-0	4-0	1-1	3-0	■	3-1	3-1	5-2
St. Johnstone FC	1-1	1-0	2-2	0-0	2-2	1-2	0-0	4-1	4-3	2-3	4-2	1-3	2-1	1-1	2-1	4-2	1-3	■	2-2	4-0
St. Mirren FC	1-3	1-0	1-0	2-1	2-2	2-1	1-0	0-1	3-1	2-2	3-0	3-1	4-1	3-1	1-2	3-0	1-4	0-1	■	3-1
Third Lanark FC	4-0	1-7	0-1	1-1	1-1	3-0	4-0	2-1	2-2	1-2	2-0	2-3	1-1	1-2	1-3	2-4	1-1	0-2	0-1	■

Division 1

		Pd	Wn	Dw	Ls	GF	GA	Pts	
1.	RANGERS FC (GLASGOW)	38	25	10	3	76	26	60	
2.	Airdrieonians FC (Airdrie)	38	25	7	6	85	31	57	
3.	Hibernian FC (Edinburgh)	38	22	8	8	78	43	52	
4.	Celtic FC (Glasgow)	38	18	8	12	77	44	44	
5.	Cowdenbeath FC (Cowdenbeath)	38	16	10	12	76	65	42	
6.	St. Mirren FC (Paisley)	38	18	4	16	65	63	40	
7.	Partick Thistle FC (Glasgow)	38	14	10	14	60	61	38	
8.	Dundee FC (Dundee)	38	14	8	16	47	54	36	
9.	Raith Rovers FC (Kirkcaldy)	38	14	8	16	53	61	36	
10.	Heart of Midlothian FC (Edinburgh)	38	12	11	15	64	68	35	
11.	St. Johnstone FC (Perth)	38	12	11	15	57	72	35	
12.	Kilmarnock FC (Kilmarnock)	38	12	9	17	53	64	33	
13.	Hamilton Academical FC (Hamilton)	38	15	3	20	50	63	33	
14.	Morton FC (Greenock)	38	12	9	17	46	69	33	
15.	Aberdeen FC (Aberdeen)	38	11	10	17	46	56	32	
16.	Falkirk FC (Falkirk)	38	12	8	18	44	54	32	
17.	Queen's Park FC (Glasgow)	38	12	8	18	50	71	32	
18.	Motherwell FC (Motherwell)	38	10	10	18	54	63	30	
19.	Ayr United FC (Ayr)	38	11	8	19	43	65	30	R
20.	Third Lanark FC (Glasgow)	38	11	8	19	53	84	30	R
		760	296	168	296	1177	1177	760	

Top goalscorer 1924-25

1) William DEVLIN   (Cowdenbeath FC)   33

1924-1925 Scottish Football League Division 2	Albion Rovers	Alloa Athletic	Arbroath	Armadale	Arthurlie	Bathgate	Bo'ness	Broxburn Utd.	Clyde	Clydebank	Dumbarton	Dundee Utd.	Dunfermline	East Fife	East Stirling	Forfar Athletic	Johnstone	King's Park	St. Bernard's	Stenhousem.
Albion Rovers FC	■	3-6	1-1	3-1	3-1	3-2	2-1	1-2	1-1	0-0	3-1	1-0	2-1	5-2	3-0	1-3	4-1	1-1	2-1	4-1
Alloa Athletic FC	1-0	■	1-1	1-0	0-0	2-2	1-1	3-0	1-0	2-3	2-1	2-0	1-0	1-1	2-0	1-0	4-1	2-0	2-0	1-0
Arbroath FC	1-4	2-2	■	1-3	2-1	2-0	2-0	3-0	2-1	1-0	0-0	0-1	3-2	2-1	3-1	2-2	2-0	2-1	2-0	2-0
Armadale FC	0-1	3-2	2-1	■	1-0	1-2	2-2	2-3	1-1	0-0	0-2	1-0	4-1	2-1	2-1	1-0	3-2	3-0	5-1	1-1
Arthurlie FC	3-0	0-0	2-2	4-2	■	2-0	3-0	3-0	3-1	1-1	2-1	1-2	1-2	3-1	2-2	1-0	4-5	1-2	5-2	3-0
Bathgate FC	3-1	2-1	0-0	0-1	1-1	■	4-1	2-2	3-2	0-3	1-0	2-2	1-4	4-1	4-4	2-0	1-0	4-3	5-2	0-0
Bo'ness FC	2-1	3-1	1-1	3-0	2-0	0-0	■	3-0	4-1	4-1	1-1	2-2	3-1	3-0	2-4	5-0	6-1	3-1	6-0	2-0
Broxburn United FC	2-1	2-1	2-1	0-1	1-1	3-0	3-1	■	0-0	2-2	1-2	0-1	1-1	1-1	2-0	3-0	1-0	3-1	2-1	
Clyde FC	1-0	2-1	2-0	1-0	5-0	2-0	2-1	6-0	■	1-1	3-2	3-0	1-1	1-2	5-1	4-0	3-2	1-0	1-0	0-0
Clydebank FC	3-0	2-1	0-1	3-0	3-0	4-1	0-0	1-0	1-0	■	1-0	5-0	2-1	3-0	3-2	4-0	4-1	3-2	3-2	3-0
Dumbarton FC	2-0	1-1	0-0	1-0	2-0	1-0	1-0	0-1	0-4	1-0	■	3-3	2-0	2-1	1-1	2-0	2-1	1-1	0-1	3-2
Dundee United FC	3-2	1-2	1-1	5-2	4-1	2-1	0-0	2-2	1-0	1-0	0-0	■	2-3	1-0	2-1	2-1	3-1	2-0	3-0	3-0
Dunfermline Athletic FC	3-0	1-1	4-1	2-1	1-2	1-4	1-0	1-1	1-0	4-0	1-2	0-0	■	0-4	4-0	5-2	5-1	0-0	1-2	3-1
East Fife FC	5-0	2-1	0-1	4-1	3-0	4-1	2-1	0-0	0-3	1-1	2-1	0-1	1-1	■	4-1	3-2	3-1	2-1	3-0	5-1
East Stirlingshire FC	1-0	1-2	1-2	1-1	3-0	3-0	2-4	0-1	2-4	0-1	2-2	2-3	2-0	5-2	■	1-2	1-1	2-1	2-0	1-1
Forfar Athletic FC	2-2	1-3	2-0	1-3	1-1	5-0	1-1	0-1	1-3	2-1	3-1	0-0	1-0	2-0	1-0	■	1-1	0-2	0-2	4-0
Johnstone FC	1-2	2-2	1-0	2-1	1-0	3-1	3-1	3-1	1-3	4-0	0-1	0-2	2-1	1-2	3-0	3-2	■	1-0	1-1	0-3
King's Park FC	2-1	2-0	3-0	2-1	2-3	1-1	2-0	3-0	2-1	2-2	3-1	1-1	2-1	0-0	1-0	1-1	5-1	■	2-0	2-0
St. Bernard's FC	2-0	1-0	2-0	3-2	0-1	2-2	1-2	3-2	2-2	1-2	2-1	1-0	3-0	1-2	3-4	2-1	5-1	1-0	■	2-0
Stenhousemuir FC	1-0	0-0	2-0	4-1	2-0	5-2	1-0	2-1	2-1	3-0	1-1	3-0	1-4	2-1	0-2	5-2	3-0	2-1	1-1	■

	Division 2	**Pd**	**Wn**	**Dw**	**Ls**	**GF**	**GA**	**Pts**	
1.	Dundee United FC (Dundee)	38	20	10	8	58	44	50	P
2.	Clydebank FC (Clydebank)	38	20	8	10	65	42	48	P
3.	Clyde FC (Glasgow)	38	20	7	11	72	39	47	
4.	Alloa Athletic FC (Alloa)	38	17	11	10	57	41	45	
5.	Arbroath FC (Arbroath)	38	16	10	12	47	46	42	
6.	Bo'ness FC (Bo'ness)	38	16	9	13	71	48	41	
7.	Broxburn United FC (Broxburn)	38	16	9	13	48	54	41	
8.	Dumbarton FC (Dumbarton)	38	15	10	13	45	55	40	
9.	East Fife FC (Methil)	38	17	5	16	66	58	39	
10.	King's Park FC (Stirling)	38	15	8	15	54	46	38	
11.	Stenhousemuir FC (Stenhousemuir)	38	15	7	16	51	58	37	
12.	Arthurlie FC (Barrhead)	38	14	8	16	56	60	36	
13.	Dunfermline Athletic FC (Dunfermline)	38	14	7	17	62	57	35	
14.	Albion Rovers FC (Coatbridge)	38	15	5	18	58	64	35	
15.	Armadale FC (Armadale)	38	15	5	18	55	62	35	
16.	Bathgate FC (Bathgate)	38	12	10	16	58	74	34	
17.	St. Bernard's FC (Edinburgh)	38	14	4	20	52	71	32	
18.	East Stirlingshire FC (Falkirk)	38	11	8	19	58	72	30	
19.	Johnstone FC (Johnstone)	38	12	4	22	53	85	28	R
20.	Forfar Athletic FC (Forfar)	38	10	7	21	46	67	27	R
		760	304	152	304	1132	1132	760	

1924-1925 Scottish Football League Division 3	Beith	Brechin City	Clackmannan	Dumbarton Harp	Dykehead	Galston	Helensburgh	Leith Athletic	Lochgelly United	Mid-Annandale	Montrose	Nithsdale	Peebles Rovers	Queen/South	Royal Albert	Solway Star	Vale of Leven
Beith FC		7-1	3-0	---	1-1	4-2	4-4	5-0	1-3	8-3	3-2	3-0	1-1	2-1	1-1	2-3	2-0
Brechin City FC	5-0		3-0	4-2	3-1	0-0	3-2	2-1	0-1	5-0	0-1	1-1	4-1	1-3	2-2	0-2	4-2
Clackmannan FC	1-0	2-1		4-1	1-1	3-2	0-0	2-1	2-0	3-1	1-0	0-1	3-2	2-2	2-0	0-2	3-0
Dumbarton Harp FC	2-2	1-0	---		0-3	3-2	---	---	1-1	3-1	---	1-4	---	6-3	---	---	3-1
Dykehead FC	2-2	---	2-1	3-1		2-1	0-0	0-2	2-0	1-1	2-0	1-1	1-0	0-1	3-1	1-1	4-1
Galston FC	1-0	3-0	2-1	5-0	0-2		4-2	1-1	3-2	3-2	1-1	1-1	2-5	2-1	2-0	1-0	1-0
Helensburgh FC	8-4	2-1	3-1	---	1-0	5-0		3-2	2-1	2-1	5-0	4-0	3-1	3-4	1-1	0-0	1-4
Leith Athletic FC	3-1	1-1	2-1	---	2-0	5-0	2-1		0-0	2-0	3-2	0-0	2-3	2-1	4-0	2-3	2-0
Lochgelly United FC	4-1	3-1	3-1	6-0	5-1	6-0	3-2	0-1		2-0	4-1	0-2	2-1	3-3	4-0	2-1	1-3
Mid-Annandale FC	2-1	3-1	1-1	---	1-1	2-2	4-4	1-0	1-2		2-2	4-2	3-2	1-2	4-1	0-2	2-3
Montrose FC	3-0	3-1	1-0	---	0-0	2-0	2-3	1-2	2-4	2-1		0-2	2-1	2-0	0-3	1-2	0-1
Nithsdale Wanderers FC	3-1	5-3	3-1	0-0	4-0	4-2	4-3	3-2	1-1	3-1	8-0		7-1	2-0	6-2	3-0	6-1
Peebles Rovers FC	7-1	3-1	4-3	---	2-0	4-0	5-0	1-1	1-1	4-0	4-3	3-2		0-1	1-1	1-1	1-0
Queen of the South FC	0-0	3-1	2-0	1-0	3-1	8-0	2-0	3-0	3-1	1-1	4-2	2-1	6-0		5-1	4-0	0-1
Royal Albert FC	3-2	1-5	0-0	---	7-0	1-1	3-1	4-2	2-0	2-3	2-1	1-4	2-2	1-1		2-0	3-0
Solway Star FC	5-0	4-1	0-0	7-1	1-1	3-2	2-1	1-0	1-0	2-1	1-1	0-0	2-1	1-1	1-0		0-0
Vale of Leven FC	5-2	4-0	6-0	---	3-0	3-0	2-2	2-1	2-1	4-1	6-2	2-2	2-1	1-0	3-1	0-0	

Division 3

		Pd	Wn	Dw	Ls	GF	GA	Pts	
1.	Nithsdale Wanderers FC (Sanquhar)	30	18	7	5	81	40	43	P
2.	Queen of the South FC (Dumfries)	30	17	6	7	67	32	40	P
3.	Solway Star FC (Annan)	30	15	10	5	41	28	40	
4.	Vale of Leven FC (Alexandria)	30	17	4	9	61	43	38	
5.	Lochgelly United FC (Lochgelly)	30	15	4	11	59	41	34	
6.	Leith Athletic FC (Edinburgh)	30	13	5	12	48	42	31	
7.	Helensburgh FC (Helensburgh)	30	12	7	11	68	60	31	
8.	Peebles Rovers FC (Peebles)	30	12	7	11	64	57	31	
9.	Royal Albert FC (Larkhall)	30	9	8	13	48	61	26	
10.	Clackmannan FC (Clackmannan)	30	10	6	14	35	48	26	
11.	Galston FC (Galston)	30	10	6	14	39	70	26	
12.	Dykehead FC (Shotts)	29	7	11	11	30	47	25	*
13.	Beith FC (Beith)	30	9	6	15	62	74	24	
14.	Brechin City FC (Brechin)	29	9	4	16	51	61	24	*
15.	Mid-Annandale FC (Lockerbie)	30	7	7	16	47	70	21	
16.	Montrose FC (Montrose)	30	8	4	18	39	66	20	
---.	Dumbarton Harp FC (Dumbarton)	17	5	3	9	25	47	13	**
		478	188	102	188	840	840	480	

* Dykehead FC (Shotts) vs Brechin City FC (Brechin) was not played but the points were awarded to Brechin City.

** Dumbarton Harp FC resigned from the league in January 1925 and their playing record was deleted.

SCOTTISH CUP FINAL   (Hampden Park, Glasgow – 11/04/1925 – 75,137)

CELTIC FC (GLASGOW)	2-1	Dundee FC (Dundee)
Gallacher, McGrory	*(H.T. 0-1)*	*McLean*

Celtic: Shevlin, W. McStay, Hilley, Wilson, J. McStay, MacFarlane, Connolly, Gallacher, McGrory, Thomson, McLean.

Dundee: Britton, Brown, Thomson, Ross, Rankin, Irving, Duncan, McLean, Halliday, Rankin, Gilmour.

Semi-finals   (21/03/1925 – 25/03/1925)

Celtic FC (Glasgow)	5-0	Rangers FC (Glasgow)
Dundee FC (Dundee)	1-1, 2-0	Hamilton Academical FC (Hamilton)

1925-26 SEASON

1925-1926 Scottish Football League Division 1	Aberdeen	Airdrieonians	Celtic	Clyde	Cowdenbeath	Dundee	Dundee United	Falkirk	Hamilton	Hearts	Hibernian	Kilmarnock	Morton	Motherwell	Partick Thistle	Queen's Park	Raith Rovers	Rangers	St. Johnstone	St. Mirren
Aberdeen FC	■	3-1	2-4	4-1	2-1	2-1	1-0	0-0	3-3	0-2	5-0	3-2	1-2	1-0	0-0	3-1	1-1	3-1	0-1	1-2
Airdrieonians FC	4-1	■	5-1	2-0	3-2	4-1	0-1	1-1	2-1	2-2	5-1	3-2	1-2	2-0	1-3	1-1	6-0	2-1	7-1	2-1
Celtic FC	4-1	3-2	■	1-1	6-1	0-0	6-2	3-1	2-0	3-0	5-0	0-0	3-1	3-1	3-0	4-1	1-0	2-2	4-1	6-1
Clydebank FC	0-0	0-1	1-2	■	4-3	1-2	6-1	2-3	1-2	1-5	0-1	5-1	2-1	1-1	3-2	3-0	2-3	2-2	2-0	1-2
Cowdenbeath FC	2-1	1-0	1-1	5-2	■	5-0	5-1	3-0	4-0	1-2	3-1	1-0	5-1	2-2	3-1	7-3	2-1	2-3	1-0	1-1
Dundee FC	3-2	0-1	1-2	3-1	4-3	■	0-0	1-0	2-2	1-0	1-4	1-0	3-0	1-2	3-1	2-1	1-1	1-5	0-1	1-1
Dundee United FC	2-0	1-2	1-0	5-0	1-2	0-1	■	1-2	2-5	2-3	2-2	3-1	2-2	1-1	1-0	1-2	3-1	2-1	0-0	1-2
Falkirk FC	2-1	2-1	1-1	2-2	1-1	1-0	1-1	■	1-0	3-3	1-1	6-1	2-0	3-3	2-2	1-1	3-0	1-1	2-1	0-1
Hamilton Academical FC	1-1	3-4	1-3	2-0	2-1	0-0	3-1	1-1	■	3-0	1-0	2-2	2-5	0-2	2-1	1-0	3-1	3-3	7-2	3-2
Heart of Midlothian FC	1-0	0-2	1-2	7-0	4-3	2-2	1-0	1-1	4-0	■	1-4	1-0	6-1	3-1	3-0	4-2	5-1	3-0	4-2	1-0
Hibernian FC	0-0	1-4	4-4	5-1	1-2	2-1	3-5	3-1	8-4	0-0	■	8-0	4-1	3-1	3-4	1-2	2-0	0-2	0-3	0-2
Kilmarnock FC	3-0	3-2	2-1	2-2	1-1	5-2	2-3	4-1	5-1	2-1	■	2-0	1-2	3-3	2-1	3-0	2-2	3-2	2-3
Morton FC	2-0	3-2	0-5	2-2	3-4	3-0	3-1	3-1	3-1	1-1	2-5	1-2	■	1-1	1-1	2-0	1-0	1-3	3-1	0-0
Motherwell FC	1-1	2-1	2-1	2-1	2-1	2-0	4-0	3-0	1-0	3-1	2-1	1-2	4-1	■	1-0	1-0	5-0	1-3	4-1	0-1
Partick Thistle FC	2-2	2-3	0-0	2-2	3-1	0-1	2-0	2-3	3-3	1-4	2-1	2-4	3-3	2-1	■	3-3	2-1	2-0	3-1	3-2
Queen's Park FC	0-1	1-5	1-4	4-1	3-4	2-1	3-1	6-2	3-4	2-0	2-2	3-1	0-3	2-1	■	4-0	3-6	2-0	1-0
Raith Rovers FC	0-1	2-1	1-2	2-0	2-1	1-0	4-2	1-4	0-2	1-3	1-0	4-5	3-0	2-1	1-1	1-2	■	1-0	2-2	1-3
Rangers FC	0-1	1-2	1-0	3-1	3-0	1-2	2-1	2-3	2-0	2-2	3-1	3-0	4-1	1-0	2-1	1-2	4-2	■	0-1	4-1
St. Johnstone FC	1-1	3-7	0-3	3-1	1-1	0-0	2-1	1-1	1-1	0-0	0-2	1-0	2-2	2-2	1-4	2-2	3-1	0-3	■	1-0
St. Mirren FC	3-0	1-1	0-2	3-0	2-1	2-2	2-0	2-0	1-0	2-1	2-1	1-4	3-0	2-2	2-2	3-1	0-3	3-2	3-1	■

	Division 1	Pd	Wn	Dw	Ls	GF	GA	Pts	
1.	CELTIC FC (GLASGOW)	38	25	8	5	97	40	58	
2.	Airdrieonians FC (Airdrie)	38	23	4	11	95	54	50	
3.	Heart of Midlothian FC (Edinburgh)	38	21	8	9	87	56	50	
4.	St. Mirren FC (Paisley)	38	20	7	11	62	52	47	
5.	Motherwell FC (Motherwell)	38	19	8	11	67	46	46	
6.	Rangers FC (Glasgow)	38	19	6	13	79	55	44	
7.	Cowdenbeath FC (Cowdenbeath)	38	18	6	14	87	68	42	
8.	Falkirk FC (Falkirk)	38	14	14	10	61	57	42	
9.	Kilmarnock FC (Kilmarnock)	38	17	7	14	79	77	41	
10.	Dundee FC (Dundee)	38	14	9	15	47	59	37	
11.	Aberdeen FC (Aberdeen)	38	13	10	15	49	54	36	
12.	Hamilton Academical FC (Hamilton)	38	13	9	16	68	79	35	
13.	Queen's Park FC (Glasgow)	38	15	4	19	70	81	34	
14.	Partick Thistle FC (Glasgow)	38	10	13	15	64	73	33	
15.	Morton FC (Greenock)	38	12	7	19	57	84	31	
16.	Hibernian FC (Edinburgh)	38	12	6	20	72	77	30	
17.	Dundee United FC (Dundee)	38	11	6	21	52	74	28	
18.	St. Johnstone FC (Perth)	38	9	10	19	43	78	28	
19.	Raith Rovers FC (Kirkcaldy)	38	11	4	23	46	81	26	R
20.	Clydebank FC (Clydebank)	38	7	8	23	55	92	22	R
		760	303	154	303	1337	1337	760	

Top goalscorer 1925-26

1) William DEVLIN   (Cowdenbeath FC)   40

1925-1926 Scottish Football League Division 2	Albion Rovers	Alloa Athletic	Arbroath	Armadale	Arthurlie	Ayr United	Bathgate	Bo'ness	Broxburn United	Clyde	Dumbarton	Dunfermline	East Fife	East Stirling	King's Park	Nithsdale	Queen/South	St. Bernard's	Stenhousemuir	Third Lanark
Albion Rovers FC	■	1-2	2-0	0-1	3-2	0-0	3-2	2-0	5-2	1-3	11-1	1-0	2-0	3-1	4-1	3-0	3-4	2-4	4-4	0-0
Alloa Athletic FC	1-2	■	2-2	4-0	1-2	0-1	4-2	6-0	0-3	0-0	0-2	1-1	2-1	1-0	0-1	2-4	2-3	3-3	1-2	2-1
Arbroath FC	4-2	2-3	■	2-2	4-3	1-3	4-0	4-1	5-1	0-1	6-0	5-0	2-4	2-1	0-1	4-1	5-2	4-1	3-0	2-1
Armadale FC	3-1	1-2	3-0	■	2-2	1-0	5-1	1-3	4-3	1-3	6-2	0-5	4-5	2-2	4-1	2-4	4-3	5-1	3-1	3-0
Arthurlie FC	4-2	3-1	3-1	7-4	■	2-2	2-1	3-0	4-0	1-0	1-2	2-6	5-0	4-1	1-0	6-6	2-0	2-3	1-2	1-2
Ayr United FC	2-2	2-1	5-0	2-0	1-0	■	4-1	4-0	4-1	1-0	1-2	2-2	0-0	5-0	0-2	6-1	3-0	2-0	1-1	0-0
Bathgate FC	3-1	3-1	4-0	3-1	1-3	2-1	■	0-4	2-2	3-7	5-0	2-4	1-1	1-1	1-2	1-1	1-2	1-3	1-4	2-1
Bo'ness FC	4-1	0-0	1-3	2-1	1-0	1-3	4-0	■	2-0	4-3	1-0	3-1	1-2	0-4	3-1	4-1	5-0	6-3	3-1	1-1
Broxburn United FC	4-3	0-5	1-2	3-4	1-2	3-3	1-1	3-2	■	1-1	1-1	0-2	1-2	6-5	0-1	0-2	2-2	4-7	1-2	0-1
Clyde FC	1-0	1-0	2-1	4-1	2-1	0-2	3-1	4-0	3-2	■	6-0	0-1	1-3	7-1	3-1	2-0	5-0	4-2	2-1	1-0
Dumbarton FC	0-1	0-0	1-0	2-0	0-0	1-1	4-1	3-0	5-1	1-1	■	1-3	2-1	3-0	4-1	2-1	1-1	1-0	1-1	1-1
Dunfermline Athletic FC	1-1	5-0	3-0	7-1	0-0	2-1	4-0	4-1	6-1	5-0	1-0	■	5-3	2-1	6-2	4-1	4-0	3-0	1-1	1-1
East Fife FC	1-3	1-0	4-0	4-1	7-1	2-2	7-3	4-1	2-1	1-1	6-1	3-2	■	3-1	4-3	4-2	1-0	4-0	1-1	3-1
East Stirlingshire FC	0-1	1-1	2-1	2-3	3-1	2-4	2-2	8-2	1-3	3-1	1-5	2-1	■	0-0	3-2	4-2	2-0	0-3	2-1	
King's Park FC	1-2	2-0	2-3	2-2	1-3	0-0	4-2	1-3	7-1	4-3	1-1	2-0	7-3	0-0	■	2-2	0-0	2-0	0-0	3-3
Nithsdale Wanderers FC	3-0	0-3	2-3	4-2	3-1	1-3	2-1	0-0	4-0	0-2	5-1	0-1	3-3	3-1	2-5	■	3-2	2-1	5-1	1-0
Queen of the South FC	3-3	4-0	2-2	2-2	2-0	1-3	4-2	1-1	2-1	3-4	1-3	1-2	3-4	3-0	4-1	0-3	■	2-0	2-2	0-2
St. Bernard's FC	3-1	2-1	0-0	6-2	5-3	1-2	4-0	1-1	8-0	1-2	3-2	1-4	2-2	6-1	4-0	1-1	4-1	■	0-2	3-2
Stenhousemuir FC	3-0	1-1	3-1	3-1	2-3	5-0	1-0	2-1	6-2	1-1	4-0	1-3	1-1	2-0	1-2	3-0	3-2	2-1	■	1-0
Third Lanark FC	3-2	4-1	4-2	3-0	3-0	1-1	4-3	2-0	2-0	4-1	1-2	3-2	4-0	1-1	4-1	3-2	1-0	4-2	3-0	■

Division 2

		Pd	Wn	Dw	Ls	GF	GA	Pts	
1.	Dunfermline Athletic FC (Dunfermline)	38	26	7	5	109	43	59	P
2.	Clyde FC (Glasgow)	38	24	5	9	87	50	53	P
3.	Ayr United FC (Ayr)	38	20	12	6	77	39	52	
4.	East Fife FC (Methil)	38	20	9	9	98	73	49	
5.	Stenhousemuir FC (Stenhousemuir)	38	19	10	9	74	52	48	
6.	Third Lanark FC (Glasgow)	38	19	8	11	72	47	46	
7.	Arthurlie FC (Barrhead)	38	17	5	16	81	75	39	
8.	Bo'ness FC (Bo'ness)	38	17	5	16	66	70	39	
9.	Albion Rovers FC (Coatbridge)	38	16	6	16	78	71	38	
10.	Arbroath FC (Arbroath)	38	17	4	17	80	73	38	
11.	Dumbarton FC (Dumbarton)	38	14	10	14	54	78	38	
12.	Nithsdale Wanderers FC (Sanquhar)	38	15	7	16	78	82	37	
13.	King's Park FC (Stirling)	38	14	9	15	67	73	37	
14.	St. Bernard's FC (Edinburgh)	38	15	5	18	86	82	35	
15.	Armadale FC (Armadale)	38	14	5	19	82	101	33	
16.	Alloa Athletic FC (Alloa)	38	11	8	19	54	63	30	
17.	Queen of the South FC (Dumfries)	38	10	8	20	64	88	28	
18.	East Stirlingshire FC (Falkirk)	38	10	7	21	59	89	27	
19.	Bathgate FC (Bathgate)	38	7	6	25	60	105	20	
20.	Broxburn United FC (Broxburn)	38	4	6	28	55	127	14	*
		760	309	142	309	1481	1481	760	

1925-1926 Scottish Football League Division 3	Beith	Brechin City	Clackmannan	Dykehead	Forfar Athletic	Galston	Helensburgh	Johnstone	Leith Athletic	Lochgelly United	Mid-Annandale	Montrose	Peebles Rovers	Royal Albert	Solway Star	Vale of Leven
Beith FC	■	7-3	2-0	2-2	2-2	---	2-2	3-1	2-4	5-1	2-0	4-1	1-2	2-1	2-5	3-1
Brechin City FC	3-0	■	3-1	2-3	2-0	9-2	2-2	0-1	0-4	4-0	4-2	4-1	---	4-2	3-2	4-5
Clackmannan FC	7-3	1-1	■	---	2-2	---	2-2	1-1	3-3	3-0	3-2	2-2	2-4	---	4-3	1-7
Dykehead FC	3-1	3-0	5-1	■	2-3	---	2-0	2-1	2-0	1-0	2-1	3-1	4-1	8-2	2-2	1-1
Forfar Athletic FC	---	3-1	5-0	2-1	■	1-1	3-1	4-1	3-0	1-0	3-1	2-0	5-2	3-2	4-1	6-2
Galston FC	3-3	6-1	---	2-2	---	■	0-3	8-2	---	---	2-0	---	1-2	1-5	---	---
Helensburgh FC	2-1	4-3	2-0	0-1	3-0	6-0	■	4-1	3-2	1-1	1-1	5-1	1-0	5-1	1-1	1-5
Johnstone FC	3-0	2-3	2-2	1-3	4-0	---	2-4	■	2-2	2-2	6-2	1-1	3-1	1-1	3-2	3-4
Leith Athletic FC	4-0	0-2	4-0	3-0	2-1	3-5	5-3	4-1	■	2-2	4-0	6-1	2-0	2-0	2-0	2-1
Lochgelly United FC	5-2	7-2	5-0	4-4	1-0	2-2	1-2	2-1	2-2	■	0-1	3-3	5-3	6-0	1-1	1-0
Mid-Annandale FC	4-0	1-1	5-2	4-1	2-1	---	1-0	3-2	3-1	0-3	■	1-0	3-1	2-0	1-3	3-1
Montrose FC	4-3	5-2	2-1	4-1	0-2	---	1-2	4-1	1-0	2-1	4-0	■	5-3	4-0	4-2	---
Peebles Rovers FC	0-4	3-0	---	3-1	2-1	---	2-3	2-1	0-6	5-0	2-4	---	■	1-4	5-0	2-4
Royal Albert FC	---	6-1	7-1	2-1	5-2	5-4	3-1	2-0	2-0	5-0	3-0	3-0	5-3	■	4-1	3-1
Solway Star FC	2-1	0-3	0-0	2-1	2-1	2-1	0-2	2-3	0-0	1-1	0-1	1-2	7-1	5-2	■	1-6
Vale of Leven FC	3-1	---	2-3	2-1	0-1	---	3-0	6-3	2-4	8-2	2-2	5-3	4-2	2-0	1-2	■

	Division 3	Pd	Wn	Dw	Ls	GF	GA	Pts	
1.	Helensburgh FC (Helensburgh)	30	16	6	8	66	47	38	
2.	Leith Athletic FC (Edinburgh)	30	16	5	8	73	41	37	
3.	Forfar Athletic FC (Forfar)	28	16	3	9	61	42	35	*
4.	Dykehead FC (Shotts)	28	14	5	9	62	47	33	
5.	Royal Albert FC (Larkhall)	28	16	1	11	75	61	33	
6.	Mid-Annandale FC (Lockerbie)	29	14	3	12	50	54	31	
7.	Vale of Leven FC (Alexandria)	26	14	2	10	78	55	30	
8.	Montrose FC (Montrose)	26	12	3	11	56	58	27	
9.	Brechin City FC (Brechin)	28	12	3	13	67	73	27	
10.	Lochgelly United FC (Lochgelly)	29	9	9	11	58	63	27	
11.	Solway Star FC (Annan)	29	9	6	14	50	62	24	
12.	Beith FC (Beith)	27	9	4	14	58	68	22	
13.	Johnstone FC (Johnstone)	29	7	6	18	55	74	20	
14.	Clackmannan FC (Clackmannan)	25	5	8	12	42	74	18	
15.	Peebles Rovers FC (Peebles)	26	9	-	17	52	76	18	
---.	Galston FC (Galston)	15	4	4	7	38	46	12	
		432	182	68	182	941	941	432	

Galston FC (Galston) resigned from the league after only 15 games. Other matches were not played for various reasons.

Due to the difficulties in getting fixtures played it was decided to dissolve Division 3 at the end of the season.

* Forfar Athletic FC (Forfar) were elected to Division 2 for next season in place of Broxburn United FC (Broxburn).

SCOTTISH CUP FINAL   (Hampden Park, Glasgow – 10/04/1926 – 98,620)

ST. MIRREN FC (PAISLEY)	2-0	Celtic FC (Glasgow)
McCrae, Howieson	*(H.T. 2-0)*	

St. Mirren: Bradford, Finlay, Newbiggin, Morrison, Summers, McDonald, Morgan, Gebbie, McCrae, Howieson, Thomson.

Celtic: Shevlin, W. McStay, Hilley, Wilson, J. McStay, MacFarlane, Connolly, Thomson, McGrory, McInally, Leitch.

Semi-finals   (20/03/1926)

Celtic FC (Glasgow)	2-1	Aberdeen FC (Aberdeen)
St. Mirren FC (Paisley)	1-0	Rangers FC (Glasgow)

1926-27 SEASON

1926-1927 Scottish Football League Division 1	Aberdeen	Airdrieonians	Celtic	Clyde	Cowdenbeath	Dundee	Dundee United	Dunfermline	Falkirk	Hamilton	Hearts	Hibernian	Kilmarnock	Morton	Motherwell	Partick Thistle	Queen's Park	Rangers	St. Johnstone	St. Mirren
Aberdeen FC	■	1-1	0-0	5-2	0-0	2-1	2-2	3-1	3-0	3-3	6-5	2-5	5-1	6-1	2-0	1-4	2-0	2-2	3-1	1-0
Airdrieonians FC	2-1	■	2-2	1-1	5-2	3-1	7-2	6-2	2-1	7-1	0-0	3-0	2-0	4-0	1-3	3-1	5-0	3-3	6-1	2-2
Celtic FC	6-2	2-1	■	7-0	2-0	0-0	7-2	2-1	3-1	2-2	1-0	2-3	4-0	3-0	3-2	2-1	2-3	0-1	4-0	6-2
Clyde FC	5-1	2-1	2-2	■	0-2	2-2	1-0	1-1	2-1	0-0	2-3	2-0	1-1	6-0	1-4	0-5	5-0	0-0	1-1	1-2
Cowdenbeath FC	0-0	6-0	2-1	1-0	■	0-1	4-1	1-2	3-2	5-1	2-1	2-0	3-1	3-2	1-1	1-2	1-1	1-0	0-1	5-1
Dundee FC	1-1	1-0	1-2	1-2	1-2	■	5-0	1-1	2-3	1-0	4-1	3-0	1-2	6-1	3-1	4-2	3-0	1-1	4-1	2-1
Dundee United FC	2-2	2-4	3-3	3-1	0-2	1-0	■	4-4	0-2	1-2	5-3	0-2	1-2	0-0	0-1	2-1	2-2	2-0	1-2	2-1
Dunfermline Athletic FC	1-0	0-2	0-6	3-1	0-3	4-3	2-0	■	0-1	0-1	0-2	4-2	2-3	1-1	0-4	1-1	3-3	1-3	4-0	3-1
Falkirk FC	1-1	2-1	4-1	3-3	2-2	3-1	5-3	2-0	■	8-2	2-1	2-0	0-1	6-1	1-1	6-0	3-3	4-1	1-1
Hamilton Academical FC	2-0	4-2	3-3	4-2	4-2	1-4	1-1	2-2	3-1	■	2-1	0-1	2-0	1-1	0-3	0-2	1-5	1-1	1-4	2-3
Heart of Midlothian FC	2-2	1-3	3-0	5-0	4-3	0-0	1-2	1-2	0-0	1-1	■	2-2	1-1	3-0	1-3	1-0	4-1	0-2	0-0	4-3
Hibernian FC	2-3	2-1	3-2	3-0	2-0	0-1	3-2	2-2	1-0	3-1	2-2	■	5-1	1-1	3-2	2-0	2-2	1-5	2-1
Kilmarnock FC	0-0	4-2	2-3	4-1	1-4	3-2	3-0	2-3	1-1	0-1	1-4	4-0	■	2-0	1-4	2-0	2-2	0-0	2-0	2-2
Morton FC	3-4	2-1	2-6	0-2	3-2	3-1	3-1	3-0	4-1	3-0	1-3	3-0	3-2	■	0-3	3-0	2-0	2-8	0-2	0-2
Motherwell FC	1-0	1-5	0-1	2-0	0-0	2-5	6-0	2-1	3-3	3-1	5-1	2-1	1-0	6-0	■	3-1	2-1	1-4	5-2	1-0
Partick Thistle FC	4-0	5-1	0-3	3-0	5-3	3-3	2-2	5-1	0-1	2-3	2-2	5-1	5-0	4-5	3-0	■	1-7	1-4	3-1	5-2
Queen's Park FC	1-1	3-3	1-6	4-0	3-1	1-4	5-3	4-1	1-2	4-0	2-0	3-4	1-0	2-1	1-2	4-3	■	1-2	5-2	1-0
Rangers FC	3-2	1-1	2-1	6-0	4-1	0-0	2-0	2-0	2-1	1-4	1-0	2-0	1-0	2-1	1-0	2-0	0-1	■	4-2	4-0
St. Johnstone FC	1-1	1-1	1-0	1-3	1-3	0-1	4-1	1-0	4-0	3-2	1-1	0-0	3-3	4-0	0-1	1-1	1-0	2-1	■	0-0
St. Mirren FC	6-3	1-3	3-1	3-2	5-1	2-2	4-3	4-0	3-0	0-1	0-1	3-1	1-0	3-1	5-1	1-3	5-1	3-7	2-1	■

	Division 1	**Pd**	**Wn**	**Dw**	**Ls**	**GF**	**GA**	**Pts**	
1.	RANGERS FC (GLASGOW)	38	23	10	5	85	41	56	
2.	Motherwell FC (Motherwell)	38	23	5	10	81	52	51	
3.	Celtic FC (Glasgow)	38	21	7	10	101	55	49	
4.	Airdrieonians FC (Airdrie)	38	18	9	11	97	64	45	
5.	Dundee FC (Dundee)	38	17	9	12	77	51	43	
6.	Falkirk FC (Falkirk)	38	16	10	12	77	60	42	
7.	Cowdenbeath FC (Cowdenbeath)	38	18	6	14	74	60	42	
8.	Aberdeen FC (Aberdeen)	38	13	14	11	73	72	40	
9.	Hibernian FC (Edinburgh)	38	16	7	15	62	71	39	
10.	St. Mirren FC (Paisley)	38	16	5	16	78	76	37	
11.	Partick Thistle FC (Glasgow)	38	15	6	17	89	74	36	
12.	Queen's Park FC (Glasgow)	38	15	6	17	74	84	36	
13.	Heart of Midlothian FC (Edinburgh)	38	12	11	15	65	64	35	
14.	St. Johnstone FC (Perth)	38	13	9	16	55	69	35	
15.	Hamilton Academical FC (Hamilton)	38	13	9	16	60	85	35	
16.	Kilmarnock FC (Kilmarnock)	38	12	8	18	54	71	32	
17.	Clyde FC (Glasgow)	38	10	9	19	54	85	29	
18.	Dunfermline Athletic FC (Dunfermline)	38	10	8	20	53	85	28	
19.	Morton FC (Greenock)	38	12	4	22	56	101	28	P
20.	Dundee United FC (Dundee)	38	7	8	23	56	101	22	P
		760	300	160	300	1421	1421	760	

Top goalscorer 1926-27

1) James McGRORY   (Celtic FC)   49

1926-1927 Scottish Football League Division 2	Albion Rovers	Alloa Athletic	Arbroath	Armadale	Arthurlie	Ayr United	Bathgate	Bo'ness	Clydebank	Dumbarton	East Fife	East Stirling	Forfar Athletic	King's Park	Nithsdale	Queen/South	Raith Rovers	St. Bernard's	Stenhousemuir	Third Lanark
Albion Rovers FC	■	1-1	2-2	1-3	3-0	5-1	1-0	1-0	2-3	4-0	4-2	2-2	1-1	6-1	2-2	3-2	1-1	2-1	1-3	0-1
Alloa Athletic FC	4-3	■	3-1	2-0	1-2	1-3	2-3	0-1	0-2	1-1	1-0	1-1	2-0	2-2	5-2	3-2	3-2	2-3	1-0	2-2
Arbroath FC	1-2	1-1	■	4-3	3-0	1-1	3-1	0-0	2-3	1-3	2-0	5-0	0-3	3-0	2-0	1-0	1-3	1-2	2-1	1-0
Armadale FC	1-1	2-6	3-1	■	2-2	4-1	2-0	1-2	3-3	3-4	5-1	1-1	1-1	4-0	5-1	2-1	2-0	2-2	3-1	2-1
Arthurlie FC	1-4	4-0	4-1	2-0	■	0-0	4-0	1-1	3-1	2-1	4-0	0-1	3-1	4-3	7-1	2-4	3-2	3-2	7-2	2-3
Ayr United FC	3-0	3-2	3-1	1-1	1-1	■	2-2	2-1	0-0	0-5	1-1	3-2	2-0	5-2	4-0	1-2	2-1	1-1	0-2	1-1
Bathgate FC	1-0	3-3	5-5	2-1	5-2	4-2	■	2-3	2-2	2-1	5-3	0-2	4-3	2-1	3-0	8-3	1-3	2-1	2-2	0-5
Bo'ness FC	5-3	1-1	1-1	4-2	2-1	1-1	7-0	■	3-2	3-1	3-2	3-1	6-0	1-1	3-0	3-0	2-0	2-1	1-1	2-0
Clydebank FC	3-1	5-1	6-1	4-1	5-2	1-1	5-1	0-2	■	6-2	2-4	1-4	2-2	2-1	4-1	1-1	2-0	4-1	4-1	2-2
Dumbarton FC	3-0	3-1	1-0	2-0	4-1	3-5	1-1	1-0	1-1	■	1-3	3-2	1-3	0-1	6-2	0-3	1-3	3-0	2-1	1-1
East Fife FC	8-2	4-1	4-1	3-2	7-1	4-3	5-4	2-1	3-2	5-3	■	3-3	4-2	5-2	5-3	2-0	0-1	3-2	6-0	3-0
East Stirlingshire FC	4-4	5-2	3-1	1-1	4-5	2-0	1-0	2-3	4-1	3-2	4-2	■	5-2	2-2	7-2	2-1	3-0	5-2	3-0	1-1
Forfar Athletic FC	1-0	3-2	2-0	4-3	1-3	2-2	1-2	1-3	5-4	4-2	3-1	3-2	■	3-2	2-0	2-0	2-2	1-0	1-1	0-1
King's Park FC	4-1	3-2	2-1	1-1	2-4	1-1	4-1	2-0	5-0	3-0	2-2		■	2-2	2-2	3-2	5-0	5-0	2-0	
Nithsdale Wanderers FC	2-2	0-3	2-3	2-2	3-1	2-2	2-0	1-1	3-4	3-0	3-1	1-2	2-0	3-3	■	1-1	2-4	2-3	2-2	2-1
Queen of the South FC	5-3	1-0	7-4	6-0	4-1	1-2	2-1	0-2	2-3	3-2	3-0	1-4	2-1	3-2	2-1	■	1-1	1-0	2-0	1-2
Raith Rovers FC	7-1	2-3	4-2	3-0	1-2	3-1	1-0	3-3	0-0	4-2	4-2	6-3	5-0	2-0	1-0	7-2	■	5-1	4-0	3-0
St. Bernard's FC	4-1	3-3	1-2	1-2	3-2	2-4	6-3	2-5	4-1	1-1	2-1	2-0	3-0	3-0	1-0	4-1	1-2	■	3-3	2-0
Stenhousemuir FC	1-1	2-2	1-3	4-0	3-3	1-1	5-2	2-1	4-0	7-0	3-3	3-1	2-1	1-0	3-4	3-0	0-0	0-0	■	3-1
Third Lanark FC	3-3	1-0	6-0	2-0	2-1	5-1	2-2	1-1	1-2	2-2	3-1	3-1	2-3	1-0	1-0	4-0	0-0	2-0	4-1	■

Division 2

		Pd	Wn	Dw	Ls	GF	GA	Pts	
1.	Bo'ness FC (Bo'ness)	38	23	10	5	86	41	56	P
2.	Raith Rovers FC (Kirkcaldy)	38	21	7	10	92	52	49	P
3.	Clydebank FC (Clydebank)	38	18	9	11	94	75	45	
4.	Third Lanark FC (Glasgow)	38	17	10	11	67	48	44	
5.	East Stirlingshire FC (Falkirk)	38	18	8	12	93	75	44	
6.	East Fife FC (Methil)	38	19	3	16	103	91	41	
7.	Arthurlie FC (Barrhead)	38	18	5	15	90	83	41	
8.	Ayr United FC (Ayr)	38	13	15	10	67	68	41	
9.	Forfar Athletic FC (Forfar)	38	15	7	16	66	79	37	
10.	Stenhousemuir FC (Stenhousemuir)	38	12	12	14	69	76	36	
11.	Queen of the South FC (Dumfries)	38	16	4	18	72	80	36	
12.	King's Park FC (Stirling)	38	13	9	16	76	75	35	
13.	St. Bernard's FC (Edinburgh)	38	14	6	18	70	77	34	
14.	Alloa Athletic FC (Alloa)	38	12	10	16	70	77	34	
15.	Armadale FC (Armadale)	38	12	10	16	70	78	34	
16.	Albion Rovers FC (Coatbridge)	38	11	11	16	74	87	33	
17.	Bathgate FC (Bathgate)	38	13	7	18	76	98	33	
18.	Dumbarton FC (Dumbarton)	38	13	6	19	69	84	32	
19.	Arbroath FC (Arbroath)	38	13	6	19	64	83	32	
20.	Nithsdale Wanderers FC (Sanquhar)	38	7	9	22	59	100	23	#
		760	298	164	298	1527	1527	760	

\# Nithsdale Wanderers FC (Sanquhar) did not seek re-election to the league for the next season.

Elected: Leith Athletic FC (Edinburgh)

SCOTTISH CUP FINAL   (Hampden Park, Glasgow – 16/04/1927 – 79,500)

CELTIC FC (GLASGOW)	3-1	East Fife FC (Methil)
Robertson o.g., McLean, Connolly	*(H.T. 2-1)*	*Wood*

Celtic: J. Thomson, W. McStay, Hilley, Wilson, J. McStay, MacFarlane, Connolly, A. Thomson, McInally, McMenemy, McLean.

East Fife: Gilfillan, Robertson, Gillespie, Hope, Brown, Russell, Weir, Paterson, Wood, Barrett, Edgar.

Semi-finals   (26/03/1927)

Celtic FC (Glasgow)	1-0	Falkirk FC (Falkirk)
East Fife FC (Methil)	2-1	Partick Thistle FC (Glasgow)

1927-28 SEASON

1927-1928 Scottish Football League Division 1	Aberdeen	Airdrieonians	Bo'ness	Celtic	Clyde	Cowdenbeath	Dundee	Dunfermline	Falkirk	Hamilton	Hearts	Hibernian	Kilmarnock	Motherwell	Partick Thistle	Queen's Park	Raith Rovers	Rangers	St. Johnstone	St. Mirren
Aberdeen FC	■	0-0	0-1	3-1	6-0	3-0	3-1	2-1	2-1	2-0	2-0	4-2	1-2	2-0	3-0	2-1	3-0	2-3	4-0	3-2
Airdrieonians FC	2-1	■	4-2	3-1	1-2	1-2	1-1	3-1	0-1	2-0	2-0	2-2	0-2	0-2	2-0	0-0	2-4	2-7	2-0	2-3
Bo'ness FC	0-0	2-2	■	0-1	0-0	0-3	2-0	4-2	2-1	2-2	2-2	2-1	2-1	1-1	1-4	2-0	1-1	1-1	1-2	2-3
Celtic FC	1-1	3-2	4-1	■	3-0	1-1	3-1	9-0	3-0	4-0	2-1	3-0	6-1	1-2	0-0	3-0	0-3	1-0	3-0	6-0
Clyde FC	3-2	2-2	3-0	0-1	■	2-3	0-0	4-0	1-1	3-1	2-2	0-2	1-1	1-2	0-2	2-1	1-1	1-4	1-0	1-0
Cowdenbeath FC	2-2	2-1	2-3	0-2	1-1	■	1-0	1-1	0-2	3-1	0-1	3-1	1-1	3-4	2-1	1-0	3-1	1-4	4-2	2-4
Dundee FC	3-2	3-0	3-2	1-4	4-3	3-1	■	3-2	1-0	3-1	2-7	4-1	7-0	0-3	4-2	1-3	1-2	0-1	1-2	2-1
Dunfermline Athletic FC	2-3	1-4	1-2	1-1	2-3	3-2	3-1	■	1-0	1-2	0-2	0-2	0-4	0-5	1-7	3-1	0-4	0-5	2-3	1-2
Falkirk FC	5-1	3-1	3-2	1-3	4-2	1-3	5-1	5-1	■	1-2	1-3	2-2	6-0	2-1	2-1	1-2	4-1	1-2	5-1	3-0
Hamilton Academical FC	2-3	0-2	7-0	0-0	1-1	5-1	3-3	6-3	3-0	■	1-6	4-1	3-1	1-3	0-2	2-1	4-1	1-1	2-1	1-2
Heart of Midlothian FC	3-0	1-1	5-0	2-2	5-0	2-3	1-0	6-0	9-3	2-1	■	2-2	0-1	0-0	1-2	4-2	2-0	0-0	0-2	2-1
Hibernian FC	0-0	2-3	3-0	2-2	0-1	3-0	4-0	3-3	3-1	5-1	2-1	■	3-1	2-2	4-1	6-2	3-2	2-1	2-2	1-1
Kilmarnock FC	2-1	2-2	3-1	2-2	3-0	2-1	1-2	2-1	1-1	3-1	5-0	2-1	■	1-3	2-3	1-1	1-0	1-1	1-7	6-2
Motherwell FC	2-1	1-1	3-2	3-1	5-0	2-1	2-2	4-0	2-3	5-1	0-3	2-1	3-3	■	1-3	4-1	6-0	1-1	1-0	4-0
Partick Thistle FC	7-0	0-2	2-1	3-3	2-1	2-4	2-2	2-1	1-1	5-2	1-3	3-0	2-0	1-1	■	2-0	5-0	0-6	2-2	6-2
Queen's Park FC	4-3	1-1	1-0	1-3	2-2	1-1	1-2	4-0	0-1	4-1	0-2	6-2	5-3	3-1	4-2	■	8-1	3-1	1-1	3-4
Raith Rovers FC	2-3	5-0	3-2	0-3	2-0	0-1	1-1	5-1	2-2	3-3	0-5	3-0	1-3	2-4	4-2	1-0	■	0-0	0-0	1-2
Rangers FC	5-0	2-1	3-1	1-0	3-1	2-2	5-1	4-0	4-0	3-1	4-1	4-1	5-1	0-2	2-1	4-0	7-0	■	5-1	4-2
St. Johnstone FC	1-0	6-1	4-1	3-5	0-0	0-3	5-1	1-1	2-1	2-3	2-0	1-1	1-4	1-2	5-1	2-1	0-1	■		0-0
St. Mirren FC	0-1	2-2	5-0	0-2	3-1	3-2	0-0	5-1	3-2	1-0	2-0	3-2	1-1	1-1	2-2	5-1	4-3	3-3	3-2	■

	Division 1	**Pd**	**Wn**	**Dw**	**Ls**	**GF**	**GA**	**Pts**	
1.	RANGERS FC (GLASGOW)	38	26	8	4	109	36	60	
2.	Celtic FC (Glasgow)	38	23	9	6	93	39	55	
3.	Motherwell FC (Motherwell)	38	23	9	6	92	46	55	
4.	Heart of Midlothian FC (Edinburgh)	38	20	7	11	89	50	47	
5.	St. Mirren FC (Paisley)	38	18	8	12	77	76	44	
6.	Partick Thistle FC (Glasgow)	38	18	7	13	85	67	43	
7.	Aberdeen FC (Aberdeen)	38	19	5	14	71	61	43	
8.	Kilmarnock FC (Kilmarnock)	38	15	10	13	68	78	40	
9.	Cowdenbeath FC (Cowdenbeath)	38	16	7	15	66	68	39	
10.	Falkirk FC (Falkirk)	38	16	5	17	76	69	37	
11.	St. Johnstone FC (Perth)	38	14	8	16	66	67	36	
12.	Hibernian FC (Edinburgh)	38	13	9	16	73	75	35	
13.	Airdrieonians FC (Airdrie)	38	12	11	15	59	69	35	
14.	Dundee FC (Dundee)	38	14	7	17	65	80	35	
15.	Clyde FC (Glasgow)	38	10	11	17	46	72	31	
16.	Queen's Park FC (Glasgow)	38	12	6	20	69	80	30	
17.	Raith Rovers FC (Kirkcaldy)	38	11	7	20	60	89	29	
18.	Hamilton Academical FC (Hamilton)	38	11	6	21	67	86	28	
19.	Bo'ness FC (Bo'ness)	38	9	8	21	48	86	26	R
20.	Dunfermline Athletic FC (Dunfermline)	38	4	4	30	41	126	12	R
		760	304	152	304	1420	1420	760	

Top goalscorer 1927-28

1) James McGRORY   (Celtic FC)   47

1927-1928 Scottish Football League Division 2	Albion Rovers	Alloa Athletic	Arbroath	Armadale	Arthurlie	Ayr United	Bathgate	Clydebank	Dumbarton	Dundee United	East Fife	East Stirling	Forfar Athletic	King's Park	Leith Athletic	Morton	Queen/South	St. Bernard's	Stenhousemuir	Third Lanark
Albion Rovers FC	■	3-1	3-1	3-0	0-1	1-1	2-1	4-2	2-3	2-0	3-0	2-3	1-2	0-1	0-0	0-0	3-1	6-2	4-0	0-3
Alloa Athletic FC	4-3	■	4-0	3-3	2-2	1-3	4-0	0-1	3-3	0-0	1-1	6-3	3-2	2-1	1-1	3-3	4-0	3-0	3-3	1-0
Arbroath FC	4-2	4-1	■	5-0	2-3	0-2	5-0	1-3	3-0	3-2	2-1	2-2	1-2	2-1	5-3	1-1	4-1	3-2	3-0	4-0
Armadale FC	2-3	1-0	4-5	■	2-0	3-1	0-0	1-3	2-0	4-2	1-5	0-0	1-3	1-1	1-0	2-1	1-4	2-1	2-2	2-2
Arthurlie FC	6-4	1-0	4-1	10-1	■	4-1	1-1	5-1	0-1	1-3	2-1	4-3	3-0	1-1	1-1	4-2	3-4	4-1	2-0	
Ayr United FC	5-3	3-0	7-3	5-0	6-1	■	7-2	3-1	0-1	7-1	3-0	2-1	7-0	2-2	3-1	4-1	3-1	4-4	2-2	6-2
Bathgate FC	3-1	2-0	3-3	1-1	2-3	1-1	■	5-0	2-3	1-2	2-3	3-1	3-3	0-0	3-2	1-1	2-1	1-1	1-0	3-2
Clydebank FC	0-2	4-1	1-2	1-0	2-0	1-4	2-3	■	1-2	2-1	2-3	4-1	5-1	5-0	2-2	2-1	6-3	7-1	3-1	1-1
Dumbarton FC	0-1	2-1	2-0	6-2	0-1	2-0	2-1	0-2	■	3-0	1-3	6-1	2-0	4-5	2-2	5-0	1-0	3-3	4-1	0-0
Dundee United FC	3-2	2-1	1-0	1-1	9-2	1-3	4-2	2-2	3-1	■	2-3	3-1	4-0	1-1	3-1	3-2	1-1	5-3	5-3	4-3
East Fife FC	2-0	2-4	2-1	4-1	6-1	2-0	2-3	2-1	4-1	2-1	■	2-2	4-3	1-1	3-4	5-0	5-1	2-2	1-3	2-2
East Stirlingshire FC	3-1	2-3	3-0	4-1	8-0	2-3	1-0	2-1	5-0	3-1	4-1	■	4-0	2-2	1-1	2-2	1-2	0-1	0-0	
Forfar Athletic FC	4-1	4-0	2-2	3-0	4-1	1-2	2-0	2-1	3-2	0-0	4-1	1-2	■	3-1	2-2	5-2	4-1	9-2	3-1	3-2
King's Park FC	0-4	2-2	5-1	5-2	5-1	2-1	1-0	5-1	4-0	0-1	1-1	2-2	1-1	■	1-0	3-1	4-3	8-1	4-2	4-2
Leith Athletic FC	4-1	2-1	4-2	5-0	3-4	2-1	2-2	4-0	2-1	0-2	2-3	2-3	3-1	4-1	■	2-3	3-1	2-1	1-2	2-3
Morton FC	0-2	2-1	1-0	2-1	3-1	0-2	2-2	5-6	2-0	1-1	1-1	3-1	2-1	2-3	3-1	■	2-0	3-1	1-0	1-2
Queen of the South FC	2-4	2-2	3-2	8-5	1-0	2-4	4-3	3-2	6-2	2-2	2-4	5-3	2-1	2-2	5-2	4-1	■	6-3	4-3	2-2
St. Bernard's FC	3-1	2-2	1-2	2-1	3-2	0-4	2-0	1-0	2-0	3-2	2-1	1-2	3-0	2-1	1-0	2-5	8-2	■	3-1	0-1
Stenhousemuir FC	0-3	2-4	6-2	1-0	4-1	6-2	4-2	2-0	1-0	2-2	4-1	2-5	2-3	3-2	0-0	5-2	1-2	2-0	■	1-0
Third Lanark FC	2-2	5-0	4-3	10-3	2-1	3-3	6-1	4-0	4-1	5-1	3-2	5-0	1-1	5-1	2-4	3-1	1-2	6-1	3-1	■

	Division 2	**Pd**	**Wn**	**Dw**	**Ls**	**GF**	**GA**	**Pts**	
1.	Ayr United FC (Ayr)	38	24	6	8	117	60	54	P
2.	Third Lanark FC (Glasgow)	38	18	9	11	101	66	45	P
3.	King's Park FC (Stirling)	38	16	12	10	84	68	44	
4.	East Fife FC (Methil)	38	18	7	13	87	73	43	
5.	Forfar Athletic FC (Forfar)	38	18	7	13	83	73	43	
6.	Dundee United FC (Dundee)	38	17	9	12	81	73	43	
7.	Arthurlie FC (Barrhead)	38	18	4	16	85	90	40	
8.	Albion Rovers FC (Coatbridge)	38	17	4	17	79	69	38	
9.	East Stirlingshire FC (Falkirk)	38	14	10	14	84	76	38	
10.	Arbroath FC (Arbroath)	38	16	4	18	84	86	36	
11.	Dumbarton FC (Dumbarton)	38	16	4	18	66	72	36	
12.	Queen of the South FC (Dumfries)	38	15	6	17	92	106	36	
13.	Leith Athletic FC (Edinburgh)	38	13	9	16	76	71	35	
14.	Clydebank FC (Clydebank)	38	16	3	19	78	80	35	
15.	Alloa Athletic FC (Alloa)	38	12	11	15	72	76	35	
16.	Stenhousemuir FC (Stenhousemuir)	38	15	5	18	75	82	35	
17.	St. Bernard's FC (Edinburgh)	38	15	5	18	75	103	35	
18.	Morton FC (Greenock)	38	13	8	17	65	82	34	
19.	Bathgate FC (Bathgate)	38	10	11	17	62	81	31	
20.	Armadale FC (Armadale)	38	8	8	22	53	112	24	
		760	309	142	309	1599	1599	760	

SCOTTISH CUP FINAL   (Hampden Park, Glasgow – 14/04/1928 – 118,115)

RANGERS FC (GLASGOW)　　　　　4-0　　　　　　　　　Celtic FC (Glasgow)

Meiklejohn pen., McPhail, Archibald 2

Rangers: T. Hamilton, Gray, R. Hamilton, Buchanan, Meiklejohn, Craig, Archibald, Cunningham, Fleming, McPhail, Morton.
Celtic: J. Thomson, W. McStay, Donoghue, Wilson, J. McStay, MacFarlane, Connolly, A. Thomson, McGrory, McInally, McLean.

Semi-finals   (24/03/1928)

Celtic FC (Glasgow)　　　　　　　　2-1　　　　　　　　　Queen's Park FC (Glasgow)
Rangers FC (Glasgow)　　　　　　　3-0　　　　　　　　　Hibernian FC (Edinburgh)

1928-29 SEASON

1928-1929 Scottish Football League Division 1	Aberdeen	Airdrieonians	Ayr United	Celtic	Clyde	Cowdenbeath	Dundee	Falkirk	Hamilton	Hearts	Hibernian	Kilmarnock	Motherwell	Partick Thistle	Queen's Park	Raith Rovers	Rangers	St. Johnstone	St. Mirren	Third Lanark
Aberdeen FC	■	2-1	2-1	2-2	3-1	4-2	4-0	5-3	4-1	1-3	0-1	2-1	1-1	5-0	3-0	3-1	2-2	2-0	6-0	4-0
Airdrieonians FC	5-0	■	3-0	0-1	2-2	3-2	1-1	2-3	1-0	1-1	0-2	2-1	0-1	1-0	2-2	3-1	2-5	5-1	3-0	2-1
Ayr United FC	3-3	2-0	■	0-2	3-1	3-1	0-3	2-0	1-1	2-4	4-1	2-4	2-0	1-3	4-2	0-1	1-3	1-2	2-2	3-0
Celtic FC	2-2	4-1	3-0	■	4-0	1-0	2-1	3-0	3-0	1-0	1-4	3-0	2-0	1-0	1-2	3-1	1-2	0-0	0-3	3-1
Clyde FC	2-1	3-1	1-0	0-1	■	2-3	2-1	2-1	2-3	1-1	0-1	1-1	1-1	0-4	2-2	2-0	2-3	2-1	4-0	3-2
Cowdenbeath FC	1-1	2-1	3-1	0-1	1-2	■	4-2	3-1	2-0	1-2	2-0	2-0	1-3	2-0	0-1	2-0	0-2	1-0	0-0	1-1
Dundee FC	1-1	2-2	2-3	0-1	1-2	4-0	■	1-2	0-1	5-3	1-0	1-3	3-0	0-0	0-0	0-3	2-3	0-2	2-3	2-2
Falkirk FC	2-0	2-1	5-2	3-0	2-1	2-2	1-3	■	4-2	3-3	2-1	2-2	0-7	0-0	1-0	4-1	1-4	2-0	2-2	3-1
Hamilton Academical FC	3-2	1-3	2-0	1-1	2-0	0-0	3-3	2-2	■	3-2	2-1	0-2	0-3	2-2	3-3	5-1	3-1	2-1	3-0	1-4
Heart of Midlothian FC	3-2	3-0	7-3	2-1	4-0	4-1	1-1	6-2	5-0	■	1-1	3-3	5-1	2-1	4-1	1-1	0-1	0-3	1-0	4-1
Hibernian FC	4-1	1-1	2-2	2-1	3-0	1-2	2-0	3-2	0-1	1-0	■	1-1	1-1	3-1	1-2	2-0	1-2	2-2	3-5	6-1
Kilmarnock FC	0-1	0-2	1-2	2-3	3-1	4-2	3-1	1-1	0-0	3-2	1-0	■	4-2	2-2	7-4	7-1	1-3	1-1	2-4	3-0
Motherwell FC	1-0	4-2	5-0	3-3	1-0	5-1	1-1	2-1	4-3	3-2	3-1	2-3	■	5-4	0-5	3-1	2-4	1-1	1-1	3-2
Partick Thistle FC	3-2	1-1	4-8	3-0	2-0	2-1	4-2	5-2	8-0	2-0	3-0	2-1	1-3	■	2-2	6-1	1-1	6-2	2-4	3-4
Queen's Park FC	6-2	2-0	3-0	4-4	2-1	6-1	2-4	1-3	5-0	1-3	6-1	2-0	2-3	3-2	■	5-0	0-4	6-0	5-0	8-3
Raith Rovers FC	2-2	3-2	4-2	1-4	3-0	0-2	0-3	2-0	3-1	0-2	1-0	5-3	2-2	2-4	1-1	■	1-3	3-3	1-5	0-0
Rangers FC	2-0	2-0	0-0	3-0	0-0	3-1	3-0	1-1	4-0	2-0	3-0	4-2	0-0	1-0	2-1	7-1	■	8-0	1-1	5-1
St. Johnstone FC	2-1	1-0	0-0	1-1	5-0	3-1	2-2	2-3	1-1	2-2	0-3	4-0	1-0	2-3	1-3	1-0	1-3	■	1-0	2-1
St. Mirren FC	5-2	2-0	2-3	0-1	1-0	1-4	2-2	5-0	1-3	2-2	1-0	5-4	2-3	3-0	1-2	5-2	1-5	2-2	■	5-0
Third Lanark FC	1-3	4-0	2-2	0-2	2-4	3-1	1-2	5-2	3-2	2-2	2-1	2-3	2-2	2-5	3-1	5-1	2-5	4-1	1-2	■

Division 1

		Pd	Wn	Dw	Ls	GF	GA	Pts	
1.	RANGERS FC (GLASGOW)	38	30	7	1	107	32	67	
2.	Celtic FC (Glasgow)	38	22	7	9	67	44	51	
3.	Motherwell FC (Motherwell)	38	20	10	8	85	66	50	
4.	Heart of Midlothian FC (Edinburgh)	38	19	9	10	91	57	47	
5.	Queen's Park FC (Glasgow)	38	18	7	13	100	69	43	
6.	Partick Thistle FC (Glasgow)	38	17	7	14	91	70	41	
7.	Aberdeen FC (Aberdeen)	38	16	8	14	81	68	40	
8.	St. Mirren FC (Paisley)	38	16	8	14	78	75	40	
9.	St. Johnstone FC (Perth)	38	14	10	14	57	70	38	
10.	Kilmarnock FC (Kilmarnock)	38	14	8	16	79	74	36	
11.	Falkirk FC (Falkirk)	38	14	8	16	68	86	36	
12.	Hamilton Academical FC (Hamilton)	38	13	9	16	58	83	35	
13.	Cowdenbeath FC (Cowdenbeath)	38	14	5	19	55	69	33	
14.	Hibernian FC (Edinburgh)	38	13	6	19	54	62	32	
15.	Airdrieonians FC (Airdrie)	38	12	7	19	56	65	31	
16.	Ayr United FC (Ayr)	38	12	7	19	65	84	31	
17.	Clyde FC (Glasgow)	38	12	6	20	47	71	30	
18.	Dundee FC (Dundee)	38	9	11	18	59	69	29	
19.	Third Lanark FC (Glasgow)	38	10	6	22	71	102	26	R
20.	Raith Rovers FC (Kirkcaldy)	38	9	6	23	52	105	24	R
		760	304	152	304	1421	1421	760	

Top goalscorer 1928-29

1) Evelyn MORRISON   (Falkirk FC)   43

1928-1929 Scottish Football League Division 2	Albion Rovers	Alloa Athletic	Arbroath	Armadale	Arthurlie	Bathgate	Bo'ness	Clydebank	Dumbarton	Dundee United	Dunfermline	East Fife	East Stirling	Forfar Athletic	King's Park	Leith Athletic	Morton	Queen/South	St. Bernard's	Stenhousemuir
Albion Rovers FC	■	3-1	2-1	9-1	4-1	2-1	4-0	3-0	6-4	2-0	3-4	4-1	3-1	6-2	0-0	6-2	2-2	2-0	3-2	2-0
Alloa Athletic FC	0-0	■	1-2	5-2	3-0	1-2	2-2	3-1	0-2	3-0	1-1	2-4	5-0	2-4	1-0	2-4	1-3	0-4	0-3	7-1
Arbroath FC	5-3	6-3	■	6-1	4-1	3-1	3-0	4-2	7-1	1-2	2-1	1-0	5-2	1-0	0-0	3-2	1-1	1-0	1-1	5-2
Armadale FC	0-0	1-1	1-1	■	1-1	2-1	0-1	2-2	1-1	0-2	3-1	4-2	2-1	3-1	2-0	1-0	1-3	2-3	0-3	3-2
Arthurlie FC	2-1	1-2	1-1	3-1	■	4-3	---	1-0	3-3	3-1	1-0	---	2-3	---	1-4	2-2	1-2	4-0	1-1	---
Bathgate FC	---	3-1	---	---	---	■	3-5	0-2	2-3	0-4	1-1	4-1	---	---	1-3	0-5	1-3	1-3	0-0	---
Bo'ness FC	2-2	2-3	2-3	2-0	0-2	---	■	2-0	6-0	1-0	2-1	4-1	2-0	4-3	1-3	3-0	2-2	5-1	1-0	5-1
Clydebank FC	2-4	1-3	4-3	4-0	5-1	---	3-0	■	1-6	4-1	5-2	0-3	1-3	1-1	5-1	3-1	3-3	3-1	1-3	2-0
Dumbarton FC	1-0	4-1	0-2	5-2	2-0	3-0	0-3	1-1	■	1-1	3-1	2-2	3-2	0-0	3-3	1-4	1-0	4-2	2-1	0-1
Dundee United FC	8-1	5-0	4-3	5-0	4-3	6-1	4-1	2-1	3-1	■	1-0	4-3	3-1	0-1	4-0	5-3	3-0	3-2	3-1	8-0
Dunfermline Athletic FC	1-5	0-1	3-3	3-2	5-1	8-0	1-0	3-2	3-2	1-1	■	2-3	3-1	4-0	4-2	2-2	3-1	0-0	2-1	3-1	4-3
East Fife FC	3-4	1-1	2-3	1-1	2-2	6-2	4-2	4-0	6-3	4-5	5-1	■	3-1	4-2	1-2	3-1	2-1	6-1	2-1	2-1
East Stirlingshire FC	5-3	1-1	3-0	0-1	2-1	5-0	1-2	4-2	1-0	2-3	3-1	4-2	■	2-2	5-2	0-2	0-2	4-5	2-1	0-1
Forfar Athletic FC	3-3	4-1	2-2	3-1	1-1	8-2	5-1	3-2	1-1	2-1	2-0	3-1	3-1	■	2-1	1-0	0-2	4-4	3-1	4-1
King's Park FC	1-1	1-1	2-2	4-0	2-1	3-1	0-0	4-3	1-1	0-2	5-1	2-2	3-5	1-1	■	1-3	4-2	2-3	2-4	3-3
Leith Athletic FC	3-1	4-2	4-2	5-1	6-1	1-2	2-0	0-0	3-0	3-2	1-1	5-2	1-1	5-0	4-0	■	1-0	2-0	0-0	1-0
Morton FC	3-1	3-4	3-0	4-2	2-0	4-0	3-2	3-1	2-0	1-1	3-2	2-2	4-0	5-0	4-1	■	0-0	4-1	3-0
Queen of the South FC	2-0	2-1	0-3	7-3	3-6	3-4	2-0	7-2	3-0	2-3	2-1	1-1	1-4	9-2	6-1	4-1	2-3	■	3-1	1-0
St. Bernard's FC	1-1	2-0	3-2	5-1	5-1	---	2-2	1-2	3-0	2-2	3-0	2-1	2-0	2-1	4-1	1-1	7-3	1-1	■	2-2
Stenhousemuir FC	3-1	3-0	1-1	3-1	1-2	4-1	3-2	3-1	1-0	1-4	1-7	2-3	0-4	3-3	2-2	0-0	1-2	2-1	3-4	■

Division 2

		Pd	Wn	Dw	Ls	GF	GA	Pts	
1.	Dundee United FC (Dundee)	36	24	3	9	99	55	51	P
2.	Morton FC (Greenock)	36	21	8	7	85	49	50	P
3.	Arbroath FC (Arbroath)	36	19	9	8	90	60	47	
4.	Albion Rovers FC (Coatbridge)	36	18	8	10	95	67	44	
5.	Leith Athletic FC (Edinburgh)	36	18	7	11	78	56	43	
6.	St. Bernard's FC (Edinburgh)	36	16	9	11	77	55	41	
7.	Forfar Athletic FC (Forfar)	35	14	10	11	69	75	38	*
8.	East Fife FC (Methil)	35	15	6	14	88	77	36	*
9.	Queen of the South FC (Dumfries)	36	16	4	16	86	79	36	
10.	Bo'ness FC (Bo'ness)	35	15	5	15	62	62	35	*
11.	Dunfermline Athletic FC (Dunfermline)	36	13	7	16	66	72	33	
12.	East Stirlingshire FC (Falkirk)	36	14	4	18	71	75	32	
13.	Alloa Athletic FC (Alloa)	36	12	7	17	64	77	31	
14.	Dumbarton FC (Dumbarton)	36	11	9	16	59	78	31	
15.	King's Park FC (Stirling)	36	8	13	15	60	84	29	
16.	Clydebank FC (Clydebank)	36	11	5	20	70	85	27	
17.	Arthurlie FC (Barrhead)	32	9	7	16	51	73	25	*
18.	Stenhousemuir FC (Stenhousemuir)	35	9	6	20	51	90	24	*
19.	Armadale FC (Armadale)	36	8	7	21	47	99	23	
---.	Bathgate FC (Bathgate)	28	5	2	21	37	92	12	#
		676	271	134	271	1368	1368	676	

\# Bathgate FC resigned from the league and disbanded. Their record was deleted and is not included in the totals.

* Arthurlie FC resigned from the league after 32 games but their record was allowed to stand.

Elected: Brechin City FC (Brechin), Montrose FC (Montrose)

SCOTTISH CUP FINAL (Hampden Park, Glasgow – 06/04/1929 – 114,708)

KILMARNOCK FC (KILMARNOCK)　　　　2-0　　　　　　　　Rangers FC (Glasgow)
Aitken, Williamson　　　　　　　　　　　*(H.T. 0-0)*

Kilmarnock: Clemie, Robertson, Nibloe, Morton, McLaren, McEwan, Connell, Smith, Cunningham, Williamson, Aitken.

Rangers: T. Hamilton, Gray, R. Hamilton, Buchanan, Meiklejohn, Craig, Archibald, Muirhead, Fleming, McPhail, Morton.

Semi-finals (23/03/1929)

Celtic FC (Glasgow)	0-1	Kilmarnock FC (Kilmarnock)
Rangers FC (Glasgow)	3-2	St. Mirren FC (Paisley)

1929-30 SEASON

1929-1930 Scottish Football League Division 1	Aberdeen	Airdrieonians	Ayr United	Celtic	Clyde	Cowdenbeath	Dundee	Dundee United	Falkirk	Hamilton	Hearts	Hibernian	Kilmarnock	Morton	Motherwell	Partick Thistle	Queen's Park	Rangers	St. Johnstone	St. Mirren
Aberdeen FC	■	3-1	4-1	3-1	5-2	2-0	1-0	2-2	1-0	4-2	2-2	2-0	4-3	5-3	2-2	2-1	3-0	1-0	1-0	3-3
Airdrieonians FC	0-2	■	2-0	0-1	2-4	4-1	3-2	3-4	4-1	1-0	3-2	3-0	2-2	2-2	2-0	2-0	1-2	1-0	5-1	2-2
Ayr United FC	5-1	3-1	■	1-3	2-2	3-1	2-2	6-1	0-0	3-3	3-1	3-2	1-1	2-0	3-2	2-4	2-5	0-3	4-0	1-0
Celtic FC	3-4	1-2	4-0	■	0-2	2-1	1-1	7-0	7-0	3-0	2-1	4-0	4-0	0-1	0-4	2-0	2-1	1-2	6-2	3-0
Clyde FC	1-3	2-0	3-1	2-3	■	4-1	1-1	3-2	1-2	3-1	3-3	0-2	1-1	2-1	1-2	2-3	2-1	3-3	2-0	1-2
Cowdenbeath FC	0-1	2-0	7-1	1-2	4-0	■	2-1	4-1	3-0	3-0	0-1	0-0	2-3	2-0	0-0	0-2	1-1	3-2	2-1	2-3
Dundee FC	0-3	3-0	3-0	2-2	0-1	3-0	■	1-0	0-0	3-2	3-0	4-0	2-2	3-2	0-3	2-4	1-0	1-3	0-1	1-3
Dundee United FC	2-4	0-3	1-2	2-2	3-3	2-1	0-1	■	2-2	1-2	2-3	2-2	6-4	3-1	1-1	3-2	2-1	0-1	1-1	0-2
Falkirk FC	3-2	3-2	1-1	0-1	1-1	2-2	5-2	5-2	■	1-0	2-3	1-1	1-0	3-0	4-1	0-0	1-2	2-1	4-0	1-0
Hamilton Academical FC	4-2	0-1	6-2	2-3	1-1	5-1	2-0	5-2	0-2	■	2-1	3-2	1-1	4-2	2-3	2-1	4-2	1-1	3-0	2-0
Heart of Midlothian FC	2-2	1-0	1-2	1-3	0-1	2-2	1-0	3-1	0-2	6-4	■	1-1	1-1	4-0	3-2	0-0	0-3	2-0	2-2	5-0
Hibernian FC	0-1	3-1	1-0	0-2	1-1	1-1	0-1	3-0	1-0	1-2	1-1	■	0-0	0-1	1-1	3-0	6-3	0-2	3-1	2-2
Kilmarnock FC	4-2	7-1	2-0	1-1	2-1	3-2	0-2	0-2	3-2	3-0	2-1	3-1	■	7-2	2-3	1-1	1-5	1-0	3-1	2-3
Morton FC	1-2	1-1	3-4	1-2	1-2	3-4	2-1	6-1	1-1	4-4	3-2	3-2	4-2	■	1-3	2-2	2-4	2-2	4-1	2-0
Motherwell FC	4-1	2-0	4-1	2-1	2-1	7-2	3-0	6-1	4-3	5-1	0-2	3-0	2-0	3-0	■	4-0	9-0	0-2	5-0	3-0
Partick Thistle FC	2-1	4-0	2-3	3-2	3-3	3-4	0-2	1-1	5-0	2-2	2-1	0-0	3-2	4-1	6-1	■	1-0	0-1	2-1	3-2
Queen's Park FC	2-2	1-3	2-3	2-1	1-1	1-2	2-1	1-0	2-0	2-0	6-2	2-0	1-4	2-4	0-3	4-1	■	1-3	3-0	1-0
Rangers FC	3-1	2-0	9-0	1-0	3-0	5-0	4-1	3-1	4-0	5-2	1-3	3-0	4-0	3-0	4-2	2-1	1-0	■	6-1	2-1
St. Johnstone FC	0-1	2-1	2-3	1-6	3-1	1-1	0-1	6-1	3-4	2-2	0-3	4-3	1-3	1-1	1-1	4-0	0-1	■	1-3
St. Mirren FC	1-0	0-1	3-0	0-0	3-0	2-0	3-0	6-1	2-3	2-0	6-2	1-2	3-1	5-0	0-2	0-3	1-1	0-1	3-2	■

	Division 1	Pd	Wn	Dw	Ls	GF	GA	Pts	
1.	RANGERS FC (GLASGOW)	38	28	4	6	94	32	60	
2.	Motherwell FC (Motherwell)	38	25	5	8	104	48	55	
3.	Aberdeen FC (Aberdeen)	38	23	7	8	85	61	53	
4.	Celtic FC (Glasgow)	38	22	5	11	88	46	49	
5.	St. Mirren FC (Paisley)	38	18	5	15	73	56	41	
6.	Partick Thistle FC (Glasgow)	38	16	9	13	72	61	41	
7.	Falkirk FC (Falkirk)	38	16	9	13	62	64	41	
8.	Kilmarnock FC (Kilmarnock)	38	15	9	14	77	73	39	
9.	Ayr United FC (Ayr)	38	16	6	16	70	92	38	
10.	Heart of Midlothian FC (Edinburgh)	38	14	9	15	69	69	37	
11.	Clyde FC (Glasgow)	38	13	11	14	64	69	37	
12.	Airdrieonians FC (Airdrie)	38	16	4	18	60	66	36	
13.	Hamilton Academical FC (Hamilton)	38	14	7	17	76	81	35	
14.	Dundee FC (Dundee)	38	14	6	18	51	58	34	
15.	Queen's Park FC (Glasgow)	38	15	4	19	67	80	34	
16.	Cowdenbeath FC (Cowdenbeath)	38	13	7	18	64	74	33	
17.	Hibernian FC (Edinburgh)	38	9	11	18	45	62	29	
18.	Morton FC (Greenock)	38	10	7	21	67	95	27	
19.	Dundee United FC (Dundee)	38	7	8	23	56	109	22	R
20.	St. Johnstone FC (Perth)	38	6	7	25	48	96	19	R
		760	310	140	310	1392	1392	760	

Top goalscorer 1929-30

1) Benny YORSTON   (Aberdeen FC)   38

1929-1930 Scottish Football League Division 2	Albion Rovers	Alloa Athletic	Arbroath	Armadale	Bo'ness	Brechin City	Clydebank	Dumbarton	Dunfermline	East Fife	East Stirling	Forfar Athletic	King's Park	Leith Athletic	Montrose	Queen/South	Raith Rovers	St. Bernard's	Stenhousemuir	Third Lanark
Albion Rovers FC	■	4-2	3-2	2-1	6-1	7-1	3-0	2-0	3-5	3-0	2-1	2-1	6-1	3-1	5-2	1-1	7-0	2-1	5-2	4-2
Alloa Athletic FC	0-0	■	2-4	0-1	2-1	0-2	1-0	2-1	1-3	3-4	1-1	2-6	1-2	1-3	1-3	0-0	2-3	0-1	1-2	2-4
Arbroath FC	3-3	3-0	■	3-2	4-0	4-2	6-1	4-3	2-2	1-4	5-2	0-5	2-1	2-2	1-1	1-1	0-2	1-0	2-1	1-4
Armadale FC	1-3	2-3	0-1	■	0-4	3-1	1-1	2-1	3-3	3-2	4-2	3-2	4-2	2-2	6-0	3-0	1-1	1-0	2-1	0-1
Bo'ness FC	1-1	2-0	2-1	4-3	■	4-2	1-0	3-1	4-2	1-4	0-1	1-1	2-2	3-3	5-1	2-1	2-1	1-0	2-0	1-3
Brechin City FC	1-0	2-2	2-3	3-1	1-2	■	3-2	1-0	2-3	3-4	2-1	3-6	1-1	2-2	3-1	0-3	0-3	0-1	2-3	0-1
Clydebank FC	1-3	2-2	4-1	0-1	3-1	6-2	■	1-2	0-1	1-1	4-1	5-5	2-1	0-0	3-3	1-2	1-1	1-1	5-2	0-2
Dumbarton FC	1-2	1-2	1-4	6-0	2-5	4-1	1-3	■	1-3	6-3	5-3	1-2	4-2	2-3	3-1	4-0	2-3	3-0	5-1	4-3
Dunfermline Athletic FC	2-3	4-1	6-4	7-1	5-0	10-1	4-2	2-3	■	0-6	3-1	3-0	2-5	0-1	3-2	0-2	2-2	1-2	5-1	3-5
East Fife FC	0-1	3-1	3-0	3-0	5-0	7-2	4-2	4-1	3-0	■	2-1	5-2	5-4	1-3	2-0	4-1	0-2	3-1	7-0	2-0
East Stirlingshire FC	2-6	2-4	3-1	6-0	4-1	7-0	3-1	1-0	4-1	3-3	■	4-2	3-2	2-3	2-0	0-2	3-1	4-0	5-1	2-1
Forfar Athletic FC	4-0	5-4	4-3	1-1	5-2	2-0	5-2	1-2	1-4	1-4	1-0	■	2-3	1-2	5-2	2-1	2-0	3-2	4-1	1-1
King's Park FC	4-0	9-0	3-3	4-0	3-1	5-2	5-3	1-1	3-3	2-3	9-1	12-2	■	2-2	5-1	3-0	2-2	3-2	7-3	2-1
Leith Athletic FC	2-1	7-1	1-2	2-0	5-1	4-0	5-0	6-2	1-1	0-0	2-0	3-2	4-0	■	2-2	3-1	4-1	0-0	5-1	2-0
Montrose FC	2-1	5-1	2-2	2-1	4-2	1-1	2-1	6-0	1-1	1-1	2-2	5-2	3-2	1-2	■	4-1	1-2	5-3	6-6	1-0
Queen of the South FC	1-1	1-2	3-1	2-0	4-1	3-1	2-2	5-0	4-1	2-4	4-2	2-2	3-1	1-0	0-1	■	1-3	2-1	3-1	0-4
Raith Rovers FC	6-2	7-2	3-1	8-0	4-2	6-1	6-0	1-2	3-1	0-2	4-1	1-4	1-3	1-2	1-1	0-1	■	2-1	6-2	1-1
St. Bernard's FC	1-1	1-2	5-2	5-1	4-2	3-1	3-2	5-0	1-0	1-2	4-2	1-2	0-0	0-1	0-1	1-2	2-2	■	3-3	3-2
Stenhousemuir FC	0-3	2-3	0-1	1-2	5-0	4-3	3-2	5-0	3-2	5-3	1-1	3-2	0-1	1-1	6-1	0-1	2-2	4-2	■	0-2
Third Lanark FC	4-0	1-1	4-2	2-0	6-3	2-2	2-2	3-1	1-1	1-0	5-0	5-1	2-1	3-2	6-2	4-2	1-4	1-0		■

	Division 2	Pd	Wn	Dw	Ls	GF	GA	Pts	
1.	Leith Athletic FC (Leith)	38	23	11	4	92	42	57	P
2.	East Fife FC (Methil)	38	26	5	7	114	58	57	P
3.	Albion Rovers FC (Coatbridge)	38	24	6	8	101	60	54	
4.	Third Lanark FC (Glasgow)	38	23	6	9	92	53	52	
5.	Raith Rovers FC (Kirkcaldy)	38	18	8	12	94	67	44	
6.	King's Park FC (Stirling)	38	17	8	13	109	80	42	
7.	Queen of the South FC (Dumfries)	38	18	6	14	65	63	42	
8.	Forfar Athletic FC (Forfar)	38	18	5	15	98	95	41	
9.	Arbroath FC (Arbroath)	38	16	7	15	83	87	39	
10.	Dunfermline Athletic FC (Dunfermline)	38	16	6	16	99	85	38	
11.	Montrose FC (Montrose)	38	14	10	14	79	87	38	
12.	East Stirlingshire FC (Falkirk)	38	16	4	18	83	75	36	
13.	Bo'ness FC (Bo'ness)	38	15	4	19	67	95	34	
14.	St. Bernard's FC (Edinburgh)	38	13	6	19	65	65	32	
15.	Armadale FC (Armadale)	38	13	5	20	56	91	31	
16.	Dumbarton FC (Dumbarton)	38	14	2	22	77	95	30	
17.	Stenhousemuir FC (Stenhousemuir)	38	11	5	22	75	108	27	
18.	Clydebank FC (Clydebank)	38	7	10	21	66	92	24	
19.	Alloa Athletic FC (Alloa)	38	9	6	23	55	104	24	
20.	Brechin City FC (Brechin)	38	7	4	27	57	125	18	
		760	318	124	318	1627	1627	760	

SCOTTISH CUP FINAL (Hampden Park, Glasgow – 12/04/1930 – 107,475)

RANGERS FC (GLASGOW)　　　　　　0-0　　　　　　　　Partick Thistle FC (Glasgow)

Rangers: T. Hamilton, Gray, R. Hamilton, Buchanan, Meiklejohn, Craig, Archibald, Marshall, Fleming, McPhail, Nicholson.

Partick: Jackson, Calderwood, Rae, Elliot, Lambie, McLeod, Ness, Grove, Boardman, Ballantyne, Torbet.

SCOTTISH CUP FINAL REPLAY (Hampden Park, Glasgow – 16/04/1930 – 103,688)

RANGERS FC (GLASGOW)　　　　　　2-1　　　　　　　　Partick Thistle FC (Glasgow)
Marshall, Craig　　　　　　　　　　　*(H.T. 1-0)*

Rangers: T. Hamilton, Gray, R. Hamilton, McDonald, Meiklejohn, Craig, Archibald, Marshall, Fleming, McPhail, Morton.

Partick: Jackson, Calderwood, Rae, Elliot, Lambie, McLeod, Ness, Grove, Boardman, Ballantyne, Torbet.

Semi-finals (22/03/1930)

Partick Thistle FC (Glasgow)	3-1	Hamilton Academical FC (Hamilton)
Rangers FC (Glasgow)	4-1	Heart of Midlothian FC (Edinburgh)

1930-31 SEASON

1930-1931 Scottish Football League Division 1	Aberdeen	Airdrieonians	Ayr United	Celtic	Clyde	Cowdenbeath	Dundee	East Fife	Falkirk	Hamilton	Hearts	Hibernian	Kilmarnock	Leith Athletic	Morton	Motherwell	Partick Thistle	Queen's Park	Rangers	St. Mirren
Aberdeen FC	■	2-0	3-1	1-1	8-1	1-1	6-1	4-1	2-1	0-2	2-1	7-0	2-0	2-1	4-0	2-4	3-1	3-1	1-3	0-0
Airdrieonians FC	2-0	■	2-1	1-2	2-1	2-1	2-0	0-3	1-3	3-1	2-2	4-1	4-3	4-1	2-0	0-5	0-2	1-3	3-3	3-0
Ayr United FC	2-1	0-0	■	2-6	0-2	5-1	2-6	3-1	2-5	4-2	1-1	1-3	1-0	2-0	2-2	2-3	1-1	3-1	2-2	2-0
Celtic FC	1-0	3-1	4-1	■	0-1	6-0	2-2	9-1	3-0	2-1	2-1	6-0	3-1	4-0	4-1	4-1	5-1	1-1	2-0	3-1
Clyde FC	2-5	2-1	1-1	0-2	■	5-2	2-2	3-0	0-1	3-1	1-2	3-2	0-3	2-2	1-0	0-6	1-2	2-4	0-8	3-0
Cowdenbeath FC	2-0	2-1	1-1	1-1	0-1	■	3-0	2-1	3-0	3-1	2-2	2-1	3-1	7-1	3-0	1-0	0-3	1-3	1-3	3-1
Dundee FC	4-2	0-1	5-2	0-0	2-1	2-0	■	2-0	3-1	4-2	1-3	1-0	0-2	6-0	3-0	2-1	0-0	3-0	0-1	2-0
East Fife FC	1-3	1-5	4-1	2-6	1-4	0-0	1-2	■	4-4	2-0	1-0	4-1	0-0	2-3	1-0	1-2	3-2	0-4	3-2	
Falkirk FC	5-3	1-3	2-0	3-2	4-0	4-0	4-1	1-0	■	1-4	0-3	2-2	4-2	2-3	3-1	0-1	2-4	3-0	1-3	1-3
Hamilton Academical FC	3-0	1-1	3-1	0-0	4-0	0-1	1-0	4-1	5-1	■	3-2	1-0	0-0	2-3	1-1	1-0	2-0	1-0	0-3	1-0
Heart of Midlothian FC	3-2	6-3	9-0	1-1	0-3	1-1	2-0	6-1	4-2	0-4	■	4-1	1-4	5-2	2-4	5-1	1-2	2-1	3-0	3-1
Hibernian FC	1-2	2-0	2-0	0-0	1-2	1-0	2-3	2-1	5-2	1-0	2-2	■	3-2	0-1	1-1	2-2	0-3	4-2	1-2	2-3
Kilmarnock FC	1-1	1-0	2-1	0-3	2-1	0-1	1-2	5-1	1-1	3-1	0-1	4-0	■	2-1	3-0	1-4	2-0	2-1	1-0	2-3
Leith Athletic FC	0-0	0-1	1-1	0-3	2-4	2-2	3-1	6-1	2-2	1-2	2-1	1-1	0-1	■	2-3	2-5	2-1	2-0	1-3	1-1
Morton FC	1-2	5-0	1-1	0-1	0-1	1-2	2-1	3-0	5-3	1-0	2-4	5-4	2-2	1-1	■	0-3	3-1	1-3	1-2	4-2
Motherwell FC	5-0	4-0	1-1	3-3	4-4	3-1	2-0	4-1	6-1	3-0	2-0	6-0	1-1	4-1	3-0	■	0-0	2-1	1-0	3-1
Partick Thistle FC	2-1	2-0	5-1	1-0	2-0	4-1	4-1	8-0	3-2	1-1	2-1	1-0	3-1	2-0	2-1	0-3	■	5-1	1-1	2-1
Queen's Park FC	2-2	0-0	4-1	3-3	4-1	0-3	2-2	5-1	2-0	5-0	1-2	2-2	2-0	1-1	5-2	1-3	2-1	■	0-2	4-1
Rangers FC	4-0	0-1	5-1	1-0	5-1	7-0	3-0	4-0	1-0	1-0	4-1	1-0	1-0	4-1	7-1	1-1	3-1	2-0	■	1-1
St. Mirren FC	2-2	2-3	0-0	1-3	2-1	0-1	3-1	2-0	0-5	4-2	0-3	1-0	4-2	2-2	0-0	2-1	0-1	2-1	1-1	■

Division 1

		Pd	Wn	Dw	Ls	GF	GA	Pts	
1.	RANGERS FC (GLASGOW)	38	27	6	5	96	29	60	
2.	Celtic FC (Glasgow)	38	24	10	4	101	34	58	
3.	Motherwell FC (Motherwell)	38	24	8	6	102	42	56	
4.	Partick Thistle FC (Glasgow)	38	24	5	9	76	43	53	
5.	Heart of Midlothian FC (Edinburgh)	38	19	6	13	90	63	44	
6.	Aberdeen FC (Aberdeen)	38	17	7	14	79	63	41	
7.	Cowdenbeath FC (Cowdenbeath)	38	17	7	14	58	65	41	
8.	Dundee FC (Dundee)	38	17	5	16	65	63	39	
9.	Airdrieonians FC (Airdrie)	38	17	5	16	59	66	39	
10.	Hamilton Academical FC (Hamilton)	38	16	5	17	59	57	37	
11.	Kilmarnock FC (Kilmarnock)	38	15	5	18	59	60	35	
12.	Clyde FC (Glasgow)	38	15	4	19	60	87	34	
13.	Queen's Park FC (Glasgow)	38	13	7	18	71	72	33	
14.	Falkirk FC (Falkirk)	38	14	4	20	77	87	32	
15.	St. Mirren FC (Paisley)	38	11	8	19	49	72	30	
16.	Morton FC (Greenock)	38	11	7	20	58	83	29	
17.	Leith Athletic FC (Edinburgh)	38	8	11	19	51	85	27	
18.	Ayr United FC (Ayr)	38	8	11	19	53	92	27	
19.	Hibernian FC (Edinburgh)	38	9	7	22	49	81	25	R
20.	East Fife FC (Methil)	38	8	4	26	45	113	20	R
		760	314	132	314	1357	1357	760	

Top goalscorer 1930-31

1) Bernard BATTLER   (Heart of Midlothian FC)   49

1930-1931 Scottish Football League Division 2	Albion Rovers	Alloa Athletic	Arbroath	Armadale	Bo'ness	Brechin City	Clydebank	Dumbarton	Dundee United	Dunfermline	East Stirling	Forfar Athletic	King's Park	Montrose	Queen/South	Raith Rovers	St. Bernard's	St. Johnstone	Stenhousemuir	Third Lanark
Albion Rovers FC	■	0-0	3-1	5-2	4-0	3-0	5-2	1-1	0-5	3-0	3-1	4-2	2-4	4-0	4-2	2-0	4-4	1-3	2-2	0-0
Alloa Athletic FC	3-3	■	5-2	2-0	3-1	3-0	0-2	2-0	1-4	2-1	1-3	3-0	0-4	8-1	2-1	3-2	2-0	2-2	3-2	2-1
Arbroath FC	3-2	5-3	■	5-1	5-0	3-0	2-1	3-1	1-2	2-0	2-2	5-3	5-2	4-2	1-4	0-1	4-4	4-0	1-0	1-2
Armadale FC	4-0	5-1	2-1	■	4-0	0-0	3-3	3-4	1-4	0-2	5-2	3-0	2-1	5-1	2-1	4-3	2-1	3-0	3-5	1-2
Bo'ness FC	1-4	2-1	3-1	1-2	■	4-0	6-3	4-4	1-3	1-2	0-6	3-2	2-4	3-3	4-0	3-2	0-1	2-0	1-1	0-3
Brechin City FC	1-2	1-0	1-0	3-0	4-1	■	4-2	2-2	2-4	1-4	2-3	1-1	1-1	2-1	2-1	2-2	1-4	3-5	4-1	2-2
Clydebank FC	4-1	3-0	0-2	5-2	1-0	1-2	■	1-4	1-2	1-2	1-4	3-2	1-2	1-0	0-1	1-5	2-1	1-3	1-3	3-3
Dumbarton FC	1-0	1-0	3-1	6-2	3-1	0-1	0-2	■	4-1	0-0	5-0	2-2	3-2	4-1	1-2	3-1	0-3	3-2	4-1	2-4
Dundee United FC	4-0	1-1	4-0	4-0	0-1	6-0	5-2	1-1	■	2-1	1-1	4-3	2-0	4-1	5-2	1-2	5-3	1-1	5-2	1-2
Dunfermline Athletic FC	6-0	4-0	1-1	1-0	3-0	8-0	2-1	2-1	4-4	■	2-1	3-0	0-2	3-3	1-2	3-1	1-2	1-0	11-2	1-3
East Stirlingshire FC	3-0	3-2	0-3	5-0	2-1	1-1	6-1	7-1	3-1	0-2	■	3-3	1-5	3-2	1-1	1-1	0-1	1-2	3-2	2-1
Forfar Athletic FC	4-4	1-3	5-3	4-3	2-1	6-1	3-1	3-0	2-2	1-4	4-1	■	5-1	0-1	1-1	1-0	1-0	2-1	3-2	4-1
King's Park FC	5-3	1-1	5-1	3-2	5-1	0-1	1-2	0-2	1-2	0-1	2-3	0-1	■	2-3	3-0	5-1	3-1	1-1	0-1	1-3
Montrose FC	3-2	3-2	1-0	5-3	2-1	1-0	1-0	2-1	2-1	3-0	4-3	4-2	2-1	■	3-1	2-1	1-3	4-1	2-2	1-2
Queen of the South FC	3-3	7-0	4-2	3-2	5-0	4-1	5-0	3-0	0-0	5-1	1-3	3-0	1-1	1-6	■	4-1	0-4	3-2	4-1	1-3
Raith Rovers FC	3-3	7-0	3-2	4-0	2-0	2-1	5-0	2-0	0-0	1-1	2-1	4-3	5-6	2-1	2-0	■	4-2	4-2	5-2	3-1
St. Bernard's FC	2-4	5-0	8-0	3-1	2-2	2-3	6-1	2-2	2-1	2-2	1-1	0-2	3-0	7-2	1-2	1-1	■	1-1	2-2	0-1
St. Johnstone FC	3-0	2-1	6-1	3-0	2-0	1-0	3-2	4-1	2-0	1-0	3-1	1-0	1-1	4-0	1-1	2-3	5-1	■	4-1	0-3
Stenhousemuir FC	0-0	2-3	7-3	3-1	6-2	1-2	3-2	3-3	0-1	0-1	1-2	3-2	3-2	1-0	0-3	3-6	1-0	6-1	■	0-6
Third Lanark FC	2-2	5-0	3-3	3-1	3-1	2-0	9-3	1-0	4-0	2-2	4-2	5-0	1-1	6-1	2-1	6-0	2-0	2-0	2-0	■

Division 2

		Pd	**Wn**	**Dw**	**Ls**	**GF**	**GA**	**Pts**	
1.	Third Lanark FC (Glasgow)	38	27	7	4	107	42	61	P
2.	Dundee United FC (Dundee)	38	21	8	9	93	54	50	P
3.	Dunfermline Athletic FC (Dunfermline)	38	20	7	11	83	50	47	
4.	Raith Rovers FC (Kirkcaldy)	38	20	6	12	93	72	46	
5.	St. Johnstone FC (Perth)	38	19	6	13	76	61	44	
6.	Queen of the South FC (Dumfries)	38	18	6	14	83	66	42	
7.	East Stirlingshire FC (Falkirk)	38	17	7	14	85	74	41	
8.	Montrose FC (Montrose)	38	19	3	16	75	90	41	
9.	Albion Rovers FC (Coatbridge)	38	14	11	13	83	84	39	
10.	Dumbarton FC (Dumbarton)	38	15	8	15	73	72	38	
11.	St. Bernard's FC (Edinburgh)	38	14	9	15	85	66	37	
12.	Forfar Athletic FC (Forfar)	38	15	6	17	80	84	36	
13.	Alloa Athletic FC (Alloa)	38	15	5	18	65	87	35	
14.	King's Park FC (Stirling)	38	14	6	18	78	70	34	
15.	Arbroath FC (Arbroath)	38	15	4	19	83	94	34	
16.	Brechin City FC (Brechin)	38	13	7	18	52	84	33	
17.	Stenhousemuir FC (Stenhousemuir)	38	12	6	20	75	101	30	
18.	Armadale FC (Armadale)	38	13	2	23	74	99	28	
19.	Clydebank FC (Clydebank)	38	10	2	26	61	108	22	#
20.	Bo'ness FC (Bo'ness)	38	9	4	25	54	100	22	
		760	320	120	320	1558	1558	760	

Clydebank FC (Clydebank) resigned from the league at the end of the season.

Elected: Edinburgh City FC (Edinburgh)

SCOTTISH CUP FINAL   (Hampden Park, Glasgow – 11/04/1931 – 104,803)

CELTIC FC (GLASGOW)	2-2	Motherwell FC (Motherwell)
McGrory, Craig o.g.	*(H.T. 0-2)*	*Stevenson, McMenemy*

Celtic: J. Thomson, Cooke, McGonigle, Wilson, J. McStay, Geatons, R. Thomson, A. Thomson, McGrory, Scarffe, Napier.

Moth.: McClory, Johnman, Hunter, Wales, Craig, Telfer, Murdoch, McMenemy, McFadyen, Stevenson, Ferrier.

SCOTTISH CUP FINAL REPLAY   (Hampden Park, Glasgow – 15/04/1931 – 98,579)

CELTIC FC (GLASGOW)	4-2	Motherwell FC (Motherwell)
R. Thomson 2, McGrory 2	*(H.T. 3-1)*	*Murdoch, Stevenson*

Celtic: J. Thomson, Cooke, McGonigle, Wilson, J. McStay, Geatons, R. Thomson, A. Thomson, McGrory, Scarffe, Napier.

Moth.: McClory, Johnman, Hunter, Wales, Craig, Telfer, Murdoch, McMenemy, McFadyen, Stevenson, Ferrier.

Semi-finals   (14/03/1931)

Celtic FC (Glasgow)	3-0	Kilmarnock FC (Kilmarnock)
Motherwell FC (Motherwell)	1-0	St. Mirren FC (Paisley)

1931-32 SEASON

1931-1932 Scottish Football League Division 1	Aberdeen	Airdrieonians	Ayr United	Celtic	Clyde	Cowdenbeath	Dundee	Dundee United	Falkirk	Hamilton	Hearts	Kilmarnock	Leith Athletic	Morton	Motherwell	Partick Thistle	Queen's Park	Rangers	St. Mirren	Third Lanark
Aberdeen FC	■	2-2	5-1	1-1	1-0	2-0	1-1	5-2	3-1	5-0	1-2	1-1	1-0	1-0	0-1	2-0	1-1	0-0	0-2	1-0
Airdrieonians FC	2-4	■	2-2	1-1	3-0	2-1	2-2	4-2	2-1	2-0	3-1	0-2	8-2	5-1	2-2	0-3	2-0	3-0	0-2	2-2
Ayr United FC	3-2	5-1	■	2-3	5-0	5-0	1-0	2-0	2-0	1-3	1-2	1-1	6-1	2-1	1-3	0-2	0-1	1-3	2-5	3-4
Celtic FC	2-0	6-1	4-2	■	1-1	7-0	0-2	3-2	4-1	6-1	3-0	4-1	6-0	6-3	2-4	1-2	2-2	1-2	1-0	5-0
Clyde FC	0-1	3-2	3-3	2-1	■	1-1	0-1	4-1	1-0	1-1	6-2	0-0	3-2	3-0	2-3	2-1	1-0	1-1	2-0	2-4
Cowdenbeath FC	3-1	1-0	1-1	1-2	3-0	■	2-1	1-1	2-1	1-0	2-1	7-1	3-0	2-2	1-5	2-0	2-2	1-7	1-3	2-0
Dundee FC	0-0	4-1	2-2	2-0	1-1	0-4	■	1-1	2-0	0-3	1-0	1-1	2-2	2-1	2-2	3-1	4-0	4-2	1-2	6-3
Dundee United FC	0-4	2-7	1-2	1-0	1-1	0-0	0-3	■	2-2	0-5	0-2	0-0	0-0	3-4	1-6	3-1	0-5	0-5	1-0	3-2
Falkirk FC	3-0	3-0	2-2	2-0	4-3	2-2	5-2	4-0	■	2-1	0-2	4-1	9-1	2-2	2-3	1-2	4-1	1-2	1-4	1-3
Hamilton Academical FC	4-1	3-1	1-3	1-0	6-1	1-1	6-2	4-2	2-2	■	1-4	1-3	7-0	5-0	2-2	3-1	2-1	1-2	2-0	2-3
Heart of Midlothian FC	0-0	0-2	1-1	2-1	2-0	3-2	3-1	5-0	2-0	4-2	■	3-0	4-2	0-0	0-1	0-1	2-0	0-0	2-2	2-3
Kilmarnock FC	0-2	4-2	5-1	2-3	1-0	3-2	0-0	8-0	2-1	1-1	2-1	■	6-3	1-0	1-0	3-4	4-1	2-4	3-0	2-1
Leith Athletic FC	1-2	0-3	4-1	0-3	1-4	1-2	1-0	1-5	2-1	1-4	2-0	3-1	■	0-2	0-5	1-3	1-3	2-5	0-4	2-1
Morton FC	1-1	2-1	4-2	3-3	0-1	1-3	4-1	4-2	4-3	1-0	1-2	3-1	9-1	■	2-2	1-2	6-2	1-2	2-2	5-0
Motherwell FC	3-0	3-0	6-0	2-2	3-0	3-0	4-0	5-0	4-1	3-1	2-0	4-0	7-1	4-2	■	1-0	4-1	4-2	4-1	6-0
Partick Thistle FC	1-0	3-1	2-1	0-2	3-1	5-1	1-3	3-0	1-2	1-6	1-0	4-2	2-2	1-0	0-0	■	2-1	1-3	2-1	0-0
Queen's Park FC	1-3	3-1	3-2	0-3	2-3	2-1	0-1	1-2	2-1	1-1	5-2	2-0	3-3	4-1	1-5	2-0	■	1-6	2-0	1-3
Rangers FC	4-1	2-1	6-1	0-0	2-2	2-1	6-1	4-0	5-0	4-2	3-0	4-0	7-3	1-0	4-0	0-1	■	4-0	6-1
St. Mirren FC	4-2	2-1	4-0	1-2	3-1	1-4	6-1	5-1	3-1	1-0	5-1	2-0	6-3	2-0	0-1	1-1	2-0	0-2	■	1-1
Third Lanark FC	2-0	5-2	2-0	3-3	4-2	5-3	6-1	4-1	1-0	4-1	3-4	1-3	6-2	0-2	3-1	2-1	4-3	4-0	■

	Division 1	Pd	Wn	Dw	Ls	GF	GA	Pts	
1.	MOTHERWELL FC (MOTHERWELL)	38	30	6	2	119	31	66	
2.	Rangers FC (Glasgow)	38	28	5	5	118	42	61	
3.	Celtic FC (Glasgow)	38	20	8	10	94	50	48	
4.	Third Lanark FC (Glasgow)	38	21	4	13	92	81	46	
5.	St. Mirren FC (Paisley)	38	20	4	14	77	56	44	
6.	Partick Thistle FC (Glasgow)	38	19	4	15	58	59	42	
7.	Aberdeen FC (Aberdeen)	38	16	9	13	57	49	41	
8.	Heart of Midlothian FC (Edinburgh)	38	17	5	16	63	61	39	
9.	Kilmarnock FC (Kilmarnock)	38	16	7	15	68	70	39	
10.	Hamilton Academical FC (Hamilton)	38	16	6	16	84	65	38	
11.	Dundee FC (Dundee)	38	14	10	14	61	72	38	
12.	Cowdenbeath FC (Cowdenbeath)	38	15	8	15	66	78	38	
13.	Clyde FC (Glasgow)	38	13	9	16	58	70	35	
14.	Airdrieonians FC (Airdrie)	38	13	6	19	74	81	32	
15.	Morton FC (Greenock)	38	12	7	19	78	87	31	
16.	Queen's Park FC (Glasgow)	38	13	5	20	59	79	31	
17.	Ayr United FC (Ayr)	38	11	7	20	70	90	29	
18.	Falkirk FC (Falkirk)	38	11	5	22	70	76	27	
19.	Dundee United FC (Dundee)	38	6	7	25	40	118	19	R
20.	Leith Athletic FC (Edinburgh)	38	6	4	28	46	137	16	R
		760	317	126	317	1452	1452	760	

Top goalscorer 1931-32

1) William McFADYEN　　　　　　　(Motherwell FC)　　　52

1931-1932 Scottish Football League Division 2	Albion Rovers	Alloa Athletic	Arbroath	Armadale	Bo'ness	Brechin City	Dumbarton	Dunfermline	East Fife	East Stirling	Edinburgh City	Forfar Athletic	Hibernian	King's Park	Montrose	Queen/South	Raith Rovers	St. Bernard's	St. Johnstone	Stenhousemuir
Albion Rovers FC	■	6-2	2-2	5-3	1-3	4-1	5-0	1-2	2-1	3-2	5-2	1-4	1-0	0-3	0-1	4-0	1-3	2-1	3-4	1-3
Alloa Athletic FC	4-2	■	2-0	3-2	1-1	2-0	1-1	1-4	0-2	1-2	8-2	6-1	1-2	2-2	1-4	3-4	0-0	1-3	1-0	2-1
Arbroath FC	6-4	2-3	■	1-0	3-1	0-2	5-0	1-0	2-0	3-1	6-2	2-0	3-3	6-3	3-2	4-0	3-1	3-0	2-3	4-1
Armadale FC	3-2	1-1	0-1	■	7-1	3-1	0-0	1-4	5-4	1-0	3-3	0-0	1-1	0-1	5-1	1-3	1-2	2-0	1-3	1-4
Bo'ness FC	4-3	3-3	1-4	2-1	■	3-0	1-3	1-3	1-0	2-5	3-2	3-1	2-2	3-2	2-0	1-1	4-3	1-2	1-0	3-1
Brechin City FC	1-1	2-5	2-0	3-4	4-3	■	1-1	3-0	2-5	0-1	4-3	1-1	3-3	0-5	1-0	0-2	0-1	2-2	0-1	1-7
Dumbarton FC	3-1	3-1	2-2	3-1	6-2	2-2	■	2-1	3-2	2-3	1-1	1-3	0-2	3-2	5-1	5-0	6-1	1-1	3-0	4-0
Dunfermline Athletic FC	2-0	1-2	6-0	3-0	3-1	0-1	2-0	■	4-3	2-1	0-0	4-2	1-1	8-3	2-2	5-2	0-3	1-1	2-2	0-0
East Fife FC	6-2	2-1	4-1	4-1	4-0	5-1	4-1	5-2	■	2-0	6-0	3-3	1-1	7-1	4-1	3-1	1-4	0-2	2-4	3-3
East Stirlingshire FC	5-1	2-1	1-0	6-1	5-2	2-0	3-0	4-1	5-1	■	6-4	5-0	4-1	3-1	4-1	5-0	5-1	5-1	0-1	1-1
Edinburgh City FC	1-4	2-4	4-2	4-6	2-3	1-1	4-2	4-1	0-7	0-2	■	2-2	2-1	3-4	4-4	4-8	2-4	1-6	1-7	2-5
Forfar Athletic FC	4-3	1-1	3-2	1-3	4-2	2-1	3-0	3-2	6-1	6-3	2-2	■	1-0	4-2	7-0	2-1	2-1	5-3	3-1	2-3
Hibernian FC	4-1	1-0	3-1	1-0	2-1	4-0	0-1	6-2	3-2	1-1	3-1	5-1	■	2-1	0-0	1-4	0-1	2-4	6-0	0-2
King's Park FC	1-2	1-0	5-2	9-0	5-0	5-1	2-2	3-1	2-2	2-3	3-2	1-4	■		9-2	2-3	1-1	2-2	0-2	7-1
Montrose FC	0-3	4-1	1-1	4-3	5-1	1-2	1-0	0-1	3-2	0-3	0-1	2-2	0-1	2-0	■	4-2	3-4	1-2	2-3	3-2
Queen of the South FC	4-0	0-3	2-2	4-2	3-4	7-2	2-1	2-4	3-3	5-1	5-4	2-1	2-3	4-2	5-1	■	3-1	2-2	4-1	2-4
Raith Rovers FC	4-0	2-1	5-1	5-1	3-1	1-3	4-2	0-2	2-1	4-2	7-2	0-2	1-2	2-0	2-2	2-0	■	4-3	1-1	0-0
St. Bernard's FC	3-2	3-0	3-1	3-1	1-3	5-1	0-0	4-0	2-3	0-4	4-2	1-2	1-0	4-0	1-2	1-0	2-0	■	2-2	3-1
St. Johnstone FC	7-0	4-1	4-1	6-1	6-1	3-1	3-0	3-1	3-0	2-2	4-1	3-0	2-1	5-0	4-0	2-2	2-0	0-2	■	2-2
Stenhousemuir FC	5-3	1-3	2-0	3-2	2-0	3-2	1-1	5-1	0-2	1-4	3-1	4-2	2-1	3-2	3-0	1-5	3-3	3-1	2-2	■

	Division 2	Pd	Wn	Dw	Ls	GF	GA	Pts	
1.	East Stirlingshire FC (Falkirk)	38	26	3	9	111	55	55	P
2.	St. Johnstone FC (Perth)	38	24	7	7	102	52	55	P
3.	Raith Rovers FC (Kirkcaldy)	38	20	6	12	83	65	46	
4.	Stenhousemuir FC (Stenhousemuir)	38	19	8	11	88	76	46	
5.	St. Bernard's FC (Edinburgh)	38	19	7	12	81	62	45	
6.	Forfar Athletic FC (Forfar)	38	19	7	12	90	79	45	
7.	Hibernian FC (Edinburgh)	38	18	8	12	73	52	44	
8.	East Fife FC (Methil)	38	18	5	15	107	77	41	
9.	Queen of the South FC (Dumfries)	38	18	5	15	99	91	41	
10.	Dunfermline Athletic FC (Dunfermline)	38	17	6	15	78	73	40	
11.	Arbroath FC (Arbroath)	38	17	5	16	82	78	39	
12.	Dumbarton FC (Dumbarton)	38	14	10	14	70	68	38	
13.	Alloa Athletic FC (Alloa)	38	14	7	17	73	74	35	
14.	Bo'ness FC (Bo'ness)	38	15	4	19	70	103	34	
15.	King's Park FC (Stirling)	38	14	5	19	97	93	33	
16.	Albion Rovers FC (Coatbridge)	38	13	2	23	81	104	28	
17.	Montrose FC (Montrose)	38	11	6	21	60	96	28	
18.	Armadale FC (Armadale)	38	10	5	23	68	102	25	
19.	Brechin City FC (Brechin)	38	9	7	22	52	97	25	
20.	Edinburgh City FC (Edinburgh)	38	5	7	26	78	146	17	
		760	320	120	320	1643	1643	760	

SCOTTISH CUP FINAL   (Hampden Park, Glasgow – 16/04/1932 – 111,982)

RANGERS FC (GLASGOW)   1-1   Kilmarnock FC (Kilmarnock)
McPhail   *(H.T. 0-1)*   *Maxwell*

Rangers: Hamilton, Gray, MacAulay, Meiklejohn, Simpson, Brown, Archibald, Marshall, English, McPhail, Morton.

Kilmarnock: Bell, Leslie, Nibloe, Morton, Smith, McEwan, Connell, Muir, Maxwell, Duncan, Aitken.

SCOTTISH CUP FINAL REPLAY   (Hampden Park, Glasgow – 20/04/1932 – 110,965)

RANGERS FC (GLASGOW)   3-0   Kilmarnock FC (Kilmarnock)
Fleming, McPhail, English   *(H.T. 1-0)*

Rangers: Hamilton, Gray, MacAulay, Meiklejohn, Simpson, Brown, Archibald, Marshall, English, McPhail, Fleming.

Kilmarnock: Bell, Leslie, Nibloe, Morton, Smith, McEwan, Connell, Muir, Maxwell, Duncan, Aitken.

Semi-finals   (26/03/1932)

Kilmarnock FC (Kilmarnock)	3-2	Airdrieonians FC (Airdrie)
Rangers FC (Glasgow)	5-2	Hamilton Academical FC (Hamilton)

1932-33 SEASON

1932-1933 Scottish Football League Division 1	Aberdeen	Airdrieonians	Ayr United	Celtic	Clyde	Cowdenbeath	Dundee	East Stirling	Falkirk	Hamilton	Hearts	Kilmarnock	Morton	Motherwell	Partick Thistle	Queen's Park	Rangers	St. Johnstone	St. Mirren	Third Lanark
Aberdeen FC	■	2-0	5-0	1-0	8-1	6-2	3-2	1-3	8-2	2-1	3-0	7-1	6-0	1-1	0-0	3-4	1-1	0-0	5-1	1-0
Airdrieonians FC	2-0	■	3-2	0-3	5-2	1-2	3-0	8-1	1-0	2-1	2-7	2-1	2-1	1-4	0-1	1-1	1-2	1-1	1-3	1-2
Ayr United FC	3-1	4-2	■	0-1	3-1	3-2	6-0	4-2	0-1	0-1	1-1	2-3	0-1	2-6	2-0	4-3	3-3	2-0	1-0	1-0
Celtic FC	3-0	2-1	4-1	■	2-1	3-0	3-2	3-0	0-1	0-3	3-2	0-0	7-1	4-1	1-2	2-0	1-1	5-0	0-0	4-2
Clyde FC	2-0	6-0	2-0	0-2	■	2-1	0-3	4-3	3-1	7-2	0-1	0-1	2-1	2-3	1-0	6-2	0-5	2-3	2-1	1-0
Cowdenbeath FC	0-3	6-1	6-2	1-5	5-2	■	4-1	4-3	4-3	1-2	0-0	4-1	0-0	1-4	0-0	0-2	2-3	3-2	1-3	2-1
Dundee FC	0-2	4-2	1-1	3-0	2-1	4-2	■	3-0	3-0	1-5	2-2	3-0	2-2	0-3	1-0	2-1	0-3	0-0	1-1	2-2
East Stirlingshire FC	2-1	1-0	4-0	1-3	2-2	1-1	3-2	■	1-2	1-5	1-3	2-3	0-3	1-4	2-7	1-1	2-3	1-3	2-1	2-0
Falkirk FC	2-0	3-1	1-2	1-1	2-1	6-0	0-0	3-0	■	5-0	3-1	2-2	2-1	2-2	1-2	2-3	1-4	1-1	2-3	7-1
Hamilton Academical FC	1-0	7-0	3-0	1-1	1-1	10-2	1-2	4-3	2-0	■	3-2	0-0	2-2	2-3	4-3	3-2	2-4	1-1	4-3	3-2
Heart of Midlothian FC	3-1	4-0	4-2	1-1	1-1	3-1	1-0	3-1	3-2	6-1	■	1-0	5-2	2-0	1-2	5-0	1-0	2-1	0-0	3-1
Kilmarnock FC	4-3	2-4	3-5	2-2	1-2	4-1	2-2	2-1	1-1	3-2	0-0	■	1-1	1-3	3-0	3-1	2-6	5-4	0-1	6-0
Morton FC	0-1	4-2	1-1	0-1	0-0	2-2	1-4	3-1	3-4	2-5	1-5	5-2	■	1-2	2-3	0-2	1-3	2-0	0-1	1-3
Motherwell FC	2-3	4-1	3-1	4-2	1-0	2-0	6-1	4-1	2-0	4-1	5-1	3-3	7-0	■	1-2	7-2	1-3	1-0	3-0	6-3
Partick Thistle FC	1-2	3-0	7-0	3-0	2-3	4-1	4-0	6-3	2-1	1-2	1-2	1-3	2-1	0-1	■	3-4	0-0	2-2	3-1	2-2
Queen's Park FC	4-0	0-0	4-1	4-1	1-4	5-0	2-0	6-2	1-3	1-0	2-1	1-2	1-1	4-2	2-1	■	0-0	3-3	4-2	1-1
Rangers FC	3-1	5-1	4-1	0-0	2-2	4-1	6-4	4-0	5-1	4-4	4-4	2-0	6-1	2-2	3-0	1-0	■	3-0	4-0	5-0
St. Johnstone FC	2-2	1-0	4-0	1-0	2-1	3-1	2-1	2-0	1-0	2-0	2-1	6-1	7-1	0-1	2-1	5-2	0-2	■	3-1	2-2
St. Mirren FC	2-2	7-1	3-1	3-1	2-1	7-1	2-1	3-0	1-2	3-0	0-1	3-2	1-1	2-5	1-1	1-2	2-0	2-0	■	3-1
Third Lanark FC	3-0	3-2	5-1	0-4	4-1	3-1	1-1	4-1	4-0	2-1	2-1	3-2	2-0	1-1	0-3	6-0	1-3	2-2	1-3	■

Division 1

		Pd	Wn	Dw	Ls	GF	GA	Pts	
1.	RANGERS FC (GLASGOW)	38	26	10	2	113	43	62	
2.	Motherwell FC (Motherwell)	38	27	5	6	114	53	59	
3.	Heart of Midlothian FC (Edinburgh)	38	21	8	9	84	51	50	
4.	Celtic FC (Glasgow)	38	20	8	10	75	44	48	
5.	St. Johnstone FC (Perth)	38	17	10	11	70	55	44	
6.	Aberdeen FC (Aberdeen)	38	18	6	14	85	58	42	
7.	St. Mirren FC (Paisley)	38	18	6	14	73	60	42	
8.	Hamilton Academical FC (Hamilton)	38	18	6	14	90	78	42	
9.	Queen's Park FC (Glasgow)	38	17	7	14	78	79	41	
10.	Partick Thistle FC (Glasgow)	38	17	6	15	75	55	40	
11.	Falkirk FC (Falkirk)	38	15	6	17	70	70	36	
12.	Clyde FC (Glasgow)	38	15	5	18	69	75	35	
13.	Third Lanark FC (Glasgow)	38	14	7	17	70	80	35	
14.	Kilmarnock FC (Kilmarnock)	38	13	9	16	72	86	35	
15.	Dundee FC (Dundee)	38	12	9	17	60	77	33	
16.	Ayr United FC (Ayr)	38	13	4	21	62	95	30	
17.	Cowdenbeath FC (Cowdenbeath)	38	10	5	23	65	111	25	
18.	Airdrieonians FC (Airdrie)	38	10	3	25	55	102	23	
19.	Morton FC (Greenock)	38	6	9	23	49	97	21	R
20.	East Stirlingshire FC (Falkirk)	38	7	3	28	55	115	17	R
		760	314	136	314	1484	1484	760	

Top goalscorer 1932-33

1) William McFADYEN (Motherwell FC) 45

1932-1933 Scottish Football League Division 2	Albion Rovers	Alloa Athletic	Arbroath	Armadale	Bo'ness	Brechin City	Dumbarton	Dundee United	Dunfermline	East Fife	Edinburgh City	Forfar Athletic	Hibernian	King's Park	Leith Athletic	Montrose	Queen/South	Raith Rovers	St. Bernard's	Stenhousemuir
Albion Rovers FC	■	5-2	4-0	---	---	5-1	3-1	4-2	5-0	3-2	0-1	4-1	2-0	3-4	5-1	5-1	0-3	1-2	3-1	0-1
Alloa Athletic FC	0-2	■	2-0	6-0	---	1-3	4-1	1-0	2-1	1-2	4-1	9-2	0-3	4-3	4-1	1-0	3-2	4-1	2-1	0-0
Arbroath FC	1-2	0-0	■	---	3-3	2-0	3-1	0-0	1-4	3-2	4-0	5-1	0-3	4-1	3-1	3-2	4-0	1-3	1-2	2-1
Armadale FC	2-3	0-2	1-4	■	1-3	---	---	5-3	---	---	---	---	2-4	---	2-2	---	---	1-5	---	2-4
Bo'ness FC	---	2-2	---	---	■	4-3	---	---	---	---	---	---	---	---	2-1	---	---	1-2	3-6	2-3
Brechin City FC	1-4	3-1	3-1	3-2	---	■	2-1	1-3	2-2	2-3	2-1	0-1	2-4	2-2	8-2	5-2	2-2	2-4	3-1	1-2
Dumbarton FC	3-0	3-1	2-1	3-1	5-1	2-0	■	2-0	1-2	2-1	6-2	2-2	3-2	2-0	3-0	6-2	1-1	3-2	6-0	2-0
Dundee United FC	2-0	1-1	2-1	---	---	3-1	5-2	■	2-4	3-3	5-0	4-1	0-2	7-3	4-3	3-1	1-2	2-1	1-0	2-1
Dunfermline Athletic FC	3-1	3-0	2-2	9-1	---	4-2	3-0	5-1	■	7-3	4-0	6-1	2-2	4-1	6-0	4-1	4-1	1-0	4-0	1-1
East Fife FC	6-1	5-0	4-2	8-1	---	3-4	1-1	1-0	0-1	■	3-1	3-0	0-5	4-2	6-1	2-0	3-3	2-1	4-0	6-2
Edinburgh City FC	0-7	0-2	0-7	4-3	1-2	4-3	1-1	1-1	1-3	2-4	■	4-3	0-4	4-4	1-0	2-4	1-2	2-5	2-8	0-3
Forfar Athletic FC	1-1	2-1	2-4	---	3-2	3-0	8-3	1-4	0-3	3-0	4-1	■	3-3	1-1	5-0	3-2	1-3	4-1	4-0	1-2
Hibernian FC	2-1	1-0	2-0	8-2	7-0	3-1	1-0	2-0	3-1	2-1	7-1	2-0	■	0-1	3-0	4-1	1-2	4-1	4-1	4-1
King's Park FC	2-3	2-1	1-1	1-1	---	2-3	3-3	7-2	2-1	2-1	7-1	3-0	0-0	■	4-0	3-1	4-0	6-0	2-4	3-1
Leith Athletic FC	1-2	1-0	1-2	---	---	4-0	3-1	2-1	0-0	1-1	3-0	2-1	0-1	4-2	■	1-1	2-2	1-0	1-1	2-1
Montrose FC	2-3	1-3	2-4	---	3-1	0-1	3-1	3-0	1-1	4-3	2-2	2-3	1-3	3-3	3-1	■	3-1	4-2	1-1	1-2
Queen of the South FC	4-1	1-1	3-1	---	10-0	9-1	2-0	1-0	3-1	5-3	4-1	5-1	0-0	4-2	5-2	4-3	■	2-2	2-2	5-3
Raith Rovers FC	2-1	4-3	4-0	---	---	5-3	2-2	4-1	1-1	3-1	5-0	2-1	1-2	9-1	3-0	4-2	1-3	■	4-2	1-1
St. Bernard's FC	4-1	2-2	0-0	---	---	8-0	4-0	3-2	2-0	2-1	8-1	0-1	0-1	1-0	0-1	1-3	2-2	3-2	■	3-1
Stenhousemuir FC	0-0	1-0	5-2	---	---	1-1	3-2	3-1	2-1	2-1	4-1	5-3	3-2	2-2	2-1	4-1	2-5	3-1	1-0	■

	Division 2		**Pd**	**Wn**	**Dw**	**Ls**	**GF**	**GA**	**Pts**	
1.	Hibernian FC (Edinburgh)		34	25	4	5	80	29	54	P
2.	Queen of the South FC (Dumfries)		34	20	9	5	93	59	49	P
3.	Dunfermline Athletic FC (Dunfermline)		34	20	7	7	89	44	47	
4.	Stenhousemuir FC (Stenhousemuir)		34	18	6	10	67	58	42	
5.	Albion Rovers FC (Coatbridge)		34	19	1	13	82	57	40	
6.	Raith Rovers FC (Kirkcaldy)		34	16	4	14	83	67	36	
7.	East Fife FC (Methil)		34	15	4	15	85	71	34	
8.	King's Park FC (Stirling)		34	13	8	13	85	80	34	
9.	Dumbarton FC (Dumbarton)		34	14	6	14	69	67	34	
10.	Arbroath FC (Arbroath)		34	14	5	15	65	62	33	
11.	Alloa Athletic FC (Alloa)		34	14	5	15	60	58	33	
12.	St. Bernard's FC (Edinburgh)		34	13	6	15	67	64	32	
13.	Dundee United FC (Dundee)		34	14	4	16	65	67	32	
14.	Forfar Athletic FC (Forfar)		34	12	4	18	68	87	28	
15.	Brechin City FC (Brechin)		34	11	4	19	65	95	26	
16.	Leith Athletic FC (Edinburgh)		34	10	5	19	43	81	25	
17.	Montrose FC (Montrose)		34	8	5	21	63	89	21	
18.	Edinburgh City FC (Edinburgh)		34	4	4	26	39	113	12	
---.	Bo'ness FC (Bo'ness)		14	4	2	8	26	50	10	#
---.	Armadale FC (Armadale)		17	1	2	14	27	72	4	#
			612	260	92	260	1268	1268	612	

97

Armadale FC (Armadale) and Bo'ness FC (Bo'ness) were both expelled from the league for failure to pay match guarantee fees to visiting opponents. The records of both clubs were deleted from the final tables.

As a result of the above expulsions Division 2 was reduced to 18 clubs for the next season.

SCOTTISH CUP FINAL (Hampden Park, Glasgow – 15/04/1933 – 102,339)

CELTIC FC (GLASGOW) 1-0 Motherwell FC (Motherwell)
McGrory (H.T. 0-0)

Celtic: Kennaway, Hogg, McGonigle, Wilson, J. McStay, Geatons, R. Thomson, A. Thomson, McGrory, Napier, O'Donnell.

Motherwell: McClory, Crapnell, Ellis, Wales, Blair, Mackenzie, Murdoch, McMenemy, McFadyen, Stevenson, Ferrier.

Semi-finals (18/03/1933 – 22/03/1933)

Celtic FC (Glasgow) 0-0, 2-1 Heart of Midlothian FC (Edinburgh)
Motherwell FC (Motherwell) 2-0 Clyde FC (Glasgow)

1933-34 SEASON

1933-1934 Scottish Football League Division 1	Aberdeen	Airdrieonians	Ayr United	Celtic	Clyde	Cowdenbeath	Dundee	Falkirk	Hamilton	Hearts	Hibernian	Kilmarnock	Motherwell	Partick Thistle	Queen/South	Queen's Park	Rangers	St. Johnstone	St. Mirren	Third Lanark
Aberdeen FC	■	4-0	8-0	3-0	4-0	5-0	1-3	5-0	5-1	0-1	2-1	2-0	1-1	3-0	5-0	2-2	1-2	1-1	0-0	3-0
Airdrieonians FC	0-1	■	1-1	2-4	1-0	2-0	2-1	2-2	3-4	3-2	0-3	3-1	3-6	2-1	2-5	3-4	2-7	1-1	4-1	1-2
Ayr United FC	1-2	1-1	■	3-1	4-2	6-2	3-3	1-0	3-1	4-3	4-1	1-1	2-3	3-1	0-3	2-6	0-2	3-2	2-2	5-1
Celtic FC	2-2	4-2	0-3	■	2-1	7-0	3-2	2-2	5-1	0-0	2-1	4-1	3-0	2-1	0-1	3-1	2-2	0-0	3-0	3-1
Clyde FC	2-2	4-2	5-2	1-1	■	2-3	3-0	2-0	0-2	1-2	1-0	0-1	0-1	3-3	3-1	1-1	1-6	3-0	0-0	4-2
Cowdenbeath FC	2-4	1-3	2-2	0-1	5-1	■	1-1	0-3	4-0	1-5	2-4	0-1	0-4	1-1	1-3	0-2	3-4	1-5	6-0	3-1
Dundee FC	1-1	4-0	2-1	3-2	1-1	4-2	■	1-3	1-1	0-1	1-0	0-2	2-3	1-2	8-0	1-0	0-6	3-0	3-0	3-0
Falkirk FC	6-5	0-2	2-3	2-0	2-2	4-3	2-1	■	2-0	2-1	3-1	2-2	1-3	3-0	3-0	5-1	1-3	4-0	2-1	3-3
Hamilton Academical FC	2-1	4-2	1-1	1-1	1-0	1-0	3-2	2-1	■	1-1	4-1	2-2	1-2	3-7	0-2	1-0	1-2	4-1	1-2	2-2
Heart of Midlothian FC	0-0	8-1	1-1	2-1	1-1	5-4	6-1	3-1	4-2	■	0-0	1-1	1-3	1-0	1-3	4-0	1-2	2-1	6-0	5-1
Hibernian FC	3-2	0-2	0-0	1-2	3-0	6-1	2-1	1-3	1-2	1-4	■	4-1	0-2	0-2	0-2	2-1	0-0	2-6	2-1	3-1
Kilmarnock FC	2-0	7-1	4-2	4-3	2-2	4-1	1-3	1-1	1-1	2-5	2-0	■	1-3	2-0	3-0	3-1	1-3	1-0	3-0	1-2
Motherwell FC	4-1	3-1	5-2	1-1	1-2	6-1	1-0	2-1	2-1	2-1	2-0	2-1	■	2-3	1-2	3-0	2-1	1-0	1-0	2-2
Partick Thistle FC	4-0	1-0	5-1	0-3	2-0	5-3	1-1	0-3	1-2	7-2	3-2	2-3	1-4	■	1-1	5-2	3-4	0-3	2-3	3-0
Queen of the South FC	4-1	1-1	2-4	3-2	2-2	4-0	3-1	2-1	3-1	3-1	1-0	4-1	0-5	4-3	■	1-4	0-4	2-3	0-1	5-1
Queen's Park FC	1-5	2-1	4-5	2-3	1-2	1-0	2-4	1-0	2-4	1-1	2-1	3-4	1-5	0-1	4-2	■	1-1	1-0	0-0	4-2
Rangers FC	2-1	5-1	9-1	2-2	3-1	3-1	1-0	3-1	4-2	3-1	6-0	2-2	4-2	2-2	5-1	4-0	■	3-0	3-0	1-0
St. Johnstone FC	5-1	4-0	0-2	1-1	1-0	3-3	0-1	3-0	5-1	3-1	0-1	0-3	1-2	4-0	4-0	1-0	3-1	■	1-1	4-1
St. Mirren FC	2-3	1-1	1-1	1-2	2-0	0-0	0-3	3-1	2-3	1-1	0-3	3-1	1-3	2-0	0-3	1-2	1-2	1-4	■	7-2
Third Lanark FC	2-3	3-1	3-7	1-1	3-3	5-1	4-1	3-1	1-1	1-0	1-1	2-2	3-1	1-2	2-5	0-1	1-4	1-5	■	

	Division 1	Pd	Wn	Dw	Ls	GF	GA	Pts	
1.	RANGERS FC (GLASGOW)	38	30	6	2	118	41	66	
2.	Motherwell FC (Motherwell)	38	29	4	5	97	45	62	
3.	Celtic FC (Glasgow)	38	18	11	9	78	53	47	
4.	Queen of the South FC (Dumfries)	38	21	3	14	75	78	45	
5.	Aberdeen FC (Aberdeen)	38	18	8	12	90	57	44	
6.	Heart of Midlothian FC (Edinburgh)	38	17	10	11	86	59	44	
7.	Kilmarnock FC (Kilmarnock)	38	17	9	12	73	64	43	
8.	Ayr United FC (Ayr)	38	16	10	12	87	92	42	
9.	St. Johnstone FC (Perth)	38	17	6	15	74	53	40	
10.	Falkirk FC (Falkirk)	38	16	6	16	73	68	38	
11.	Hamilton Academical FC (Hamilton)	38	15	8	15	65	79	38	
12.	Dundee FC (Dundee)	38	15	6	17	68	64	36	
13.	Partick Thistle FC (Glasgow)	38	14	5	19	73	78	33	
14.	Clyde FC (Glasgow)	38	10	11	17	56	70	31	
15.	Queen's Park FC (Glasgow)	38	13	5	20	65	85	31	
16.	Hibernian FC (Edinburgh)	38	12	3	23	51	69	27	
17.	St. Mirren FC (Paisley)	38	9	9	20	46	75	27	
18.	Airdrieonians FC (Airdrie)	38	10	6	22	59	103	26	
19.	Third Lanark FC (Glasgow)	38	8	9	21	62	103	25	R
20.	Cowdenbeath FC (Cowdenbeath)	38	5	5	28	58	118	15	R
		760	310	140	310	1454	1454	760	

Top goalscorer 1933-34

1) James SMITH   (Rangers FC)   41

1933-1934 Scottish Football League Division 2	Albion Rovers	Alloa Athletic	Arbroath	Brechin City	Dumbarton	Dundee United	Dunfermline	East Fife	East Stirling	Edinburgh City	Forfar Athletic	King's Park	Leith Athletic	Montrose	Morton	Raith Rovers	St. Bernard's	Stenhousemuir
Albion Rovers FC	■	2-1	4-0	3-0	2-0	4-3	3-2	1-1	3-1	8-1	3-2	4-2	2-0	6-2	3-1	2-2	1-1	4-0
Alloa Athletic FC	1-1	■	2-2	3-1	2-0	1-2	2-1	2-2	4-1	4-0	2-1	1-2	3-1	1-2	1-1	3-1	1-3	3-6
Arbroath FC	4-1	5-0	■	2-3	4-1	4-2	3-2	5-1	6-1	2-0	3-1	4-1	2-1	2-0	1-4	1-0	5-2	3-0
Brechin City FC	3-1	1-2	2-0	■	4-0	4-2	0-4	2-1	2-1	0-0	1-4	4-0	4-4	5-0	0-1	0-0	2-1	3-0
Dumbarton FC	2-0	3-2	2-0	3-1	■	4-2	3-1	3-4	2-0	4-1	3-0	2-1	1-2	2-0	3-1	2-0	2-0	2-0
Dundee United FC	2-3	2-0	4-4	0-1	4-4	■	4-2	1-3	2-2	9-3	0-3	8-1	5-2	1-2	0-2	5-2	4-1	2-4
Dunfermline Athletic FC	1-2	1-1	3-0	2-1	3-0	1-0	■	4-0	10-3	7-0	2-1	3-1	2-1	3-2	3-2	1-3	4-1	3-0
East Fife FC	0-2	1-1	2-4	6-3	3-3	5-1	1-2	■	0-2	3-0	4-3	2-3	2-1	1-1	3-0	2-6	3-2	4-1
East Stirlingshire FC	1-3	3-0	2-1	3-1	3-1	1-1	1-4	4-3	■	2-2	5-1	3-3	4-4	1-0	0-2	5-1	2-0	1-2
Edinburgh City FC	0-1	1-2	1-3	3-2	2-1	2-1	1-6	2-2	1-2	■	2-2	1-0	0-2	2-2	1-2	1-2	0-5	2-2
Forfar Athletic FC	3-1	4-1	0-3	1-1	4-0	4-1	3-3	1-3	4-1	5-2	■	3-3	4-0	2-2	2-2	3-0	2-1	6-0
King's Park FC	2-0	1-1	3-3	7-1	3-1	5-2	0-0	2-0	2-2	4-2	6-1	■	1-1	5-2	2-2	3-1	3-2	5-1
Leith Athletic FC	0-1	0-1	1-1	2-2	0-1	1-5	4-1	4-4	1-2	3-1	3-0	2-0	■	5-0	3-1	2-0	4-1	1-2
Montrose FC	2-1	4-1	2-1	1-2	2-4	0-2	1-4	2-0	1-2	3-1	3-0	2-4	1-3	■	4-2	2-1	4-2	0-0
Morton FC	1-0	3-3	3-0	4-2	3-1	4-3	0-2	3-1	3-1	4-0	2-4	1-0	2-2	4-1	■	2-1	0-2	3-1
Raith Rovers FC	2-0	2-2	0-1	5-1	1-1	4-1	1-1	0-1	3-0	6-0	3-0	4-2	3-1	5-0	3-1	■	3-1	1-3
St. Bernard's FC	2-0	5-1	1-0	2-1	7-2	3-0	4-1	2-2	1-1	5-0	-1	2-0	0-1	2-0	10-1	0-1	■	3-1
Stenhousemuir FC	2-2	3-0	1-4	2-0	6-4	2-0	3-1	3-1	0-2	5-2	4-2	1-1	4-3	1-0	5-4	3-0		■

	Division 2	**Pd**	**Wn**	**Dw**	**Ls**	**GF**	**GA**	**Pts**	
1.	Albion Rovers FC (Coatbridge)	34	20	5	9	74	47	45	P
2.	Dunfermline Athletic FC (Dunfermline)	34	20	4	10	90	52	44	P
3.	Arbroath FC (Arbroath)	34	20	4	10	83	53	44	
4.	Stenhousemuir FC (Stenhousemuir)	34	18	4	12	70	73	40	
5.	Morton FC (Greenock)	34	17	5	12	67	64	39	
6.	Dumbarton FC (Dumbarton)	34	17	3	14	67	68	37	
7.	King's Park FC (Stirling)	34	14	8	12	78	70	36	
8.	Raith Rovers FC (Kirkcaldy)	34	15	5	14	71	55	35	
9.	East Stirlingshire FC (Falkirk)	34	14	7	13	65	74	35	
10.	St. Bernard's FC (Edinburgh)	34	15	4	15	75	56	34	
11.	Forfar Athletic FC (Forfar)	34	13	7	14	77	71	33	
12.	Leith Athletic FC (Edinburgh)	34	12	8	14	63	60	32	
13.	East Fife FC (Methil)	34	12	8	14	71	76	32	
14.	Brechin City FC (Brechin)	34	13	5	16	60	70	31	
15.	Alloa Athletic FC (Alloa)	34	11	9	14	55	68	31	
16.	Montrose FC (Montrose)	34	11	4	19	53	81	26	
17.	Dundee United FC (Dundee)	34	10	4	20	81	88	24	
18.	Edinburgh City FC (Edinburgh)	34	4	6	24	37	111	14	
		612	256	100	256	1237	1237	612	

SCOTTISH CUP FINAL   (Hampden Park, Glasgow – 21/04/1934 – 113,430)

RANGERS FC (GLASGOW)   5-0   St. Mirren FC (Paisley)
Nicholson 2, McPhail, Main, Smith   *(H.T. 2-0)*

Rangers: Hamilton, Gray, McDonald, Meiklejohn, Simpson, Brown, Main, Marshall, Smith, McPhail, Nicholson.
St. Mirren: McCloy, Hay, Ancell, Gebbie, Wilson, Miller, Knox, Latimer, McGregor, McCabe, Phillips.

Semi-finals   (31/03/1934)

Rangers FC (Glasgow)   1-0   St. Johnstone FC (Perth)
St. Mirren FC (Paisley)   3-1   Motherwell FC (Motherwell)

1934-35 SEASON

1934-1935 Scottish Football League Division 1	Aberdeen	Airdrieonians	Albion Rovers	Ayr United	Celtic	Clyde	Dundee	Dunfermline	Falkirk	Hamilton	Hearts	Hibernian	Kilmarnock	Motherwell	Partick Thistle	Queen/South	Queen's Park	Rangers	St. Johnstone	St. Mirren
Aberdeen FC	■	1-3	1-1	7-1	2-0	2-1	3-0	3-0	1-0	3-3	1-0	2-0	1-3	2-2	3-0	1-0	5-0	1-3	2-0	1-0
Airdrieonians FC	4-1	■	3-0	3-2	0-2	0-0	0-3	2-3	2-1	2-2	4-7	7-0	3-2	2-0	0-2	3-1	4-2	1-2	1-1	1-0
Albion Rovers FC	1-1	0-3	■	8-0	2-1	4-1	1-2	1-2	0-0	4-1	2-2	2-0	1-0	2-3	2-0	3-2	0-0	1-5	2-4	2-3
Ayr United FC	0-3	2-1	0-1	■	1-0	2-3	3-2	1-3	3-1	1-2	0-3	1-1	2-1	1-0	3-2	1-1	5-1	2-4	3-0	1-0
Celtic FC	4-1	2-0	5-1	7-0	■	0-2	4-0	3-0	7-3	3-1	4-2	4-0	4-1	3-2	3-1	1-2	4-1	1-1	0-0	2-1
Clyde FC	1-1	3-0	1-1	5-1	0-3	■	2-2	2-1	3-0	3-3	0-1	3-2	1-1	3-3	3-4	1-2	3-0	2-1	4-1	5-2
Dundee FC	0-0	2-0	3-2	5-4	0-0	2-2	■	1-1	1-0	2-1	1-5	0-2	0-2	3-1	2-0	5-0	4-1	3-2	1-2	0-2
Dunfermline Athletic FC	1-1	1-1	1-3	1-2	1-3	4-2	2-5	■	2-1	4-1	1-2	2-1	2-2	1-0	2-1	3-1	2-2	1-7	1-2	3-2
Falkirk FC	3-2	2-4	3-0	8-1	1-2	2-4	1-1	2-0	■	1-2	0-2	5-2	5-2	0-3	1-2	3-1	1-1	0-3	3-0	1-1
Hamilton Academical FC	6-1	5-0	4-2	3-2	4-2	4-3	1-1	3-0	1-2	■	2-0	2-1	4-2	6-1	2-1	1-1	2-2	2-1	2-2	4-0
Heart of Midlothian FC	2-1	1-0	4-0	5-0	0-0	2-0	1-1	0-1	4-1	1-1	■	5-2	2-2	2-1	1-2	4-2	2-1	4-1	2-2	0-1
Hibernian FC	2-3	2-2	3-3	1-1	3-2	4-0	2-1	3-1	2-0	3-1	1-0	■	1-0	1-1	2-0	1-1	5-1	1-2	1-1	0-0
Kilmarnock FC	1-3	0-0	2-1	6-3	2-3	2-0	2-0	1-3	4-1	4-1	3-3	0-1	■	3-3	2-0	3-1	5-0	1-3	1-0	1-4
Motherwell FC	1-2	3-2	5-2	2-3	1-0	1-1	5-3	9-3	5-2	0-0	2-2	4-1	3-2	■	4-1	4-0	3-0	2-2	0-1	3-0
Partick Thistle FC	2-1	4-1	1-0	1-1	1-3	0-0	1-4	7-1	2-2	0-1	1-3	3-1	4-2	1-1	■	2-1	2-2	1-0	3-0	2-1
Queen of the South FC	2-1	1-1	1-0	7-1	3-4	1-0	1-0	2-0	1-1	4-1	1-3	0-2	0-1	2-3	2-4	■	1-0	2-3	0-2	2-0
Queen's Park FC	1-1	4-2	1-1	5-4	1-0	0-1	4-0	1-0	4-0	3-4	3-3	3-1	1-4	1-1	3-1	2-1	■	0-4	2-1	4-1
Rangers FC	2-2	3-1	2-2	2-0	2-1	4-2	3-1	8-1	1-0	1-1	2-1	4-2	2-3	1-0	4-0	5-0	0-1	■	3-1	1-0
St. Johnstone FC	1-1	4-1	2-0	4-0	0-1	5-2	0-1	5-1	4-0	3-1	2-2	2-0	2-1	2-1	2-1	1-1	0-0	2-0	■	4-0
St. Mirren FC	3-0	1-0	5-4	3-3	2-4	1-2	0-1	3-0	2-1	1-2	2-4	1-2	0-2	1-0	2-1	1-1	2-3	0-2	1-1	■

Division 1

		Pd	Wn	Dw	Ls	GF	GA	Pts	
1.	RANGERS FC (GLASGOW)	38	25	5	8	96	46	55	
2.	Celtic FC (Glasgow)	38	24	4	10	92	45	52	
3.	Heart of Midlothian FC (Edinburgh)	38	20	10	8	87	51	50	
4.	Hamilton Academical FC (Hamilton)	38	19	10	9	87	67	48	
5.	St. Johnstone FC (Perth)	38	18	10	10	66	46	46	
6.	Aberdeen FC (Aberdeen)	38	17	10	11	68	54	44	
7.	Motherwell FC (Motherwell)	38	15	10	13	83	64	40	
8.	Dundee FC (Dundee)	38	16	8	14	63	63	40	
9.	Kilmarnock FC (Kilmarnock)	38	16	6	16	76	68	38	
10.	Clyde FC (Glasgow)	38	14	10	14	71	69	38	
11.	Hibernian FC (Edinburgh)	38	14	8	16	59	70	36	
12.	Queen's Park FC (Glasgow)	38	13	10	15	61	80	36	
13.	Partick Thistle FC (Glasgow)	38	15	5	18	61	68	35	
14.	Airdrieonians FC (Airdrie)	38	13	7	18	64	72	33	
15.	Dunfermline Athletic FC (Dunfermline)	38	13	5	20	56	96	31	
16.	Albion Rovers FC (Coatbridge)	38	10	9	19	62	77	29	
17.	Queen of the South FC (Dumfries)	38	11	7	20	52	72	29	
18.	Ayr United FC (Ayr)	38	12	5	21	61	112	29	
19.	St. Mirren FC (Paisley)	38	11	5	22	49	70	27	R
20.	Falkirk FC (Falkirk)	38	9	6	23	58	82	24	R
		760	305	150	305	1372	1372	760	

Top goalscorer 1934-35

1) James SMITH   (Rangers FC)   36

1934-1935 Scottish Football League Division 2	Alloa Athletic	Arbroath	Brechin City	Cowdenbeath	Dumbarton	Dundee United	East Fife	East Stirling	Edinburgh City	Forfar Athletic	King's Park	Leith Athletic	Montrose	Morton	Raith Rovers	St. Bernard's	Stenhousemuir	Third Lanark
Alloa Athletic FC	■	0-0	5-1	5-2	4-1	3-3	5-2	1-2	5-0	5-2	4-0	1-2	3-0	2-1	5-2	2-1	1-1	0-2
Arbroath FC	1-0	■	1-1	1-0	4-0	2-2	5-0	1-0	1-0	0-3	3-1	3-1	6-0	6-2	2-0	2-5	3-1	2-1
Brechin City FC	3-0	0-1	■	1-2	1-4	0-8	2-1	3-0	7-1	1-1	2-1	3-2	3-2	0-3	0-0	2-3	3-5	1-1
Cowdenbeath FC	2-2	1-3	2-2	■	8-1	1-0	1-1	0-0	7-0	1-2	7-2	5-2	3-2	4-0	3-3	1-10	5-3	1-3
Dumbarton FC	0-0	2-1	2-0	4-2	■	5-1	4-2	2-2	2-0	1-1	4-2	1-2	1-1	2-5	3-4	1-4	2-1	0-1
Dundee United FC	2-0	3-2	9-2	0-2	5-2	■	4-0	4-0	9-6	5-3	2-1	2-2	4-3	4-1	4-0	3-3	8-0	0-2
East Fife FC	0-1	1-2	1-2	3-2	9-1	1-1	■	2-0	3-1	5-0	2-1	5-2	4-2	1-0	4-2	1-1	6-1	1-3
East Stirlingshire FC	0-0	1-2	0-1	2-1	6-2	1-2	3-2	■	2-4	5-1	0-3	1-1	3-1	3-1	2-1	0-0	1-3	2-2
Edinburgh City FC	2-2	0-4	1-1	1-6	3-2	2-8	0-5	1-3	■	0-5	1-4	1-2	3-1	1-2	1-3	2-6	1-3	0-2
Forfar Athletic FC	1-1	1-3	5-1	2-2	4-1	0-2	1-3	5-2	4-1	■	0-3	4-2	5-1	1-1	3-1	4-4	6-4	3-1
King's Park FC	4-1	2-1	8-1	1-0	3-2	3-1	5-1	2-1	9-4	1-2	■	2-1	5-1	2-1	2-1	4-2	2-3	2-4
Leith Athletic FC	4-4	0-4	2-1	3-1	2-1	4-0	1-3	1-5	6-0	2-1	3-1	■	5-4	2-2	3-0	2-1	3-1	1-2
Montrose FC	2-2	0-5	1-5	5-3	5-0	2-1	1-4	2-3	3-2	2-1	3-3	0-0	■	2-1	3-2	0-4	1-1	2-4
Morton FC	4-1	0-1	7-0	2-1	3-2	3-3	8-1	9-2	3-1	3-1	4-2	5-1	4-1	■	5-1	3-4	0-1	1-0
Raith Rovers FC	2-0	3-4	7-0	2-3	4-2	0-3	0-3	3-0	2-1	2-2	2-0	1-0	1-0	6-0	■	3-0	3-1	0-1
St. Bernard's FC	2-1	0-0	5-1	2-0	5-0	1-0	6-1	7-0	6-2	0-0	4-1	0-1	1-1	0-1	6-2	■	4-1	3-2
Stenhousemuir FC	2-0	6-0	3-0	2-3	6-1	3-2	2-1	3-2	2-1	4-2	2-2	1-4	9-4	3-1	2-1	1-2	■	2-2
Third Lanark FC	6-1	5-2	4-0	3-2	4-2	5-0	3-0	3-3	3-0	3-1	1-2	5-0	4-0	2-2	5-3	2-1	3-3	■

Division 2

		Pd	Wn	Dw	Ls	GF	GA	Pts	
1.	Third Lanark FC (Glasgow)	34	23	6	5	94	43	51	P
2.	Arbroath FC (Arbroath)	34	23	4	7	78	42	50	P
3.	St. Bernard's FC (Edinburgh)	34	20	7	7	103	47	47	
4.	Dundee United FC (Dundee)	34	18	6	10	105	65	42	
5.	Stenhousemuir FC (Stenhousemuir)	34	17	5	12	86	80	39	
6.	Morton FC (Greenock)	34	17	4	13	88	64	38	
7.	King's Park FC (Stirling)	34	18	2	14	86	71	38	
8.	Leith Athletic FC (Edinburgh)	34	16	5	13	69	71	37	
9.	East Fife FC (Methil)	34	16	3	15	79	73	35	
10.	Alloa Athletic FC (Alloa)	34	12	10	12	69	61	34	
11.	Forfar Athletic FC (Forfar)	34	13	8	13	76	72	34	
12.	Cowdenbeath FC (Cowdenbeath)	34	13	6	15	84	75	32	
13.	Raith Rovers FC (Kirkcaldy)	34	13	3	18	68	73	29	
14.	East Stirlingshire FC (Falkirk)	34	11	7	16	57	76	29	
15.	Brechin City FC (Brechin)	34	10	6	18	51	98	26	
16.	Dumbarton FC (Dumbarton)	34	9	4	21	60	105	22	
17.	Montrose FC (Montrose)	34	7	6	21	58	105	20	
18.	Edinburgh City FC (Edinburgh)	34	3	2	29	44	133	8	
		612	259	94	259	1354	1354	612	

SCOTTISH CUP FINAL (Hampden Park, Glasgow – 20/04/1935 – 87,286)

RANGERS FC (GLASGOW)　　　　　2-1　　　Hamilton Academical FC (Hamilton)
Smith 2　　　　　　　　　　*(H.T. 1-0)*　　　　　　　　　　　　　　*Harrison*

Rangers: Dawson, Gray, McDonald, Kennedy, Simpson, Brown, Main, Venters, Smith, McPhail, Gillick.
Hamilton: Morgan, Wallace, Bulloch, Cox, McStay, Murray, King, McLaren, Wilson, Harrison, Reid.

Semi-finals (30/03/1935 – 04/04/1935)

Aberdeen FC (Aberdeen)　　　　　　　1-2　　　　　Hamilton Academical FC (Hamilton)
Rangers FC (Glasgow)　　　　　　　1-1, 2-0　　　Heart of Midlothian FC (Edinburgh)

1935-36 SEASON

1935-1936 Scottish Football League Division 1	Aberdeen	Airdrieonians	Albion Rovers	Arbroath	Ayr United	Celtic	Clyde	Dundee	Dunfermline	Hamilton	Hearts	Hibernian	Kilmarnock	Motherwell	Partick Thistle	Queen/South	Queen's Park	Rangers	St. Johnstone	Third Lanark
Aberdeen FC	■	2-2	6-1	1-2	3-0	3-1	3-1	4-1	3-3	3-0	3-1	2-1	1-1	4-0	4-3	2-1	1-0	3-0	2-0	
Airdrieonians FC	3-4	■	1-2	3-3	3-0	2-3	5-3	2-0	6-2	2-4	3-1	3-2	1-4	1-1	3-0	1-0	1-1	0-2	3-3	1-2
Albion Rovers FC	1-3	4-1	■	5-2	5-1	0-3	4-4	1-1	1-3	4-0	1-2	0-1	2-3	0-2	5-2	2-0	2-1	1-2	1-2	2-0
Arbroath FC	0-1	1-1	1-2	■	3-1	0-2	2-1	1-0	2-1	0-1	1-3	3-2	0-0	1-1	1-1	3-1	0-1	0-0	2-2	1-3
Ayr United FC	1-1	3-1	4-1	0-2	■	0-2	4-3	1-2	1-2	1-0	1-3	3-0	1-3	1-0	3-1	1-3	1-0	2-2	1-2	1-3
Celtic FC	5-3	4-0	4-0	5-0	6-0	■	2-1	4-2	5-3	1-0	2-1	4-1	4-0	5-0	1-1	5-0	3-0	3-4	2-0	6-0
Clyde FC	0-3	1-1	5-2	1-3	2-0	0-4	■	2-1	4-2	1-2	1-0	7-4	1-0	1-2	1-0	3-0	1-3	1-4	3-1	0-1
Dundee FC	2-2	1-0	2-0	3-0	6-1	0-2	4-3	■	2-3	3-0	2-5	2-1	0-0	2-2	3-3	1-1	6-4	0-3	0-2	3-2
Dunfermline Athletic FC	0-2	2-0	5-5	1-2	2-0	1-0	1-1	2-2	■	2-2	2-0	0-1	0-1	1-3	4-1	2-2	2-6	2-6	1-0	
Hamilton Academical FC	2-3	3-1	7-2	2-2	4-2	0-2	0-0	2-2	6-1	■	3-4	2-3	3-2	3-3	5-1	3-1	4-1	1-0	5-1	1-0
Heart of Midlothian FC	1-2	3-0	4-2	2-1	3-0	1-0	3-3	3-0	1-1	4-1	■	8-3	4-2	2-2	2-0	2-0	4-1	1-1	6-1	2-0
Hibernian FC	1-4	2-3	3-0	0-2	0-1	0-5	1-1	2-1	2-3	3-2	1-1	■	3-1	2-3	2-0	3-0	0-1	1-1	0-2	3-0
Kilmarnock FC	2-5	2-2	2-2	5-0	7-2	1-1	2-0	4-1	1-2	4-3	2-0	0-1	■	2-3	2-1	4-2	1-1	0-3	4-1	1-0
Motherwell FC	2-2	6-2	2-0	4-0	4-1	1-2	1-1	3-0	2-3	2-1	4-2	1-1	3-2	■	5-3	0-2	1-0	0-2	3-0	2-1
Partick Thistle FC	3-3	3-1	5-3	1-1	2-2	1-3	4-1	1-1	3-0	1-0	2-1	2-0	4-1	■	2-1	7-0	1-3	3-1	0-0	
Queen of the South FC	1-1	3-3	1-0	3-2	2-1	1-3	2-2	3-4	3-1	1-2	2-0	1-1	2-1	1-1	1-0	■	4-0	0-2	1-1	2-1
Queen's Park FC	0-1	3-2	0-1	0-0	1-2	2-3	4-1	3-2	2-1	1-1	2-2	6-1	1-0	2-2	1-1	1-1	■	1-3	5-1	1-0
Rangers FC	2-3	5-3	5-1	6-0	6-1	1-2	4-1	4-3	6-2	3-1	1-1	3-0	2-1	0-0	3-1	2-1	3-3	■	7-0	4-2
St. Johnstone FC	0-0	4-1	2-3	2-1	2-3	2-3	2-1	2-0	4-2	1-1	3-1	2-2	0-0	2-3	3-0	3-1	5-2	1-2	■	3-1
Third Lanark FC	5-1	2-0	0-1	1-1	6-4	1-3	3-0	2-2	3-1	4-0	1-5	1-1	3-2	2-1	4-1	2-2	3-0	1-3	3-1	■

	Division 1	Pd	Wn	Dw	Ls	GF	GA	Pts	
1.	CELTIC FC (GLASGOW)	38	32	2	4	115	33	66	
2.	Rangers FC (Glasgow)	38	27	7	4	110	43	61	
3.	Aberdeen FC (Aberdeen)	38	26	9	3	96	50	61	
4.	Motherwell FC (Motherwell)	38	18	12	8	77	58	48	
5.	Heart of Midlothian FC (Edinburgh)	38	20	7	11	88	55	47	
6.	Hamilton Academical FC (Hamilton)	38	15	7	16	77	74	37	
7.	St. Johnstone FC (Perth)	38	15	7	16	70	81	37	
8.	Kilmarnock FC (Kilmarnock)	38	14	7	17	69	64	35	
9.	Third Lanark FC (Glasgow)	38	15	5	18	63	65	35	
10.	Partick Thistle FC (Glasgow)	38	12	10	16	64	72	34	
11.	Arbroath FC (Arbroath)	38	11	11	16	46	69	33	
12.	Dundee FC (Dundee)	38	11	10	17	67	80	32	
13.	Queen's Park FC (Glasgow)	38	11	10	17	58	75	32	
14.	Dunfermline Athletic FC (Dunfermline)	38	12	8	18	67	92	32	
15.	Queen of the South FC (Dumfries)	38	11	9	18	54	72	31	
16.	Albion Rovers FC (Coatbridge)	38	13	4	21	69	92	30	
17.	Hibernian FC (Edinburgh)	38	11	7	20	56	82	29	
18.	Clyde FC (Glasgow)	38	10	8	20	63	84	28	
19.	Airdrieonians FC (Airdrie)	38	9	9	20	68	91	27	R
20.	Ayr United FC (Ayr)	38	11	3	24	53	98	25	R
		760	304	152	304	1430	1430	760	

Top goalscorer 1935-36

1) James McGRORY   (Celtic FC)   50

1935-1936 Scottish Football League Division 2	Alloa Athletic	Brechin City	Cowdenbeath	Dumbarton	Dundee United	East Fife	East Stirling	Edinburgh	Falkirk	Forfar Athletic	King's Park	Leith Athletic	Montrose	Morton	Raith Rovers	St. Bernard's	St. Mirren	Stenhousemuir
Alloa Athletic FC	■	3-1	5-1	5-0	2-3	2-1	0-0	2-0	2-2	1-1	4-0	2-1	1-2	1-5	1-0	4-3	1-1	4-2
Brechin City FC	3-1	■	3-2	6-1	2-1	1-1	3-2	1-2	0-4	2-2	2-2	0-2	1-2	1-4	2-1	2-8	2-3	1-2
Cowdenbeath FC	1-2	3-0	■	6-2	7-0	1-4	1-1	2-1	2-7	1-0	8-0	5-1	3-1	1-3	2-0	3-4	2-3	2-1
Dumbarton FC	0-3	1-5	3-3	■	3-5	4-2	3-3	1-2	2-7	1-2	6-1	1-1	4-4	1-3	3-4	2-0	1-2	2-0
Dundee United FC	4-0	2-2	6-1	8-0	■	4-2	12-1	4-1	3-1	4-1	1-1	8-2	2-3	1-1	4-3	2-2	1-2	6-1
East Fife FC	0-2	4-3	2-0	4-2	4-3	■	3-3	5-1	0-0	1-4	9-2	3-2	6-1	3-1	3-1	5-2	1-6	4-1
East Stirlingshire FC	1-2	5-1	2-0	1-1	2-3	4-2	■	2-0	0-5	1-2	4-0	1-1	4-1	2-1	4-2	2-2	3-2	3-0
Edinburgh City FC	3-1	4-0	3-3	0-0	3-6	2-2	1-1	■	1-3	2-2	5-0	2-3	5-3	1-4	2-3	1-6	3-2	1-1
Falkirk FC	3-0	4-0	1-0	3-1	4-2	8-0	3-1	3-0	■	1-2	10-2	3-0	8-0	2-1	5-0	7-1	5-0	5-1
Forfar Athletic FC	1-2	1-1	0-0	3-1	3-4	1-2	0-4	2-2	1-4	■	3-0	1-2	7-3	7-3	3-2	2-2	2-5	2-3
King's Park FC	1-1	5-4	1-4	5-2	2-1	2-1	0-1	2-0	3-5	3-1	■	1-0	1-0	2-2	3-0	2-4	1-1	1-5
Leith Athletic FC	1-2	4-0	4-2	6-0	3-1	4-2	5-2	1-2	2-5	4-1	0-1	■	1-1	2-0	2-1	2-6	0-5	2-1
Montrose FC	0-2	4-1	1-1	3-0	3-2	1-3	3-1	4-2	0-4	1-2	3-0	1-3	■	1-3	3-1	1-3	1-0	2-1
Morton FC	2-2	3-1	8-4	5-1	4-1	4-1	4-2	1-1	2-2	3-0	5-3	2-0	4-0	■	11-2	6-2	1-0	9-2
Raith Rovers FC	1-3	2-2	4-0	1-3	1-1	1-2	1-6	4-2	2-3	4-0	1-2	2-4	2-0	2-2	■	4-1	1-3	3-1
St. Bernard's FC	1-2	2-3	2-3	7-0	3-1	2-2	4-0	2-0	2-3	3-0	5-3	5-2	2-1	3-2	6-2	■	2-0	1-2
St. Mirren FC	4-0	7-0	1-0	8-0	6-2	3-1	4-1	5-0	0-2	6-0	8-1	6-0	1-0	5-4	6-0	4-2	■	2-0
Stenhousemuir FC	2-0	2-1	1-2	3-0	5-0	1-1	3-0	2-2	1-0	3-1	3-2	2-0	1-4	1-4	1-2	3-6	1-3	■

	Division 2	Pd	Wn	Dw	Ls	GF	GA	Pts	
1.	Falkirk FC (Falkirk)	34	28	3	3	132	34	59	P
2.	St. Mirren FC (Paisley)	34	25	2	7	114	41	52	P
3.	Morton FC (Greenock)	34	21	6	7	117	60	48	
4.	Alloa Athletic FC (Alloa)	34	19	6	9	65	51	44	
5.	St. Bernard's FC (Edinburgh)	34	18	4	12	106	78	40	
6.	East Fife FC (Methil)	34	16	6	12	86	79	38	
7.	Dundee United FC (Dundee)	34	16	5	13	108	81	37	
8.	East Stirlingshire FC (Falkirk)	34	13	8	13	70	75	34	
9.	Leith Athletic FC (Edinburgh)	34	15	3	16	67	77	33	
10.	Cowdenbeath FC (Cowdenbeath)	34	13	5	6	76	77	31	
11.	Stenhousemuir FC (Stenhousemuir)	34	13	3	18	59	78	29	
12.	Montrose FC (Montrose)	34	13	3	18	58	82	29	
13.	Forfar Athletic FC (Forfar)	34	10	7	17	60	81	27	
14.	King's Park FC (Stirling)	34	11	5	18	55	109	27	
15.	Edinburgh City FC (Edinburgh)	34	8	9	17	57	83	25	
16.	Brechin City FC (Brechin)	34	8	6	20	57	96	22	
17.	Raith Rovers FC (Kirkcaldy)	34	9	3	22	60	96	21	
18.	Dumbarton FC (Dumbarton)	34	5	6	23	52	121	16	
		612	261	90	261	1399	1399	612	

SCOTTISH CUP FINAL (Hampden Park, Glasgow – 18/04/1936 – 88,859)

RANGERS FC (GLASGOW)　　　　　　1-0　　　　　　Third Lanark FC (Glasgow)
McPhail　　　　　　　　　　　　*(H.T. 1-0)*

Rangers: Dawson, Gray, Cheyne, Meiklejohn, Simpson, Brown, Fiddes, Venters, Smith, McPhail, Turnbull.
Third Lanark: Muir, Carabine, Hamilton, Blair, Denmark, McInnes, Howe, Gallacher, Hay, Kennedy, Kinnaird.

Semi-finals (28/03/1936)

Rangers FC (Glasgow)　　　　　　3-0　　　　　　Clyde FC (Glasgow)
Third Lanark FC (Glasgow)　　　　3-1　　　　　　Falkirk FC (Falkirk)

1936-37 SEASON

1936-1937 Scottish Football League Division 1	Aberdeen	Albion Rovers	Arbroath	Celtic	Clyde	Dundee	Dunfermline	Falkirk	Hamilton	Hearts	Hibernian	Kilmarnock	Motherwell	Partick Thistle	Queen/South	Queen's Park	Rangers	St. Johnstone	St. Mirren	Third Lanark
Aberdeen FC	■	4-1	4-0	1-0	3-0	3-1	3-1	4-0	3-0	4-0	1-1	2-0	2-0	4-2	1-1	2-1	1-1	4-1	5-4	2-2
Albion Rovers FC	1-5	■	2-0	1-3	1-1	1-1	4-0	1-4	2-3	1-3	4-0	1-3	1-4	2-4	4-0	2-3	2-3	0-4	2-6	0-4
Arbroath FC	1-4	4-2	■	2-3	2-1	3-0	1-1	1-2	1-2	0-3	1-0	0-0	0-0	2-1	4-0	2-0	0-0	3-1	2-2	4-1
Celtic FC	3-2	4-0	5-1	■	3-1	1-2	3-1	1-0	3-3	3-2	5-1	2-4	3-2	1-1	5-0	4-0	1-1	3-2	3-0	6-3
Clyde FC	0-0	4-1	4-2	1-1	■	1-2	2-1	2-2	4-3	2-1	1-3	2-0	1-2	1-0	2-1	0-2	3-2	2-0	1-1	2-4
Dundee FC	2-2	1-0	6-1	0-0	2-2	■	2-2	1-1	1-2	1-0	3-1	2-2	0-0	2-2	1-3	2-2	0-0	3-1	4-0	3-2
Dunfermline Athletic FC	2-2	3-3	1-4	3-4	1-3	3-4	■	0-2	4-2	2-5	2-3	0-5	2-2	1-1	5-0	2-2	2-3	0-0	1-0	0-0
Falkirk FC	1-2	3-2	0-1	0-3	6-0	5-0	6-4	■	3-2	3-0	4-1	5-0	1-1	4-1	5-2	1-2	0-2	3-0	5-1	5-2
Hamilton Academical FC	3-2	2-3	1-4	1-2	2-1	5-1	4-2	3-2	■	5-1	4-1	2-2	2-3	3-2	1-1	5-2	1-5	5-2	2-1	3-1
Heart of Midlothian FC	2-0	5-0	4-1	0-1	2-1	4-0	3-2	3-1	6-0	■	3-2	5-0	3-4	5-1	4-2	3-1	5-2	3-1	2-1	5-2
Hibernian FC	1-3	1-1	4-1	2-2	0-1	0-0	2-2	5-4	3-3	■	0-0	1-2	2-2	2-2	2-3	1-4	3-3	0-0	0-1
Kilmarnock FC	1-2	3-1	2-0	3-3	3-1	1-1	3-3	3-2	2-2	3-0	3-2	■	0-1	1-0	1-0	0-0	1-2	4-2	2-1	0-3
Motherwell FC	1-0	9-1	3-1	8-0	4-1	2-1	6-0	4-2	5-2	1-3	3-4	2-1	■	4-2	4-1	3-1	1-4	2-2	4-1	1-2
Partick Thistle FC	0-2	6-1	3-1	1-1	6-0	1-1	0-4	2-2	2-3	2-2	3-1	4-0	1-0	■	4-1	5-1	0-1	1-1	1-1	1-3
Queen of the South FC	2-3	5-2	2-3	1-0	1-2	2-3	2-1	1-4	3-3	0-4	1-0	1-0	0-2	3-3	■	1-1	0-1	1-1	1-2	1-0
Queen's Park FC	1-1	3-3	2-1	0-2	1-3	0-2	0-2	3-6	0-1	0-2	2-0	2-1	0-0	2-2	2-3	■	1-1	2-2	2-2	1-2
Rangers FC	2-1	1-0	4-0	1-0	2-0	3-0	5-3	3-0	4-0	0-1	4-0	8-0	3-2	3-1	1-1	1-1	■	0-0	2-0	3-1
St. Johnstone FC	2-1	4-0	6-1	2-1	2-1	3-3	1-0	1-0	6-1	3-0	3-1	1-3	1-3	0-2	4-0	4-1	1-2	■	4-2	2-3
St. Mirren FC	1-4	3-0	5-0	1-2	1-3	4-0	2-1	3-3	1-2	2-2	1-3	3-2	3-0	1-3	6-2	1-2	1-4	2-1	■	2-1
Third Lanark FC	2-0	0-0	3-2	4-2	0-2	4-0	6-3	2-3	3-2	3-0	1-1	2-1	1-1	1-0	4-1	1-2	0-0	2-0	3-0	■

Division 1

		Pd	Wn	Dw	Ls	GF	GA	Pts	
1.	RANGERS FC (GLASGOW)	38	26	9	3	88	32	61	
2.	Aberdeen FC (Aberdeen)	38	23	8	7	89	44	54	
3.	Celtic FC (Glasgow)	38	22	8	8	89	58	52	
4.	Motherwell FC (Motherwell)	38	22	7	9	96	54	51	
5.	Heart of Midlothian FC (Edinburgh)	38	24	3	11	99	60	51	
6.	Third Lanark FC (Glasgow)	38	20	6	12	79	61	46	
7.	Falkirk FC (Falkirk)	38	19	6	13	98	66	44	
8.	Hamilton Academical FC (Hamilton)	38	18	5	15	91	96	41	
9.	Dundee FC (Dundee)	38	12	15	11	58	69	39	
10.	Clyde FC (Glasgow)	38	16	6	16	59	70	38	
11.	Kilmarnock FC (Kilmarnock)	38	14	9	15	60	70	37	
12.	St. Johnstone FC (Perth)	38	14	8	16	74	68	36	
13.	Partick Thistle FC (Glasgow)	38	11	12	15	73	68	34	
14.	Arbroath FC (Arbroath)	38	13	5	20	57	84	31	
15.	Queen's Park FC (Glasgow)	38	9	12	17	51	77	30	
16.	St. Mirren FC (Paisley)	38	11	7	20	68	81	29	
17.	Hibernian FC (Edinburgh)	38	6	13	19	54	83	25	
18.	Queen of the South FC (Dumfries)	38	8	8	22	49	95	24	
19.	Dunfermline Athletic FC (Dunfermline)	38	5	11	22	65	98	21	R
20.	Albion Rovers FC (Coatbridge)	38	5	6	27	53	116	16	R
		760	298	164	298	1450	1450	760	

Top goalscorer 1936-37

1) David WILSON   (Hamilton Academical FC)   34

1936-1937 Scottish Football League Division 2	Airdrieonians	Alloa Athletic	Ayr United	Brechin City	Cowdenbeath	Dumbarton	Dundee United	East Fife	East Stirling	Edinburgh City	Forfar Athletic	King's Park	Leith Athletic	Montrose	Morton	Raith Rovers	St. Bernard's	Stenhousemuir
Airdrieonians FC		3-1	1-1	7-5	2-2	5-0	4-0	2-2	4-1	4-0	2-3	5-2	2-1	8-2	1-1	3-2	4-2	2-1
Alloa Athletic FC	3-0		1-4	2-2	2-0	2-0	2-0	0-2	0-2	3-2	2-1	2-3	2-0	3-1	4-3	1-3	0-0	3-3
Ayr United FC	5-2	4-0		8-1	2-0	4-1	4-1	4-1	7-2	3-2	6-1	5-0	2-1	8-1	1-1	1-0	5-2	8-3
Brechin City FC	0-0	4-3	2-3		1-1	3-2	4-3	0-0	2-5	4-0	1-1	0-3	1-2	1-1	1-3	3-1	1-1	2-0
Cowdenbeath FC	4-0	1-1	2-1	1-1		1-0	5-3	3-1	3-1	2-2	7-1	4-0	0-2	3-3	0-0	4-1	2-0	1-0
Dumbarton FC	2-3	1-1	1-3	2-1	3-2		4-5	2-1	2-1	2-0	1-1	6-3	1-1	3-1	0-4	3-1	1-4	3-4
Dundee United FC	2-1	0-1	1-2	3-3	1-1	1-1		0-0	4-6	2-2	5-0	3-3	4-2	5-1	1-4	2-4	0-3	3-2
East Fife FC	3-0	2-0	4-1	7-0	0-4	1-2	4-4		5-1	3-0	3-1	3-0	2-1	1-1	0-0	3-4	6-1	1-2
East Stirlingshire FC	1-3	2-2	2-0	5-4	3-1	4-1	2-1	0-2		4-1	4-2	2-0	3-0	5-2	5-3	0-3	1-1	7-2
Edinburgh City FC	3-2	2-8	1-4	1-4	2-2	2-5	2-3	2-8	1-3		0-1	2-1	1-4	2-3	0-1	1-3	0-3	1-3
Forfar Athletic FC	2-2	4-3	0-5	3-1	4-2	3-4	3-3	3-3	1-2	4-1		5-0	3-0	4-1	2-2	1-1	1-8	8-1
King's Park FC	1-3	1-4	2-6	2-1	3-8	1-1	2-4	3-2	3-1	4-1	1-1		6-4	2-4	2-1	5-1	3-2	1-3
Leith Athletic FC	1-1	4-2	3-2	2-5	3-0	2-1	2-2	1-2	3-0	2-1	2-0	4-1		2-2	2-1	3-0	2-4	1-3
Montrose FC	0-5	1-1	2-3	4-3	2-1	2-1	5-0	0-1	2-1	4-2	4-0	3-0	2-1		1-3	0-2	1-3	1-2
Morton FC	0-1	2-0	3-2	6-0	6-1	5-0	4-1	2-1	3-0	7-2	4-2	6-0	5-3	8-3		5-1	4-1	6-1
Raith Rovers FC	0-0	4-3	2-2	3-2	1-3	3-0	2-3	2-2	5-0	6-0	1-6	3-1	1-0	3-0	0-2		0-1	2-1
St. Bernard's FC	6-1	3-0	2-5	6-0	2-2	4-0	3-0	3-0	4-3	4-1	3-1	6-1	2-0	7-1	2-1	3-0		3-2
Stenhousemuir FC	1-2	1-2	1-1	7-1	5-2	4-1	9-2	2-0	1-2	4-2	4-0	0-1	1-1	4-4	1-4	2-7	2-1	

	Division 2	Pd	Wn	Dw	Ls	GF	GA	Pts	
1.	Ayr United FC (Ayr)	34	25	4	5	122	49	54	P
2.	Morton FC (Greenock)	34	23	5	6	110	42	51	P
3.	St. Bernard's FC (Edinburgh)	34	22	4	8	100	51	48	
4.	Airdrieonians FC (Airdrie)	34	18	8	8	85	60	44	
5.	East Fife FC (Methil)	34	15	8	11	76	51	38	
6.	Cowdenbeath FC (Cowdenbeath)	34	14	10	10	75	59	38	
7.	East Stirlingshire FC (Falkirk)	34	18	2	14	81	78	38	
8.	Raith Rovers FC (Kirkcaldy)	34	16	4	14	72	66	36	
9.	Alloa Athletic FC (Alloa)	34	13	7	14	64	65	33	
10.	Stenhousemuir FC (Stenhousemuir)	34	14	4	16	82	86	32	
11.	Leith Athletic FC (Edinburgh)	34	13	5	16	62	65	31	
12.	Forfar Athletic FC (Forfar)	34	11	8	15	73	89	30	
13.	Montrose FC (Montrose)	34	11	6	17	65	98	28	
14.	Dundee United FC (Dundee)	34	9	9	16	72	97	27	
15.	Dumbarton FC (Dumbarton)	34	11	5	18	57	83	27	
16.	Brechin City FC (Brechin)	34	8	9	17	64	98	25	
17.	King's Park FC (Stirling)	34	11	3	20	61	106	25	
18.	Edinburgh City FC (Edinburgh)	34	2	3	29	42	120	7	
		612	254	104	254	1363	1363	612	

SCOTTISH CUP FINAL (Hampden Park, Glasgow – 24/04/1937 – 147,365)

CELTIC FC (GLASGOW)   2-1   Aberdeen FC (Aberdeen)
Crum, Buchan   (H.T. 1-1)   *Armstrong*

Celtic: Kennaway, Hogg, Morrison, Geatons, Lyon, Paterson, Delaney, Buchan, McGrory, Crum, Murphy.
Aberdeen: Johnstone, Cooper, Temple, Dunlop, Falloon, Thomson, Benyon, McKenzie, Armstrong, Mills, Lang.

Semi-finals (03/04/1937)

Aberdeen FC (Aberdeen)	2-0	Morton FC (Greenock)
Celtic FC (Glasgow)	2-0	Clyde FC (Glasgow)

1937-38 SEASON

1937-1938 Scottish Football League Division 1	Aberdeen	Arbroath	Ayr United	Celtic	Clyde	Dundee	Falkirk	Hamilton	Hearts	Hibernian	Kilmarnock	Morton	Motherwell	Partick Thistle	Queen/South	Queen's Park	Rangers	St. Johnstone	St. Mirren	Third Lanark
Aberdeen FC	■	3-0	4-0	1-1	5-2	2-3	1-2	1-0	0-0	5-0	2-1	4-1	4-0	3-1	2-3	1-1	0-3	4-0	4-0	1-0
Arbroath FC	3-3	■	4-0	2-0	1-2	0-3	0-1	2-0	3-5	3-3	2-1	2-2	2-1	1-1	2-2	2-2	1-1	2-0	2-1	3-2
Ayr United FC	4-1	0-1	■	1-1	3-3	0-0	2-3	2-3	2-4	1-1	4-2	6-2	3-3	1-1	1-0	6-2	1-1	3-1	1-1	1-1
Celtic FC	5-2	4-0	1-1	■	3-1	3-0	2-0	4-2	2-1	3-0	8-0	4-0	4-1	6-0	2-2	4-3	3-0	6-0	5-1	1-1
Clyde FC	2-1	6-1	0-0	1-6	■	3-2	2-4	2-0	1-3	1-1	2-2	7-1	2-2	1-1	0-0	5-0	1-1	1-2	1-1	3-3
Dundee FC	0-1	1-0	5-1	2-3	4-1	■	1-4	3-0	0-2	1-2	1-2	2-2	2-2	5-3	4-1	2-0	6-1	6-1	0-0	2-1
Falkirk FC	4-1	2-2	1-1	3-0	1-2	5-0	■	4-5	4-2	0-0	2-2	6-1	0-1	2-1	1-4	2-0	0-1	3-1	0-2	3-1
Hamilton Academical FC	0-1	2-2	0-3	1-2	3-1	4-0	1-2	■	2-3	4-0	4-2	5-0	1-3	4-2	3-1	1-1	2-2	8-3	0-1	3-1
Heart of Midlothian FC	2-1	4-1	7-0	2-4	0-0	2-1	1-0	2-1	■	3-2	5-1	2-1	2-0	3-0	0-0	2-0	3-2	2-1	4-0	2-1
Hibernian FC	1-1	5-0	3-0	0-3	6-3	2-1	2-4	1-1	2-2	■	1-1	4-2	1-1	2-1	2-0	0-2	0-0	2-2	2-1	2-2
Kilmarnock FC	3-3	2-1	2-1	2-1	2-1	3-1	2-2	2-2	3-1	0-3	■	3-0	0-2	1-3	1-1	1-3	2-1	2-2	0-3	4-2
Morton FC	3-5	4-5	7-3	2-3	1-3	0-2	1-1	2-6	1-2	2-4	4-2	■	4-1	1-2	2-5	1-2	2-3	3-2	3-1	1-3
Motherwell FC	2-1	5-1	4-3	1-2	1-0	1-1	3-2	0-1	3-3	1-0	4-3	4-1	■	1-1	5-1	3-0	1-1	3-1	3-2	4-4
Partick Thistle FC	3-1	0-0	6-2	1-6	4-1	1-0	2-1	4-3	3-1	4-0	3-0	1-3	3-0	■	1-2	3-2	1-1	1-4	3-2	1-3
Queen of the South FC	1-0	0-1	0-1	2-2	1-1	2-2	2-3	3-1	2-3	3-2	3-1	1-0	0-3	0-0	■	1-3	0-2	2-3	1-0	2-4
Queen's Park FC	1-1	1-1	1-1	0-3	1-1	3-1	1-5	2-1	1-4	1-1	5-1	1-3	1-1	3-3		■	0-3	2-0	4-0	4-1
Rangers FC	2-2	3-1	2-2	3-1	1-0	6-0	0-0	2-2	0-3	2-0	4-1	3-1	2-1	1-3	2-3	2-1	■	2-2	4-0	3-0
St. Johnstone FC	1-1	2-2	4-1	1-2	2-1	4-2	0-0	6-3	1-2	2-0	6-2	3-2	2-2	3-1	3-1	1-2	1-5	■	3-0	2-0
St. Mirren FC	2-1	4-1	1-2	1-3	6-1	2-1	0-3	3-1	1-1	1-0	0-2	7-0	3-0	1-0	4-2	4-1	1-1	0-1	■	1-4
Third Lanark FC	2-0	1-1	2-2	1-1	2-3	4-3	2-2	1-1	3-0	1-0	2-4	3-0	5-3	1-1	1-1	1-1	1-2	0-5	1-0	■

108

	Division 1	Pd	Wn	Dw	Ls	GF	GA	Pts	
1.	CELTIC FC (GLASGOW)	38	27	7	4	114	42	61	
2.	Heart of Midlothian FC (Edinburgh)	38	26	6	6	90	50	58	
3.	Rangers FC (Glasgow)	38	18	13	7	75	49	49	
4.	Falkirk FC (Falkirk)	38	19	9	10	82	52	47	
5.	Motherwell FC (Motherwell)	38	17	10	11	78	69	44	
6.	Aberdeen FC (Aberdeen)	38	15	9	14	74	59	39	
7.	Partick Thistle FC (Glasgow)	38	15	9	14	68	70	39	
8.	St. Johnstone FC (Perth)	38	16	7	15	78	81	39	
9.	Third Lanark FC (Glasgow)	38	11	13	14	68	73	35	
10.	Hibernian FC (Edinburgh)	38	11	13	14	57	65	35	
11.	Arbroath FC (Arbroath)	38	11	13	14	58	79	35	
12.	Queen's Park FC (Glasgow)	38	11	12	15	59	74	34	
13.	Hamilton Academical FC (Hamilton)	38	13	7	18	81	76	33	
14.	St. Mirren FC (Paisley)	38	14	5	19	58	66	33	
15.	Clyde FC (Glasgow)	38	10	13	15	68	78	33	
16.	Queen of the South FC (Dumfries)	38	11	11	16	58	71	33	
17.	Ayr United FC (Ayr)	38	9	15	14	66	85	33	
18.	Kilmarnock FC (Kilmarnock)	38	12	9	17	65	91	33	
19.	Dundee FC (Dundee)	38	13	6	19	70	74	32	R
20.	Morton FC (Greenock)	38	6	3	29	64	127	15	R
		760	285	190	285	1431	1431	760	

Top goalscorer 1937-38

1) Andrew BLACK   (Heart of Midlothian FC)   40

1937-1938 Scottish Football League Division 2	Airdrieonians	Albion Rovers	Alloa Athletic	Brechin City	Cowdenbeath	Dumbarton	Dundee United	Dunfermline	East Fife	East Stirling	Edinburgh City	Forfar Athletic	King's Park	Leith Athletic	Montrose	Raith Rovers	St. Bernard's	Stenhousemuir
Airdrieonians FC	■	2-1	4-1	10-0	4-4	1-3	4-03	5-3	1-1	4-2	4-2	7-2	2-0	1-0	1-1	2-3	3-0	3-0
Albion Rovers FC	0-2	■	7-1	10-0	4-3	3-0	4-1	2-2	2-2	7-0	5-3	3-0	3-3	2-1	1-1	1-5	5-0	1-1
Alloa Athletic FC	4-3	1-2	■	3-2	2-4	2-1	2-4	2-4	2-1	3-0	6-0	3-3	3-2	5-2	1-2	3-8	0-1	2-5
Brechin City FC	0-4	1-4	5-6	■	1-1	3-4	3-0	0-4	1-2	3-3	2-7	2-1	3-4	0-3	2-3	2-8	2-3	3-4
Cowdenbeath FC	1-1	2-3	5-3	10-0	■	4-1	3-1	5-2	2-3	6-0	3-1	8-1	2-6	3-6	6-1	4-3	2-2	5-0
Dumbarton FC	2-0	3-2	2-2	7-0	4-4	■	5-1	4-1	3-2	3-1	8-1	2-0	4-1	3-0	4-0	2-2	2-1	5-1
Dundee United FC	5-5	1-4	2-2	3-4	2-3	1-4	■	4-2	0-2	6-1	5-2	2-0	2-0	3-4	2-1	4-4	1-7	0-4
Dunfermline Athletic FC	0-4	3-3	0-3	3-0	1-1	4-1	2-0	■	1-1	3-1	4-2	5-1	4-4	1-0	3-0	1-4	2-1	3-1
East Fife FC	2-0	1-2	3-1	4-2	1-2	4-1	7-0	5-4	■	4-1	3-2	3-0	4-0	3-1	6-2	3-5	3-3	5-1
East Stirlingshire FC	0-3	1-4	3-1	2-1	2-3	2-2	1-1	4-2	2-1	■	3-2	2-0	6-0	1-2	4-1	1-8	1-1	0-0
Edinburgh City FC	0-4	-02	2-4	6-1	2-1	4-0	0-2	3-5	3-3	3-4	■	2-8	5-4	2-4	5-4	1-6	0-4	5-2
Forfar Athletic FC	1-5	2-2	4-2	3-4	0-5	4-3	4-3	1-3	3-5	5-0	4-4	■	3-1	2-2	3-3	2-3	1-2	1-1
King's Park FC	2-3	0-2	4-2	2-1	0-4	1-0	4-4	1-3	0-2	2-1	5-4	1-0	■	2-0	4-3	1-4	0-1	1-4
Leith Athletic FC	0-2	1-0	3-0	3-4	1-1	2-0	5-0	3-0	4-2	3-1	1-1	3-1	1-1	■	3-2	3-4	1-1	5-2
Montrose FC	3-1	0-1	1-1	2-0	3-3	0-0	1-3	0-1	3-0	2-2	4-1	2-4	4-2	1-3	■	2-2	1-2	2-3
Raith Rovers FC	2-0	4-1	6-3	3-0	6-2	7-0	4-2	4-1	1-3	1-1	3-1	5-1	3-1	6-0		■	4-2	6-2
St. Bernard's FC	3-2	1-1	6-1	2-1	3-2	1-0	3-0	4-0	3-1	3-0	4-0	0-1	3-4	1-0	2-1	0-3	■	4-2
Stenhousemuir FC	2-3	2-3	5-1	5-0	1-1	4-2	3-1	2-5	3-2	5-2	3-1	4-2	4-1	1-0	6-0	2-2	2-1	■

	Division 2	**Pd**	**Wn**	**Dw**	**Ls**	**GF**	**GA**	**Pts**	
1.	Raith Rovers FC (Kirkcaldy)	34	27	5	2	142	54	59	P
2.	Albion Rovers FC (Coatbridge)	34	20	8	6	97	50	48	P
3.	Airdrieonians FC (Airdrie)	34	21	5	8	100	53	47	
4.	St. Bernard's FC (Edinburgh)	34	20	5	9	75	49	45	
5.	East Fife FC (Methil)	34	19	5	10	104	61	43	
6.	Cowdenbeath FC (Cowdenbeath)	34	17	9	8	115	71	43	
7.	Dumbarton FC (Dumbarton)	34	17	5	12	85	66	39	
8.	Stenhousemuir FC (Stenhousemuir)	34	17	5	12	87	78	39	
9.	Dunfermline Athletic FC (Dunfermline)	34	17	5	12	82	76	39	
10.	Leith Athletic FC (Edinburgh)	34	16	5	13	71	56	37	
11.	Alloa Athletic FC (Alloa)	34	11	4	19	78	106	26	
12.	King's Park FC (Stirling)	34	11	4	19	64	96	26	
13.	East Stirlingshire FC (Falkirk)	34	9	7	18	55	95	25	
14.	Dundee United FC (Dundee)	34	9	5	20	69	104	23	
15.	Forfar Athletic FC (Forfar)	34	8	6	20	67	100	22	
16.	Montrose FC (Montrose)	34	7	8	19	56	88	22	
17.	Edinburgh City FC (Edinburgh)	34	7	3	24	77	135	17	
18.	Brechin City FC (Brechin)	34	5	2	27	53	139	12	
		612	258	96	258	1477	1477	612	

SCOTTISH CUP FINAL   (Hampden Park, Glasgow – 23/04/1938 – 80,091)

EAST FIFE FC (METHIL)   1-1   Kilmarnock FC (Kilmarnock)
McLeod   *(H.T. 1-1)*   *McAvoy*

East Fife: Milton, Laird, Tait, Russell, Sneddon, Herd, Adams, McLeod, McCartney, Miller, McKerrell.
Kilmarnock: Hunter, Fyfe, Milloy, Robertson, Stewart, Ross, Thomson, Reid, Collins, McAvoy, McGrogan.

SCOTTISH CUP FINAL REPLAY   (Hampden Park, Glasgow – 27/4/1938 – 92,716)

EAST FIFE FC (METHIL)   4-2 (aet)   Kilmarnock FC (Kilmarnock)
McKerrell 2, McLeod, Miller   *(H.T. 1-2)*   *Thomson pen., McGrogan*

East Fife: Milton, Laird, Tait, Russell, Sneddon, Herd, Adams, McLeod, McCartney, Miller, McKerrell.
Kilmarnock: Hunter, Fyfe, Milloy, Robertson, Stewart, Ross, Thomson, Reid, Collins, McAvoy, McGrogan.

Semi-finals   (02/04/1938 – 13/04/1938)

East Fife FC (Methil)   1-1, 1-1 (aet), 2-1   St. Bernard's FC (Edinburgh)
Rangers FC (Glasgow)   3-4   Kilmarnock FC (Kilmarnock)

1938-39 SEASON

1938-1939 Scottish Football League Division 1	Aberdeen	Albion Rovers	Arbroath	Ayr United	Celtic	Clyde	Falkirk	Hamilton	Hearts	Hibernian	Kilmarnock	Motherwell	Partick Thistle	Queen/South	Queen's Park	Raith Rovers	Rangers	St. Johnstone	St. Mirren	Third Lanark
Aberdeen FC	■	2-1	4-0	5-2	3-1	1-2	4-1	5-0	4-3	6-1	1-2	0-0	3-0	4-3	2-1	6-3	2-0	3-0	3-2	6-1
Albion Rovers FC	1-0	■	3-2	3-3	1-8	3-0	0-3	5-0	0-1	0-1	6-1	3-4	3-1	2-1	1-3	2-1	2-7	2-3	2-1	2-4
Arbroath FC	0-2	3-2	■	3-0	0-2	3-0	1-2	4-1	1-1	2-4	4-1	2-0	4-0	1-1	3-1	0-4	3-3	3-1	2-1	0-5
Ayr United FC	3-3	1-1	4-1	■	1-4	2-4	3-0	1-1	3-1	3-1	2-2	6-1	3-0	2-3	2-0	2-1	3-4	0-0	2-3	3-3
Celtic FC	1-2	4-1	2-0	3-3	■	3-1	1-2	1-2	2-2	5-4	9-1	1-3	3-1	5-1	0-1	6-1	6-2	1-1	3-2	6-1
Clyde FC	1-1	0-0	2-0	3-1	1-4	■	2-4	4-3	2-6	3-0	5-1	4-0	4-1	1-1	2-3	2-3	1-1	3-1	2-0	4-1
Falkirk FC	1-3	4-3	2-0	3-1	1-1	0-2	■	4-0	0-1	1-1	4-0	2-1	2-5	2-1	1-0	6-1	2-2	1-1	2-1	4-0
Hamilton Academical FC	1-0	2-1	1-1	2-0	0-1	1-2	1-3	■	4-1	4-1	3-1	2-1	4-0	1-0	3-1	1-3	2-1	2-1	1-2	4-3
Heart of Midlothian FC	5-2	2-0	1-1	2-0	1-5	2-0	6-2	2-3	■	0-1	2-1	4-0	5-0	1-2	8-3	2-1	1-3	8-2	5-2	4-2
Hibernian FC	5-0	1-2	1-1	2-3	1-0	1-1	3-0	2-2	4-0	■	0-1	2-1	1-2	2-3	3-1	2-1	1-1	5-2	6-1	1-1
Kilmarnock FC	0-3	4-2	1-1	2-2	0-0	1-4	1-1	2-2	4-1	0-1	■	1-3	4-2	1-1	3-0	4-2	3-1	1-0	3-2	5-2
Motherwell FC	2-2	3-1	4-0	1-2	2-3	3-2	1-3	2-3	4-2	3-2	5-2	■	4-3	8-5	2-0	2-4	0-5	3-1	2-1	5-1
Partick Thistle FC	2-1	1-3	3-1	2-3	0-0	2-1	2-0	3-1	3-1	4-0	4-3	4-2	■	1-2	2-2	2-1	2-4	1-4	3-0	4-1
Queen of the South FC	1-1	3-3	2-0	6-1	1-1	3-2	2-0	3-0	0-1	2-1	2-0	4-3	0-0	■	3-2	4-2	1-1	1-1	1-0	1-2
Queen's Park FC	2-1	1-2	1-0	1-3	1-2	4-2	1-1	1-2	4-3	1-5	0-0	1-1	2-0	■		3-0	2-3	2-3	0-0	1-4
Raith Rovers FC	3-2	1-1	1-3	3-1	4-0	0-2	0-1	2-1	1-2	1-2	2-3	0-1	2-4	1-3	4-5	■	0-2	5-6	1-3	2-2
Rangers FC	5-2	5-0	4-0	4-1	2-1	2-0	2-1	3-2	1-1	5-2	2-2	2-2	4-1	4-1	1-0	4-0	■	4-2	3-0	5-1
St. Johnstone FC	1-0	4-0	4-3	0-1	1-1	3-2	6-3	0-2	1-7	2-1	1-3	2-1	7-0	3-0	4-1	1-2	3-3	■	6-2	4-0
St. Mirren FC	3-1	1-1	1-1	2-1	2-1	2-4	1-2	2-1	1-1	0-0	0-1	2-2	1-4	2-0	2-1	1-2	1-5	4-0	■	3-2
Third Lanark FC	1-1	4-0	3-0	3-2	0-2	3-1	2-2	2-2	1-4	2-0	3-3	3-1	2-4	0-1	5-1	5-0	1-2	1-3	3-3	■

Division 1

		Pd	Wn	Dw	Ls	GF	GA	Pts	
1.	RANGERS FC (GLASGOW)	38	25	9	4	112	55	59	
2.	Celtic FC (Glasgow)	38	20	8	10	99	53	48	
3.	Aberdeen FC (Aberdeen)	38	20	6	12	91	61	46	
4.	Heart of Midlothian FC (Edinburgh)	38	20	5	13	98	70	45	
5.	Falkirk FC (Falkirk)	38	19	7	12	73	63	45	
6.	Queen of the South FC (Dumfries)	38	17	9	12	69	64	43	
7.	Hamilton Academical FC (Hamilton)	38	18	5	15	67	71	41	
8.	St. Johnstone FC (Perth)	38	17	6	15	85	82	40	
9.	Clyde FC (Glasgow)	38	17	5	16	78	70	39	
10.	Kilmarnock FC (Kilmarnock)	38	15	9	14	73	86	39	
11.	Partick Thistle FC (Glasgow)	38	17	4	17	74	87	38	
12.	Motherwell FC (Motherwell)	38	16	5	17	82	86	37	
13.	Hibernian FC (Edinburgh)	38	14	7	17	68	69	35	
14.	Ayr United FC (Ayr)	38	13	9	16	76	83	35	
15.	Third Lanark FC (Glasgow)	38	12	8	18	80	96	32	
16.	Albion Rovers FC (Coatbridge)	38	12	6	20	65	90	30	
17.	Arbroath FC (Arbroath)	38	11	8	19	54	75	30	
18.	St. Mirren FC (Paisley)	38	11	7	20	57	80	29	
19.	Queen's Park FC (Glasgow)	38	11	5	22	57	83	27	R
20.	Raith Rovers FC (Kirkcaldy)	38	10	2	26	65	99	22	R
		760	315	130	315	1523	1523	760	

Top goalscorer 1938-39

1) Alexander VENTERS　　　　　　　(Rangers FC)　　　　35

1938-1939 Scottish Football League Division 2	Airdrieonians	Alloa Athletic	Brechin City	Cowdenbeath	Dumbarton	Dundee	Dundee United	Dunfermline	East Fife	East Stirling	Edinburgh City	Forfar Athletic	King's Park	Leith Athletic	Montrose	Morton	St. Bernard's	Stenhousemuir
Airdrieonians FC	■	2-1	6-1	1-4	6-1	3-6	1-0	4-3	1-2	8-1	3-0	4-0	2-0	2-1	2-1	3-1	4-3	1-5
Alloa Athletic FC	3-1	■	1-1	2-1	2-1	2-1	3-0	4-1	1-4	5-0	5-1	5-1	2-3	4-0	2-1	1-1	6-1	4-0
Brechin City FC	1-1	3-3	■	2-5	0-3	2-1	2-2	2-2	2-2	4-4	4-3	6-0	5-2	3-2	1-4	4-2	4-1	4-2
Cowdenbeath FC	7-2	4-2	3-3	■	3-1	3-1	2-2	4-0	2-2	4-0	6-1	6-2	3-2	5-1	5-3	3-1	3-1	7-1
Dumbarton FC	0-0	2-3	1-3	1-4	■	4-4	1-0	2-2	2-0	4-0	5-1	2-0	2-1	1-1	2-2	1-3	1-2	2-2
Dundee FC	1-2	1-4	5-0	5-0	1-1	■	2-0	7-1	1-1	5-6	2-2	10-2	3-0	7-0	5-0	2-1	3-0	3-1
Dundee United FC	1-2	1-0	1-0	1-4	4-2	3-0	■	1-0	2-5	10-0	1-3	6-0	2-1	6-1	3-5	1-0	5-2	2-1
Dunfermline Athletic FC	0-0	1-4	8-3	1-4	2-2	4-1	3-0	■	1-1	7-1	2-1	4-1	7-1	3-2	4-3	5-2	4-1	7-1
East Fife FC	3-1	3-1	6-0	0-1	5-1	0-2	3-2	3-7	■	7-5	7-1	2-1	2-0	3-1	4-0	6-5	3-4	2-4
East Stirlingshire FC	1-1	1-3	3-2	2-2	6-4	3-5	3-3	2-5	2-3	■	2-3	2-3	2-3	5-2	1-2	3-1	5-2	0-2
Edinburgh City FC	1-2	3-1	1-5	0-4	2-2	1-4	3-2	2-3	2-5	2-7	■	2-3	2-5	0-2	4-2	4-1	0-4	3-3
Forfar Athletic FC	2-3	2-6	4-4	1-8	6-6	2-1	2-1	4-2	1-4	3-2	5-3	■	5-6	1-0	4-3	6-5	2-2	1-0
King's Park FC	2-5	0-4	6-0	1-3	2-2	3-1	3-2	1-2	2-3	3-4	2-2	11-3	■	1-3	7-1	6-5	5-0	1-0
Leith Athletic FC	1-7	2-3	3-1	0-2	1-2	3-1	0-2	2-3	1-1	6-3	3-0	4-0	3-2	■	5-2	1-1	1-1	1-4
Montrose FC	0-1	1-2	2-5	0-1	2-2	5-5	4-5	2-3	3-2	4-5	4-0	7-3	1-0	2-0	■	5-1	2-2	4-3
Morton FC	1-1	0-0	3-2	2-4	2-1	2-1	3-4	3-1	0-2	6-4	4-1	3-1	4-1	2-0	2-2	■	2-2	5-3
St. Bernard's FC	0-1	2-0	7-1	1-2	2-4	1-1	5-3	3-1	0-1	3-2	4-3	6-2	5-4	2-1	2-1	5-0	■	1-0
Stenhousemuir FC	3-2	0-2	7-2	0-1	2-0	1-1	3-0	4-0	2-2	3-2	5-1	2-1	2-0	1-3	3-2	2-0	2-2	■

	Division 2	Pd	Wn	Dw	Ls	GF	GA	Pts	
1.	Cowdenbeath FC (Cowdenbeath)	34	28	4	2	120	45	60	P
2.	Alloa Athletic FC (Alloa)	34	22	4	8	91	46	48	P
3.	East Fife FC (Methil)	34	21	6	7	99	61	48	
4.	Airdrieonians FC (Airdrie)	34	21	5	8	85	57	47	
5.	Dunfermline Athletic FC (Dunfermline)	34	18	5	11	99	78	41	
6.	Dundee FC (Dundee)	34	15	7	12	99	63	37	
7.	St. Bernard's FC (Edinburgh)	34	15	6	13	79	79	36	
8.	Stenhousemuir FC (Stenhousemuir)	34	15	5	14	74	69	35	
9.	Dundee United FC (Dundee)	34	15	3	16	78	69	33	
10.	Brechin City FC (Brechin)	34	11	9	14	82	106	31	
11.	Dumbarton FC (Dumbarton)	34	9	12	13	68	76	30	
12.	Morton FC (Greenock)	34	11	6	17	74	88	28	
13.	King's Park FC (Stirling)	34	12	2	20	87	92	26	
14.	Montrose FC (Montrose)	34	10	5	19	82	96	25	
15.	Forfar Athletic FC (Forfar)	34	11	3	20	74	138	25	
16.	Leith Athletic FC (Edinburgh)	34	10	4	20	57	83	24	
17.	East Stirlingshire FC (Falkirk)	34	9	4	21	89	130	22	
18.	Edinburgh City FC (Edinburgh)	34	6	4	24	58	119	16	
		612	259	94	259	1459	1459	612	

SCOTTISH CUP FINAL   (Hampden Park, Glasgow – 22/04/1939 – 94,770)

CLYDE FC (GLASGOW)   4-0   Motherwell FC (Motherwell)
Wallace, Martin 2, Noble   (H.T. 1-0)

Clyde: Brown, Kirk, Hickie, Beaton, Falloon, Weir, Robertson, Wallace, Martin, Noble, Gillies.
Motherwell: Murray, Wales, Ellis, Mackenzie, Blair, Telfer, Ogilvie, Bremner, Mathie, Stevenson, McCulloch.

Semi-finals   (25/03/1939 – 29/03/1939)

Aberdeen FC (Aberdeen)	1-1, 1-3	Motherwell FC (Motherwell)
Clyde FC (Glasgow)	1-0	Hibernian FC (Edinburgh)

1939-40 SEASON

1939-1940 Scottish Football League Division 1	Aberdeen	Albion Rovers	Alloa Athletic	Arbroath	Ayr United	Celtic	Clyde	Cowdenbeath	Falkirk	Hamilton	Hearts	Hibernian	Kilmarnock	Motherwell	Partick Thistle	Queen/South	Rangers	St. Johnstone	St. Mirren	Third Lanark
Aberdeen FC	■	---	---	---	3-1	---	---	---	---	---	3-1	---	---	---	---	---	---	---	---	---
Albion Rovers FC	---	■	---	---	5-0	---	---	---	---	---	---	---	---	---	---	---	---	---	0-0	---
Alloa Athletic FC	---	---	■	---	---	---	---	---	---	---	---	---	---	---	3-2	---	---	---	3-0	---	---
Arbroath FC	---	---	5-2	■	---	---	---	---	2-0	---	---	1-2	---	---	---	---	---	---	---	---
Ayr United FC	---	2-1	---	---	■	---	---	---	6-1	---	---	---	---	---	---	0-4	---	---	---	---
Celtic FC	1-3	---	---	---	---	■	1-0	---	---	2-1	---	---	---	---	---	---	---	---	---	---
Clyde FC	---	---	---	---	---	---	■	---	4-6	---	---	---	---	---	---	---	2-0	---	---	---
Cowdenbeath FC	---	---	---	---	---	1-2	---	■	---	---	---	---	---	---	---	---	---	---	---	2-1
Falkirk FC	---	---	---	---	---	4-2	7-1	---	■	---	---	---	---	---	2-1	---	---	---	---	---
Hamilton Academical FC	---	---	---	2-0	---	---	---	2-1	---	■	---	---	---	---	---	---	---	---	---	---
Heart of Midlothian FC	---	---	---	6-2	---	---	---	---	---	---	■	---	---	---	1-1	---	---	---	---	---
Hibernian FC	---	3-5	---	---	---	3-2	---	---	---	---	---	■	---	---	---	3-1	---	---	---	---
Kilmarnock FC	---	---	---	---	---	---	---	---	---	---	---	---	■	3-3	---	---	---	---	---	0-1
Motherwell FC	3-0	---	---	---	---	---	---	---	2-4	---	4-2	---	---	■	---	---	---	---	---	---
Partick Thistle FC	---	2-1	2-0	---	---	---	---	---	2-2	---	---	---	---	---	■	---	---	---	---	---
Queen of the South FC	---	---	---	---	---	---	---	---	---	---	---	2-1	---	---	3-0	■	---	---	---	---
Rangers FC	---	---	---	3-1	---	---	---	---	---	---	---	---	---	---	---	---	■	---	5-1	---
St. Johnstone FC	3-0	---	4-0	---	---	---	---	---	---	0-3	---	---	---	---	---	---	---	■	---	---
St. Mirren FC	---	---	---	---	---	4-0	---	---	---	---	---	---	---	---	3-3	0-0	---	---	■	---
Third Lanark FC	---	---	---	---	---	4-2	---	2-2	---	---	---	---	---	---	---	1-2	---	---	---	■

	Division 1	Pd	Wn	Dw	Ls	GF	GA	Pts	
1.	Rangers FC (Glasgow)	5	4	1	-	14	3	9	
2.	Falkirk FC (Falkirk)	5	4	-	1	20	10	8	
3.	Heart of Midlothian FC (Edinburgh)	5	2	2	1	14	9	6	
4.	Aberdeen FC (Aberdeen)	5	3	-	2	9	9	6	
5.	Partick Thistle FC (Glasgow)	5	2	2	1	7	7	6	
6.	Celtic FC (Glasgow)	5	3	-	2	7	8	6	
7.	Albion Rovers FC (Coatbridge)	5	2	1	2	12	7	5	#
8.	Motherwell FC (Motherwell)	5	2	1	2	14	12	5	
9.	Third Lanark FC (Glasgow)	5	2	1	2	9	8	5	
10.	Kilmarnock FC (Kilmarnock)	5	2	1	2	10	9	5	
11.	Queen of the South FC (Dumfries)	5	2	1	2	10	9	5	
12.	St. Mirren FC (Paisley)	5	1	3	1	8	8	5	
13.	Hamilton Academical FC (Hamilton)	5	2	1	2	7	11	5	
14.	Arbroath FC (Arbroath)	5	2	-	3	9	9	4	#
15.	St. Johnstone FC (Perth)	5	2	-	3	7	8	4	#
16.	Hibernian FC (Edinburgh)	5	2	-	3	11	13	4	
17.	Alloa Athletic FC (Alloa)	5	2	-	3	8	13	4	#
18.	Ayr United FC (Ayr)	5	2	-	3	10	17	4	#
19.	Clyde FC (Glasgow)	5	1	-	4	10	14	2	
20.	Cowdenbeath FC (Cowdenbeath)	5	1	-	4	6	18	2	#
		100	43	14	43	202	202	100	

The Scottish League was suspended due to the conditions created by World War 2. Regional competitions were played during the war years with a 3rd Division being introduced on the official resumption in 1946-47.

On resumption of the official League championship in 1946-47 the following clubs were placed in Division 2: Albion Rovers FC, Alloa Athletic FC, Arbroath FC, Ayr United FC, Cowdenbeath FC and St. Johnstone FC.

1939-1940 Scottish Football League Division 2	Airdrieonians	Brechin City	Dumbarton	Dundee	Dundee United	Dunfermline	East Fife	East Stirling	Edinburgh City	Forfar Athletic	King's Park	Leith Athletic	Montrose	Morton	Queen's Park	Raith Rovers	St. Bernard's	Stenhousemuir
Airdrieonians FC	■	---	---	2-4	---	---	2-1	---	---	---	---	---	---	---	---	---	---	---
Brechin City FC	---	■	---	---	---	---	---	---	---	1-1	---	---	---	---	---	---	0-0	---
Dumbarton FC	---	---	■	---	---	---	3-3	---	3-2	---	---	---	---	---	---	---	---	---
Dundee FC	---	---	3-1	■	---	---	---	---	---	---	---	---	---	---	---	5-1	---	---
Dundee United FC	---	---	---	---	■	---	---	---	---	---	0-2	---	---	---	---	---	---	4-2
Dunfermline Athletic FC	---	5-2	---	---	---	■	---	---	---	---	---	---	3-3	---	---	---	---	---
East Fife FC	---	---	---	---	---	---	■	---	---	---	---	---	3-0	---	---	5-1	---	---
East Stirlingshire FC	---	---	---	1-1	---	---	---	■	---	---	---	4-1	---	---	---	---	---	---
Edinburgh City FC	---	---	---	---	2-3	---	---	---	■	---	---	---	3-0	---	---	---	---	---
Forfar Athletic FC	1-3	---	---	---	---	---	---	---	---	■	3-5	---	---	---	---	---	---	---
King's Park FC	---	---	---	---	---	---	2-2	---	---	---	■	3-1	---	---	---	---	---	---
Leith Athletic FC	---	---	1-2	---	0-2	---	---	---	---	---	---	■	---	---	---	---	---	---
Montrose FC	---	---	---	---	---	---	---	2-2	4-1	---	---	---	■	---	---	---	---	---
Morton FC	---	---	1-1	---	---	---	3-0	---	---	---	---	---	---	■	---	---	---	---
Queen's Park FC	2-0	---	---	---	---	---	---	---	---	---	---	---	---	---	■	2-1	---	---
Raith Rovers FC	---	2-0	---	---	---	---	---	---	---	---	---	---	---	---	---	■	---	1-3
St. Bernard's FC	---	---	---	---	---	---	---	---	6-2	---	---	---	---	---	0-0	---	■	---
Stenhousemuir FC	---	---	---	---	0-0	---	---	---	---	---	1-0	---	---	---	---	---	---	■

	Division 2	Pd	Wn	Dw	Ls	GF	GA	Pts	
1.	Dundee FC (Dundee)	4	3	1	-	13	5	7	
2.	Dunfermline Athletic FC (Dunfermline)	4	2	2	-	10	5	6	
3.	King's Park FC (Stirling)	4	2	2	-	11	7	6	##
4.	East Fife FC (Methil)	4	2	1	1	12	6	5	
5.	Queen's Park FC (Glasgow)	4	1	3	-	7	5	5	*
6.	Stenhousemuir FC (Stenhousemuir)	4	2	1	1	6	5	5	
7.	Dundee United FC (Dundee)	4	2	1	1	8	7	5	
8.	Dumbarton FC (Dumbarton)	4	2	1	1	9	9	5	
9.	East Stirlingshire FC (Falkirk)	4	1	2	1	7	7	4	
10.	St. Bernard's FC (Edinburgh)	4	1	2	1	7	7	4	##
11.	Airdrieonians FC (Airdrie)	4	2	-	2	7	8	4	
12.	Edinburgh City FC (Edinburgh)	4	1	1	2	9	8	3	#
13.	Montrose FC (Montrose)	4	1	1	2	7	8	3	#
14.	Raith Rovers FC (Kirkcaldy)	4	1	1	2	8	12	3	
15.	Morton FC (Greenock)	4	1	1	2	4	7	3	*
16.	Leith Athletic FC (Leith)	4	1	-	3	4	7	2	##
17.	Brechin City FC (Brechin)	4	-	2	2	3	8	2	##
18.	Forfar Athletic FC (Forfar)	4	-	-	4	7	18	-	##
		72	25	22	25	139	139	72	

* Morton FC (Greenock) and Queen's Park FC (Glasgow) were placed in Division 1 on the resumption of the League in 1946-47.

The following clubs were placed in newly formed Division 3 when the League resumed in season 1946-47: Brechin City FC, Edinburgh City FC, Forfar Athletic FC, Leith Athletic FC and Montrose FC.

King's Park FC (Stirling) and St. Bernard's FC (Edinburgh) were not in the League upon resumption in 1946-47.

1939-1940 North-East League	Aberdeen	Alloa Athletic	Arbroath	Cowdenbeath	Dundee	Dundee United	Dunfermline	East Fife	Falkirk	Hearts	Hibernian	King's Park	Raith Rovers	St. Bernard's	St. Johnstone	Stenhousemuir
Aberdeen FC	■	3-1	5-2	8-1	3-0	3-1	3-0	2-2	6-2	3-0	3-3	5-2	5-1	3-3	5-1	6-1
Alloa Athletic FC	0-3	■	1-1	2-1	2-2	2-1	2-3	3-1	0-2	2-3	2-3	1-3	3-1	5-0	4-1	3-1
Arbroath FC	2-1	1-1	■	0-6	3-1	5-2	1-3	2-2	1-2	2-2	0-0	5-2	0-2	0-4	1-2	2-1
Cowdenbeath FC	---	---	---	■	1-1	4-2	---	---	---	2-3	0-4	5-2	5-3	4-0	---	---
Dundee FC	3-1	1-1	9-3	---	■	2-1	2-2	2-0	4-2	4-6	2-1	5-0	2-3	2-2	7-2	7-1
Dundee United FC	3-5	5-0	4-2	---	2-1	■	5-2	3-2	1-3	3-2	1-3	1-0	1-1	1-0	2-2	10-2
Dunfermline Athletic FC	4-3	2-4	4-0	3-0	2-0	2-0	■	6-4	4-3	5-2	2-1	2-0	3-4	3-1	2-3	4-2
East Fife FC	1-4	2-3	6-2	2-4	3-0	3-6	1-8	■	2-5	1-2	4-3	6-1	3-2	2-1	4-4	9-3
Falkirk FC	0-1	2-1	3-0	9-0	6-1	4-2	0-0	3-0	■	7-1	3-3	5-2	5-0	8-1	4-0	4-1
Heart of Midlothian FC	3-2	7-2	7-1	---	2-3	9-2	2-0	6-3	2-3	■	4-0	7-2	4-3	2-2	3-0	8-2
Hibernian FC	2-0	3-0	2-4	---	6-0	6-2	2-3	2-5	5-6	5-6	■	2-1	4-1	3-1	3-3	1-2
King's Park FC	2-1	1-2	5-3	---	3-3	2-1	2-3	2-3	1-1	2-2	2-7	■	5-6	4-1	5-2	1-1
Raith Rovers FC	4-1	1-3	6-0	---	2-1	5-0	0-3	2-5	2-2	1-5	1-1	1-2	■	6-0	3-4	5-2
St. Bernard's FC	3-1	2-0	2-0	---	0-0	4-2	1-3	2-1	1-2	0-2	1-6	3-4	1-0	■	1-1	6-2
St. Johnstone FC	3-0	2-3	4-0	3-0	2-2	1-3	4-2	8-1	2-2	2-2	4-0	2-1	10-3	6-1	■	3-2
Stenhousemuir FC	0-0	2-3	2-0	2-5	0-3	0-1	3-0	0-2	3-8	1-0	2-1	2-3	5-0	4-0	3-3	■

	North-East League	Pd	Wn	Dw	Ls	GF	GA	Pts	
1.	FALKIRK FC (FALKIRK)	29	20	5	4	106	47	45	
2.	Heart of Midlothian FC (Edinburgh)	29	18	4	7	104	66	40	
3.	Dunfermline Athletic FC (Dunfermline)	29	19	2	8	80	55	40	#
4.	Aberdeen FC (Aberdeen)	29	16	4	9	86	50	36	#
5.	St. Johnstone FC (Perth)	29	13	8	8	84	69	34	#
6.	Dundee FC (Dundee)	29	11	8	10	70	62	30	#
7.	Alloa Athletic FC (Alloa)	29	13	4	12	56	60	30	#
8.	Hibernian FC (Edinburgh)	29	12	5	12	82	65	29	
9.	Dundee United FC (Dundee)	29	12	2	15	68	77	26	#
10.	East Fife FC (Methil)	29	11	3	15	80	91	25	#
11.	Raith Rovers FC (Kirkcaldy)	29	10	3	16	69	85	23	#
12.	King's Park FC (Stirling)	29	9	4	16	62	88	22	#
13.	St. Bernard's FC (Edinburgh)	29	8	5	16	44	77	21	#
14.	Stenhousemuir FC (Stenhousemuir)	29	7	3	19	52	98	17	#
15.	Arbroath FC (Arbroath)	29	6	5	18	44	91	17	#
--.	Cowdenbeath FC (Cowdenbeath)	15	7	1	7	38	44	15	##
		450	192	66	192	1125	1125	450	

Cowdenbeath FC resigned from the league mid-season but their record was allowed to stand in the final tables.

Clubs marked (#) did not take part in the league which was reduced to a single division of 16 clubs for the next season.

1939-1940 South-West League	Airdrieonians	Albion Rovers	Ayr United	Celtic	Clyde	Dumbarton	Hamilton	Kilmarnock	Morton	Motherwell	Partick Thistle	Queen/South	Queen's Park	Rangers	St. Mirren	Third Lanark
Airdrieonians FC	■	1-4	4-1	0-1	1-6	3-2	1-1	3-0	3-2	5-2	1-2	4-1	3-3	0-1	4-2	4-2
Albion Rovers FC	0-1	■	2-1	3-2	2-1	3-1	1-2	2-3	3-1	4-0	4-2	2-3	5-2	3-3	2-1	2-0
Ayr United FC	2-1	2-0	■	1-0	3-2	4-4	2-2	2-3	0-1	0-1	7-0	2-1	1-2	0-2	2-3	2-4
Celtic FC	4-2	3-1	1-3	■	4-1	4-0	3-4	1-1	0-3	2-2	1-1	0-3	4-4	1-2	2-1	1-2
Clyde FC	2-0	5-0	1-1	2-0	■	3-3	5-3	1-2	0-3	8-2	2-2	2-2	1-1	0-1	3-1	4-0
Dumbarton FC	0-1	4-1	2-1	1-5	1-2	■	1-2	2-2	3-2	0-1	0-0	1-3	1-3	2-3	3-2	3-1
Hamilton Academical FC	5-0	2-1	4-2	5-0	3-2	4-2	■	0-0	2-2	2-3	6-4	3-6	3-1	2-0	3-4	4-0
Kilmarnock FC	1-5	6-2	3-1	3-2	1-2	5-0	1-4	■	4-2	1-1	5-2	1-3	2-1	3-1	3-1	1-2
Morton FC	2-1	2-3	4-1	1-1	2-1	5-0	1-2	2-0	■	3-3	3-0	4-0	2-2	3-0	3-2	3-2
Motherwell FC	0-2	2-1	3-3	2-0	1-1	5-1	1-1	2-1	2-1	■	6-1	2-1	4-1	0-1	1-4	6-2
Partick Thistle FC	3-2	0-1	2-0	4-2	3-2	0-4	1-1	5-2	1-0	1-3	■	2-2	6-0	1-3	3-1	4-1
Queen of the South FC	4-2	4-2	3-0	1-3	2-2	3-1	3-2	4-2	3-0	4-1	4-1	■	4-2	1-2	1-1	6-3
Queen's Park FC	1-2	1-3	5-4	1-4	1-1	4-1	3-2	0-1	3-3	2-2	4-3	1-2	■	2-3	1-3	4-2
Rangers FC	3-1	2-1	3-1	1-1	3-1	2-1	2-2	4-1	1-0	1-2	2-2	5-1	4-0	■	4-0	6-0
St. Mirren FC	3-2	1-2	2-0	2-1	1-1	1-2	2-1	3-3	0-3	1-3	3-1	1-1	3-0	4-6	■	5-3
Third Lanark FC	1-4	2-2	1-1	4-2	2-4	3-2	1-1	3-2	3-1	1-1	2-0	1-1	3-0	0-1	2-1	■

116

	South-West League	**Pd**	**Wn**	**Dw**	**Ls**	**GF**	**GA**	**Pts**	
1.	RANGERS FC (GLASGOW)	30	22	4	4	72	36	48	
2.	Queen of the South FC (Dumfries)	30	17	6	7	77	55	40	#
3.	Hamilton Academical FC (Hamilton)	30	15	8	7	78	55	38	
4.	Motherwell FC (Motherwell)	30	15	8	7	64	56	38	
5.	Morton FC (Greenock)	30	14	5	11	64	46	33	
6.	Albion Rovers FC (Coatbridge)	30	15	2	13	62	60	32	
7.	Clyde FC (Glasgow)	30	11	9	10	68	51	31	
8.	Kilmarnock FC (Kilmarnock)	30	13	5	12	63	63	31	#
9.	Airdrieonians FC (Airdrie)	30	14	2	14	63	61	30	
10.	St. Mirren FC (Paisley)	30	11	4	15	59	66	26	
11.	Partick Thistle FC (Glasgow)	30	10	6	14	57	74	26	
12.	Third Lanark FC (Glasgow)	30	10	5	15	53	78	25	
13.	Celtic FC (Glasgow)	30	9	6	15	55	61	24	
14.	Queen's Park FC (Glasgow)	30	7	7	16	55	82	21	
15.	Ayr United FC (Ayr)	30	7	5	18	50	66	19	#
16.	Dumbarton FC (Dumbarton)	30	7	4	19	48	78	18	
		480	197	86	197	988	988	480	

Clubs marked (#) did not take part in the league which was reduced to a single division of 16 clubs for the next season.

1940-41 SEASON

1940-1941 South League	Airdrieonians	Albion Rovers	Celtic	Clyde	Dumbarton	Falkirk	Hamilton	Hearts	Hibernian	Morton	Motherwell	Partick Thistle	Queen's Park	Rangers	St. Mirren	Third Lanark
Airdrieonians FC		3-2	1-0	1-4	6-1	5-2	6-5	3-1	4-2	0-0	5-3	1-1	5-2	0-2	3-0	3-4
Albion Rovers FC	2-4		1-3	0-1	1-2	5-5	1-4	0-3	4-3	3-3	3-1	1-1	3-1	3-7	0-2	6-1
Celtic FC	2-0	2-0		1-1	1-0	2-2	2-2	2-1	0-4	2-0	4-1	5-1	5-1	0-0	0-0	4-3
Clyde FC	4-3	4-2	1-1		2-2	8-2	2-1	10-3	2-1	2-1	3-2	5-3	5-1	0-3	1-3	3-3
Dumbarton FC	3-3	4-1	2-3	2-1		2-1	5-1	1-4	2-0	2-4	2-3	2-0	2-1	1-4	3-4	6-4
Falkirk FC	1-1	2-0	0-1	3-2	3-3		5-0	3-3	2-2	6-3	6-3	4-1	4-1	1-3	2-0	5-0
Hamilton Academical FC	3-2	0-2	1-0	0-2	3-0	3-2		6-2	2-3	4-3	3-4	3-1	3-4	1-4	2-2	1-1
Heart of Midlothian FC	0-2	3-1	2-1	3-5	3-1	2-3	5-2		3-5	3-3	1-1	2-1	1-0	1-1	5-1	4-2
Hibernian FC	2-2	1-1	2-0	2-2	3-1	7-1	3-1	2-1		2-1	3-3	4-0	3-2	1-0	2-4	2-2
Morton FC	3-3	4-0	2-0	2-6	2-1	1-1	3-3	1-1	3-1		1-0	3-1	5-0	2-4	1-2	4-1
Motherwell FC	2-0	6-0	5-1	4-6	4-1	3-1	2-4	2-3	3-0	1-1		2-4	2-0	2-3	4-1	3-0
Partick Thistle FC	3-3	1-0	3-2	3-3	5-2	4-0	0-0	4-2	1-2	2-2	3-0		4-0	1-4	3-2	2-3
Queen's Park FC	2-3	6-1	0-1	3-4	2-3	1-3	1-2	3-1	2-5	2-1	1-3	1-1		0-5	2-0	2-2
Rangers FC	2-0	2-0	2-3	3-2	1-1	4-0	2-0	3-0	5-1	5-4	2-3	3-1	1-1		3-0	0-3
St. Mirren FC	1-1	1-1	1-0	2-2	4-0	3-4	3-3	0-1	4-4	2-2	2-0	1-0	2-1	2-0		3-2
Third Lanark FC	3-2	0-3	1-0	1-6	4-1	0-4	3-4	2-0	3-2	2-2	1-1	0-0	0-3	0-1	5-3	

	South League	Pd	Wn	Dw	Ls	GF	GA	Pts
1.	RANGERS FC (GLASGOW)	30	21	4	5	79	33	46
2.	Clyde FC (Glasgow)	30	18	7	5	99	61	43
3.	Hibernian FC (Edinburgh)	30	14	7	9	74	61	35
4.	Airdrieonians FC (Airdrie)	30	13	8	9	75	62	34
5.	Celtic FC (Glasgow)	30	14	6	10	48	40	34
6.	Falkirk FC (Falkirk)	30	13	7	10	78	73	33
7.	St. Mirren FC (Paisley)	30	12	8	10	55	57	32
8.	Motherwell FC (Motherwell)	30	13	4	13	73	65	30
9.	Morton FC (Greenock)	30	9	11	10	67	62	29
10.	Heart of Midlothian FC (Edinburgh)	30	12	5	13	64	71	29
11.	Hamilton Academical FC (Hamilton)	30	11	6	13	67	75	28
12.	Partick Thistle FC (Glasgow)	30	9	8	13	55	62	26
13.	Third Lanark FC (Glasgow)	30	9	7	14	56	80	25
14.	Dumbarton FC (Dumbarton)	30	10	4	16	58	78	24
15.	Albion Rovers FC (Coatbridge)	30	6	5	19	45	80	17
16.	Queen's Park FC (Glasgow)	30	6	3	21	46	79	15
		480	190	100	190	1039	1039	480

A new 8 club North-East League was formed for next season to be played in 2 stages of 14 matches each.

1941-42 SEASON

1941-1942 South League	Airdrieonians	Albion Rovers	Celtic	Clyde	Dumbarton	Falkirk	Hamilton	Hearts	Hibernian	Morton	Motherwell	Partick Thistle	Queen's Park	Rangers	St. Mirren	Third Lanark
Airdrieonians FC	■	3-4	2-2	2-1	3-2	1-2	1-0	1-2	1-2	3-1	0-2	4-3	4-2	1-6	1-2	3-4
Albion Rovers FC	2-3	■	4-4	4-3	0-0	3-1	4-4	1-2	3-8	1-5	1-5	2-2	4-1	0-1	3-0	1-3
Celtic FC	3-3	4-2	■	5-2	4-2	2-0	2-1	4-4	2-1	3-0	1-2	1-1	2-0	0-2	3-0	3-1
Clyde FC	2-2	4-2	2-1	■	5-4	8-0	6-2	2-0	2-3	2-0	2-3	4-2	2-1	2-8	5-2	5-4
Dumbarton FC	3-5	5-2	2-5	6-0	■	0-1	3-2	3-3	2-1	3-1	2-1	2-7	2-1	3-3	5-1	1-5
Falkirk FC	3-0	2-4	0-1	4-3	3-1	■	5-1	2-6	1-2	5-2	1-0	2-1	3-5	2-2	2-0	3-2
Hamilton Academical FC	3-2	1-6	3-3	3-0	4-1	2-2	■	2-1	2-2	1-2	4-2	3-6	0-2	2-3	3-4	3-4
Heart of Midlothian FC	2-1	2-2	3-0	4-1	7-4	7-0	6-2	■	2-4	1-2	2-1	4-1	3-2	0-1	8-2	1-5
Hibernian FC	4-1	5-2	1-3	1-4	4-0	2-0	4-0	2-2	■	1-0	3-1	4-0	1-1	8-1	5-2	6-0
Morton FC	4-1	8-0	2-3	1-1	2-2	1-4	1-0	4-0	2-1	■	2-1	1-1	1-2	2-1	5-0	3-2
Motherwell FC	1-3	5-3	2-1	1-1	2-3	6-4	4-3	6-2	3-2	3-2	■	6-1	3-2	1-1	2-5	5-3
Partick Thistle FC	0-2	5-1	1-3	1-1	4-3	1-1	7-0	2-1	3-2	2-2	0-0	■	2-3	2-3	1-1	7-2
Queen's Park FC	2-2	2-0	1-1	1-3	1-2	3-1	3-1	4-1	1-2	2-0	3-1	2-2	■	1-2	1-2	4-1
Rangers FC	3-0	2-1	3-0	0-0	7-0	5-2	6-0	5-2	0-1	3-0	3-0	6-0	3-0	■	8-1	6-1
St. Mirren FC	7-2	4-2	2-2	3-3	2-4	1-1	5-3	0-3	1-1	1-0	2-3	1-1	1-1	3-1	■	4-0
Third Lanark FC	2-0	3-4	1-1	5-3	4-3	0-3	3-1	6-4	4-2	4-4	0-4	3-2	4-1	0-2	3-1	■

South League

		Pd	Wn	Dw	Ls	GF	GA	Pts
1.	RANGERS FC (GLASGOW)	30	22	4	4	97	35	48
2.	Hibernian FC (Edinburgh)	30	18	4	8	85	46	40
3.	Celtic FC (Glasgow)	30	15	9	6	69	50	39
4.	Motherwell FC (Motherwell)	30	16	3	11	76	62	35
5.	Heart of Midlothian FC (Edinburgh)	30	14	4	12	85	72	32
6.	Clyde FC (Glasgow)	30	13	6	11	79	75	32
7.	Third Lanark FC (Glasgow)	30	14	2	14	79	90	30
8.	Falkirk FC (Falkirk)	30	13	4	13	60	72	30
9.	Morton FC (Greenock)	30	12	5	13	60	54	29
10.	Queen's Park FC (Glasgow)	30	11	5	14	55	56	27
11.	St. Mirren FC (Paisley)	30	10	7	13	60	82	27
12.	Partick Thistle FC (Glasgow)	30	8	10	12	68	70	26
13.	Dumbarton FC (Dumbarton)	30	11	4	15	73	90	26
14.	Airdrieonians FC (Airdrie)	30	10	4	16	57	76	24
15.	Albion Rovers FC (Coatbridge)	30	8	5	17	68	97	21
16.	Hamilton Academical FC (Hamilton)	30	5	4	21	56	100	14
		480	200	80	200	1127	1127	480

1941-1942 North-East League (Series 1/2)	Aberdeen	Dundee United	Dunfermline	East Fife	Leith Athletic	Raith Rovers	Rangers	St. Bernard's
Aberdeen FC	■	4-2	4-0	1-1	9-0	7-1	1-1	7-1
	■	6-1	2-1	1-0	3-0	3-5	0-0	8-0
Dundee United FC	5-0	■	1-1	1-1	1-4	3-9	0-5	2-2
	2-0	■	3-5	0-2	5-1	5-1	8-1	2-0
Dunfermline Athletic FC	3-1	7-2	■	1-1	2-1	4-4	1-4	7-3
	1-2	0-2	■	1-3	5-1	3-2	2-3	2-2
East Fife FC	1-0	2-2	8-0	■	2-1	5-1	3-1	4-2
	1-1	1-1	3-1	■	3-1	6-1	0-3	3-2
Leith Athletic FC	3-4	2-5	1-3	1-2	■	4-0	3-5	3-3
	0-2	2-2	7-7	2-5	■	4-2	3-4	2-1
Raith Rovers FC	2-4	2-1	3-4	1-2	9-5	■	2-3	3-4
	2-1	1-1	4-0	7-2	1-2	■	4-3	5-2
Rangers FC	1-1	5-3	6-2	3-1	7-0	8-1	■	0-2
	1-3	4-2	7-0	4-0	4-3	6-3	■	3-0
St. Bernard's FC	2-6	1-4	5-3	1-1	5-3	3-2	2-3	■
	1-5	1-3	1-2	2-3	2-1	0-0	5-6	■

North-East League (Series 1)

		Pd	Wn	Dw	Ls	GF	GA	Pts
1.	RANGERS FC (GLASGOW)	14	10	2	2	52	22	22
2.	East Fife FC (Methil)	14	8	5	1	34	16	21
3.	Aberdeen FC (Aberdeen)	14	8	3	3	49	23	19
4.	Dunfermline Athletic FC (Dunfermline)	14	6	3	5	38	44	15
5.	St. Bernard's FC (Edinburgh)	14	5	3	6	36	48	13
6.	Dundee United FC (Dundee)	14	3	4	7	32	45	10
7.	Raith Rovers FC (Kirkcaldy)	14	3	1	10	40	57	7
8.	Leith Athletic FC (Edinburgh)	14	2	1	11	31	57	5
		112	45	22	45	312	312	112

	North-East League (Series 2)	Pd	Wn	Dw	Ls	GF	GA	Pts	Bon	Tot
1.	ABERDEEN FC (ABERDEEN)	14	9	2	3	37	15	20	6	26
2.	Rangers FC (Glasgow)	14	10	1	3	49	33	21	5	26
3.	East Fife FC (Methil)	14	8	2	4	32	27	18	4	22
4.	Dundee United FC (Dundee)	14	7	3	4	37	25	17	4	21
5.	Raith Rovers FC (Kirkcaldy)	14	6	2	6	38	38	14	3	17
6.	Dunfermline Athletic FC (Dunfermline)	14	4	2	8	30	42	10	2	12
7.	Leith Athletic FC (Edinburgh)	14	3	2	9	29	46	8	1	9
8.	St. Bernard's FC (Edinburgh)	14	1	2	11	19	45	4	-	4
		112	48	16	48	271	271	112	25	137

1942-43 SEASON

1942-1943 South League	Airdrieonians	Albion Rovers	Celtic	Clyde	Dumbarton	Falkirk	Hamilton	Hearts	Hibernian	Morton	Motherwell	Partick Thistle	Queen's Park	Rangers	St. Mirren	Third Lanark
Airdrieonians FC		4-4	15	0-1	1-0	3-1	1-2	2-4	0-5	2-5	3-1	3-5	3-4	1-7	3-1	4-0
Albion Rovers FC	5-3		4-4	1-5	3-4	1-4	3-1	1-3	1-4	1-5	1-2	1-5	3-1	0-4	5-1	2-2
Celtic FC	2-3	4-0		1-1	2-2	2-2	2-2	3-0	0-3	0-2	3-2	3-3	2-1	2-2	3-2	3-2
Clyde FC	3-2	5-0	1-3		6-2	1-0	2-0	2-2	7-2	2-3	1-3	4-1	2-5	1-3	4-2	2-0
Dumbarton FC	3-3	6-1	4-2	6-2		2-2	2-2	1-4	0-3	5-3	4-1	3-3	1-2	4-0	5-3
Falkirk FC	5-0	7-2	6-1	1-2	5-4		0-4	2-2	3-1	4-1	7-0	2-1	2-1	0-5	1-1	2-1
Hamilton Academical FC	2-1	3-2	2-1	3-3	2-1	3-2		3-2	1-3	0-2	3-2	2-2	3-1	0-3	3-2	4-2
Heart of Midlothian FC	5-2	5-1	5-3	1-3	0-1	3-2	4-0		1-4	5-2	1-6	3-3	1-0	0-3	4-2	3-1
Hibernian FC	7-1	3-1	4-0	2-2	4-1	4-0	3-1	2-2		2-2	2-1	0-0	4-0	1-1	3-2	5-1
Morton FC	3-3	2-1	4-0	3-1	1-3	3-1	3-2	2-0	1-0		1-2	2-1	3-1	1-1	8-0	6-2
Motherwell FC	4-0	1-0	2-1	2-2	0-2	3-0	5-2	3-2	2-1	1-4		1-1	1-1	0-2	1-0	5-2
Partick Thistle FC	2-0	6-2	2-3	1-3	2-1	0-3	4-4	2-2	1-5	1-3	1-2		2-1	0-2	8-1	2-1
Queen's Park FC	3-5	1-4	2-2	3-5	4-2	1-0	0-2	3-2	2-3	2-2	0-2	2-3		1-0	0-2	6-2
Rangers FC	4-1	3-0	8-1	0-1	1-0	1-1	4-2	1-1	1-1	7-0	2-1	4-1	5-2		5-1	4-2
St. Mirren FC	3-0	0-0	0-2	1-3	5-2	2-2	4-1	2-1	1-2	2-2	2-2	2-1	3-2	0-1		2-2
Third Lanark FC	1-0	1-3	4-2	2-1	7-3	4-1	1-2	3-2	2-2	2-0	1-1	3-2	0-3	3-4		

	South League	Pd	Wn	Dw	Ls	GF	GA	Pts
1.	RANGERS FC (GLASGOW)	30	22	6	2	89	23	50
2.	Morton FC (Greenock)	30	20	5	5	81	48	45
3.	Hibernian FC (Edinburgh)	30	19	6	5	86	40	44
4.	Clyde FC (Glasgow)	30	17	5	8	78	55	39
5.	Motherwell FC (Motherwell)	30	15	4	11	60	54	34
6.	Hamilton Academical FC (Hamilton)	30	14	5	11	61	67	33
7.	Heart of Midlothian FC (Edinburgh)	30	12	7	11	68	64	31
8.	Falkirk FC (Falkirk)	30	12	6	12	68	58	30
9.	Dumbarton FC (Dumbarton)	30	11	6	13	76	76	28
10.	Celtic FC (Glasgow)	30	10	8	12	61	76	28
11.	Partick Thistle FC (Glasgow)	30	9	8	13	63	67	26
12.	St. Mirren FC (Paisley)	30	8	5	17	49	78	21
13.	Third Lanark FC (Glasgow)	30	8	4	18	58	83	20
14.	Queen's Park FC (Glasgow)	30	7	4	19	55	76	18
15.	Airdrieonians FC (Airdrie)	30	7	3	20	55	97	17
16.	Albion Rovers FC (Coatbridge)	30	6	4	20	53	99	16
		480	197	86	197	1061	1061	480

1942-1943 North-East League (Series 1/2)	Aberdeen	Dundee United	Dunfermline	East Fife	Hearts	Hibernian	Raith Rovers	Rangers
Aberdeen FC	■	1-0	5-0	1-1	4-0	6-3	8-1	4-2
	■	3-0	4-1	4-1	8-3	2-0	2-0	2-1
Dundee United FC	0-4	■	3-1	0-1	3-1	3-1	3-2	3-2
	1-0	■	4-2	1-2	2-2	2-0	3-4	2-1
Dunfermline Athletic FC	1-3	5-2	■	3-1	2-0	2-0	2-1	3-1
	0-0	3-1	■	2-2	3-3	4-1	3-0	3-1
East Fife FC	0-1	3-0	2-3	■	4-0	1-0	4-1	2-1
	1-0	5-1	4-1	■	2-1	7-1	2-3	1-1
Heart of Midlothian FC	5-3	3-1	0-1	3-1	■	4-2	2-3	2-1
	2-6	1-4	2-1	2-3	■	7-1	2-6	0-0
Hibernian FC	0-7	6-4	3-0	2-3	2-3	■	3-2	4-3
	0-5	3-2	1-3	3-6	2-6	■	2-3	2-8
Raith Rovers FC	1-3	4-0	1-4	0-2	2-1	1-1	■	3-1
	1-1	3-1	5-3	2-0	3-5	5-3	■	3-2
Rangers FC	2-1	2-1	0-1	4-2	3-2	5-2	3-1	■
	1-2	3-1	0-1	1-2	4-0	4-0	5-4	■

North-East League (Series 1)

		Pd	Wn	Dw	Ls	GF	GA	Pts	
1.	ABERDEEN FC (ABERDEEN)	14	11	1	2	51	16	23	
2.	Dunfermline Athletic FC (Dunfermline)	14	10	-	4	28	23	20	
3.	East Fife FC (Methil)	14	8	1	5	27	19	17	
4.	Rangers FC (Glasgow)	14	6	-	8	30	31	12	
5.	Heart of Midlothian FC (Edinburgh)	14	6	-	8	26	32	12	
6.	Dundee United FC (Dundee)	14	5	-	9	24	36	10	
7.	Hibernian FC (Edinburgh)	14	4	1	9	29	44	9	#
8.	Raith Rovers FC (Kirkcaldy)	14	4	1	9	23	37	9	
		112	54	4	54	238	238	112	

North-East League (Series 2)

		Pd	Wn	Dw	Ls	GF	GA	Pts	Bon	Tot
1.	ABERDEEN FC (ABERDEEN)	14	10	2	2	39	12	22	7	29
2.	East Fife FC (Methil)	14	9	2	3	38	23	20	5	25
3.	Raith Rovers FC (Kirkcaldy)	14	9	1	4	42	34	19	4	23
4.	Dunfermline Athletic FC (Dunfermline)	14	6	3	5	30	28	15	3	18
5.	Rangers FC (Glasgow)	14	5	2	7	32	23	12	3	15
6.	Heart of Midlothian FC (Edinburgh)	14	4	3	7	36	45	11	2	13
7.	Dundee United FC (Dundee)	14	5	1	8	25	32	11	2	13
8.	Hibernian FC (Edinburgh)	14	1	-	13	19	64	2	-	2
		112	49	14	49	261	261	112	26	132

Note: Heart of Midlothian FC (Edinburgh) and Hibernian FC (Edinburgh) replaced Leith Athletic FC (Edinburgh) and St. Bernard's FC (Edinburgh) for this season.

Hibernian FC (Edinburgh) were replaced by Falkirk FC (Falkirk) for the next season.

1943-44 SEASON

1943-1944 South League	Airdrieonians	Albion Rovers	Celtic	Clyde	Dumbarton	Falkirk	Hamilton	Hearts	Hibernian	Morton	Motherwell	Partick Thistle	Queen's Park	Rangers	St. Mirren	Third Lanark
Airdrieonians FC		4-2	1-3	1-5	1-3	0-0	6-2	1-3	2-5	1-4	1-3	5-0	4-2	1-3	2-0	2-0
Albion Rovers FC	2-1		2-1	2-0	0-1	2-1	2-4	1-2	2-4	4-1	2-2	2-1	0-5	1-5	3-3	1-3
Celtic FC	3-1	3-2		4-0	1-4	3-2	1-0	4-0	2-2	2-1	2-1	4-5	2-0	1-3	5-0	4-0
Clyde FC	2-2	0-2	1-2		4-1	3-1	5-0	2-0	2-1	0-3	1-0	5-1	1-1	0-3	3-0	3-3
Dumbarton FC	3-1	2-2	1-1	1-0		2-3	3-2	2-1	1-1	1-4	4-2	2-2	2-1	1-1	2-1	2-3
Falkirk FC	3-3	4-1	3-2	6-3	4-0		8-4	2-3	3-5	2-0	1-1	4-2	2-3	0-2	3-0	5-6
Hamilton Academical FC	2-1	7-1	3-3	1-2	0-1	6-4		2-1	1-2	2-2	1-0	3-1	4-2	1-4	4-2	6-2
Heart of Midlothian FC	1-1	1-0	0-0	2-2	3-0	1-1	5-6		0-1	1-1	3-1	2-3	9-0	1-3	5-2	6-3
Hibernian FC	1-2	3-0	2-2	3-1	4-3	4-3	3-5	0-1		2-0	3-3	2-0	2-1	3-4	4-1	6-0
Morton FC	2-1	6-2	1-1	2-4	3-1	3-1	5-4	1-3	3-1		1-1	1-2	2-4	1-1	3-3	2-1
Motherwell FC	3-0	2-1	1-2	1-3	2-0	5-3	6-1	2-2	0-1	3-0		2-2	6-0	0-5	2-2	5-2
Partick Thistle FC	6-1	4-0	1-2	3-2	2-6	3-2	2-2	0-1	3-1	0-1	2-2		1-0	1-2	1-2	6-1
Queen's Park FC	2-2	3-1	1-4	2-3	0-0	6-2	2-3	2-2	4-2	4-1	1-6	3-1		1-4	1-3	3-3
Rangers FC	3-0	5-0	0-1	3-2	2-0	2-0	6-0	1-3	4-0	4-1	2-0	3-3	1-1		1-2	3-1
St. Mirren FC	2-3	4-1	2-2	1-1	5-2	3-3	5-3	1-2	1-5	2-3	3-1	1-5	1-4			2-1
Third Lanark FC	2-3	3-2	3-4	7-2	2-3	1-3	3-2	1-2	0-2	4-3	3-4	0-3	1-4	0-6	1-1	

	South League	Pd	Wn	Dw	Ls	GF	GA	Pts
1.	RANGERS FC (GLASGOW)	30	23	4	3	90	27	50
2.	Celtic FC (Glasgow)	30	18	7	5	71	43	43
3.	Hibernian FC (Edinburgh)	30	17	4	9	72	54	38
4.	Heart of Midlothian FC (Edinburgh)	30	14	7	9	67	50	35
5.	Motherwell FC (Motherwell)	30	12	8	10	69	53	32
6.	Dumbarton FC (Dumbarton)	30	13	6	11	54	58	32
7.	Clyde FC (Glasgow)	30	13	5	12	62	58	31
8.	Morton FC (Greenock)	30	12	6	12	63	61	30
9.	Hamilton Academical FC (Hamilton)	30	13	3	14	80	88	29
10.	Partick Thistle FC (Glasgow)	30	11	5	14	62	66	27
11.	Queen's Park FC (Glasgow)	30	10	6	14	64	75	26
12.	Falkirk FC (Falkirk)	30	10	5	15	79	80	25
13.	St. Mirren FC (Paisley)	30	9	7	14	58	78	25
14.	Airdrieonians FC (Airdrie)	30	9	5	16	54	72	23
15.	Third Lanark FC (Glasgow)	30	7	3	20	60	100	17
16.	Albion Rovers FC (Coatbridge)	30	7	3	20	43	85	17
		480	198	84	198	1048	1048	480

1943-1944 North-East League (Series 1/2)	Aberdeen	Dundee United	Dunfermline	East Fife	Falkirk	Hearts	Raith Rovers	Rangers
Aberdeen FC		5-1	7-2	2-0	3-0	3-0	4-1	4-1
		1-1	3-2	0-0	3-1	5-2	1-0	3-0
Dundee United FC	2-0		1-3	4-3	7-1	6-3	2-1	4-1
	1-7		2-0	3-1	3-0	3-6	3-1	6-2
Dunfermline Athletic FC	3-1	5-0		5-0	3-0	1-2	2-1	1-1
	1-2	2-1		1-0	3-4	3-1	1-1	1-3
East Fife FC	1-1	3-1	0-2		6-0	1-3	2-3	1-0
	2-1	1-2	4-0		4-0	3-3	4-0	2-1
Falkirk FC	2-2	3-6	3-2	1-0		1-5	3-5	0-3
	2-10	6-3	2-6	0-0		2-0	4-3	2-4
Heart of Midlothian FC	2-2	4-2	2-1	5-2	4-1		2-3	1-0
	1-2	4-1	3-2	1-0	4-1		2-2	1-4
Raith Rovers FC	3-2	3-0	4-2	4-2	6-0	3-0		3-2
	2-0	2-0	1-4	0-4	3-1	1-0		2-2
Rangers FC	4-0	8-0	0-3	0-1	2-0	1-2	1-2	
	3-2	6-1	6-1	2-1	2-2	4-0	3-1	

North-East League (Series 1)

		Pd	Wn	Dw	Ls	GF	GA	Pts
1.	RAITH ROVERS FC (KIRKCALDY)	14	11	-	3	42	24	22
2.	Heart of Midlothian FC (Edinburgh)	14	9	1	4	35	27	19
3.	Aberdeen FC (Aberdeen)	14	7	3	4	36	22	17
4.	Dunfermline Athletic FC (Dunfermline)	14	8	1	5	35	22	17
5.	Dundee United FC (Dundee)	14	7	-	7	36	43	14
6.	Rangers FC (Glasgow)	14	4	1	9	24	22	9
7.	East Fife FC (Methil)	14	4	1	9	22	31	9
8.	Falkirk FC (Falkirk)	14	2	1	11	15	54	5
		112	52	8	52	245	245	112

North-East League (Series 2)

		Pd	Wn	Dw	Ls	GF	GA	Pts	Bon	Tot
1.	ABERDEEN FC (ABERDEEN)	14	9	2	3	40	18	20	4	24
2.	Rangers FC (Glasgow)	14	9	2	3	42	25	20	4	24
3.	East Fife FC (Methil)	14	6	3	5	26	14	15	3	18
4.	Dundee United FC (Dundee)	14	6	1	7	30	39	13	2	15
5.	Heart of Midlothian FC (Edinburgh)	14	5	2	7	28	33	12	2	14
6.	Dunfermline Athletic FC (Dunfermline)	14	5	1	8	27	33	11	2	13
7.	Raith Rovers FC (Kirkcaldy)	14	4	3	7	19	29	11	2	13
8.	Falkirk FC (Falkirk)	14	4	2	8	27	48	10	2	12
		112	48	16	48	239	239	112	21	133

Note: 1 bonus point was awarded for an "Away win" or an "Away draw" (shown in "Bon" column).

Arbroath FC (Arbroath) and Dundee FC (Dundee) joined the League which was extended to 10 clubs for the next season.

1944-45 SEASON

1944-1945 South League	Airdrieonians	Albion Rovers	Celtic	Clyde	Dumbarton	Falkirk	Hamilton	Hearts	Hibernian	Morton	Motherwell	Partick Thistle	Queen's Park	Rangers	St. Mirren	Third Lanark
Airdrieonians FC	■	4-0	1-2	1-2	2-1	2-2	0-2	1-1	1-1	2-3	1-1	0-3	3-3	1-3	3-3	0-1
Albion Rovers FC	3-2	■	0-1	1-3	2-4	3-1	2-2	3-10	0-5	4-3	2-0	0-3	2-3	0-4	0-0	1-0
Celtic FC	4-2	5-0	■	2-4	2-1	2-1	5-3	4-1	1-1	6-1	1-1	3-0	3-0	0-4	2-1	1-0
Clyde FC	4-0	2-3	0-3	■	7-1	5-1	7-1	5-1	2-3	1-0	5-3	4-1	3-1	0-2	3-2	1-2
Dumbarton FC	2-0	3-2	0-3	3-0	■	1-4	0-2	3-2	0-3	0-4	2-6	4-1	2-2	3-6	3-1	2-5
Falkirk FC	2-1	7-1	2-1	3-0	5-1	■	9-1	2-2	1-3	1-0	1-3	2-1	5-1	2-3	2-0	3-1
Hamilton Academical FC	5-0	8-4	6-2	5-3	3-3	1-1	■	2-2	1-1	4-2	1-0	3-4	5-3	2-4	5-2	5-2
Heart of Midlothian FC	3-2	2-1	2-0	6-2	4-0	1-2	4-2	■	3-0	2-1	3-3	3-3	2-1	1-1	7-0	4-1
Hibernian FC	3-2	4-1	2-4	0-4	0-0	3-0	3-1	3-1	■	0-1	0-1	8-0	2-0	4-1	6-2	2-4
Morton FC	4-2	3-0	4-3	2-3	2-1	4-2	1-2	5-1	3-2	■	1-3	2-0	4-1	1-4	3-0	3-1
Motherwell FC	5-1	7-2	2-1	2-3	4-3	5-2	4-2	4-1	3-0	4-2	■	2-1	4-2	0-4	2-0	4-6
Partick Thistle FC	1-2	4-1	0-3	4-2	1-2	1-2	3-1	2-1	5-1	3-2	1-3	■	2-1	1-4	3-0	2-6
Queen's Park FC	2-1	8-1	0-2	2-0	2-0	2-1	4-0	1-1	0-2	2-1	2-4	5-2	■	1-4	4-2	4-0
Rangers FC	2-0	3-0	0-1	3-0	5-2	4-0	2-0	4-0	5-0	2-4	1-1	2-0	0-1	■	6-1	0-0
St. Mirren FC	2-1	1-2	2-1	2-3	4-2	2-0	7-1	1-2	1-1	2-2	2-1	1-2	2-2	0-1	■	0-0
Third Lanark FC	3-5	2-1	1-2	1-2	0-2	2-1	2-1	1-2	3-6	2-3	1-1	4-1	2-0	1-4	1-2	■

	South League	**Pd**	**Wn**	**Dw**	**Ls**	**GF**	**GA**	**Pts**	
1.	RANGERS FC (GLASGOW)	30	23	3	4	88	27	49	
2.	Celtic FC (Glasgow)	30	20	2	8	70	42	42	
3.	Motherwell FC (Motherwell)	30	18	5	7	83	54	41	
4.	Clyde FC (Glasgow)	30	18	-	12	80	61	36	
5.	Hibernian FC (Edinburgh)	30	15	5	10	69	51	35	
6.	Heart of Midlothian FC (Edinburgh)	30	14	7	9	75	60	35	
7.	Morton FC (Greenock)	30	16	1	13	71	60	33	
8.	Falkirk FC (Falkirk)	30	14	3	13	67	57	31	
9.	Hamilton Academical FC (Hamilton)	30	12	5	13	77	86	29	
10.	Queen's Park FC (Glasgow)	30	12	4	14	60	62	28	
11.	Third Lanark FC (Glasgow)	30	11	3	16	55	65	25	
12.	Partick Thistle FC (Glasgow)	30	12	1	17	55	74	25	
13.	Dumbarton FC (Dumbarton)	30	9	3	18	51	84	21	*
14.	St. Mirren FC (Paisley)	30	7	6	17	45	71	20	
15.	Albion Rovers FC (Coatbridge)	30	7	2	21	42	104	16	*
16.	Airdrieonians FC (Airdrie)	30	4	6	20	43	73	14	*
		480	212	56	212	1031	1031	480	

The League was nationalised for the next season as the Southern League comprising Division "A" (16 clubs) and Division "B" (14 clubs).

* Of the clubs in the above South League, Airdrieonians FC (Airdrie), Albion Rovers FC (Coatbridge) and Dumbarton FC (Dumbarton) were placed in Division "B" of the new Southern League for the next season.

Aberdeen FC (Aberdeen) from the North-East League were placed in Division "A" of the new league structure with Kilmarnock FC (Kilmarnock) and Queen of the South FC (Dumfries) being elected directly to the new Division "A".

1944-1945 North-East League (Series 1/2)	Aberdeen	Arbroath	Dundee	Dundee United	Dunfermline	East Fife	Falkirk	Hearts	Raith Rovers	Rangers
Aberdeen FC	■	2-0	2-3	5-1	3-2	7-1	7-0	2-0	2-0	4-1
	■	2-2	5-0	6-0	0-1	2-2	7-0	5-1	8-0	1-0
Arbroath FC	0-3	■	1-4	2-1	2-1	2-1	1-1	5-2	3-5	3-3
	2-2	■	2-1	0-2	0-3	0-1	5-0	3-2	1-4	2-1
Dundee FC	2-1	6-2	■	2-2	3-1	1-1	1-2	6-0	4-6	5-3
	1-4	4-2	■	4-1	1-2	3-2	5-1	5-1	4-0	2-3
Dundee United FC	0-5	2-5	1-2	■	2-7	2-1	1-2	4-3	5-1	3-0
	1-9	1-0	0-4	■	6-3	3-1	2-5	0-0	5-2	1-1
Dunfermline Athletic FC	3-3	0-0	3-4	2-2	■	5-2	3-3	3-2	3-2	2-0
	1-4	2-2	2-0	3-1	■	4-2	3-1	2-1	2-2	1-1
East Fife FC	5-4	4-0	1-0	2-5	1-5	■	1-0	1-1	2-2	1-5
	1-0	1-1	1-4	6-1	3-2	■	6-2	0-0	3-1	2-1
Falkirk FC	0-5	0-0	1-2	4-2	0-3	0-3	■	1-5	0-1	0-1
	2-1	8-2	1-2	0-1	1-3	1-3	■	2-1	2-4	1-2
Heart of Midlothian FC	0-7	1-4	1-3	3-0	3-4	2-2	3-1	■	0-2	3-0
	3-1	5-2	5-3	0-3	1-0	1-2	2-2	■	2-0	2-2
Raith Rovers FC	2-1	2-0	2-4	1-1	3-1	1-2	4-1	3-0	■	4-1
	1-4	1-2	2-1	5-2	5-2	0-3	5-1	6-0	■	1-2
Rangers FC	1-2	5-0	0-1	2-0	1-1	2-0	4-0	1-2	2-1	■
	1-2	3-0	2-5	5-1	4-2	3-0	3-2	4-0	3-0	■

North-East League (Series 1)

		Pd	Wn	Dw	Ls	GF	GA	Pts
1.	DUNDEE FC (DUNDEE)	18	13	2	3	53	30	28
2.	Aberdeen FC (Aberdeen)	18	13	1	4	65	21	27
3.	Raith Rovers FC (Kirkcaldy)	18	10	2	6	42	32	22
4.	Dunfermline Athletic FC (Dunfermline)	18	8	5	5	49	36	21
5.	Rangers FC (Glasgow)	18	7	2	9	32	32	16
6.	East Fife FC (Methil)	18	6	4	8	31	44	16
7.	Arbroath FC (Arbroath)	18	6	4	8	30	43	16
8.	Dundee United FC (Dundee)	18	5	3	10	34	49	13
9.	Heart of Midlothian FC (Edinburgh)	18	5	2	11	31	49	12
10.	Falkirk FC (Falkirk)	18	3	3	12	16	47	9
		180	76	28	76	383	383	180

North-East League (Series 2)

		Pd	Wn	Dw	Ls	GF	GA	Pts	Bon	Tot
1.	ABERDEEN FC (ABERDEEN)	18	11	3	4	63	19	25	6	31
2.	Rangers FC (Glasgow)	18	10	3	5	41	25	23	6	29
3.	East Fife FC (Methil)	18	10	3	5	39	29	23	5	28
4.	Dunfermline Athletic FC (Dunfermline)	18	9	3	6	38	35	21	4	25
5.	Dundee FC (Dundee)	18	10	-	8	49	36	20	4	24
6.	Dundee United FC (Dundee)	18	7	2	9	31	54	16	3	19
7.	Arbroath FC (Arbroath)	18	5	4	9	28	43	14	4	18
8.	Raith Rovers FC (Kirkcaldy)	18	7	1	10	39	47	15	3	18
9.	Heart of Midlothian FC (Edinburgh)	18	5	4	9	27	42	14	2	16
10.	Falkirk FC (Falkirk)	18	4	1	13	32	57	9	2	11
		180	78	24	78	387	387	180	39	219

Note: 1 bonus point was awarded for an "Away Win" or an "Away Draw" (shown in the "Bon" column).

Alloa Athletic FC (Alloa), Ayr United FC (Ayr), Cowdenbeath FC (Cowdenbeath), St. Johnstone FC (Perth) and Stenhousemuir FC (Stenhousemuir) were all elected to Division "B" of the new Southern League for next season together with 6 of the above North-East League clubs. Aberdeen FC (Aberdeen) were elected to Division "A" and Falkirk FC, Heart of Midlothian FC and Rangers FC had been elected from the South League.

1945-46 SEASON

1945-1946 Scottish Football League Division "A"	Aberdeen	Celtic	Clyde	Falkirk	Hamilton	Hearts	Hibernian	Kilmarnock	Morton	Motherwell	Partick Thistle	Queen/South	Queen's Park	Rangers	St. Mirren	Third Lanark
Aberdeen FC	■	1-1	1-2	2-0	4-0	2-1	2-1	2-0	3-1	4-1	3-0	7-1	5-0	4-1	6-1	3-0
Celtic FC	1-1	■	2-2	2-1	2-0	3-5	0-1	1-1	2-1	3-0	4-1	2-0	3-3	0-1	2-2	3-2
Clyde FC	0-0	3-3	■	6-2	3-2	3-1	2-2	3-0	4-3	3-0	0-2	2-2	4-4	0-1	2-3	1-2
Falkirk FC	3-1	4-2	4-1	■	7-0	3-5	2-1	3-4	3-2	3-3	2-1	3-2	1-1	0-3	1-3	3-1
Hamilton Academical FC	3-3	0-1	2-4	3-1	■	2-0	1-1	4-4	2-2	3-6	0-1	2-2	3-4	1-4	0-3	0-1
Heart of Midlothian FC	1-2	2-2	1-1	4-1	4-1	■	0-2	1-4	6-0	0-0	4-1	0-3	3-3	2-0	2-2	2-1
Hibernian FC	1-1	1-1	3-2	4-1	1-2	1-0	■	4-1	5-0	0-0	3-1	6-1	4-0	2-1	3-2	4-0
Kilmarnock FC	1-4	2-1	0-0	6-2	0-2	2-2	3-4	■	1-1	2-5	2-1	1-1	2-2	0-7	6-4	1-3
Morton FC	3-2	1-1	1-1	3-3	3-1	4-2	4-1	6-1	■	3-3	1-1	7-1	1-2	2-2	0-1	4-4
Motherwell FC	1-3	1-3	3-2	1-1	0-0	5-4	0-0	2-2	2-1	■	2-1	2-1	1-2	1-2	5-1	1-3
Partick Thistle FC	1-1	0-3	2-1	4-3	5-1	1-3	0-2	5-3	2-2	3-0	■	2-1	1-3	1-5	1-0	6-2
Queen of the South FC	3-2	0-0	1-2	0-2	5-1	3-3	3-0	2-1	2-3	1-4	5-3	■	3-3	2-4	5-1	5-3
Queen's Park FC	3-1	2-0	1-2	2-0	3-2	0-1	2-4	2-3	3-4	4-0	1-1	2-3	■	0-2	3-0	1-1
Rangers FC	3-1	5-3	3-1	1-0	5-1	1-1	3-2	5-1	4-4	0-3	4-2	5-2	2-1	■	3-1	1-0
St. Mirren FC	4-1	1-2	2-1	0-0	2-3	3-1	0-3	4-1	2-4	0-0	0-2	4-1	2-3	2-2	■	3-4
Third Lanark FC	3-1	0-2	1-6	2-3	7-2	1-2	2-1	4-1	2-1	0-2	4-2	5-1	1-0	1-5	3-1	■

	Division "A"	Pd	Wn	Dw	Ls	GF	GA	Pts
1.	RANGERS FC (GLASGOW)	30	22	4	4	85	41	48
2.	Hibernian FC (Edinburgh)	30	17	6	7	67	37	40
3.	Aberdeen FC (Aberdeen)	30	16	6	8	73	41	38
4.	Celtic FC (Glasgow)	30	12	11	7	55	44	35
5.	Clyde FC (Glasgow)	30	11	9	10	64	54	31
6.	Motherwell FC (Motherwell)	30	11	9	10	54	55	31
7.	Heart of Midlothian FC (Edinburgh)	30	11	8	11	63	57	30
8.	Queen's Park FC (Glasgow)	30	11	8	11	60	60	30
9.	Third Lanark FC (Glasgow)	30	14	2	14	63	68	30
10.	Morton FC (Greenock)	30	9	11	10	72	69	29
11.	Falkirk FC (Falkirk)	30	11	5	14	62	70	27
12.	Partick Thistle FC (Glasgow)	30	11	4	15	54	65	26
13.	Queen of the South FC (Dumfries)	30	9	6	15	62	82	24
14.	St. Mirren FC (Paisley)	30	9	5	16	54	70	23
15.	Kilmarnock FC (Kilmarnock)	30	7	8	15	56	87	22
16.	Hamilton Academical FC (Hamilton)	30	5	6	19	44	88	16
		480	186	108	186	988	988	480

1945-1946 Scottish Football League Division "B"

	Airdrieonians	Albion Rovers	Alloa Athletic	Arbroath	Ayr United	Cowdenbeath	Dumbarton	Dundee	Dundee United	Dunfermline	East Fife	Raith Rovers	St. Johnstone	Stenhousemuir
Airdrieonians FC		2-5	3-0	5-0	3-2	5-2	3-2	3-3	1-1	1-1	2-0	4-2	5-5	6-0
Albion Rovers FC	3-2		6-2	1-1	3-2	4-0	3-0	0-2	1-0	2-0	3-2	3-0	1-6	0-0
Alloa Athletic FC	2-3	0-2		4-4	1-3	2-0	2-1	0-1	3-1	1-5	1-1	6-0	3-1	4-0
Arbroath FC	0-5	1-0	1-2		2-4	4-1	0-3	1-4	4-1	3-1	2-6	2-1	0-1	0-3
Ayr United FC	0-3	3-1	2-6	4-1		3-1	4-1	2-1	1-1	2-1	1-1	1-1	1-0	10-1
Cowdenbeath FC	2-3	1-0	1-1	4-2	1-1		1-5	2-2	4-2	1-0	1-3	2-1	3-3	5-1
Dumbarton FC	1-2	4-0	4-1	2-0	1-3	3-1		0-1	2-1	2-1	3-0	6-3	3-5	1-1
Dundee FC	4-1	2-0	5-1	8-0	1-4	5-0	5-2		1-0	3-1	2-1	7-0	5-1	6-1
Dundee United FC	4-2	2-3	2-5	4-1	3-2	0-2	4-1	2-3		1-2	5-2	0-7	3-4	7-0
Dunfermline Athletic FC	5-2	5-2	2-3	6-1	2-3	4-1	1-1	0-6	7-0		0-4	8-1	0-1	5-1
East Fife FC	2-1	1-0	1-1	8-0	2-0	0-1	6-2	1-4	2-0	0-0		4-0	2-1	7-2
Raith Rovers FC	4-0	0-1	1-2	3-2	2-3	3-2	1-4	0-5	5-0	3-2	0-2		4-5	1-2
St. Johnstone FC	0-0	3-0	0-4	4-6	3-2	1-1	3-3	4-1	3-0	1-1	1-4	5-3		4-1
Stenhousemuir FC	0-2	0-1	3-2	3-2	0-6	4-3	2-2	1-5	2-2	1-3	1-2	2-2	4-1	

	Division "B"	Pd	Wn	Dw	Ls	GF	GA	Pts
1.	Dundee FC (Dundee)	26	21	2	3	92	28	44
2.	East Fife FC (Methil)	26	15	4	7	64	34	34
3.	Ayr United FC (Ayr)	26	15	4	7	69	43	34
4.	Airdrieonians FC (Airdrie)	26	14	5	7	69	50	33
5.	St. Johnstone FC (Perth)	26	12	6	8	66	60	30
6.	Albion Rovers FC (Coatbridge)	26	14	2	10	45	41	30
7.	Alloa Athletic FC (Alloa)	26	12	4	10	59	53	28
8.	Dumbarton FC (Dumbarton)	26	11	4	11	59	54	26
9.	Dunfermline Athletic FC (Dunfermline)	26	10	4	12	63	47	24
10.	Cowdenbeath FC (Cowdenbeath)	26	8	5	13	43	62	21
11.	Stenhousemuir FC (Stenhousemuir)	26	6	5	15	36	89	17
12.	Dundee United FC (Dundee)	26	6	3	17	46	70	15
13.	Raith Rovers FC (Kirkcaldy)	26	6	2	18	48	80	14
14.	Arbroath FC (Arbroath)	26	6	2	18	40	88	14
		364	156	52	156	799	799	364

The Scottish Football League was officially re-inaugurated for the next season with Divisions "A" and "B" as above and with a new Division "C" (10 clubs) being introduced.

1946-47 SEASON

1946-1947 Scottish Football League Division "A"	Aberdeen	Celtic	Clyde	Falkirk	Hamilton	Hearts	Hibernian	Kilmarnock	Morton	Motherwell	Partick Thistle	Queen/South	Queen's Park	Rangers	St. Mirren	Third Lanark
Aberdeen FC	■	6-2	2-1	0-4	3-0	2-1	2-1	1-0	2-2	3-1	2-2	0-0	3-1	1-0	4-2	1-0
Celtic FC	1-5	■	3-3	0-0	2-1	2-3	4-1	4-2	1-2	3-2	2-0	2-0	1-0	2-3	2-1	1-4
Clyde FC	0-2	2-2	■	4-0	2-1	0-2	2-2	3-3	2-1	3-1	2-4	1-1	2-5	2-4	2-2	0-3
Falkirk FC	2-0	1-4	1-2	■	6-0	3-3	2-3	3-3	1-1	5-2	6-1	2-3	3-1	0-5	2-3	2-2
Hamilton Academical FC	2-5	2-2	1-2	1-4	■	3-1	0-0	2-2	2-2	2-2	1-3	2-3	1-2	0-6	1-4	2-2
Heart of Midlothian FC	4-0	2-1	2-1	1-1	4-3	■	2-3	2-0	2-0	2-1	1-4	1-1	1-3	0-3	2-2	4-1
Hibernian FC	1-1	2-0	1-0	2-2	3-2	0-1	■	6-0	1-1	1-2	5-1	9-1	3-1	1-1	1-0	4-1
Kilmarnock FC	2-1	1-2	2-2	2-1	1-1	0-0	3-5	■	2-3	2-0	3-1	1-3	2-2	0-2	1-5	0-2
Morton FC	0-0	2-1	2-2	3-3	5-1	0-1	0-2	0-0	■	3-1	3-4	4-1	5-4	0-1	4-0	2-0
Motherwell FC	2-2	1-2	3-3	2-0	4-0	0-2	2-1	2-1	0-1	■	3-3	5-1	1-0	2-4	4-2	2-1
Partick Thistle FC	4-0	4-1	1-3	4-1	4-1	1-2	0-2	5-2	3-1	0-2	■	1-2	4-0	3-2	3-0	3-1
Queen of the South FC	1-5	3-1	2-0	2-2	2-3	0-1	1-3	1-1	2-2	1-6	0-0	■	1-4	0-2	3-2	4-1
Queen's Park FC	0-0	1-3	1-3	0-1	2-1	2-2	0-1	0-1	2-3	1-1	2-6	4-1	■	0-0	3-2	0-0
Rangers FC	1-0	1-1	5-0	2-1	4-1	1-2	1-2	3-2	2-1	2-1	4-0	2-1	2-0	■	4-0	8-1
St. Mirren FC	4-2	0-1	1-3	1-1	1-0	1-0	0-1	3-1	1-1	1-2	1-4	1-2	3-2	1-0	■	2-4
Third Lanark FC	0-3	0-0	5-3	4-2	2-1	4-1	0-2	1-4	1-4	2-1	4-1	1-1	3-4	1-1	5-1	■

	Division "A"	Pd	Wn	Dw	Ls	GF	GA	Pts	
1.	RANGERS FC (GLASGOW)	30	21	4	5	76	26	46	
2.	Hibernian FC (Edinburgh)	30	19	6	5	69	33	44	
3.	Aberdeen FC (Aberdeen)	30	16	7	7	58	41	39	
4.	Heart of Midlothian FC (Edinburgh)	30	16	6	8	52	43	38	
5.	Partick Thistle FC (Glasgow)	30	16	3	11	74	59	35	
6.	Morton FC (Greenock)	30	12	10	8	58	45	34	
7.	Celtic FC (Glasgow)	30	13	6	11	53	55	32	
8.	Motherwell FC (Motherwell)	30	12	5	13	58	54	29	
9.	Third Lanark FC (Glasgow)	30	11	6	13	56	64	28	
10.	Clyde FC (Glasgow)	30	9	9	12	55	65	27	
11.	Falkirk FC (Falkirk)	30	8	10	12	62	61	26	
12.	Queen of the South FC (Dumfries)	30	9	8	13	44	69	26	
13.	Queen's Park FC (Glasgow)	30	8	6	16	47	60	22	
14.	St. Mirren FC (Paisley)	30	9	4	17	47	65	22	
15.	Kilmarnock FC (Kilmarnock)	30	6	9	15	44	66	21	R
16.	Hamilton Academical FC (Hamilton)	30	2	7	21	38	85	11	R
		480	187	106	187	891	891	480	

Top goalscorer 1946-47

1) Robert MITCHELL   (Third Lanark FC)   22

1946-1947 Scottish Football League Division "B"	Airdrieonians	Albion Rovers	Alloa Athletic	Arbroath	Ayr United	Cowdenbeath	Dumbarton	Dundee	Dundee United	Dunfermline	East Fife	Raith Rovers	St. Johnstone	Stenhousemuir
Airdrieonians FC		1-2	3-2	3-1	2-1	7-2	5-4	2-1	5-0	6-4	2-2	1-1	2-1	3-1
Albion Rovers FC	0-1		1-6	3-1	2-1	1-1	3-0	2-2	5-1	5-1	1-4	2-1	1-1	1-1
Alloa Athletic FC	1-0	2-2		1-1	3-2	3-2	0-1	0-10	4-1	4-1	1-1	4-1	1-0	2-0
Arbroath FC	2-5	3-3	1-1		2-5	1-0	2-3	1-4	5-4	1-2	3-2	2-3	2-1	3-3
Ayr United FC	2-5	1-3	4-1	4-0		6-1	2-1	2-6	3-3	3-1	2-1	0-1	2-0	4-2
Cowdenbeath FC	2-1	2-4	2-0	2-2	2-1		2-1	2-8	1-1	3-2	3-3	3-4	2-2	1-2
Dumbarton FC	2-3	1-1	2-2	0-1	2-2	5-1		2-1	0-2	1-2	1-0	1-1	2-3	4-1
Dundee FC	1-1	6-2	6-2	5-0	6-2	6-2	4-0		2-0	10-0	2-0	5-2	2-0	4-1
Dundee United FC	1-2	1-3	6-2	1-3	5-1	3-2	2-1	1-2		3-0	2-1	3-0	2-4	2-2
Dunfermline Athletic FC	0-5	5-1	0-3	3-1	4-0	2-2	3-2	2-5	4-3		0-2	4-1	0-4	2-2
East Fife FC	2-2	2-1	3-1	2-1	6-2	5-0	1-0	2-6	1-2	1-1		4-4	1-0	7-1
Raith Rovers FC	1-2	2-0	3-2	1-0	4-1	3-0	5-1	1-4	1-1	1-4	0-0		2-1	1-1
St. Johnstone FC	2-4	3-0	0-3	1-1	7-2	0-2	5-2	1-5	3-1	2-1	1-4	2-0		1-1
Stenhousemuir FC	0-5	4-1	3-0	1-2	3-1	4-2	0-1	0-0	3-2	1-2	0-1	4-1	2-0	

	Division "B"	Pd	Wn	Dw	Ls	GF	GA	Pts	
1.	Dundee FC (Dundee)	26	21	3	2	113	30	45	P
2.	Airdrieonians FC (Airdrie)	26	19	4	3	78	38	42	P
3.	East Fife FC (Methil)	26	12	7	7	58	39	31	
4.	Albion Rovers FC (Coatbridge)	26	10	7	9	50	54	27	
5.	Alloa Athletic FC (Alloa)	26	11	5	10	51	57	27	
6.	Raith Rovers FC (Kirkcaldy)	26	10	6	10	45	52	26	
7.	Stenhousemuir FC (Stenhousemuir)	26	8	7	11	43	53	23	
8.	Dunfermline Athletic FC (Dunfermline)	26	10	3	13	50	72	23	
9.	St. Johnstone FC (Perth)	26	9	4	13	45	47	22	
10.	Dundee United FC (Dundee)	26	9	4	13	53	60	22	
11.	Ayr United FC (Ayr)	26	9	2	15	56	73	20	
12.	Arbroath FC (Arbroath)	26	7	6	13	42	63	20	
13.	Dumbarton FC (Dumbarton)	26	7	4	15	41	54	18	
14.	Cowdenbeath FC (Cowdenbeath)	26	6	6	14	44	77	18	
		364	182	68	182	769	769	364	

	Division "C"	Pd	Wn	Dw	Ls	GF	GA	Pts	
1.	Stirling Albion FC (Stirling)	18	13	4	1	66	22	30	P
2.	Dundee FC (Dundee) 2nd XI	18	12	2	4	60	37	26	#
3.	Leith Athletic FC (Edinburgh)	18	11	3	4	57	33	25	P
4.	East Stirlingshire FC (Falkirk)	18	10	2	6	54	40	22	
5.	St. Johnstone FC (Perth) 2nd XI	18	8	5	5	52	37	21	
6.	Forfar Athletic FC (Forfar)	18	6	2	10	32	46	14	
7.	Montrose FC (Montrose)	18	5	2	11	39	53	12	
8.	Brechin City FC (Brechin)	18	4	4	10	42	60	12	
9.	Dundee United FC (Dundee) 2nd XI	18	3	3	12	42	77	9	
10.	Edinburgh City FC (Edinburgh)	18	3	3	12	36	75	9	
		180	75	30	75	480	480	180	

\# A Dundee FC (Dundee) 2nd XI did not appear in the league for next season.

Promoted: Arbroath FC (Arbroath) 2nd XI, East Fife FC (Methil) 2nd XI, Leith Athletic FC (Edinburgh) 2nd XI and Raith Rovers FC (Kirkcaldy) 2nd XI.

Division "B" was extended to 16 clubs and Division "C" was extended to 12 clubs for the next season.

SCOTTISH CUP FINAL (Hampden Park, Glasgow – 19/04/1947 – 82,140)

ABERDEEN FC (ABERDEEN)   2-1   Hibernian FC (Edinburgh)
Hamilton, Williams   *(H.T. 2-1)*   *Cuthbertson*

Aberdeen: Johnstone, McKenna, Taylor, McLaughlin, Dunlop, Waddell, Harris, Hamilton, Williams, Baird, McCall.

Hibernian: Kerr, Govan, Shaw, Howie, Aird, Kean, Smith, Finnigan, Cuthbertson, Turnbull, Ormond.

Semi-finals (29/03/1947 – 12/04/1947)

Arbroath FC (Arbroath)   0-2   Aberdeen FC (Aberdeen)
Hibernian FC (Edinburgh)   2-1 (aet)   Motherwell FC (Motherwell)
(142 minutes of time was played before the result was decided)

1947-48 SEASON

1947-1948 Scottish Football League Division "A"	Aberdeen	Airdrieonians	Celtic	Clyde	Dundee	Falkirk	Hearts	Hibernian	Morton	Motherwell	Partick Thistle	Queen/South	Queen's Park	Rangers	St. Mirren	Third Lanark
Aberdeen FC	■	3-0	2-0	3-1	3-2	1-2	1-1	0-2	2-1	2-1	0-1	2-2	6-0	1-1	5-0	2-2
Airdrieonians FC	2-1	■	3-2	1-3	2-0	3-1	1-1	0-3	0-3	1-5	1-0	6-1	2-5	1-2	1-4	2-1
Celtic FC	1-0	0-0	■	0-0	1-1	0-3	4-2	2-4	3-2	0-1	1-2	4-3	4-0	0-4	0-0	1-3
Clyde FC	1-3	5-1	2-0	■	1-4	1-1	2-1	2-2	3-2	2-4	5-2	2-0	1-2	3-2	1-1
Dundee FC	0-0	6-0	2-3	7-0	■	4-0	2-1	3-1	0-4	2-0	2-2	1-0	2-1	1-3	6-1	5-2
Falkirk FC	3-1	0-0	0-1	1-1	3-2	■	0-2	3-1	4-1	2-2	1-2	1-1	3-0	1-5	1-1	8-1
Heart of Midlothian FC	1-1	2-2	1-0	1-1	0-1	3-2	■	2-1	3-0	0-1	1-2	1-0	1-0	1-2	3-2	1-3
Hibernian FC	4-0	7-1	1-1	2-1	2-1	2-0	3-1	■	1-1	5-0	1-0	6-0	4-0	1-0	5-0	8-0
Morton FC	0-1	1-1	4-0	0-1	3-0	2-1	1-1	1-2	■	2-3	0-2	0-1	0-1	0-1	2-2	2-2
Motherwell FC	2-1	2-0	0-3	4-1	0-2	0-0	3-1	0-2	0-1	■	2-0	3-1	0-2	1-1	0-1	2-1
Partick Thistle FC	2-1	8-2	3-5	1-2	6-2	0-2	1-1	1-1	1-2	2-1	■	4-0	5-1	0-1	3-1	2-2
Queen of the South FC	0-0	3-3	2-0	3-0	5-2	6-6	0-3	4-3	3-0	0-1	■	3-1	0-3	2-3	2-1
Queen's Park FC	3-1	2-1	3-2	2-4	0-1	1-4	0-0	2-3	0-3	2-5	1-2	7-0	■	1-4	3-0	2-2
Rangers FC	4-0	3-0	2-0	2-1	2-1	1-1	1-2	2-1	1-1	2-0	2-1	2-3	1-2	■	3-2	5-1
St. Mirren FC	3-0	2-1	1-2	1-1	4-1	1-1	1-0	2-4	0-4	4-2	3-1	0-1	6-1	2-1	■	1-0
Third Lanark FC	3-2	2-2	5-1	2-1	1-4	2-0	4-1	1-4	2-1	0-3	1-2	5-1	4-2	0-1	1-4	■

	Division "A"	Pd	Wn	Dw	Ls	GF	GA	Pts	
1.	HIBERNIAN FC (EDINBURGH)	30	22	4	4	86	27	48	
2.	Rangers FC (Glasgow)	30	21	4	5	64	28	46	
3.	Partick Thistle FC (Glasgow)	30	16	4	10	61	42	36	
4.	Dundee FC (Dundee)	30	15	3	12	67	51	33	
5.	St. Mirren FC (Paisley)	30	13	5	12	54	58	31	
6.	Clyde FC (Glasgow)	30	12	7	11	52	57	31	
7.	Falkirk FC (Falkirk)	30	10	10	10	55	48	30	
8.	Motherwell FC (Motherwell)	30	13	3	14	45	47	29	
9.	Heart of Midlothian FC (Edinburgh)	30	10	8	12	37	42	28	
10.	Aberdeen FC (Aberdeen)	30	10	7	13	45	45	27	
11.	Third Lanark FC (Glasgow)	30	10	6	14	56	73	26	
12.	Celtic FC (Glasgow)	30	10	5	15	41	56	25	
13.	Queen of the South FC (Dumfries)	30	10	5	15	49	74	25	
14.	Morton FC (Greenock)	30	9	6	15	47	43	24	
15.	Airdrieonians FC (Airdrie)	30	7	7	16	40	78	21	R
16.	Queen's Park FC (Glasgow)	30	9	2	19	45	75	20	R
		480	197	86	197	844	844	480	

Top goalscorer 1947-48

1) Archibald AIKMAN (Falkirk) 20

1947-1948 Scottish Football League Division "B"	Albion Rovers	Alloa Athletic	Arbroath	Ayr United	Cowdenbeath	Dumbarton	Dundee United	Dunfermline	East Fife	Hamilton	Kilmarnock	Leith Athletic	Raith Rovers	St. Johnstone	Stenhousemuir	Stirling Albion
Albion Rovers FC	■	3-1	2-1	2-0	3-1	5-3	1-0	2-0	1-4	1-2	2-1	2-0	1-1	3-2	2-2	2-0
Alloa Athletic FC	1-3	■	3-1	4-4	1-2	4-1	3-1	3-1	1-3	3-3	4-1	2-2	5-2	0-7	4-2	3-1
Arbroath FC	1-3	1-1	■	2-2	3-1	2-3	6-0	2-1	1-4	2-4	5-1	3-2	1-6	2-0	1-0	1-2
Ayr United FC	0-2	2-0	1-0	■	2-1	1-1	3-3	6-2	3-3	0-0	2-3	5-1	2-4	2-1	6-0	2-0
Cowdenbeath FC	1-3	0-0	2-1	0-0	■	2-1	6-2	3-0	0-3	0-1	1-0	1-2	1-1	3-1	0-3	5-2
Dumbarton FC	1-1	3-1	3-3	3-1	1-1	■	3-2	4-2	2-4	0-4	1-2	5-1	4-2	2-4	2-2	5-1
Dundee United FC	3-0	5-3	4-3	4-2	3-3	0-1	■	0-4	3-2	3-2	2-3	2-1	3-0	3-4	4-2	2-3
Dunfermline Athletic FC	4-0	0-2	4-3	2-1	3-4	5-1	5-3	■	1-1	2-1	3-1	6-1	2-4	4-3	5-2	3-5
East Fife FC	3-0	6-0	3-0	3-2	3-0	6-3	5-1	4-2	■	5-0	1-3	5-1	3-2	2-0	4-0	6-4
Hamilton Academical FC	3-0	3-2	3-0	5-0	1-1	6-5	6-0	1-2	2-2	■	3-1	3-0	1-2	1-3	5-2	2-0
Kilmarnock FC	1-4	5-1	2-1	4-4	1-3	2-2	5-2	3-0	0-2	3-0	■	6-2	7-1	1-0	7-2	2-2
Leith Athletic FC	1-3	3-0	2-4	1-1	2-2	4-2	1-0	3-1	0-1	0-4	3-1	■	1-1	1-1	4-4	2-3
Raith Rovers FC	2-3	7-1	2-0	2-0	3-5	2-1	5-1	1-3	0-4	3-3	4-3	5-1	■	6-1	6-2	0-1
St. Johnstone FC	0-1	5-2	1-0	4-1	3-4	4-0	0-1	2-2	0-2	2-3	2-2	2-0	2-5	■	2-2	3-2
Stenhousemuir FC	3-3	0-0	0-3	0-3	2-1	4-2	3-0	3-3	1-5	1-1	1-0	2-2	1-1	2-6	■	0-0
Stirling Albion FC	7-0	0-1	0-2	4-1	2-2	1-1	3-1	2-0	3-4	0-2	2-1	7-1	3-3	4-4	1-5	■

Division "B"

		Pd	Wn	Dw	Ls	GF	GA	Pts	
1.	East Fife FC (Methil)	30	25	3	2	103	36	53	P
2.	Albion Rovers FC (Coatbridge)	30	19	4	7	58	49	42	P
3.	Hamilton Academical FC (Hamilton)	30	17	6	7	75	45	40	
4.	Raith Rovers FC (Kirkcaldy)	30	14	6	10	83	66	34	
5.	Cowdenbeath FC (Cowdenbeath)	30	12	8	10	56	53	32	
6.	Kilmarnock FC (Kilmarnock)	30	13	4	13	72	62	30	
7.	Dunfermline Athletic FC (Dunfermline)	30	13	3	14	72	71	29	
8.	Stirling Albion FC (Stirling)	30	11	6	13	65	66	28	
9.	St. Johnstone FC (Perth)	30	11	5	14	69	63	27	
10.	Ayr United FC (Ayr)	30	9	9	12	59	61	27	
11.	Dumbarton FC (Dumbarton)	30	9	7	14	66	79	25	
12.	Alloa Athletic FC (Alloa)	30	10	6	14	56	77	24	-2
13.	Arbroath FC (Arbroath)	30	10	3	17	55	62	23	
14.	Stenhousemuir FC (Stenhousemuir)	30	6	11	13	53	83	23	
15.	Dundee United FC (Dundee)	30	10	2	18	58	88	22	
16.	Leith Athletic FC (Edinburgh)	30	6	7	17	45	84	19	R
		480	195	90	195	1045	1045	478	

Note: Alloa Athletic FC (Alloa) had 2 points deducted for fielding an ineligible player vs Dunfermline Athletic FC on 11th December 1948.

Division "C"

		Pd	Wn	Dw	Ls	GF	GA	Pts	
1.	East Stirlingshire FC (Falkirk)	22	18	3	1	72	26	39	P
2.	East Fife FC (Methil) 2nd XI	22	16	3	3	63	38	35	#
3.	Forfar Athletic FC (Forfar)	22	14	4	4	69	40	32	
4.	Kilmarnock FC (Kilmarnock) 2nd XI	22	10	3	9	52	41	23	
5.	St. Johnstone FC (Perth) 2nd XI	22	9	4	9	44	51	22	
6.	Dundee United FC (Dundee) 2nd XI	22	9	2	11	56	57	20	
7.	Montrose FC (Montrose)	22	7	5	10	43	70	19	
8.	Arbroath FC (Arbroath) 2nd XI	22	7	4	11	45	57	18	#
9.	Leith Athletic FC (Edinburgh) 2nd XI	22	7	3	12	44	60	17	#
10.	Brechin City FC (Brechin)	22	6	4	12	43	54	16	
11.	Edinburgh City FC (Edinburgh)	22	6	3	13	54	60	15	
12.	Raith Rovers FC (Kirkcaldy) 2nd XI	22	3	2	17	36	67	8	
		264	112	40	112	621	621	264	

Arbroath FC 2nd XI, East Fife FC 2nd XI and Leith Athletic FC 2nd XI were not in the League from the next season.

Airdrieonians FC 2nd XI, Dunfermline Athletic FC 2nd XI and Queen's Park Strollers FC were elected for the next season.

SCOTTISH CUP FINAL (Hampden Park, Glasgow – 17/04/1948 – 129,176)

RANGERS FC (GLASGOW)   1-1 (aet)   Morton FC (Greenock)
Gillick   (H.T. 1-1)   *Whyte*

Rangers: Brown, Young, Shaw, McColl, Woodburn, Cox, Rutherford, Gillick, Thornton, Finlay, Duncanson.
Morton: Cowan, Mitchell, Whigham, Campbell, Miller, Whyte, Hepburn, Murphy, Cupples, Orr, Liddell.

SCOTTISH CUP FINAL REPLAY (Hampden Park, Glasgow – 21/04/1948 – 131,975)

RANGERS FC (GLASGOW)	1-0 (aet)	Morton FC (Greenock)
Williamson	*(H.T. 0-0)*	

Rangers: Brown, Young, Shaw, McColl, Woodburn, Cox, Rutherford, Gillick, Thornton, Williamson, Duncanson.
Morton: Cowan, Mitchell, Whigham, Campbell, Miller, Whyte, Hepburn, Murphy, Cupples, Orr, Liddell.

Semi-finals   (27/03/1948)

Morton FC (Greenock)	1-0 (aet)	Celtic FC (Glasgow)
Rangers FC (Glasgow)	1-0	Hibernian FC (Edinburgh)

1948-49 SEASON

1948-1949 Scottish Football League Division "A"	Aberdeen	Albion Rovers	Celtic	Clyde	Dundee	East Fife	Falkirk	Hearts	Hibernian	Morton	Motherwell	Partick Thistle	Queen/South	Rangers	St. Mirren	Third Lanark
Aberdeen FC	■	4-0	1-0	4-4	1-3	3-1	1-4	2-2	1-2	0-0	2-0	4-2	1-2	0-2	0-2	2-2
Albion Rovers FC	2-1	■	3-3	1-2	0-6	0-3	2-0	1-5	0-3	2-1	1-3	2-3	1-3	1-4	1-2	1-5
Celtic FC	3-0	3-0	■	2-1	0-1	0-1	4-4	2-0	1-2	0-0	3-2	3-0	2-2	0-1	2-1	1-2
Clyde FC	0-0	1-0	0-4	■	3-3	2-4	3-3	3-3	3-5	0-3	1-0	0-1	4-0	1-3	4-1	2-0
Dundee FC	3-0	5-0	3-2	3-1	■	2-5	3-1	2-1	4-3	3-1	2-1	4-2	2-1	3-1	1-0	1-1
East Fife FC	1-4	5-1	3-2	1-2	3-0	■	1-1	5-1	2-3	3-1	0-1	2-0	4-0	1-2	3-1	4-0
Falkirk FC	1-2	7-1	1-1	3-2	4-1	1-2	■	5-3	1-1	5-1	3-0	1-3	3-2	2-2	2-1	5-1
Heart of Midlothian FC	1-1	7-1	1-2	3-0	0-1	4-0	3-1	■	3-2	2-4	5-1	1-3	1-1	2-0	1-3	3-2
Hibernian FC	4-1	4-4	1-2	3-0	2-1	5-2	2-0	3-1	■	3-4	5-1	2-1	1-1	0-1	1-1	1-0
Morton FC	1-1	3-0	0-0	2-2	2-2	2-0	0-1	0-2	2-3	■	1-1	2-1	0-1	1-4	3-3	
Motherwell FC	1-1	5-1	0-1	2-3	0-2	1-2	0-3	3-0	5-1	1-0	■	3-1	2-3	1-1	4-1	1-0
Partick Thistle FC	0-0	3-0	1-2	3-2	4-4	0-0	3-3	1-1	2-6	1-0	1-1	■	1-1	1-1	3-0	1-3
Queen of the South FC	0-0	4-0	1-0	4-1	0-1	0-3	0-0	1-4	1-1	2-1	2-1	8-2	■	0-2	3-2	2-1
Rangers FC	1-1	3-1	4-0	4-1	1-1	3-1	4-3	2-1	2-4	4-1	2-0	2-2	3-0	■	2-1	2-1
St. Mirren FC	3-1	3-2	1-1	2-1	6-1	2-0	2-0	1-2	2-0	2-1	0-0	4-2	1-1	0-2	■	1-2
Third Lanark FC	1-0	4-1	3-2	0-1	2-3	2-2	3-2	1-1	3-2	1-0	1-3	1-2	6-1	2-1	3-1	■

	Division "A"	Pd	Wn	Dw	Ls	GF	GA	Pts	
1.	RANGERS FC (GLASGOW)	30	20	6	4	63	32	46	
2.	Dundee FC (Dundee)	30	20	5	5	71	48	45	
3.	Hibernian FC (Edinburgh)	30	17	5	8	75	52	39	
4.	East Fife FC (Methil)	30	16	3	11	64	46	35	
5.	Falkirk FC (Falkirk)	30	12	8	10	70	54	32	
6.	Celtic FC (Glasgow)	30	12	7	11	58	40	31	
7.	Third Lanark FC (Glasgow)	30	13	5	12	56	52	31	
8.	Heart of Midlothian FC (Edinburgh)	30	12	6	12	64	54	30	
9.	St. Mirren FC (Paisley)	30	13	4	13	51	47	30	
10.	Queen of the South FC (Dumfries)	30	11	8	11	47	53	30	
11.	Partick Thistle FC (Glasgow)	30	9	9	12	50	63	27	
12.	Motherwell FC (Motherwell)	30	10	5	15	44	49	25	
13.	Aberdeen FC (Aberdeen)	30	7	11	12	39	48	25	
14.	Clyde FC (Glasgow)	30	9	6	15	50	67	24	
15.	Morton FC (Greenock)	30	7	8	15	39	51	22	R
16.	Albion Rovers FC (Coatbridge)	30	3	2	25	30	105	8	R
		480	191	98	191	861	861	480	

133

Top goalscorer 1948-49

1) Alexander STOTT (Dundee FC) 30

1948-1949 Scottish Football League Division "B"	Airdrieonians	Alloa Athletic	Arbroath	Ayr United	Cowdenbeath	Dumbarton	Dundee United	Dunfermline	East Stirling	Hamilton	Kilmarnock	Queen's Park	Raith Rovers	St. Johnstone	Stenhousemuir	Stirling Albion
Airdrieonians FC	■	3-0	4-1	2-2	3-1	3-1	1-1	2-2	3-0	2-1	5-0	2-2	0-3	7-1	3-0	4-1
Alloa Athletic FC	4-5	■	1-1	1-2	4-2	2-4	3-3	0-6	1-0	2-1	1-0	2-6	1-5	2-1	1-0	1-0
Arbroath FC	3-3	2-1	■	1-0	2-2	3-0	1-0	1-1	5-1	5-1	1-1	1-2	1-2	3-2	4-1	2-1
Ayr United FC	1-1	1-4	0-1	■	2-1	3-2	8-0	1-2	1-1	1-1	1-1	3-2	2-3	0-2	3-1	1-2
Cowdenbeath FC	5-1	3-0	0-3	9-2	■	1-2	2-3	4-0	4-2	0-0	1-0	1-0	2-1	0-3	1-1	0-2
Dumbarton FC	0-4	5-3	1-1	0-0	1-3	■	3-2	3-3	2-2	5-3	2-2	5-2	0-1	1-0	2-2	1-5
Dundee United FC	1-3	5-1	5-5	1-2	2-1	4-0	■	0-1	1-1	2-2	4-1	5-2	1-4	4-3	2-0	0-1
Dunfermline Athletic FC	2-4	2-2	4-2	5-0	4-2	3-2	2-0	■	5-2	3-4	3-2	5-2	2-0	0-2	1-1	3-3
East Stirlingshire FC	1-1	1-2	2-1	0-4	2-0	2-3	3-0	2-2	■	1-0	3-0	0-1	1-5	3-1	2-4	1-2
Hamilton Academical FC	2-0	1-2	3-2	2-2	4-0	4-0	2-4	2-4	2-1	■	3-1	1-1	1-4	0-3	2-0	3-1
Kilmarnock FC	3-3	6-0	8-0	1-2	2-2	4-2	3-3	1-2	3-2	3-1	■	1-1	3-1	3-1	1-0	0-2
Queen's Park FC	1-0	3-0	3-1	4-1	2-1	2-0	0-0	4-4	4-0	0-0	2-3	■	1-1	5-0	1-0	2-3
Raith Rovers FC	0-3	5-0	3-1	6-0	3-2	4-3	1-3	4-0	5-1	3-0	3-2	3-1	■	1-0	3-0	0-0
St. Johnstone FC	1-1	5-0	2-2	2-4	3-0	3-1	3-0	1-2	2-0	1-1	1-0	3-2	5-3	■	1-1	2-1
Stenhousemuir FC	1-3	2-0	1-0	7-1	2-2	5-0	3-2	3-3	0-0	1-1	6-2	1-3	3-1	2-3	■	2-5
Stirling Albion FC	1-0	5-1	1-6	4-1	2-1	3-1	5-2	2-3	3-1	3-0	3-1	2-5	5-2	2-1	1-0	■

	Division "B"	Pd	Wn	Dw	Ls	GF	GA	Pts	
1.	Raith Rovers FC (Kirkcaldy)	30	20	2	8	80	44	42	P
2.	Stirling Albion FC (Stirling)	30	20	2	8	71	47	42	P
3.	Airdrieonians FC (Airdrie)	30	16	9	5	76	42	41	
4.	Dunfermline Athletic FC (Dunfermline)	30	16	9	5	80	58	41	
5.	Queen's Park FC (Glasgow)	30	14	7	9	66	49	35	
6.	St. Johnstone FC (Perth)	30	14	4	12	58	51	32	
7.	Arbroath FC (Arbroath)	30	12	8	10	62	56	32	
8.	Dundee United FC (Dundee)	30	10	7	13	60	67	27	
9.	Ayr United FC (Ayr)	30	10	7	13	51	70	27	
10.	Hamilton Academical FC (Hamilton)	30	9	8	13	48	57	26	
11.	Kilmarnock FC (Kilmarnock)	30	9	7	14	58	61	25	
12.	Stenhousemuir FC (Stenhousemuir)	30	8	8	14	50	54	24	
13.	Cowdenbeath FC (Cowdenbeath)	30	9	5	16	53	58	23	
14.	Alloa Athletic FC (Alloa)	30	10	3	17	42	85	23	
15.	Dumbarton FC (Dumbarton)	30	8	6	16	52	79	22	
16.	East Stirlingshire FC (Falkirk)	30	6	6	18	38	67	18	R
		480	191	98	191	945	945	480	

	Division "C"	Pd	Wn	Dw	Ls	GF	GA	Pts	
1.	Forfar Athletic FC (Forfar)	22	17	1	4	80	37	35	P
2.	Leith Athletic FC (Edinburgh)	22	15	3	4	76	29	33	
3.	Brechin City FC (Brechin)	22	13	4	5	67	38	30	
4.	Montrose FC (Montrose)	22	10	5	7	59	50	25	
5.	Queen's Park Strollers FC (Glasgow)	22	9	6	7	52	52	24	
6.	Airdrieonians FC (Airdrie) 2nd XI	22	9	4	9	66	66	22	
7.	St. Johnstone FC (Perth) 2nd XI	22	9	4	9	42	44	22	
8.	Dundee United FC (Dundee) 2nd XI	22	10	2	10	58	67	22	
9.	Raith Rovers FC (Kirkcaldy) 2nd XI	22	6	7	9	56	60	19	
10.	Kilmarnock FC (Kilmarnock) 2nd XI	22	5	3	14	41	54	13	
11.	Dunfermline Athletic FC (Dunfermline) 2nd XI	22	4	3	15	43	84	11	
12.	Edinburgh City FC (Edinburgh)	22	2	4	16	26	85	8	#
		264	109	46	109	666	666	264	

Edinburgh City FC did not appear in Division "C" which was extended to 2 groups (one of 16 teams and one of 18 teams) for the next season. But for Stranraer FC, all promoted teams were 2nd XI sides of Division "A" or "B" clubs.

SCOTTISH CUP FINAL (Hampden Park, Glasgow – 23/04/1949 – 108,435)

RANGERS FC (GLASGOW)　　　　　　　4-1　　　　　　　　　　Clyde FC (Glasgow)
Young 2 pens., Williamson, Duncanson　　(H.T. 2-0)　　　　　　　　　　　*Galletly*

Rang.: Brown, Young, Shaw, McColl, Woodburn, Cox, Waddell, Duncanson, Thornton, Williamson, Rutherford.
Clyde: Gullan, Gibson, Mennie, Campbell, Milligan, Long, Davies, Wright, Linwood, Galletly, Bootland.

Semi-finals (26/03/1949 – 04/04/1948)

Clyde FC (Glasgow)	2-2 (aet), 2-1	Dundee FC (Dundee)
East Fife FC (Methil)	0-3	Rangers FC (Glasgow)

1949-50 SEASON

1949-1950 Scottish Football League Division "A"	Aberdeen	Celtic	Clyde	Dundee	East Fife	Falkirk	Hearts	Hibernian	Motherwell	Partick Thistle	Queen/South	Raith Rovers	Rangers	St. Mirren	Stirling Albion	Third Lanark
Aberdeen FC	■	4-0	1-1	2-2	1-2	1-2	0-5	0-3	5-0	3-1	2-0	3-0	1-3	2-3	6-2	2-1
Celtic FC	4-2	■	4-1	2-0	4-1	4-3	3-2	2-2	3-1	1-0	3-0	2-2	1-1	0-0	2-1	2-1
Clyde FC	0-1	2-2	■	1-0	0-1	2-2	3-4	0-1	1-0	4-1	3-2	1-1	1-2	2-0	6-0	0-2
Dundee FC	1-1	3-0	2-3	■	1-0	2-0	3-1	1-2	3-1	1-0	3-0	2-1	0-1	2-0	4-1	1-4
East Fife FC	3-1	5-1	4-1	1-0	■	1-2	0-1	1-1	2-1	1-1	4-1	3-0	0-2	3-3	0-2	3-1
Falkirk FC	1-0	1-1	7-4	2-2	0-2	■	1-1	1-2	2-4	0-3	3-3	1-1	0-2	2-2	1-1	2-1
Heart of Midlothian FC	4-1	4-2	6-2	6-2	0-1	9-0	■	5-2	2-0	3-3	3-0	2-0	0-1	5-0	5-2	1-0
Hibernian FC	2-0	4-1	6-3	4-2	4-1	5-1	1-2	■	6-1	2-0	2-0	4-2	1-0	5-0	4-1	0-1
Motherwell FC	5-1	1-2	5-2	0-2	3-4	2-2	2-3	1-3	■	0-2	1-0	1-1	4-0	2-2	2-1	4-0
Partick Thistle FC	0-2	1-0	1-0	2-3	1-2	3-1	0-1	2-2	0-2	■	5-2	1-0	1-3	4-0	4-1	5-1
Queen of the South FC	1-0	0-2	2-3	1-1	0-5	2-2	0-4	2-2	2-0	3-1	■	0-0	1-2	1-1	3-1	4-1
Raith Rovers FC	1-2	1-1	7-1	4-1	4-4	6-4	2-0	0-6	0-2	1-3	2-0	■	1-3	2-1	2-0	1-1
Rangers FC	2-2	4-0	5-4	2-2	2-2	3-0	1-0	0-0	2-0	2-0	1-0	2-0	■	1-0	2-1	3-1
St. Mirren FC	4-0	0-1	2-0	1-1	0-0	0-1	3-3	1-3	1-1	0-2	3-0	1-0	1-2	■	2-0	6-1
Stirling Albion FC	0-1	2-1	1-2	2-2	1-1	3-2	2-4	3-5	1-4	2-1	1-0	1-2	0-2	1-3	■	0-2
Third Lanark FC	3-1	1-0	1-3	1-0	4-1	0-2	3-0	0-2	3-3	2-7	2-1	0-1	2-2	2-1	2-4	■

Division "A"

		Pd	Wn	Dw	Ls	GF	GA	Pts	
1.	RANGERS FC (GLASGOW)	30	22	6	2	58	26	50	
2.	Hibernian FC (Edinburgh)	30	22	5	3	86	34	49	
3.	Heart of Midlothian FC (Edinburgh)	30	20	3	7	86	40	43	
4.	East Fife FC (Methil)	30	15	7	8	58	43	37	
5.	Celtic FC (Glasgow)	30	14	7	9	51	50	35	
6.	Dundee FC (Dundee)	30	12	7	11	49	46	31	
7.	Partick Thistle FC (Glasgow)	30	13	3	14	55	45	29	
8.	Aberdeen FC (Aberdeen)	30	11	4	15	48	56	26	
9.	Raith Rovers FC (Kirkcaldy)	30	9	8	13	45	54	26	
10.	Motherwell FC (Motherwell)	30	10	5	15	53	58	25	
11.	St. Mirren FC (Paisley)	30	8	9	13	42	49	25	
12.	Third Lanark FC (Glasgow)	30	11	3	16	44	62	25	
13.	Clyde FC (Glasgow)	30	10	4	16	56	73	24	
14.	Falkirk FC (Falkirk)	30	7	10	13	48	72	24	
15.	Queen of the South FC (Dumfries)	30	5	6	19	31	63	16	R
16.	Stirling Albion FC (Stirling)	30	6	3	21	38	77	15	R
		480	195	90	195	848	848	480	

Top goalscorer 1949-50

1) William BAULD   (Heart of Midlothian FC)   30

1949-1950 Scottish Football League Division "B"	Airdrieonians	Albion Rovers	Alloa Athletic	Arbroath	Ayr United	Cowdenbeath	Dumbarton	Dundee United	Dunfermline	Forfar Athletic	Hamilton	Kilmarnock	Morton	Queen's Park	St. Johnstone	Stenhousemuir
Airdrieonians FC	■	4-1	3-2	8-3	5-1	7-1	5-2	2-0	4-2	0-1	3-2	2-0	0-1	2-0	3-0	3-1
Albion Rovers FC	2-2	■	3-2	0-1	3-5	3-1	2-1	2-0	1-3	6-1	1-3	3-1	0-0	3-3	3-0	1-1
Alloa Athletic FC	2-4	0-0	■	2-2	2-0	4-2	1-0	3-3	2-3	4-1	1-2	2-3	1-5	3-7	0-2	1-3
Arbroath FC	2-2	1-3	1-2	■	0-0	2-1	1-1	3-3	2-1	2-3	2-3	1-2	1-1	1-2	1-3	3-1
Ayr United FC	2-3	0-0	4-1	3-2	■	1-2	4-2	0-4	1-1	5-0	3-3	2-1	2-2	3-2	4-0	3-3
Cowdenbeath FC	1-2	3-0	3-1	2-1	4-2	■	3-2	2-1	2-0	4-2	3-2	3-2	0-1	1-1	5-1	6-1
Dumbarton FC	0-1	0-3	4-0	4-2	2-0	1-2	■	3-0	2-4	1-1	0-1	0-1	3-4	1-3	0-2	0-3
Dundee United FC	0-1	2-5	6-1	3-4	4-1	2-2	5-0	■	1-1	0-2	4-1	3-0	2-2	7-1	3-1	3-1
Dunfermline Athletic FC	2-5	4-1	6-2	4-0	3-0	1-0	5-0	1-3	■	1-0	2-1	2-0	3-2	1-6	4-1	0-2
Forfar Athletic FC	4-4	6-1	6-2	3-1	5-1	2-2	2-1	0-3	1-2	■	0-2	1-0	1-3	3-0	2-1	1-1
Hamilton Academical FC	2-2	1-1	4-0	2-1	2-1	2-0	1-1	4-1	1-1	2-0	■	1-0	0-2	3-0	2-2	5-1
Kilmarnock FC	1-1	2-1	3-0	2-2	4-0	2-0	1-1	2-3	3-2	3-1	2-0	■	2-0	3-3	1-1	3-2
Morton FC	1-0	2-0	3-1	3-1	7-0	5-3	1-0	5-2	2-2	1-1	2-0	3-1	■	4-2	5-0	4-0
Queen's Park FC	2-0	1-0	4-2	2-2	4-1	1-2	4-1	0-1	2-0	0-0	3-2	1-3	2-4	■	2-2	2-0
St. Johnstone FC	1-0	5-0	5-2	2-1	5-2	4-2	2-1	5-0	3-4	2-2	2-1	2-0	1-1	2-1	■	2-2
Stenhousemuir FC	1-1	6-0	4-1	1-1	4-2	0-1	1-2	1-5	7-6	1-1	3-2	0-2	2-1	2-2	2-5	■

	Division "B"	Pd	Wn	Dw	Ls	GF	GA	Pts	
1.	Morton FC (Greenock)	30	20	7	3	77	33	47	P
2.	Airdrieonians FC (Airdrie)	30	19	6	5	79	40	44	P
3.	Dunfermline Athletic FC (Dunfermline)	30	16	4	10	71	57	36	
4.	St. Johnstone FC (Perth)	30	15	6	9	64	56	36	
5.	Cowdenbeath FC (Cowdenbeath)	30	16	3	11	63	56	35	
6.	Hamilton Academical FC (Hamilton)	30	14	6	10	57	44	34	
7.	Dundee United FC (Dundee)	30	14	5	11	74	56	33	
8.	Kilmarnock FC (Kilmarnock)	30	14	5	11	50	43	33	
9.	Queen's Park FC (Glasgow)	30	12	7	11	63	59	31	
10.	Forfar Athletic FC (Forfar)	30	11	8	11	53	56	30	
11.	Albion Rovers FC (Coatbridge)	30	10	7	13	49	61	27	
12.	Stenhousemuir FC (Stenhousemuir)	30	8	8	14	54	72	24	
13.	Ayr United FC (Ayr)	30	8	6	16	53	80	22	
14.	Arbroath FC (Arbroath)	30	5	9	16	47	69	19	
15.	Dumbarton FC (Dumbarton)	30	6	4	20	39	62	16	
16.	Alloa Athletic FC (Alloa)	30	5	3	22	47	96	13	
		480	193	94	193	940	940	480	

	Division "C" (North-East)	Pd	Wn	Dw	Ls	GF	GA	Pts	
1.	Hibernian FC (Edinburgh) 2nd XI	30	25	4	1	125	32	54	
2.	Heart of Midlothian FC (Edinburgh) 2nd XI	30	19	7	4	91	34	45	
3.	St. Johnstone FC (Perth) 2nd XI	30	16	6	8	69	55	38	
4.	Aberdeen FC (Aberdeen) 2nd XI	30	12	11	7	66	48	35	
5.	Dundee FC (Dundee) 2nd XI	30	13	9	8	75	63	35	
6.	Brechin City FC (Brechin)	30	14	4	12	71	53	32	
7.	Arbroath FC (Arbroath) 2nd XI	30	10	12	8	76	82	32	#
8.	East Fife FC (Methil) 2nd XI	30	12	7	11	68	61	31	
9.	Montrose FC (Montrose)	30	12	5	13	60	62	29	
10.	Dundee United FC (Dundee) 2nd XI	30	9	8	13	58	64	26	
11.	Raith Rovers FC (Kirkcaldy) 2nd XI	30	12	2	16	69	79	26	
12.	East Stirlingshire FC (Falkirk)	30	9	8	13	51	62	26	
13.	Leith Athletic FC (Edinburgh)	30	8	8	14	55	73	24	
14.	Dunfermline Athletic FC (Dunfermline) 2nd XI	30	8	3	19	55	108	19	
15.	Stirling Albion FC (Stirling) 2nd XI	30	4	7	19	58	106	15	#
16.	Alloa Athletic FC (Alloa) 2nd XI	30	6	1	23	45	110	13	
		480	189	102	189	1092	1092	480	

Arbroath FC (Arbroath) 2nd XI and Stirling Albion FC (Stirling) 2nd XI were not in the League from the next season.

Elected: Cowdenbeath FC (Cowdenbeath) 2nd XI.

	Division "C" (South-West)	Pd	Wn	Dw	Ls	GF	GA	Pts	
1.	Clyde FC (Glasgow) 2nd XI	34	25	6	3	115	43	56	
2.	Rangers FC (Glasgow) 2nd XI	34	25	4	5	82	30	54	
3.	St. Mirren FC (Paisley) 2nd XI	34	19	6	9	68	56	44	
4.	Falkirk FC (Falkirk) 2nd XI	34	17	6	11	78	59	40	
5.	Motherwell FC (Motherwell) 2nd XI	34	18	3	13	91	65	39	
6.	Third Lanark FC (Glasgow) 2nd XI	34	16	6	12	68	55	38	
7.	Partick Thistle FC (Glasgow) 2nd XI	34	16	5	13	76	69	37	
8.	Stranraer FC (Stranraer)	34	15	5	14	80	71	35	
9.	Ayr United FC (Ayr) 2nd XI	34	15	2	17	63	63	32	
10.	Morton FC (Greenock) 2nd xl	34	14	4	16	69	75	32	
11.	Queen's Park Strollers FC (Glasgow)	34	11	7	16	54	61	29	
12.	Airdrieonians FC (Airdrie) 2nd XI	34	11	6	17	66	93	28	
13.	Queen of the South FC (Dumfries) 2nd XI	34	13	2	19	51	80	28	
14.	Celtic FC (Glasgow) 2nd XI	34	11	5	18	60	70	27	
15.	Kilmarnock FC (Kilmarnock) 2nd XI	34	11	5	18	52	74	27	
16.	Albion Rovers FC (Coatbridge) 2nd XI	34	9	8	17	51	74	26	#
17.	Hamilton Academical FC (Hamilton) 2nd XI	34	8	4	22	55	84	20	
18.	Dumbarton FC (Dumbarton) 2nd XI	34	6	8	20	47	104	20	
		612	260	92	260	1226	1226	612	

Albion Rovers FC (Coatbridge) 2nd XI were not in the League from the next season.

SCOTTISH CUP FINAL (Hampden Park, Glasgow – 22/04/1950 – 118,262)

RANGERS FC (GLASGOW) 3-0 East Fife FC (Methil)
Findlay, Thornton 2 *(H.T. 1-0)*

Rangers: Brown, Young, Shaw, McColl, Woodburn, Cox, Rutherford, Findlay, Thornton, Duncanson, Rae.
East Fife: Easson, Laird, Stewart, Philip, Finlay, Aitken, Black, Fleming, Morris, Brown, Duncan.

Semi-finals (01/04/1950 – 05/04/1950)

Partick Thistle FC (Glasgow)	1-2	East Fife FC (Methil)
Queen of the South FC (Dumfries)	1-1, 0-3	Rangers FC (Glasgow)

1950-51 SEASON

1950-1951 Scottish Football League Division "A"	Aberdeen	Airdrieonians	Celtic	Clyde	Dundee	East Fife	Falkirk	Hearts	Hibernian	Morton	Motherwell	Partick Thistle	Raith Rovers	Rangers	St. Mirren	Third Lanark
Aberdeen FC	■	1-1	2-1	5-3	1-0	1-2	5-1	2-0	2-1	3-0	4-2	4-1	1-2	2-4	1-1	1-2
Airdrieonians FC	2-5	■	2-4	3-3	2-0	2-2	1-1	2-3	2-1	2-0	2-3	1-2	2-5	2-1	2-0	2-1
Celtic FC	3-4	0-1	■	1-0	0-0	6-2	3-0	2-2	0-1	3-4	3-1	0-3	2-3	3-2	2-1	1-1
Clyde FC	0-2	2-2	1-3	■	2-1	1-1	3-1	2-2	0-4	1-1	1-2	1-0	1-0	2-1	2-1	0-2
Dundee FC	2-0	3-0	3-1	1-1	■	2-4	2-0	1-0	2-2	2-1	0-0	3-2	2-0	2-0	5-0	2-1
East Fife FC	0-0	4-1	3-0	2-1	1-3	■	2-1	1-4	1-2	3-3	3-2	1-1	3-1	0-3	1-1	3-1
Falkirk FC	1-1	4-1	0-2	1-0	2-1	1-1	■	5-4	1-5	0-1	2-4	2-1	2-3	1-1	0-2	2-0
Heart of Midlothian FC	4-1	2-0	1-1	4-0	1-1	5-1	4-2	■	2-1	8-0	3-3	4-5	3-1	0-1	1-0	4-0
Hibernian FC	6-2	5-0	3-1	1-0	2-0	2-0	6-0	0-1	■	2-0	3-1	1-1	3-0	4-1	3-1	3-1
Morton FC	1-2	4-1	0-2	1-4	2-3	4-2	0-1	0-1	2-4	■	5-0	3-2	2-0	0-2	5-2	1-3
Motherwell FC	1-1	1-2	2-1	1-1	0-2	4-2	4-0	2-4	2-6	1-1	■	4-1	3-2	2-3	4-0	4-1
Partick Thistle FC	1-4	2-0	0-1	2-1	1-1	4-0	4-1	5-2	0-0	1-0	1-1	■	5-2	2-1	1-1	1-0
Raith Rovers FC	1-0	0-1	1-2	4-1	0-1	3-0	3-0	2-0	1-3	1-1	3-4	2-2	■	3-1	2-0	4-0
Rangers FC	1-2	4-1	1-0	4-0	0-0	5-0	5-2	2-1	1-1	2-0	3-0	1-3	4-1	■	1-1	2-1
St. Mirren FC	4-2	3-2	0-0	3-1	2-2	1-2	0-0	1-0	0-1	1-3	3-0	2-1	2-0	0-2	■	0-4
Third Lanark FC	2-0	1-0	2-0	1-2	2-0	1-1	2-1	1-2	1-2	0-2	2-0	4-2	1-2	1-5	1-2	■

	Division "A"	Pd	Wn	Dw	Ls	GF	GA	Pts	
1.	HIBERNIAN FC (EDINBURGH)	30	22	4	4	78	26	48	
2.	Rangers FC (Glasgow)	30	17	4	9	64	37	38	
3.	Dundee FC (Dundee)	30	15	8	7	47	30	38	
4.	Heart of Midlothian FC (Edinburgh)	30	16	5	9	72	45	37	
5.	Aberdeen FC (Aberdeen)	30	15	5	10	61	50	35	
6.	Partick Thistle FC (Glasgow)	30	13	7	10	57	48	33	
7.	Celtic FC (Glasgow)	30	12	5	13	48	46	29	
8.	Raith Rovers FC (Kirkcaldy)	30	13	2	15	52	52	28	
9.	Motherwell FC (Motherwell)	30	11	6	13	58	65	28	
10.	East Fife FC (Methil)	30	10	8	12	48	66	28	
11.	St. Mirren FC (Paisley)	30	9	7	14	35	51	25	
12.	Morton FC (Greenock)	30	10	4	16	47	59	24	
13.	Third Lanark FC (Glasgow)	30	11	2	17	40	51	24	
14.	Airdrieonians FC (Airdrie)	30	10	4	16	52	67	24	
15.	Clyde FC (Glasgow)	30	8	7	15	37	57	23	R
16.	Falkirk FC (Falkirk)	30	7	4	19	35	81	18	R
		480	199	82	199	831	831	480	

Top goalscorer 1950-51

1) Lawrence REILLY   (Hibernian FC)   22

1950-1951 Scottish Football League Division "B"	Albion Rovers	Alloa Athletic	Arbroath	Ayr United	Cowdenbeath	Dumbarton	Dundee United	Dunfermline	Forfar Athletic	Hamilton	Kilmarnock	Queen/South	Queen's Park	St. Johnstone	Stenhousemuir	Stirling Albion
Albion Rovers FC	■	4-2	4-0	2-1	1-0	3-1	0-4	1-2	3-2	3-1	1-3	1-4	3-2	4-4	2-0	1-3
Alloa Athletic FC	3-3	■	2-0	3-5	7-4	3-4	1-2	2-0	3-2	2-4	1-4	0-2	0-2	1-0	3-3	1-4
Arbroath FC	0-3	3-4	■	0-2	2-1	3-2	1-3	1-1	2-1	0-0	0-2	1-3	2-2	1-6	5-1	3-3
Ayr United FC	0-0	4-1	4-1	■	0-0	3-1	2-2	8-0	4-1	0-0	1-0	2-0	2-2	3-1	4-2	2-0
Cowdenbeath FC	1-0	6-3	3-2	1-4	■	1-1	6-0	3-0	8-2	4-3	3-0	1-3	3-0	0-0	2-0	1-2
Dumbarton FC	1-5	2-2	0-2	2-0	1-0	■	1-1	1-2	4-1	2-1	2-1	0-1	0-1	2-1	3-3	4-0
Dundee United FC	2-1	10-1	3-4	3-1	1-5	3-2	■	5-1	2-1	1-3	5-3	5-0	3-2	2-0	6-1	1-3
Dunfermline Athletic FC	0-1	4-0	5-1	3-1	3-1	2-2	1-0	■	2-4	1-3	4-2	3-1	4-3	2-7	5-2	2-4
Forfar Athletic FC	1-0	2-4	2-1	3-2	2-0	1-4	1-3	4-2	■	2-2	0-0	0-2	3-2	1-3	3-1	0-1
Hamilton Academical FC	5-1	5-1	8-2	2-3	3-2	0-1	1-2	2-0	6-1	■	2-3	0-0	0-0	2-0	4-0	1-5
Kilmarnock FC	3-2	2-2	1-1	0-1	4-0	1-3	2-0	1-1	1-1	1-1	■	0-1	3-4	2-2	1-2	1-1
Queen of the South FC	2-0	5-1	3-1	2-1	3-0	1-2	3-3	3-0	4-1	4-1	0-1	■	2-1	2-1	5-2	1-0
Queen's Park FC	1-1	2-1	2-1	2-0	2-0	2-1	4-2	3-3	0-1	1-1	2-1	1-1	■	4-3	4-1	0-2
St. Johnstone FC	0-3	3-1	1-3	2-1	2-1	3-0	2-2	2-1	3-0	1-1	1-0	0-6	6-1	■	7-1	4-2
Stenhousemuir FC	0-1	3-1	2-3	3-2	4-0	3-1	3-1	4-1	3-0	1-2	4-1	1-3	0-3	0-2	■	0-1
Stirling Albion FC	3-2	4-2	4-0	1-1	2-4	3-2	3-1	1-3	4-0	5-1	1-0	5-2	3-1	4-1	4-2	■

Division "B"

		Pd	Wn	Dw	Ls	GF	GA	Pts	
1.	Queen of the South FC (Dumfries)	30	21	3	6	69	35	45	P
2.	Stirling Albion FC (Stirling)	30	21	3	6	78	44	45	P
3.	Ayr United FC (Ayr)	30	15	6	9	64	40	36	
4.	Dundee United FC (Dundee)	30	16	4	10	78	58	36	
5.	St. Johnstone FC (Perth)	30	14	5	11	68	53	33	
6.	Queen's Park FC (Glasgow)	30	13	7	10	56	53	33	
7.	Hamilton Academical FC (Hamilton)	30	12	8	10	65	49	32	
8.	Albion Rovers FC (Coatbridge)	30	14	4	12	56	51	32	
9.	Dumbarton FC (Dumbarton)	30	12	5	13	52	53	29	
10.	Dunfermline Athletic FC (Dunfermline)	30	12	4	14	58	73	28	
11.	Cowdenbeath FC (Cowdenbeath)	30	12	3	15	61	57	27	
12.	Kilmarnock FC (Kilmarnock)	30	8	8	14	44	49	24	
13.	Arbroath FC (Arbroath)	30	8	5	17	46	78	21	
14.	Forfar Athletic FC (Forfar)	30	9	3	18	43	76	21	
15.	Stenhousemuir FC (Stenhousemuir)	30	9	2	19	51	80	20	
16.	Alloa Athletic FC (Alloa)	30	7	4	19	58	98	18	
		480	203	74	203	947	947	480	

	Division "C" (North-East)	Pd	Wn	Dw	Ls	GF	GA	Pts	
1.	Heart of Midlothian FC (Edinburgh) 2nd XI	30	21	6	3	76	32	48	
2.	Aberdeen FC (Aberdeen) 2nd XI	30	22	3	5	104	39	47	
3.	Hibernian FC (Edinburgh) 2nd XI	30	20	3	7	81	30	43	
4.	Dundee FC (Dundee) 2nd XI	30	15	6	9	81	48	36	
5.	Brechin City FC (Brechin)	30	14	6	10	77	57	34	
6.	Celtic FC (Glasgow) 2nd XI	30	15	4	11	58	44	34	
7.	Dunfermline Athletic FC (Dunfermline) 2nd XI	30	15	2	13	66	56	32	
8.	Falkirk FC (Falkirk) 2nd XI	30	15	2	13	66	64	32	
9.	Cowdenbeath FC (Cowdenbeath) 2nd XI	30	15	1	14	56	64	31	#
10.	East Fife FC (Methil) 2nd XI	30	10	5	15	57	75	25	
11.	St. Johnstone FC (Perth) 2nd XI	30	10	5	15	44	62	25	
12.	Raith Rovers FC (Kirkcaldy) 2nd XI	30	9	6	15	45	78	24	
13.	Dundee United FC (Dundee) 2nd XI	30	7	5	18	29	66	19	
14.	Leith Athletic FC (Edinburgh)	30	6	5	19	43	73	17	
15.	Alloa Athletic FC (Alloa) 2nd XI	30	6	5	19	47	95	17	#
16.	Montrose FC (Montrose)	30	6	4	20	40	87	16	
		480	206	68	206	970	970	480	

Alloa Athletic FC (Alloa) 2nd XI and Cowdenbeath FC (Cowdenbeath) 2nd XI were not in the League from the next season.

Elected: Berwick Rangers FC (Berwick-upon-Tweed) and Stirling Albion FC (Stirling) 2nd XI.

	Division "C" (South-West)	Pd	Wn	Dw	Ls	GF	GA	Pts
1.	Clyde FC (Glasgow) 2nd XI	30	22	2	6	82	37	46
2.	Ayr United FC (Ayr) 2nd XI	30	15	5	10	74	57	35
3.	Rangers FC (Glasgow) 2nd XI	30	16	2	12	67	52	34
4.	Partick Thistle FC (Glasgow) 2nd XI	30	12	10	8	63	52	34
5.	Motherwell FC (Motherwell) 2nd XI	30	12	9	9	58	48	33
6.	Stranraer FC (Stranraer)	30	12	8	10	80	71	32
7.	St. Mirren FC (Paisley) 2nd XI	30	12	8	10	56	54	32
8.	Queen's Park Strollers FC (Glasgow)	30	12	4	14	53	52	28
9.	Kilmarnock FC (Kilmarnock) 2nd XI	30	10	8	12	62	64	28
10.	Third Lanark FC (Glasgow) 2nd XI	30	11	6	13	54	59	28
11.	East Stirlingshire FC (Falkirk)	30	11	6	13	57	66	28
12.	Hamilton Academical FC (Hamilton) 2nd XI	30	12	3	15	54	69	27
13.	Morton FC (Greenock) 2nd XI	30	11	4	15	71	74	26
14.	Airdrieonians FC (Airdrie) 2nd XI	30	10	5	15	49	76	25
15.	Dumbarton FC (Dumbarton) 2nd XI	30	9	6	15	49	76	24
16.	Queen of the South FC (Dumfries) 2nd XI	30	6	8	16	38	60	20
		480	193	94	193	967	967	480

SCOTTISH CUP FINAL (Hampden Park, Glasgow – 21/04/1951 – 131,943)

CELTIC FC (GLASGOW)	1-0	Motherwell FC (Motherwell)
McPhail	(H.T. 1-0)	

Celtic: Hunter, Fallon, Rollo, Evans, Boden, Baillie, Weir, Collins, McPhail, Peacock, Tully.

Motherwell: Johnston, Kilmarnock, Shaw, MacLeod, Paton, Redpath, Humphries, Forrest, Kelly, Watson, Aitkenhead.

Semi-finals (31/03/1951)

Celtic FC (Glasgow)	3-2	Raith Rovers FC (Kirkcaldy)
Motherwell FC (Motherwell)	3-2	Hibernian FC (Edinburgh)

1951-52 SEASON

1951-1952 Scottish Football League Division "A"	Aberdeen	Airdrieonians	Celtic	Dundee	East Fife	Hearts	Hibernian	Morton	Motherwell	Partick Thistle	Queen/South	Raith Rovers	Rangers	St. Mirren	Stirling Albion	Third Lanark
Aberdeen FC		1-4	3-4	3-1	2-1	3-0	1-2	3-1	2-2	4-2	1-1	2-2	1-1	3-0	6-0	2-3
Airdrieonians FC	3-0		2-1	4-3	3-1	2-0	0-2	3-5	1-2	2-2	3-0	2-1	0-1	2-2	2-2	2-4
Celtic FC	2-0	3-1		1-1	2-1	1-3	1-1	2-2	2-2	2-1	6-1	0-1	1-4	2-1	3-1	2-2
Dundee FC	3-2	0-1	2-1		3-4	3-3	1-4	2-2	1-2	0-2	0-0	2-0	1-0	3-0	4-1	6-0
East Fife FC	2-1	3-1	3-1	3-1		2-4	3-1	4-1	6-1	1-1	5-0	0-1	2-1	3-3	4-0	3-2
Heart of Midlothian FC	2-2	6-1	2-1	4-2	3-1		1-1	4-1	2-2	1-2	4-3	4-2	2-2	2-1	5-2	2-2
Hibernian FC	4-4	4-0	3-1	3-1	4-2	2-3		1-0	3-1	5-0	5-0	5-0	1-1	5-0	8-0	5-2
Morton FC	3-2	2-3	0-1	3-0	0-2	3-1	2-1		0-2	1-2	2-2	1-4	0-1	3-0	7-1	3-1
Motherwell FC	3-3	4-1	2-2	2-1	2-1	0-5	3-1	1-2		1-1	4-0	1-3	2-1	2-0	5-2	1-1
Partick Thistle FC	1-4	5-2	2-4	1-3	2-0	2-0	1-2	1-1	2-1		3-0	1-1	1-3	0-0	2-1	4-2
Queen of the South FC	1-2	4-2	4-0	1-0	2-3	1-1	5-2	4-1	4-1	2-1		2-2	2-2	3-1	2-0	1-0
Raith Rovers FC	2-1	1-1	1-0	1-2	2-3	2-1	0-2	2-0	2-0	1-2	0-0		3-1	2-1	3-0	1-0
Rangers FC	3-2	1-0	1-1	1-2	1-1	2-0	2-2	1-0	3-0	4-1	3-2	1-0		5-1	3-1	1-1
St. Mirren FC	3-1	2-0	3-1	1-1	0-2	1-0	0-4	1-1	3-0	1-2	3-1	3-0	0-5		4-1	3-0
Stirling Albion FC	0-4	3-6	2-1	2-2	3-2	0-4	1-4	1-1	2-1	2-1	1-1	1-2	1-5	0-3		3-3
Third Lanark FC	2-0	4-0	3-3	0-2	1-3	4-0	0-5	3-1	0-1	0-0	2-1	3-1	1-1	4-2	1-3	

	Division "A"	Pd	Wn	Dw	Ls	GF	GA	Pts	
1.	HIBERNIAN FC (EDINBURGH)	30	20	5	5	92	36	45	
2.	Rangers FC (Glasgow)	30	16	9	5	61	31	41	
3.	East Fife FC (Methil)	30	17	3	10	71	49	37	
4.	Heart of Midlothian FC (Edinburgh)	30	14	7	9	69	53	35	
5.	Raith Rovers FC (Kirkcaldy)	30	14	5	11	43	42	33	
6.	Partick Thistle FC (Glasgow)	30	12	7	11	48	51	31	
7.	Motherwell FC (Motherwell)	30	12	7	11	51	57	31	
8.	Dundee FC (Dundee)	30	11	6	13	53	52	28	
9.	Celtic FC (Glasgow)	30	10	8	12	52	55	28	
10.	Queen of the South FC (Dumfries)	30	10	8	12	50	60	28	
11.	Aberdeen FC (Aberdeen)	30	10	7	13	65	58	27	
12.	Third Lanark FC (Glasgow)	30	9	8	13	51	62	26	
13.	Airdrieonians FC (Airdrie)	30	11	4	15	54	69	26	
14.	St. Mirren FC (Paisley)	30	10	5	15	43	58	25	
15.	Morton FC (Greenock)	30	9	6	15	49	56	24	R
16.	Stirling Albion FC (Stirling)	30	5	5	20	36	99	15	R
		480	190	100	190	888	888	480	

Top goalscorer 1951-52

1) Lawrence REILLY   (Hibernian FC)   27

1951-1952 Scottish Football League Division "B"

	Albion Rovers	Alloa Athletic	Arbroath	Ayr United	Clyde	Cowdenbeath	Dumbarton	Dundee United	Dunfermline	Falkirk	Forfar Athletic	Hamilton	Kilmarnock	Queen's Park	St. Johnstone	Stenhousemuir
Albion Rovers FC	■	1-1	3-1	2-0	0-3	0-0	1-1	3-0	1-3	1-1	5-2	0-1	0-0	1-1	1-0	2-6
Alloa Athletic FC	2-1	■	2-2	1-2	3-3	1-0	4-1	2-3	5-4	0-1	4-2	3-2	1-2	2-0	2-0	2-0
Arbroath FC	2-2	2-1	■	0-2	1-3	3-3	1-2	1-3	5-3	2-4	1-2	3-1	2-1	0-2	4-3	0-2
Ayr United FC	3-2	2-0	4-1	■	1-1	2-1	4-1	2-0	3-1	3-1	4-0	2-1	3-2	1-0	3-3	2-1
Clyde FC	5-1	4-3	2-1	1-1	■	11-1	3-3	3-0	4-0	1-1	5-1	0-2	1-3	5-2	6-0	3-1
Cowdenbeath FC	3-1	2-2	8-1	2-0	3-2	■	2-2	2-2	1-0	5-0	6-2	3-1	3-1	2-3	2-2	1-0
Dumbarton FC	1-4	1-2	0-1	4-2	2-2	1-5	■	2-1	0-0	0-1	3-1	2-2	4-2	1-0	3-1	4-1
Dundee United FC	0-0	4-1	3-1	2-2	3-5	5-1	4-1	■	2-1	2-3	8-1	3-2	1-0	5-0	4-3	3-0
Dunfermline Athletic FC	5-1	1-0	5-0	2-0	3-7	3-0	3-2	1-2	■	0-6	7-2	3-0	5-2	2-1	4-1	2-2
Falkirk FC	3-1	1-1	5-1	5-1	2-1	0-1	1-1	6-0	5-1	■	6-0	0-1	3-3	6-0	3-0	5-2
Forfar Athletic FC	2-0	4-1	4-1	2-1	1-2	4-2	1-3	3-3	3-2	2-2	■	1-6	1-0	2-1	4-5	4-1
Hamilton Academical FC	0-0	0-1	1-0	1-1	0-5	3-2	3-2	1-1	0-3	0-1	3-3	■	2-1	1-0	4-2	3-1
Kilmarnock FC	3-1	1-0	4-0	4-0	1-2	5-1	2-1	2-6	5-3	2-1	3-0	3-2	■	3-1	3-0	0-2
Queen's Park FC	2-1	0-2	3-1	0-1	5-1	2-2	0-1	1-2	0-2	0-3	1-1	1-3	1-0	■	4-5	4-2
St. Johnstone FC	3-0	2-2	2-2	2-0	0-1	6-0	2-1	4-1	2-3	1-3	6-2	1-1	0-2	1-1	■	4-1
Stenhousemuir FC	3-3	1-4	3-0	2-3	0-8	2-2	1-1	6-2	5-2	1-1	5-2	3-0	1-2	3-4	1-1	■

Division "B"

		Pd	Wn	Dw	Ls	GF	GA	Pts	
1.	Clyde FC (Glasgow)	30	19	6	5	100	45	44	P
2.	Falkirk FC (Falkirk)	30	18	7	5	80	34	43	P
3.	Ayr United FC (Ayr)	30	17	5	8	55	45	39	
4.	Dundee United FC (Dundee)	30	16	5	9	75	60	37	
5.	Kilmarnock FC (Kilmarnock)	30	16	2	12	62	48	34	
6.	Dunfermline Athletic FC (Dunfermline)	30	15	2	13	74	65	32	
7.	Alloa Athletic FC (Alloa)	30	13	6	11	55	49	32	
8.	Cowdenbeath FC (Cowdenbeath)	30	12	8	10	66	67	32	
9.	Hamilton Academical FC (Hamilton)	30	12	6	12	47	51	30	
10.	Dumbarton FC (Dumbarton)	30	10	8	12	51	57	28	
11.	St. Johnstone FC (Perth)	30	9	7	14	62	68	25	
12.	Forfar Athletic FC (Forfar)	30	10	4	16	59	97	24	
13.	Stenhousemuir FC (Stenhousemuir)	30	8	6	16	57	74	22	
14.	Albion Rovers FC (Coatbridge)	30	6	10	14	39	57	22	
15.	Queen's Park FC (Glasgow)	30	8	4	18	40	62	20	
16.	Arbroath FC (Arbroath)	30	6	4	20	40	83	16	
		480	195	90	195	962	962	480	

	Division "C" (North-East)	Pd	Wn	Dw	Ls	GF	GA	Pts	
1.	Dundee FC (Dundee) 2nd XI	30	20	4	6	94	46	44	
2.	Heart of Midlothian FC (Edinburgh) 2nd XI	30	19	4	7	73	36	42	
3.	Hibernian FC (Edinburgh) 2nd XI	30	19	4	7	88	44	42	
4.	Celtic FC (Glasgow) 2nd XI	30	19	3	8	68	49	41	
5.	Aberdeen FC (Aberdeen) 2nd XI	30	17	4	9	82	47	38	
6.	East Fife FC (Methil) 2nd XI	30	15	5	10	66	57	35	
7.	St. Johnstone FC (Perth) 2nd XI	30	14	5	11	66	71	33	
8.	Berwick Rangers FC (Berwick-upon-Tweed)	30	12	7	11	66	68	31	
9.	Stirling Albion FC (Stirling) 2nd XI	30	13	2	15	51	65	28	
10.	Raith Rovers FC (Kirkcaldy) 2nd XI	30	10	6	14	51	56	26	
11.	Brechin City FC (Brechin)	30	9	7	14	57	65	25	
12.	Dunfermline Athletic FC (Dunfermline) 2nd XI	30	10	5	15	57	72	25	
13.	Montrose FC (Montrose)	30	10	5	15	47	69	25	
14.	Falkirk FC (Falkirk) 2nd XI	30	8	2	20	65	85	18	
15.	Leith Athletic FC (Edinburgh)	30	5	7	18	46	88	17	
16.	Dundee United FC (Dundee) 2nd XI	30	3	4	23	35	94	10	#
		480	203	74	203	1012	1012	480	

Dundee United FC (Dundee) 2nd XI were not in the League (which was reduced to 15 clubs) from the next season.

	Division "C" (South-West)	Pd	Wn	Dw	Ls	GF	GA	Pts	
1.	Rangers FC (Glasgow) 2nd XI	30	22	7	1	106	31	51	
2.	Morton FC (Greenock) 2nd XI	30	16	7	7	75	48	39	
3.	Partick Thistle FC (Glasgow) 2nd XI	30	15	7	8	72	50	37	
4.	Stranraer FC (Stranraer)	30	15	6	9	69	52	36	
5.	St. Mirren FC (Paisley) 2nd XI	30	15	4	11	63	49	34	
6.	Third Lanark FC (Glasgow) 2nd XI	30	13	6	11	57	46	32	
7.	Ayr United FC (Ayr) 2nd XI	30	12	8	10	53	74	32	
8.	Queen of the South FC (Dumfries) 2nd XI	30	14	3	13	54	63	31	
9.	Clyde FC (Glasgow) 2nd XI	30	12	5	13	57	58	29	
10.	Motherwell FC (Motherwell) 2nd XI	30	12	3	15	57	62	27	
11.	East Stirlingshire FC (Falkirk)	30	10	7	13	53	72	27	
12.	Dumbarton FC (Dumbarton) 2nd XI	30	11	4	15	51	62	26	#
13.	Queen's Park Strollers FC (Glasgow)	30	7	9	14	45	63	23	
14.	Kilmarnock FC (Kilmarnock) 2nd XI	30	8	7	15	51	67	23	
15.	Airdrieonians FC (Airdrie) 2nd XI	30	7	4	19	49	78	18	
16.	Hamilton Academical FC (Hamilton)	30	5	5	20	34	71	15	#
		480	194	92	194	946	946	480	

Dumbarton FC (Dumbarton) 2nd XI and Hamilton Academical FC (Hamilton) 2nd XI were not in the League (which was reduced to 14 clubs) from the next season.

SCOTTISH CUP FINAL (Hampden Park, Glasgow – 19/04/1952 – 136,304)

MOTHERWELL FC (MOTHERWELL)   4-0   Dundee FC (Dundee)
Watson, Redpath, Humphries, Kelly   (H.T. 0-0)

Motherwell: Johnstone, Kilmarnock, Shaw, Cox, Paton, Redpath, Sloan, Humphries, Kelly, Watson, Aitkenhead.
Dundee: Henderson, Follon, Cowan, Gallacher, Cowie, Boyd, Hill, Patillo, Flavell, Steel, Christie.

Semi-finals (29/03/1952 – 09/04/1952)

| Dundee FC (Dundee) | 2-0 | Third Lanark FC (Glasgow) |
| Motherwell FC (Motherwell) | 1-1, 1-1 (aet), 3-1 | Heart of Midlothian FC (Edinburgh) |

1952-53 SEASON

1952-1953 Scottish Football League Division "A"	Aberdeen	Airdrieonians	Celtic	Clyde	Dundee	East Fife	Falkirk	Hearts	Hibernian	Motherwell	Partick Thistle	Queen/South	Raith Rovers	Rangers	St. Mirren	Third Lanark
Aberdeen FC	■	1-2	2-2	3-02	2-2	6-3	7-2	3-0	1-1	5-1	4-2	4-0	0-2	2-2	1-2	4-3
Airdrieonians FC	4-7	■	0-0	4-4	2-1	3-1	1-1	1-2	3-7	1-2	1-0	1-2	3-1	2-2	3-1	4-2
Celtic FC	1-3	0-1	■	2-4	5-0	1-1	5-3	1-1	1-3	3-0	3-1	1-1	0-1	2-1	3-2	5-4
Clyde FC	3-0	6-1	1-2	■	1-1	1-2	1-4	3-2	2-3	3-2	2-2	5-0	3-2	4-6	3-1	5-2
Dundee FC	3-1	0-2	4-0	4-1	■	1-1	2-1	2-1	2-0	0-0	6-0	0-0	2-3	1-1	0-0	3-0
East Fife FC	4-1	3-1	4-1	7-1	3-2	■	3-1	3-1	3-5	2-2	2-3	0-0	2-0	3-2	7-0	3-1
Falkirk FC	4-1	2-2	2-3	2-1	2-1	0-1	■	2-4	1-3	2-1	0-4	2-0	3-2	1-2	1-2	5-1
Heart of Midlothian FC	3-1	4-0	1-0	7-0	1-1	4-2	0-1	■	1-2	3-1	2-1	3-0	1-2	2-2	1-2	3-3
Hibernian FC	3-0	3-1	1-1	5-1	3-0	2-1	4-2	3-1	■	7-2	1-1	1-3	4-1	1-1	0-2	7-1
Motherwell FC	4-1	4-1	4-2	3-6	2-1	3-3	2-1	1-3	3-7	■	1-2	3-2	2-1	0-3	1-1	1-5
Partick Thistle FC	1-1	3-2	3-0	1-5	0-3	1-3	0-3	2-2	5-4	4-2	■	2-2	4-1	1-2	5-3	0-0
Queen of the South FC	4-0	1-2	2-1	3-1	1-0	0-1	2-2	4-2	2-7	3-1	0-1	■	1-1	1-1	4-3	3-1
Raith Rovers FC	2-1	3-0	1-1	3-2	1-1	0-0	0-2	1-1	4-2	1-1	2-2	1-1	■	3-1	0-1	3-4
Rangers FC	4-0	8-2	1-0	1-2	3-1	4-0	4-0	3-0	1-2	4-1	2-2	3-1	3-2	■	4-0	4-1
St. Mirren FC	2-1	2-2	1-2	2-2	0-0	1-1	3-0	1-0	2-2	2-5	1-1	6-0	3-2	2-3	■	1-0
Third Lanark FC	0-1	2-1	1-3	1-3	0-0	0-3	1-1	2-3	2-0	1-2	3-1	5-0	2-1	0-2	4-3	■

	Division "A"	Pd	Wn	Dw	Ls	GF	GA	Pts	
1.	RANGERS FC (GLASGOW)	30	18	7	5	80	39	43	
2.	Hibernian FC (Edinburgh)	30	19	5	6	93	51	43	
3.	East Fife FC (Methil)	30	16	7	7	72	48	39	
4.	Heart of Midlothian FC (Edinburgh)	30	12	6	12	59	50	30	
5.	Clyde FC (Glasgow)	30	13	4	13	78	78	30	
6.	St. Mirren FC (Paisley)	30	11	8	11	52	58	30	
7.	Dundee FC (Dundee)	30	9	11	10	44	38	29	
8.	Celtic FC (Glasgow)	30	11	7	12	51	54	29	
9.	Partick Thistle FC (Glasgow)	30	10	9	11	55	63	29	
10.	Queen of the South FC (Dumfries)	30	10	8	12	43	61	28	
11.	Aberdeen FC (Aberdeen)	30	11	5	14	64	68	27	
12.	Raith Rovers FC (Kirkcaldy)	30	9	8	13	47	53	26	
13.	Falkirk FC (Falkirk)	30	11	4	15	53	63	26	
14.	Airdrieonians FC (Airdrie)	30	10	6	14	53	75	26	
15.	Motherwell FC (Motherwell)	30	10	5	15	57	80	25	R
16.	Third Lanark FC (Glasgow)	30	8	4	18	52	75	20	R
		480	188	104	188	953	953	480	

Top goalscorers 1952-53

1)	Charles FLEMING	(East Fife FC)	30
	Lawrence REILLY	(Hibernian FC)	30

145

1952-1953 Scottish Football League Division "B"	Albion Rovers	Alloa Athletic	Arbroath	Ayr United	Cowdenbeath	Dumbarton	Dundee United	Dunfermline	Forfar Athletic	Hamilton	Kilmarnock	Morton	Queen's Park	St. Johnstone	Stenhousemuir	Stirling Albion
Albion Rovers FC	■	1-2	1-2	5-6	2-2	3-1	2-4	2-2	1-1	0-6	2-1	4-1	1-1	3-0	0-1	0-1
Alloa Athletic FC	4-2	■	2-0	3-6	2-2	4-1	6-2	3-3	4-1	0-5	1-2	3-0	1-1	2-0	2-2	1-3
Arbroath FC	3-0	2-0	■	1-1	2-2	2-1	2-1	4-1	0-0	3-2	2-2	1-0	0-2	1-3	6-2	3-1
Ayr United FC	4-3	2-4	7-2	■	1-0	5-0	2-1	1-2	8-1	0-2	0-2	4-1	4-0	5-2	2-4	2-4
Cowdenbeath FC	3-2	1-4	3-0	0-1	■	2-2	0-0	4-3	3-0	2-0	2-3	1-2	1-4	3-3	2-0	0-3
Dumbarton FC	1-0	4-2	5-5	2-2	4-0	■	1-3	1-1	2-1	1-2	4-2	4-2	2-1	2-2	1-0	4-1
Dundee United FC	2-1	4-2	1-2	0-4	0-0	2-3	■	1-1	4-1	2-3	5-4	0-4	2-1	1-0	3-1	2-3
Dunfermline Athletic FC	2-1	2-2	0-0	0-1	2-1	2-2	1-1	■	5-0	2-1	2-1	0-1	1-2	2-0	3-5	5-1
Forfar Athletic FC	4-2	5-2	0-0	1-2	2-0	5-2	1-3	2-1	■	1-3	6-0	5-1	3-6	1-3	5-0	1-3
Hamilton Academical FC	3-2	2-0	2-1	4-0	0-1	3-1	3-1	7-1	2-0	■	2-2	3-0	4-2	1-0	2-1	2-1
Kilmarnock FC	4-0	1-2	4-0	0-1	2-0	2-1	1-0	2-3	4-0	6-1	■	3-2	0-1	2-3	4-1	6-0
Morton FC	5-0	4-1	4-0	6-1	1-0	6-1	1-2	2-1	7-1	5-3	1-4	■	2-2	1-1	4-1	2-2
Queen's Park FC	4-0	1-2	5-1	2-0	4-0	1-0	3-0	3-0	6-2	1-1	2-3	2-7	■	4-1	2-2	1-1
St. Johnstone FC	1-3	3-0	0-4	1-4	1-2	3-2	1-1	1-0	2-2	0-2	1-2	3-1	0-2	■	2-2	4-2
Stenhousemuir FC	3-1	4-1	1-2	2-0	3-0	1-2	0-4	3-3	5-0	4-1	0-4	2-5	2-2	3-0	■	0-0
Stirling Albion FC	3-0	2-1	4-1	1-0	1-0	2-1	2-0	3-0	7-2	0-0	3-1	2-1	3-2	3-0	2-1	■

Division "B"

		Pd	Wn	Dw	Ls	GF	GA	Pts	
1.	Stirling Albion FC (Stirling)	30	20	4	6	64	43	44	P
2.	Hamilton Academical FC (Hamilton)	30	20	3	7	72	40	43	P
3.	Queen's Park FC (Glasgow)	30	15	7	8	70	46	37	
4.	Kilmarnock FC (Kilmarnock)	30	17	2	11	74	48	36	
5.	Ayr United FC (Ayr)	30	17	2	11	76	56	36	
6.	Morton FC (Greenock)	30	15	3	12	79	57	33	
7.	Arbroath FC (Arbroath)	30	13	7	10	52	57	33	
8.	Dundee United FC (Dundee)	30	12	5	13	52	56	29	
9.	Alloa Athletic FC (Alloa)	30	12	5	13	63	68	29	
10.	Dumbarton FC (Dumbarton)	30	11	6	13	58	67	28	
11.	Dunfermline Athletic FC (Dunfermline)	30	9	9	12	51	58	27	
12.	Stenhousemuir FC (Stenhousemuir)	30	10	6	14	56	65	26	
13.	Cowdenbeath FC (Cowdenbeath)	30	8	7	15	37	54	23	
14.	St. Johnstone FC (Perth)	30	8	6	16	41	63	22	
15.	Forfar Athletic FC (Forfar)	30	8	4	18	54	88	20	
16.	Albion Rovers FC (Coatbridge)	30	5	4	21	44	77	14	
		480	200	80	200	943	943	480	

	Division "C" (North-East)	Pd	Wn	Dw	Ls	GF	GA	Pts	
1.	Aberdeen FC (Aberdeen) 2nd XI	28	21	3	4	81	44	45	
2.	Hibernian FC (Edinburgh) 2nd XI	28	17	4	7	87	43	38	
3.	Berwick Rangers FC (Berwick-upon-Tweed)	28	13	10	5	70	34	36	
4.	Heart of Midlothian FC (Edinburgh) 2nd XI	28	16	4	8	72	45	36	
5.	Dundee FC (Dundee) 2nd XI	28	14	6	8	58	44	34	
6.	Falkirk FC (Falkirk) 2nd XI	28	14	4	10	62	52	32	
7.	East Fife FC (Methil) 2nd XI	28	14	3	11	55	56	31	
8.	Brechin City FC (Brechin)	28	8	10	10	49	45	26	
9.	Raith Rovers FC (Kirkcaldy) 2nd x1	28	8	10	10	49	56	26	
10.	St. Johnstone FC (Perth) 2nd XI	28	11	3	14	42	69	25	#
11.	Celtic FC (Glasgow) 2nd XI	28	11	2	15	48	56	24	
12.	Montrose FC (Montrose)	28	8	2	18	44	113	18	
13.	Stirling Albion FC (Stirling) 2nd XI	28	7	3	18	80	73	17	
14.	Dunfermline Athletic FC (Dunfermline) 2nd XI	28	7	2	19	60	81	16	
15.	Leith Athletic FC (Edinburgh)	28	5	6	17	41	87	16	#
		420	174	72	174	898	898	420	

Leith Athletic FC (Edinburgh) and St. Johnstone FC (Perth) 2nd XI were not in the League (which was reduced to 13 clubs) from the next season.

	Division "C" (South-West)	Pd	Wn	Dw	Ls	GF	GA	Pts	
1.	Rangers FC (Glasgow) 2nd XI	26	19	1	6	70	28	39	
2.	Partick Thistle FC (Glasgow) 2nd XI	26	15	7	4	48	26	37	
3.	Airdrieonians FC (Airdrie) 2nd XI	26	16	4	6	63	36	36	
4.	Clyde FC (Glasgow) 2nd XI	26	15	5	6	61	48	35	
5.	Ayr United FC (Ayr) 2nd XI	26	15	1	10	72	47	31	
6.	Motherwell FC (Motherwell) 2nd XI	26	12	4	10	45	40	28	
7.	Stranraer FC (Stranraer)	26	9	5	12	55	58	23	
8.	Third Lanark FC (Glasgow) 2nd XI	26	10	2	14	60	62	22	
9.	St. Mirren FC (Paisley) 2nd x1	26	9	2	15	45	54	20	
10.	Queen of the South FC (Dumfries) 2nd XI	26	9	1	16	55	65	19	
11.	Morton FC (Greenock) 2nd XI	26	8	3	15	53	75	19	#
12.	Queen's Park Strollers FC (Glasgow)	26	9	1	16	47	68	19	
13.	Kilmarnock FC (Kilmarnock) 2nd XI	26	9	1	16	45	75	19	
14.	East Stirlingshire FC (Falkirk)	26	7	3	16	38	75	17	
		364	162	40	162	757	757	364	

Morton FC (Greenock) 2nd XI were not in the League from the next season.

Elected: Hamilton Academical FC (Hamilton) 2nd XI.

SCOTTISH CUP FINAL   (Hampden Park, Glasgow – 25/04/1953 – 129,861)

RANGERS FC (GLASGOW)	1-1	Aberdeen FC (Aberdeen)
Prentice	*(H.T. 1-0)*	*Yorston*

Rangers: Niven, Young, Little, McColl, Stanners, Pryde, Waddell, Grierson, Paton, Prentice, Hubbard.
Aberdeen: Martin, Mitchell, Shaw, Harris, Young, Allister, Rodger, Yorston, Buckley, Hamilton, Hather.

SCOTTISH CUP FINAL   (Hampden Park, Glasgow – 29/04/1953 – 112,619)

RANGERS FC (GLASGOW)	1-0	Aberdeen FC (Aberdeen)
Simpson	*(H.T. 1-0)*	

Rangers: Niven, Young, Little, McColl, Woodburn, Pryde, Waddell, Grierson, Paton, Simpson, Hubbard.
Aberdeen: Martin, Mitchell, Shaw, Harris, Young, Allister, Rodger, Yorston, Buckley, Hamilton, Hather.

Semi-finals   (04/04/1953 – 08/04/1953)

Aberdeen FC (Aberdeen)	1-1, 2-1	Third Lanark FC (Glasgow)
Rangers FC (Glasgow)	2-1	Heart of Midlothian FC (Edinburgh)

1953-54 SEASON

1953-1954 Scottish Football League Division "A"	Aberdeen	Airdrieonians	Celtic	Clyde	Dundee	East Fife	Falkirk	Hamilton	Hearts	Hibernian	Partick Thistle	Queen/South	Raith Rovers	Rangers	St. Mirren	Stirling Albion
Aberdeen FC		5-0	2-0	5-3	1-1	1-0	0-1	5-1	1-0	1-3	2-1	2-0	2-0	1-1	0-3	8-0
Airdrieonians FC	1-3		0-6	3-4	2-2	3-2	2-2	5-0	2-1	2-2	3-6	1-1	1-2	2-0	1-3	1-1
Celtic FC	3-0	4-1		1-0	5-1	4-1	1-0	1-0	2-0	2-2	2-1	3-1	3-0	1-0	4-0	4-0
Clyde FC	2-4	4-1	1-7		2-0	3-1	4-1	4-1	0-1	3-6	0-4	2-0	4-2	2-5	4-2	1-1
Dundee FC	4-2	1-0	1-1	2-0		1-1	1-0	3-2	2-4	1-0	6-0	4-1	0-0	1-0	2-0	2-1
East Fife FC	2-0	1-0	4-1	3-1	1-1		4-1	4-0	2-2	1-3	4-1	4-0	1-1	2-1	2-0	2-1
Falkirk FC	2-2	4-1	0-3	1-1	4-0	3-3		2-2	1-3	2-4	2-2	0-4	0-3	4-3	4-0	2-0
Hamilton Academical FC	3-2	0-1	2-0	1-3	2-3	0-1	2-1		1-5	2-6	1-3	0-5	2-1	1-1	0-2	0-1
Heart of Midlothian FC	3-2	4-3	3-2	1-2	2-1	2-2	0-0	3-0		4-0	0-2	1-4	5-1	3-3	5-1	6-1
Hibernian FC	3-0	8-1	0-3	4-0	2-0	2-1	2-3	4-1	1-2		1-2	1-0	5-0	2-2	2-1	1-2
Partick Thistle FC	6-3	9-0	1-3	3-4	1-0	0-1	5-1	4-0	2-1	0-2		1-2	5-3	0-1	2-0	3-1
Queen of the South FC	2-4	6-2	2-1	1-2	5-1	5-0	5-3	2-2	2-2	3-2	2-6		5-1	2-1	4-0	4-1
Raith Rovers FC	3-1	5-1	2-0	3-4	1-2	2-2	0-2	5-0	4-2	4-0	4-1	1-1		1-2	1-2	1-1
Rangers FC	1-3	3-0	1-1	1-1	2-0	2-0	3-0	8-1	0-1	3-0	3-0	2-0	2-2		1-1	3-1
St. Mirren FC	1-4	1-0	1-3	0-1	3-0	1-1	1-0	3-2	1-1	3-3	1-3	5-3	3-0	0-1		3-0
Stirling Albion FC	1-0	2-1	2-1	2-2	2-3	3-2	0-1	6-0	0-3	2-1	1-2	3-0	1-3	2-0	0-2	

	Division "A"	Pd	Wn	Dw	Ls	GF	GA	Pts	
1.	CELTIC FC (GLASGOW)	30	20	3	7	72	29	43	
2.	Heart of Midlothian FC (Edinburgh)	30	16	6	8	70	45	38	
3.	Partick Thistle FC (Glasgow)	30	17	1	12	76	54	35	
4.	Rangers FC (Glasgow)	30	13	8	9	56	35	34	
5.	Hibernian FC (Edinburgh)	30	15	4	11	72	51	34	
6.	East Fife FC (Methil)	30	13	8	9	55	45	34	
7.	Dundee FC (Dundee)	30	14	6	10	46	47	34	
8.	Clyde FC (Glasgow)	30	15	4	11	64	67	34	
9.	Aberdeen FC (Aberdeen)	30	15	3	12	66	51	33	
10.	Queen of the South FC (Dumfries)	30	14	4	12	72	58	32	
11.	St. Mirren FC (Paisley)	30	12	4	14	44	54	28	
12.	Raith Rovers FC (Kirkcaldy)	30	10	6	14	56	60	26	
13.	Falkirk FC (Falkirk)	30	9	7	14	47	61	25	
14.	Stirling Albion FC (Stirling)	30	10	4	16	39	62	24	
15.	Airdrieonians FC (Airdrie)	30	5	5	20	41	92	15	R
16.	Hamilton Academical FC (Hamilton)	30	4	3	23	29	94	11	R
		480	202	76	202	905	905	480	

Top goalscorers 1953-54

1) James WARDHAUGH   (Heart of Midlothian FC)   27

1953-1954 Scottish Football League Division "B"	Albion Rovers	Alloa Athletic	Arbroath	Ayr United	Cowdenbeath	Dumbarton	Dundee United	Dunfermline	Forfar Athletic	Kilmarnock	Morton	Motherwell	Queen's Park	St. Johnstone	Stenhousemuir	Third Lanark
Albion Rovers FC		1-3	1-1	4-2	3-2	4-1	3-3	3-1	1-2	1-1	3-2	2-3	2-0	3-2	1-0	1-0
Alloa Athletic FC	2-2		3-3	1-1	2-1	2-2	1-3	4-1	3-3	1-0	1-2	2-3	5-1	2-3	1-2	1-4
Arbroath FC	3-1	1-1		1-0	2-1	2-3	4-3	5-0	2-3	0-1	2-3	1-4	3-2	3-4	1-1	2-2
Ayr United FC	2-2	2-4	3-0		4-0	0-0	2-1	1-2	3-1	1-0	2-1	0-3	0-0	3-4	1-2	0-6
Cowdenbeath FC	4-3	6-1	2-1	5-2		6-1	4-2	1-1	2-3	6-0	1-2	1-5	1-1	3-1	3-3	1-3
Dumbarton FC	5-1	0-0	1-0	3-1	2-2		2-2	4-4	0-1	2-5	2-4	1-4	1-1	3-2	1-2	3-2
Dundee United FC	6-2	0-1	2-2	4-0	3-3	2-1		1-0	0-1	0-2	1-5	1-0	4-0	1-2	1-1	1-1
Dunfermline Athletic FC	2-0	2-1	2-0	0-0	5-3	6-1	0-1		1-1	1-0	1-3	4-3	3-1	0-4	3-2	0-3
Forfar Athletic FC	1-2	2-2	0-3	0-1	1-0	1-2	3-2	0-1		2-3	3-2	0-5	1-0	3-1	1-2	1-4
Kilmarnock FC	0-3	2-0	4-0	0-3	1-0	7-2	3-2	2-2	6-0		2-0	4-2	2-0	5-0	6-2	1-1
Morton FC	0-1	3-0	5-2	2-2	5-0	8-0	4-1	3-3	4-0	4-6		2-5	0-3	4-3	3-3	0-3
Motherwell FC	6-0	6-0	2-1	3-4	5-2	6-6	12-1	2-0	5-0	0-2	3-2		4-0	3-1	4-0	1-1
Queen's Park FC	2-2	4-1	3-4	2-4	7-1	6-0	3-1	4-0	2-2	1-1	4-2	0-0		2-4	4-0	1-1
St. Johnstone FC	3-3	7-0	3-1	1-2	6-1	3-1	4-1	0-0	5-1	1-4	1-2	2-6	0-0		5-1	6-1
Stenhousemuir FC	3-0	2-2	5-1	2-2	2-4	6-0	4-3	2-2	2-1	0-1	4-1	2-1	2-1	3-0		5-3
Third Lanark FC	1-0	3-3	2-2	2-2	4-1	2-1	9-1	1-1	3-0	2-0	3-7	1-2	0-1	9-2	1-1	

	Division "B"	Pd	Wn	Dw	Ls	GF	GA	Pts	
1.	Motherwell FC (Motherwell)	30	21	3	6	103	43	45	P
2.	Kilmarnock FC (Kilmarnock)	30	19	4	7	71	39	42	P
3.	Third Lanark FC (Glasgow)	30	13	10	7	78	48	36	
4.	Stenhousemuir FC (Stenhousemuir)	30	14	8	8	66	58	36	
5.	Morton FC (Greenock)	30	15	3	12	85	65	33	
6.	St. Johnstone FC (Perth)	30	14	3	13	80	71	31	
7.	Albion Rovers FC (Coatbridge)	30	12	7	11	55	63	31	
8.	Dunfermline Athletic FC (Dunfermline)	30	11	9	10	48	57	31	
9.	Ayr United FC (Ayr)	30	11	8	11	50	56	30	
10.	Queen's Park FC (Glasgow)	30	9	9	12	56	51	27	
11.	Alloa Athletic FC (Alloa)	30	7	10	13	50	72	24	
12.	Forfar Athletic FC (Forfar)	30	10	4	16	38	69	24	
13.	Cowdenbeath FC (Cowdenbeath)	30	9	5	16	67	81	23	
14.	Arbroath FC (Arbroath)	30	8	7	15	53	67	23	
15.	Dundee United FC (Dundee)	30	8	6	16	54	79	22	
16.	Dumbarton FC (Dumbarton)	30	7	8	15	51	92	22	R
		480	188	104	188	1011	1011	480	

	Division "C" (North-East)	Pd	Wn	Dw	Ls	GF	GA	Pts	
1.	Brechin City FC (Brechin)	24	13	8	3	49	24	34	P
2.	Aberdeen FC (Aberdeen) 2nd XI	24	16	1	7	66	35	33	
3.	Dundee FC (Dundee) 2nd XI	24	15	3	6	58	36	33	
4.	Celtic FC (Glasgow) 2nd XI	24	13	4	7	56	38	30	
5.	Berwick Rangers FC (Berwick-upon-Tweed)	24	9	8	7	53	46	26	
6.	Hibernian FC (Edinburgh) 2nd XI	24	11	3	10	44	45	25	
7.	Raith Rovers FC (Kirkcaldy) 2nd XI	24	9	7	8	44	49	25	
8.	Heart of Midlothian FC (Edinburgh) 2nd XI	24	9	6	9	48	50	24	
9.	Falkirk FC (Falkirk) 2nd XI	24	10	3	11	58	56	23	
10.	Stirling Albion FC (Stirling) 2nd XI	24	6	6	12	34	51	18	
11.	East Fife FC (Methil) 2nd XI	24	6	4	14	42	55	16	
12.	Dunfermline Athletic FC (Dunfermline) 2nd XI	24	6	3	15	56	77	15	
13.	Montrose FC (Montrose)	24	4	2	18	49	95	10	
		312	127	58	127	657	657	312	

East Stirlingshire FC (Falkirk) moved from Division "C" (South-West) to Division "C" (North-East) for the next season.

	Division "C" (South-West)	Pd	Wn	Dw	Ls	GF	GA	Pts	
1.	Rangers FC (Glasgow) 2nd XI	26	17	3	6	60	33	37	
2.	Partick Thistle FC (Glasgow) 2nd XI	26	16	4	6	63	24	36	
3.	Stranraer FC (Stranraer)	26	15	5	6	73	43	35	
4.	Clyde FC (Glasgow) 2nd XI	26	16	2	8	82	51	34	
5.	St. Mirren FC (Paisley) 2nd XI	26	15	3	8	77	51	33	
6.	Airdrieonians FC (Airdrie) 2nd XI	26	13	3	10	71	56	29	
7.	Motherwell FC (Motherwell) 2nd XI	26	10	6	10	55	51	26	
8.	Hamilton Academical FC (Hamilton) 2nd XI	26	10	4	12	43	48	24	#
9.	Ayr United FC (Ayr) 2nd XI	26	8	5	13	55	77	21	
10.	East Stirlingshire FC (Falkirk)	26	9	2	15	46	82	20	
11.	Third Lanark FC (Glasgow) 2nd XI	26	7	5	14	47	58	19	
12.	Queen of the South FC (Dumfries) 2nd XI	26	7	5	14	48	74	19	
13.	Kilmarnock FC (Kilmarnock) 2nd XI	26	7	4	15	46	74	18	
14.	Queen's Park Strollers FC (Glasgow)	26	4	5	17	34	79	13	
		364	154	56	154	800	801	364	

Hamilton Academical FC (Hamilton) 2nd XI were not in the League from the next season.

SCOTTISH CUP FINAL (Hampden Park, Glasgow – 24/04/1954 – 129,926)

CELTIC FC (GLASGOW)　　　　　　　2-1　　　　　　　　　Aberdeen FC (Aberdeen)
Young o.g., Fallon　　　　　　　　(H.T. 0-0)　　　　　　　　　　　　*Buckley*

Celtic: Bonnar, Haughney, Meechan, Evans, Stein, Peacock, Higgins, Fernie, Fallon, Tully, Mochan.
Aberdeen: Martin, Mitchell, Caldwell, Allister, Young, Glen, Leggat, Hamilton, Buckley, Clunie, Hather.

Semi-finals (27/03/1954 – 10/04/1954)

Aberdeen FC (Aberdeen)　　　　　　6-0　　　　　　　　　　Rangers FC (Glasgow)
Celtic FC (Glasgow)　　　　　　　2-2, 3-1　　　　　　　Motherwell FC (Motherwell)

1954-55 SEASON

1954-1955 Scottish Football League Division "A"	Aberdeen	Celtic	Clyde	Dundee	East Fife	Falkirk	Hearts	Hibernian	Kilmarnock	Motherwell	Partick Thistle	Queen/South	Raith Rovers	Rangers	St. Mirren	Stirling Albion
Aberdeen FC	■	0-2	3-0	1-0	4-1	1-0	1-0	3-1	4-1	4-1	4-0	2-0	3-2	4-0	2-1	5-0
Celtic FC	2-1	■	2-2	4-1	2-2	3-1	2-0	1-2	6-3	1-0	0-0	1-1	4-1	2-0	5-2	7-0
Clyde FC	0-1	2-2	■	2-0	3-0	2-0	0-3	6-3	1-1	2-2	2-2	2-2	3-0	1-1	2-2	5-1
Dundee FC	0-2	0-1	2-1	■	1-1	2-0	3-2	2-2	2-5	4-1	3-1	3-1	4-1	2-1	0-1	4-1
East Fife FC	1-1	3-4	0-3	4-1	■	2-0	0-2	1-5	1-5	4-2	0-2	0-1	3-1	2-7	6-1	5-0
Falkirk FC	1-2	1-1	2-1	2-2	2-2	■	2-2	3-1	5-3	1-1	3-1	1-1	2-1	0-3	0-1	3-1
Heart of Midlothian FC	2-0	0-3	3-0	2-1	1-3	5-3	■	5-1	2-2	3-2	5-4	3-1	2-0	3-4	1-1	3-0
Hibernian FC	0-1	0-5	2-3	3-1	0-0	0-1	2-3	■	3-2	4-1	3-1	1-1	2-1	2-1	2-1	4-1
Kilmarnock FC	0-4	1-2	2-1	0-2	0-0	2-0	1-3	0-3	■	1-2	1-2	4-1	2-2	1-0	1-1	2-1
Motherwell FC	1-3	2-2	2-0	0-2	3-5	0-3	1-1	1-5	0-1	■	1-2	2-1	3-2	2-0	2-3	3-1
Partick Thistle FC	1-0	4-2	2-3	2-1	1-0	2-2	4-4	0-3	0-3	0-1	■	1-0	1-1	2-5	1-1	3-3
Queen of the South FC	2-6	0-2	2-1	1-1	1-0	3-2	1-1	0-2	1-0	1-0	2-3	■	2-0	1-2	2-7	3-2
Raith Rovers FC	1-2	1-3	2-3	3-0	4-1	3-0	0-6	2-1	0-0	3-2	2-3	3-1	■	1-0	4-0	5-1
Rangers FC	3-1	4-1	1-0	3-0	2-0	4-1	2-1	1-1	6-0	2-0	3-1	1-0	1-0	■	1-1	6-1
St. Mirren FC	0-4	1-1	4-4	0-2	3-0	1-0	1-1	4-2	2-0	0-1	3-2	3-2	0-2	2-1	■	7-1
Stirling Albion FC	3-4	2-3	1-4	0-2	0-4	1-1	0-5	2-4	1-2	1-3	0-1	0-3	2-1	0-2	2-1	■

	Division "A"	Pd	Wn	Dw	Ls	GF	GA	Pts
1.	ABERDEEN FC (ABERDEEN)	30	24	1	5	73	26	49
2.	Celtic FC (Glasgow)	30	19	8	3	76	37	46
3.	Rangers FC (Glasgow)	30	19	3	8	67	33	41
4.	Heart of Midlothian FC (Edinburgh)	30	15	7	7	74	45	39
5.	Hibernian FC (Edinburgh)	30	15	4	11	64	54	34
6.	St. Mirren FC (Paisley)	30	12	8	10	55	54	32
7.	Clyde FC (Glasgow)	30	11	9	10	59	50	31
8.	Dundee FC (Dundee)	30	13	4	13	48	48	30
9.	Partick Thistle FC (Glasgow)	30	11	7	12	49	61	29
10.	Kilmarnock FC (Kilmarnock)	30	10	6	14	46	58	26
11.	East Fife FC (Methil)	30	9	6	15	51	62	24
12.	Falkirk FC (Falkirk)	30	8	8	14	42	54	24
13.	Queen of the South FC (Dumfries)	30	9	6	15	38	56	24
14.	Raith Rovers FC (Kirkcaldy)	30	10	3	17	49	57	23
15.	Motherwell FC (Motherwell)	30	9	4	17	42	62	22
16.	Stirling Albion FC (Stirling)	30	2	2	26	29	105	6
		480	197	86	197	862	862	480

Top goalscorer 1954-55

1) William BAULD   (Heart of Midlothian FC)   21

1954-1955 Scottish Football League Division "B"

	Airdrieonians	Albion Rovers	Alloa Athletic	Arbroath	Ayr United	Brechin City	Cowdenbeath	Dundee United	Dunfermline	Forfar Athletic	Hamilton	Morton	Queen's Park	St. Johnstone	Stenhousemuir	Third Lanark
Airdrieonians FC	■	3-3	5-1	3-1	5-4	6-1	3-1	2-1	6-2	6-2	6-3	6-2	4-2	4-1	2-1	1-1
Albion Rovers FC	2-2	■	0-2	4-4	4-5	2-0	2-3	3-2	2-1	1-1	3-2	3-3	1-3	4-2	2-3	1-1
Alloa Athletic FC	2-2	1-2	■	3-3	3-0	4-6	4-1	0-0	2-1	2-3	2-2	2-3	0-0	2-4	1-1	1-3
Arbroath FC	3-3	1-0	0-2	■	5-1	1-1	2-2	3-1	2-2	4-3	0-3	2-4	1-4	1-2	1-0	2-0
Ayr United FC	3-2	2-2	3-0	2-0	■	4-0	2-1	5-1	1-1	3-3	3-5	2-0	3-1	1-0	0-4	2-0
Brechin City FC	2-3	1-1	4-2	4-5	0-3	■	3-6	2-3	1-5	2-4	2-1	3-5	1-2	1-0	0-3	2-1
Cowdenbeath FC	1-1	4-2	2-5	3-5	1-2	1-1	■	3-1	3-1	2-3	2-5	0-2	0-4	2-3	3-2	2-4
Dundee United FC	3-4	1-1	5-4	6-1	3-0	2-3	0-0	■	1-4	3-4	1-2	5-0	1-3	1-5	1-1	2-0
Dunfermline Athletic FC	2-2	7-0	5-0	2-1	2-0	2-1	3-1	3-1	■	5-1	3-2	2-0	2-1	4-3	3-4	0-0
Forfar Athletic FC	2-4	4-1	3-1	1-1	6-1	2-4	3-1	1-4	2-1	■	0-3	5-3	1-0	0-2	2-2	3-3
Hamilton Academical FC	3-3	5-0	2-1	3-2	5-1	3-1	2-1	1-1	0-1	3-0	■	1-0	0-5	4-2	1-1	5-1
Morton FC	3-2	2-0	3-2	1-1	1-3	1-3	3-1	5-0	0-1	2-2	2-1	■	3-1	1-1	2-4	2-2
Queen's Park FC	1-1	2-0	6-0	2-0	2-2	5-2	0-1	1-1	0-1	4-0	1-2	1-2	■	4-1	1-1	3-1
St. Johnstone FC	2-2	0-1	0-1	3-0	2-1	3-0	0-4	4-0	1-2	2-0	3-1	6-1	1-4	■	3-1	1-3
Stenhousemuir FC	3-6	1-1	4-1	4-1	5-2	5-0	2-2	3-4	0-3	6-1	2-3	3-1	0-1	0-1	■	2-2
Third Lanark FC	3-4	1-2	2-0	3-2	9-0	4-2	2-1	2-0	2-1	4-1	1-1	4-1	3-1	1-2	0-2	■

	Division "B"	Pd	Wn	Dw	Ls	GF	GA	Pts	
1.	Airdrieonians FC (Airdrie)	30	18	10	2	103	61	46	P
2.	Dunfermline Athletic FC (Dunfermline)	30	19	4	7	72	40	42	P
3.	Hamilton Academical FC (Hamilton)	30	17	5	8	74	51	39	
4.	Queen's Park FC (Glasgow)	30	15	5	10	65	36	35	
5.	Third Lanark FC (Glasgow)	30	13	7	10	63	49	33	
6.	Stenhousemuir FC (Stenhousemuir)	30	12	8	10	70	51	32	
7.	St. Johnstone FC (Perth)	30	15	2	13	60	51	32	
8.	Ayr United FC (Ayr)	30	14	4	12	61	73	32	
9.	Morton FC (Greenock)	30	12	5	13	58	69	29	
10.	Forfar Athletic FC (Forfar)	30	11	6	13	63	80	28	
11.	Albion Rovers FC (Coatbridge)	30	8	10	12	50	69	26	
12.	Arbroath FC (Arbroath)	30	8	8	14	55	72	24	
13.	Dundee United FC (Dundee)	30	8	6	16	55	70	22	
14.	Cowdenbeath FC (Cowdenbeath)	30	8	5	17	55	72	21	
15.	Alloa Athletic FC (Alloa)	30	7	6	17	51	75	20	
16.	Brechin City FC (Brechin)	30	8	3	19	53	89	19	
		480	193	94	193	1008	1008	480	

Division "C" (North-East)

		Pd	Wn	Dw	Ls	GF	GA	Pts	
1.	Aberdeen FC (Aberdeen) 2nd XI	24	20	-	4	97	22	40	
2.	Hibernian FC (Edinburgh) 2nd XI	24	14	4	6	45	33	32	
3.	Dundee FC (Dundee) 2nd XI	24	11	5	8	59	55	27	
4.	Heart of Midlothian FC (Edinburgh) 2nd XI	24	11	4	9	50	42	26	
5.	Stirling Albion FC (Stirling) 2nd XI	24	11	4	9	48	47	26	
6.	Raith Rovers FC (Kirkcaldy) 2nd XI	24	10	5	9	50	47	25	
7.	Celtic FC (Glasgow) 2nd XI	24	9	6	9	36	44	24	
8.	Montrose FC (Montrose)	24	10	2	12	53	60	22	P
9.	Falkirk FC (Falkirk) 2nd XI	24	9	3	12	43	52	21	
10.	East Stirlingshire FC (Falkirk)	24	8	4	12	58	75	20	P
11.	Dunfermline Athletic FC (Dunfermline) 2nd XI	24	8	2	14	43	61	18	
12.	East Fife FC (Methil) 2nd XI	24	6	6	12	32	50	18	
13.	Berwick Rangers FC (Berwick-upon-Tweed)	24	6	1	17	35	61	13	P
		312	133	46	133	649	649	312	

Berwick Rangers FC, East Stirlingshire FC and Montrose FC were promoted to Division "B" for the next season. Division "C" was dissolved and re-formed as the Scottish Reserve League.

Division "C" (South-West)

		Pd	Wn	Dw	Ls	GF	GA	Pts	
1.	Partick Thistle FC (Glasgow) 2nd XI	24	18	2	4	89	36	38	
2.	Rangers FC (Glasgow) 2nd XI	24	16	4	4	53	26	36	
3.	St. Mirren FC (Paisley) 2nd XI	24	14	4	6	57	39	32	
4.	Dumbarton FC (Dumbarton)	24	12	6	6	58	46	30	P
5.	Clyde FC (Glasgow) 2nd XI	24	12	3	9	53	39	27	
6.	Motherwell FC (Motherwell) 2nd XI	24	10	4	10	56	45	24	
7.	Kilmarnock FC (Kilmarnock) 2nd XI	24	9	4	11	52	49	22	
8.	Stranraer FC (Stranraer)	24	8	4	12	54	59	20	P
9.	Queen of the South FC (Dumfries)	24	7	4	13	49	71	18	
10.	Ayr United FC (Ayr)	24	7	4	13	37	58	18	
11.	Queen's Park Strollers FC (Glasgow)	24	6	4	14	36	57	16	
12.	Third Lanark FC (Glasgow) 2nd XI	24	7	2	15	43	70	16	
13.	Airdrieonians FC (Airdrie) 2nd XI	24	5	5	14	58	101	15	
		312	131	50	131	695	696	312	

Dumbarton FC (Dumbarton) and Stranraer FC (Stranraer) were promoted to Division "B" for the next season. Division "C" was dissolved and re-formed as the Scottish Reserve League.

SCOTTISH CUP FINAL (Hampden Park, Glasgow – 23/04/1955 – 106,111)

CLYDE FC (GLASGOW)	1-1	Celtic FC (Glasgow)
Robertson	*(H.T. 0-1)*	*Walsh*

Clyde: Hewkins, Murphy, Haddock, Granville, Anderson, Laing, Divers, Robertson, Hill, Brown, Ring.
Celtic: Bonnar, Haughney, Meechan, Evans, Stein, Peacock, Collins, Fernie, McPhail, Walsh, Tully.

SCOTTISH CUP FINAL REPLAY (Hampden Park, Glasgow – 27/04/1955 – 68,735)

CLYDE FC (GLASGOW)	1-0	Celtic FC (Glasgow)
Ring	*(H.T. 0-0)*	

Clyde: Hewkins, Murphy, Haddock, Granville, Anderson, Laing, Divers, Robertson, Hill, Brown, Ring.
Celtic: Bonnar, Haughney, Meechan, Evans, Stein, Peacock, Fallon, Fernie, McPhail, Walsh, Tully.

Semi-finals (26/03/1955 – 04/04/1955)

Celtic FC (Glasgow)	2-2, 2-0	Airdrieonians FC (Airdrie)
Clyde FC (Glasgow)	2-2, 1-0	Aberdeen FC (Aberdeen)

1955-56 SEASON

1955-1956 Scottish Football League Division "A"	Aberdeen	Airdrieonians	Celtic	Clyde	Dundee	Dunfermline	East Fife	Falkirk	Hearts	Hibernian	Kilmarnock	Motherwell	Partick Thistle	Queen/South	Raith Rovers	Rangers	St. Mirren	Stirling Albion
Aberdeen FC	■	7-2	1-0	1-4	2-0	1-0	7-3	2-2	4-1	6-2	3-2	1-1	0-4	3-2	3-5	0-0	4-1	7-0
Airdrieonians FC	2-2	■	1-2	1-8	3-3	1-2	1-0	4-2	1-4	3-1	3-2	3-0	3-3	3-3	4-3	0-4	4-2	4-0
Celtic FC	1-1	3-1	■	4-1	1-0	4-2	0-0	1-0	1-1	0-3	0-2	2-2	5-2	1-3	2-0	0-1	3-0	3-0
Clyde FC	0-5	2-3	1-3	■	4-1	1-2	0-1	1-2	2-2	2-2	1-3	1-3	1-1	1-3	1-3	0-4	1-1	2-1
Dundee FC	2-4	1-3	1-2	2-1	■	3-0	1-0	0-0	0-2	3-2	1-1	2-1	3-0	3-0	6-3	0-3	5-1	2-1
Dunfermline Athletic FC	2-2	3-7	1-1	4-1	2-1	■	2-3	1-5	1-5	2-1	0-3	1-0	1-1	0-1	3-2	1-0	2-3	0-0
East Fife FC	1-1	8-1	3-0	1-1	5-4	3-1	■	6-1	1-4	1-2	2-1	0-2	1-0	3-1	3-0	2-1	1-1	2-0
Falkirk FC	3-6	1-4	3-1	1-2	3-1	0-1	6-3	■	1-1	2-0	0-0	3-4	2-1	1-0	3-1	1-2	5-1	2-0
Heart of Midlothian FC	3-0	4-1	2-1	5-1	4-0	5-0	3-1	8-3	■	0-1	0-2	7-1	5-0	2-2	7-2	1-1	4-1	5-0
Hibernian FC	1-3	3-3	2-3	1-0	6-3	7-1	3-1	2-0	2-2	■	2-1	7-0	5-1	4-1	2-2	2-2	2-0	6-1
Kilmarnock FC	1-0	2-1	0-0	1-0	0-0	3-0	3-0	4-4	2-4	0-1	■	2-1	0-1	2-2	1-1	1-2	1-1	3-2
Motherwell FC	1-1	0-2	2-2	2-2	1-2	2-1	5-2	0-0	1-0	1-1	2-1	■	3-1	1-2	5-1	1-2	1-1	2-0
Partick Thistle FC	0-2	1-3	2-0	1-0	1-2	1-1	2-2	3-2	2-0	1-1	1-1	2-1	■	9-1	1-2	1-3	2-0	6-1
Queen of the South FC	2-2	5-3	1-3	5-2	2-1	3-0	2-1	6-0	4-3	1-3	2-0	0-0	3-2	■	0-1	2-1	4-1	4-1
Raith Rovers FC	1-1	3-3	1-1	1-3	1-1	1-1	4-0	2-0	1-1	0-4	2-1	4-3	2-3	3-1	■	0-5	2-2	2-0
Rangers FC	1-0	4-4	0-0	0-1	3-1	6-0	3-0	4-0	4-1	4-1	3-2	2-2	1-0	6-0	4-0	■	4-1	0-0
St. Mirren FC	0-3	7-2	0-2	3-0	3-1	4-2	4-0	2-0	3-1	0-1	2-2	1-1	1-3	4-1	0-1	0-1	■	5-2
Stirling Albion FC	0-2	1-1	0-3	1-2	0-0	1-2	2-1	1-0	0-2	0-3	1-2	0-1	2-4	2-0	0-1	2-2	2-1	■

	Division "A"	Pd	Wn	Dw	Ls	GF	GA	Pts	
1.	RANGERS FC (GLASGOW)	34	22	8	4	85	27	52	
2.	Aberdeen FC (Aberdeen)	34	18	10	6	87	50	46	
3.	Heart of Midlothian FC (Edinburgh)	34	19	7	8	99	47	45	
4.	Hibernian FC (Edinburgh)	34	19	7	8	86	50	45	
5.	Celtic FC (Glasgow)	34	16	9	9	55	39	41	
6.	Queen of the South FC (Dumfries)	34	16	5	13	69	73	37	
7.	Airdrieonians FC (Airdrie)	34	14	8	12	85	96	36	
8.	Kilmarnock FC (Kilmarnock)	34	12	10	12	52	45	34	
9.	Partick Thistle FC (Glasgow)	34	13	7	14	62	60	33	
10.	Motherwell FC (Motherwell)	34	11	11	12	53	59	33	
11.	Raith Rovers FC (Kirkcaldy)	34	12	9	13	58	75	33	
12.	East Fife FC (Methil)	34	13	5	16	61	69	31	
13.	Dundee FC (Dundee)	34	12	6	16	56	65	30	
14.	Falkirk FC (Falkirk)	34	11	6	17	58	75	28	
15.	St. Mirren FC (Paisley)	34	10	7	17	57	70	27	
16.	Dunfermline Athletic FC (Dunfermline)	34	10	6	18	42	82	26	
17.	Clyde FC (Glasgow)	34	8	6	20	50	74	22	R
18.	Stirling Albion FC (Stirling)	34	4	5	25	23	82	13	R
		612	240	136	240	1138	1138	612	

Top goalscorer 1955-56

1) James WARDHAUGH   (Heart of Midlothian FC)   28

1955-1956 Scottish Football League Division "B"

	Albion Rovers	Alloa Athletic	Arbroath	Ayr United	Berwick Rangers	Brechin City	Cowdenbeath	Dumbarton	Dundee United	East Stirling	Forfar Athletic	Hamilton	Montrose	Morton	Queen's Park	St. Johnstone	Stenhousemuir	Stranraer	Third Lanark
Albion Rovers FC		1-1	1-0	4-2	1-2	1-3	5-1	0-1	1-1	2-2	4-0	3-2	4-0	0-2	0-6	2-2	3-1	2-3	2-1
Alloa Athletic FC	5-1		3-1	1-2	1-1	0-1	5-2	3-3	1-0	3-0	4-3	3-3	6-0	5-1	0-4	2-0	2-1	2-1	2-4
Arbroath FC	2-2	2-1		2-0	4-0	2-2	0-2	0-1	2-4	0-0	0-4	2-3	2-1	2-1	0-1	1-0	0-1	2-2	1-0
Ayr United FC	3-2	5-0	5-0		4-1	2-0	4-1	5-1	1-0	8-1	3-1	3-4	7-0	3-1	1-2	4-3	1-0	3-0	1-0
Berwick Rangers FC	1-1	0-0	3-0	3-4		2-0	2-1	2-2	3-2	0-6	0-0	1-2	3-1	1-2	0-2	5-3	0-4	3-0	3-1
Brechin City FC	1-0	4-2	1-2	1-0	2-1		5-4	0-2	2-2	2-2	1-1	3-1	3-1	0-0	2-0	2-1	1-3	2-5	3-1
Cowdenbeath FC	3-1	3-1	2-1	4-0	1-1	2-1		2-6	3-2	1-1	3-2	4-0	0-0	3-1	1-1	1-1	4-3	4-3	1-4
Dumbarton FC	3-2	4-2	1-1	3-3	3-2	1-4	3-1		2-0	5-1	5-1	2-1	4-1	2-0	0-2	0-2	2-1	5-2	2-3
Dundee United FC	2-0	6-2	2-1	3-3	8-1	3-1	4-4	1-1		4-0	2-2	3-3	6-3	4-2	2-2	1-1	1-0	2-2	1-0
East Stirlingshire FC	4-1	2-1	3-2	0-4	0-0	0-2	2-3	3-1	5-5		3-3	2-1	3-0	3-3	1-1	1-0	2-4	2-3	1-4
Forfar Athletic FC	2-2	1-0	1-4	0-3	3-0	0-1	4-1	1-5	1-1	5-1		3-3	4-0	4-3	2-4	0-1	0-1	3-2	3-1
Hamilton Academical FC	2-2	3-0	2-0	1-2	3-3	4-1	3-3	0-2	3-0	4-2	5-0		8-1	5-1	0-1	2-2	1-0	6-1	1-3
Montrose FC	2-2	2-4	1-6	2-4	0-1	1-2	2-4	1-4	2-2	5-1	1-2	2-1		1-2	1-2	0-6	1-5	4-1	2-0
Morton FC	2-2	1-1	2-0	0-2	4-0	2-1	4-0	1-2	3-2	5-1	2-1	3-2	5-1		2-5	2-2	3-0	3-2	6-1
Queen's Park FC	2-0	1-0	2-0	4-2	1-2	1-1	3-0	7-0	0-0	1-0	3-2	3-0	7-1	1-1		0-2	2-0	0-1	3-1
St. Johnstone FC	7-2	4-1	3-0	0-0	2-1	3-1	4-2	2-1	2-0	2-1	3-1	7-3	3-0	4-1	0-0		5-2	3-2	2-0
Stenhousemuir FC	1-1	2-2	5-1	4-1	5-1	2-0	3-0	2-3	4-1	2-2	1-0	6-1	4-3	1-0	2-1	2-1		4-1	1-1
Stranraer FC	3-1	2-1	3-3	3-6	1-0	1-2	2-4	2-1	2-0	6-5	2-2	4-2	6-1	1-0	1-1	0-2	1-3		4-2
Third Lanark FC	7-0	2-0	2-1	3-2	3-3	1-2	1-5	1-0	0-1	1-3	0-0	6-1	9-0	4-0	0-2	2-1	5-2	6-2	

	Division "B"	Pd	Wn	Dw	Ls	GF	GA	Pts	
1.	Queen's Park FC (Glasgow)	36	23	8	5	78	28	54	P
2.	Ayr United FC (Ayr)	36	24	3	9	103	55	51	P
3.	St. Johnstone FC (Perth)	36	21	7	8	86	45	49	
4.	Dumbarton FC (Dumbarton)	36	21	5	10	83	62	47	
5.	Stenhousemuir FC (Stenhousemuir)	36	20	4	12	82	54	44	
6.	Brechin City FC (Brechin)	36	18	6	12	60	56	42	
7.	Cowdenbeath FC (Cowdenbeath)	36	16	7	13	80	85	39	
8.	Dundee United FC (Dundee)	36	12	14	10	78	65	38	
9.	Morton FC (Greenock)	36	15	6	15	71	69	36	
10.	Third Lanark FC (Glasgow)	36	16	3	17	80	64	35	
11.	Hamilton Academical FC (Hamilton)	36	13	7	16	86	84	33	
12.	Stranraer FC (Stranraer)	36	14	5	17	77	92	33	
13.	Alloa Athletic FC (Alloa)	36	12	7	17	67	73	31	
14.	Berwick Rangers FC (Berwick-upon-Tweed)	36	11	9	16	52	77	31	
15.	Forfar Athletic FC (Forfar)	36	10	9	17	62	75	29	
16.	East Stirlingshire FC (Falkirk)	36	9	10	17	66	94	28	
17.	Albion Rovers FC (Coatbridge)	36	8	11	17	58	82	27	
18.	Arbroath FC (Arbroath)	36	10	6	20	47	67	26	
19.	Montrose FC (Montrose)	36	4	3	29	44	133	11	
		684	277	130	277	1360	1360	684	

The league structure was re-named Division 1 and Division 2 for the next season.

SCOTTISH CUP FINAL   (Hampden Park, Glasgow – 21/04/1956 – 133,399)

HEART OF MIDLOTHIAN FC (EDINBURGH)   3-1   Celtic FC (Glasgow)

Crawford 2, Conn   *(H.T. 1-0)*   *Haughney*

Hearts: Duff, Kirk, Mackenzie, MacKay, Glidden, Cumming, Young, Conn, Bauld, Wardhaugh, Crawford.
Celtic: Beattie, Meechan, Fallon, Smith, Evans, Peacock, Craig, Haughney, Mochan, Fernie, Tully.

Semi-finals   (24/03/1956 – 28/03/1956)

Celtic FC (Glasgow)	2-1	Clyde FC (Glasgow)
Heart of Midlothian FC (Edinburgh)	0-0, 3-0	Raith Rovers FC (Kirkcaldy)

1956-57 SEASON

1956-1957 Scottish Football League Division 1	Aberdeen	Airdrieonians	Ayr United	Celtic	Dundee	Dunfermline	East Fife	Falkirk	Hearts	Hibernian	Kilmarnock	Motherwell	Partick Thistle	Queen/South	Queen's Park	Raith Rovers	Rangers	St. Mirren
Aberdeen FC		2-3	2-2	0-1	2-1	3-2	1-0	3-1	2-3	3-1	1-3	2-3	2-0	5-1	2-1	1-0	1-2	4-0
Airdrieonians FC	1-5		4-1	3-7	3-2	3-1	5-2	2-3	3-4	5-3	0-1	1-4	0-1	4-0	2-0	2-2	3-3	4-1
Ayr United FC	1-6	4-1		1-3	0-1	2-1	2-2	6-1	0-2	2-3	0-2	1-2	2-1	0-1	4-4	0-3	1-0	1-2
Celtic FC	2-1	3-0	4-0		1-1	3-1	4-0	4-0	1-1	2-1	1-1	2-1	1-1	0-0	2-0	1-1	0-2	2-3
Dundee FC	4-2	2-1	5-0	2-1		2-0	0-1	1-2	0-3	0-3	1-1	3-1	5-1	5-2	3-1	3-0	1-3	1-1
Dunfermline Athletic FC	1-3	3-3	1-3	0-1	1-1		1-4	2-1	2-3	1-3	2-1	3-1	2-1	4-3	3-0	2-2	3-4	0-2
East Fife FC	4-3	4-2	2-2	2-0	2-0	3-4		1-1	1-3	1-6	0-0	1-2	2-1	3-1	0-1	2-3	0-3	5-2
Falkirk FC	2-5	4-1	2-3	0-1	1-1	0-1	4-3		0-2	0-1	2-0	1-2	4-1	3-2	1-1	0-4	0-2	4-5
Heart of Midlothian FC	3-0	2-0	2-2	3-1	2-1	5-1	2-5	1-1		0-2	3-2	3-2	1-0	3-1	6-1	2-1	0-1	2-2
Hibernian FC	4-1	6-0	3-0	3-3	1-1	0-0	4-0	6-1	2-3		0-0	1-1	2-0	1-1	1-1	1-4	2-3	1-1
Kilmarnock FC	2-1	3-4	4-1	0-0	4-0	0-0	1-1	1-1	4-1	2-1		2-2	1-1	1-3	1-0	3-0	3-2	3-2
Motherwell FC	2-5	2-0	4-2	1-0	4-2	3-2	2-2	1-3	1-3	3-0	0-2		2-2	7-0	4-2	0-2	2-5	3-0
Partick Thistle FC	1-2	2-1	3-1	3-1	5-0	3-0	2-1	2-1	2-2	3-0	2-1	2-3		2-1	0-0	1-1	0-3	2-0
Queen of the South FC	2-2	3-3	5-1	4-3	3-1	3-2	4-2	1-2	0-2	2-0	0-3	2-2	3-0		1-6	1-5	0-3	2-0
Queen's Park FC	0-2	0-2	2-0	2-0	2-0	1-3	3-0	1-1	0-1	2-1	1-2	1-0	1-1	7-0		1-0	4-6	5-0
Raith Rovers FC	3-2	4-6	5-2	3-1	1-2	2-2	4-1	2-3	2-3	1-1	4-2	3-2	0-3	3-1	3-0		5-1	7-0
Rangers FC	3-1	3-2	3-1	2-0	4-0	2-1	6-1	1-1	5-3	5-3	0-1	2-3	4-1	4-0	3-3	3-1		1-0
St. Mirren FC	0-2	2-3	1-0	0-2	2-3	3-2	3-1	0-0	0-2	4-2	2-0	4-0	1-1	7-1	4-1	3-3	1-2	

	Division 1	Pd	Wn	Dw	Ls	GF	GA	Pts	
1.	RANGERS FC (GLASGOW)	34	26	3	5	96	48	55	
2.	Heart of Midlothian FC (Edinburgh)	34	24	5	5	81	48	53	
3.	Kilmarnock FC (Kilmarnock)	34	16	10	8	57	39	42	
4.	Raith Rovers FC (Kirkcaldy)	34	16	7	11	84	58	39	
5.	Celtic FC (Glasgow)	34	15	8	11	58	43	38	
6.	Aberdeen FC (Aberdeen)	34	18	2	14	79	59	38	
7.	Motherwell FC (Motherwell)	34	16	5	13	72	66	37	
8.	Partick Thistle FC (Glasgow)	34	13	8	13	53	51	34	
9.	Hibernian FC (Edinburgh)	34	12	9	13	69	56	33	
10.	Dundee FC (Dundee)	34	13	6	15	55	61	32	
11.	Airdrieonians FC (Airdrie)	34	13	4	17	77	89	30	
12.	St. Mirren FC (Paisley)	34	12	6	16	58	72	30	
13.	Queen's Park FC (Glasgow)	34	11	7	16	55	59	29	
14.	Falkirk FC (Falkirk)	34	10	8	16	51	70	28	
15.	East Fife FC (Methil)	34	10	6	18	59	82	26	
16.	Queen of the South FC (Dumfries)	34	10	5	19	54	96	25	
17.	Dunfermline Athletic FC (Dunfermline)	34	9	6	19	54	74	24	R
18.	Ayr United FC (Ayr)	34	7	5	22	48	89	19	R
		612	251	110	251	1169	1160	612	

Top goalscorer 1956-57

1) Hugh BAIRD   (Airdrieonians FC)   33

1956-1957 Scottish Football League Division 2	Albion Rovers	Alloa Athletic	Arbroath	Berwick Rangers	Brechin City	Clyde	Cowdenbeath	Dumbarton	Dundee United	East Stirling	Forfar Athletic	Hamilton	Montrose	Morton	St. Johnstone	Stenhousemuir	Stirling Albion	Stranraer	Third Lanark
Albion Rovers FC	■	1-2	2-0	6-3	23	1-1	5-1	3-1	5-1	7-1	3-1	2-1	6-1	3-2	4-2	6-1	1-1	2-1	5-0
Alloa Athletic FC	2-1	■	0-6	2-2	2-3	1-2	3-2	2-3	2-2	2-2	5-3	3-0	7-0	2-4	1-4	0-4	2-3	2-1	1-1
Arbroath FC	5-3	2-0	■	5-1	1-1	0-1	3-0	3-2	2-2	5-0	5-1	6-1	3-2	2-1	1-0	1-1	4-2	2-3	2-0
Berwick Rangers FC	1-2	4-2	2-1	■	1-2	0-2	1-1	1-0	0-6	5-2	4-3	6-2	1-2	1-3	1-5	1-4	1-2	3-4	2-5
Brechin City FC	1-1	2-4	2-1	2-2	■	1-1	0-2	4-1	0-0	4-1	2-2	3-1	2-0	3-2	0-2	2-1	2-0	6-0	1-3
Clyde FC	5-0	4-0	2-1	6-1	2-2	■	4-0	5-3	7-1	6-1	3-1	4-1	9-0	4-1	5-1	3-2	5-2	3-1	2-1
Cowdenbeath FC	5-2	5-2	2-0	3-1	3-3	0-0	■	2-1	6-2	4-1	2-1	4-0	6-0	1-2	3-2	3-0	3-2	1-1	3-4
Dumbarton FC	8-1	5-0	3-1	4-0	2-2	2-3	2-3	■	3-2	3-2	5-1	2-0	7-0	2-2	4-1	6-2	1-3	4-1	0-1
Dundee United FC	7-0	4-3	1-0	6-1	2-1	2-4	4-1	3-1	■	3-1	2-1	2-1	2-2	0-7	1-2	2-0	2-0	2-2	0-1
East Stirlingshire FC	1-5	1-2	1-3	1-1	2-2	2-6	2-3	3-2	3-2	■	2-0	0-5	4-4	0-2	1-1	0-2	5-3	1-1	1-4
Forfar Athletic FC	3-3	3-0	2-1	6-1	2-3	4-1	4-0	0-2	3-1	3-4	■	2-4	6-1	3-2	3-3	1-1	0-4	1-2	2-1
Hamilton Academical FC	2-1	5-0	2-1	4-0	4-1	0-0	1-4	1-1	4-1	4-0	3-2	■	4-1	1-1	4-0	2-1	1-2	1-1	1-1
Montrose FC	3-0	3-4	2-1	1-2	2-4	1-5	1-0	1-6	2-2	5-4	3-3	1-1	■	1-2	0-2	2-3	2-1	4-4	1-1
Morton FC	2-5	3-1	4-3	2-2	6-3	0-0	0-1	1-1	4-1	4-3	5-1	3-1	1-0	■	2-3	1-0	0-0	5-3	1-5
St. Johnstone FC	1-1	1-2	2-2	2-2	1-2	2-3	4-1	0-6	3-2	5-0	4-2	4-1	5-1	1-1	■	5-2	1-3	1-3	3-6
Stenhousemuir FC	4-3	1-1	2-3	2-1	2-0	0-4	2-4	1-3	3-1	4-0	4-1	2-2	7-2	1-2	4-2	■	4-3	0-0	2-3
Stirling Albion FC	1-1	5-1	1-3	7-1	2-1	2-4	0-4	3-1	2-1	3-1	4-1	1-2	3-0	6-0	1-0	1-1	■	3-3	3-0
Stranraer FC	3-5	3-0	3-0	5-3	3-1	2-3	2-2	5-4	1-0	1-1	4-2	2-2	0-2	1-2	4-3	3-1	4-2	■	2-0
Third Lanark FC	4-0	4-3	3-0	2-0	5-1	1-3	3-2	7-0	2-3	5-2	6-1	3-0	6-1	5-1	1-2	7-0	1-0	3-0	■

	Division 2	Pd	Wn	Dw	Ls	GF	GA	Pts	
1.	Clyde FC (Glasgow)	36	29	6	1	122	39	64	P
2.	Third Lanark FC (Glasgow)	36	24	3	9	105	51	51	P
3.	Cowdenbeath FC (Cowdenbeath)	36	20	5	11	87	65	45	
4.	Morton FC (Greenock)	36	18	7	11	81	70	43	
5.	Albion Rovers FC (Coatbridge)	36	18	6	12	98	80	42	
6.	Brechin City FC (Brechin)	36	15	10	11	72	68	40	
7.	Stranraer FC (Stranraer)	36	15	10	11	79	77	40	
8.	Stirling Albion FC (Stirling)	36	17	5	14	81	64	39	
9.	Dumbarton FC (Dumbarton)	36	17	4	15	101	70	38	
10.	Arbroath FC (Arbroath)	36	17	4	15	79	57	38	
11.	Hamilton Academical FC (Hamilton)	36	14	8	14	69	68	36	
12.	St. Johnstone FC (Perth)	36	14	6	16	79	80	34	
13.	Dundee United FC (Dundee)	36	14	6	16	75	80	34	
14.	Stenhousemuir FC (Stenhousemuir)	36	13	6	17	71	81	32	
15.	Alloa Athletic FC (Alloa)	36	11	5	20	66	99	27	
16.	Forfar Athletic FC (Forfar)	36	9	5	22	75	100	23	
17.	Montrose FC (Montrose)	36	7	7	22	54	124	21	
18.	Berwick Rangers FC (Berwick-upon-Tweed)	36	7	6	23	58	114	20	
19.	East Stirlingshire FC (Falkirk)	36	5	7	24	56	121	17	
		684	284	116	284	1508	1508	684	

SCOTTISH CUP FINAL   (Hampden Park, Glasgow – 20/04/1957 – 81,057)

FALKIRK FC (FALKIRK)   1-1   Kilmarnock FC (Kilmarnock)
Prentice   *(H.T. 1-1)*   *Curlett*
Falkirk: Slater, Parker, Rae, Wright, Irvine, Prentice, Murray, Grierson, Merchant, Moran, O'Hara.
Kilmarnock: Brown, Collins, J. Stewart, R. Stewart, Toner, McKay, Mays, Harvey, Curlett, Black, Burns.

SCOTTISH CUP FINAL REPLAY   (Hampden Park, Glasgow – 24/04/1957 – 79,785)

FALKIRK FC (FALKIRK)   2-1 (aet)   Kilmarnock FC (Kilmarnock)
Merchant, Moran   *(H.T. 1-0)*   *Curlett*
Falkirk: Slater, Parker, Rae, Wright, Irvine, Prentice, Murray, Grierson, Merchant, Moran, O'Hara.
Kilmarnock: Brown, Collins, J. Stewart, R. Stewart, Toner, McKay, Mays, Harvey, Curlett, Black, Burns.

Semi-finals   (23/03/1957 – 27/03/1957)

Celtic FC (Falkirk)   1-1, 1-3   Kilmarnock FC (Kilmarnock)
Falkirk FC (Falkirk)   2-2, 2-0   Raith Rovers FC (Kirkcaldy)

1957-58 SEASON

1957-1958 Scottish Football League Division 1	Aberdeen	Airdrieonians	Celtic	Clyde	Dundee	East Fife	Falkirk	Hearts	Hibernian	Kilmarnock	Motherwell	Partick Thistle	Queen/South	Queen's Park	Raith Rovers	Rangers	St. Mirren	Third Lanark
Aberdeen FC		5-1	0-1	2-1	3-0	6-2	1-2	0-4	0-1	1-2	4-3	1-3	3-4	5-2	3-2	1-2	3-1	2-4
Airdrieonians FC	2-6		2-5	2-2	7-1	2-1	6-2	2-7	1-4	2-1	4-1	4-1	2-1	2-2	2-1	3-4	2-3	2-3
Celtic FC	1-1	4-2		6-2	0-0	4-0	2-2	0-2	4-0	4-0	2-2	2-3	1-2	5-1	1-1	0-1	2-2	4-1
Clyde FC	3-1	3-1	3-6		3-1	2-1	5-0	2-1	2-1	3-2	4-1	6-1	3-1	2-3	6-2	1-3	2-1	1-1
Dundee FC	1-2	1-3	5-3	2-0		2-0	2-4	0-5	3-0	2-0	3-0	5-0	2-1	1-0	0-2	1-2	0-0	2-0
East Fife FC	3-2	0-6	0-3	1-3	3-1		2-1	0-3	2-3	1-2	2-1	2-2	1-2	4-0	2-2	0-1	1-2	0-6
Falkirk FC	4-4	3-0	0-1	1-1	0-2	4-1		0-4	1-3	1-1	1-1	1-2	1-1	3-2	3-2	0-4	3-1	4-2
Heart of Midlothian FC	4-0	4-0	5-3	2-2	6-0	9-0	9-1		3-1	2-1	2-2	4-1	3-1	8-0	4-1	2-1	5-1	7-2
Hibernian FC	0-1	4-0	0-1	1-3	1-1	0-1	3-3	0-2		1-2	2-1	5-1	1-2	2-0	2-2	3-1	5-5	4-0
Kilmarnock FC	2-0	3-1	1-1	3-2	1-1	4-0	1-1	1-4	0-1		4-1	2-0	3-1	1-1	3-3	4-2	2-4
Motherwell FC	4-1	1-2	1-3	1-1	1-0	2-0	2-5	0-4	3-1	2-2		4-1	4-2	4-1	0-2	2-2	4-2	1-2
Partick Thistle FC	1-0	2-0	0-1	2-2	2-0	5-1	3-0	1-3	2-0	2-0	3-2		4-3	1-4	3-2	1-2	3-2	2-3
Queen of the South FC	1-2	3-2	4-3	0-3	4-0	0-3	2-2	1-4	3-0	1-2	1-2	1-3		2-1	1-1	1-1	2-2	6-1
Queen's Park FC	2-5	1-3	0-3	1-4	2-7	1-4	0-2	1-4	1-2	1-2	0-7	0-6	3-0		2-3	2-4	0-1	1-3
Raith Rovers FC	0-1	4-0	1-2	5-0	4-0	2-2	4-1	0-3	2-0	1-1	1-1	3-2	3-1	3-1		1-3	1-0	4-2
Rangers FC	5-0	1-2	2-3	2-0	0-1	3-3	3-2	2-3	3-1	3-4	2-2	2-0	4-2	5-1	4-1		1-0	5-1
St. Mirren FC	3-1	5-0	1-1	1-0	1-1	3-0	2-1	2-3	2-3	2-1	1-3	1-2	3-1	0-4	1-3			2-2
Third Lanark FC	3-1	3-1	0-2	2-5	5-1	1-2	3-5	0-0	1-1	2-1	4-2	1-4	2-3	1-3	2-0	1-5	1-3	

	Division 1	Pd	Wn	Dw	Ls	GF	GA	Pts	
1.	HEART OF MIDLOTHIAN FC (EDINBURGH)	34	29	4	1	132	29	62	
2.	Rangers FC (Glasgow)	34	22	5	7	89	49	49	
3.	Celtic FC (Glasgow)	34	19	8	7	84	47	46	
4.	Clyde FC (Glasgow)	34	18	6	10	84	61	42	
5.	Kilmarnock FC (Kilmarnock)	34	14	9	11	60	55	37	
6.	Partick Thistle FC (Glasgow)	34	17	3	14	69	71	37	
7.	Raith Rovers FC (Kirkcaldy)	34	14	7	13	66	56	35	
8.	Motherwell FC (Motherwell)	34	12	8	14	68	67	32	
9.	Hibernian FC (Edinburgh)	34	13	5	16	59	60	31	
10.	Falkirk FC (Falkirk)	34	11	9	14	64	82	31	
11.	Dundee FC (Dundee)	34	13	5	16	49	65	31	
12.	Aberdeen FC (Aberdeen)	34	14	2	18	68	76	30	
13.	St. Mirren FC (Paisley)	34	11	8	15	59	66	30	
14.	Third Lanark FC (Glasgow)	34	13	4	17	69	88	30	
15.	Queen of the South FC (Dumfries)	34	12	5	17	61	72	29	
16.	Airdrieonians FC (Airdrie)	34	13	2	19	71	92	28	
17.	East Fife FC (Methil)	34	10	3	21	45	88	23	R
18.	Queen's Park FC (Glasgow)	34	4	1	29	41	114	9	R
		612	259	94	259	1238	1238	612	

Top goalscorers 1957-58

1) James MURRAY (Heart of Midlothian FC) 28
   James WARDGAUGH (Heart of Midlothian FC) 28

1957-1958 Scottish Football League Division 2

	Albion Rovers	Alloa Athletic	Arbroath	Ayr United	Berwick Rangers	Brechin City	Cowdenbeath	Dumbarton	Dundee United	Dunfermline	East Stirling	Forfar Athletic	Hamilton	Montrose	Morton	St. Johnstone	Stenhousemuir	Stirling Albion	Stranraer
Albion Rovers FC	■	2-3	2-4	2-1	1-0	2-2	1-3	3-1	3-1	1-0	3-1	1-3	1-1	0-3	2-2	2-1	6-1	0-2	3-0
Alloa Athletic FC	4-1	■	2-3	2-2	5-3	5-3	4-2	4-3	2-2	2-4	2-2	2-3	1-1	4-2	4-1	2-0	1-1	0-2	2-1
Arbroath FC	1-3	2-2	■	4-3	4-0	1-2	4-2	3-5	3-1	0-5	4-1	2-1	2-3	2-2	2-3	2-0	2-0	3-2	3-2
Ayr United FC	4-0	4-3	3-3	■	0-0	5-3	3-0	4-0	1-1	0-3	3-2	7-4	2-3	2-1	4-1	4-1	4-3	2-1	0-0
Berwick Rangers FC	2-1	1-2	1-2	0-6	■	1-3	0-2	2-2	1-2	1-5	2-2	4-5	3-0	1-1	2-6	2-0	0-1	0-3	2-1
Brechin City FC	2-1	2-2	2-1	3-5	4-1	■	3-2	5-2	1-1	1-4	3-2	3-2	3-0	0-2	4-2	0-2	1-2	1-1	2-1
Cowdenbeath FC	3-2	2-4	3-2	6-5	3-2	2-2	■	3-2	1-1	0-4	6-0	5-2	1-1	4-2	6-0	3-4	2-2	3-0	8-1
Dumbarton FC	6-0	4-0	4-0	4-2	4-1	5-1	6-1	■	2-0	2-0	1-3	1-1	0-1	3-1	4-0	6-0	6-1	2-2	1-0
Dundee United FC	2-1	1-7	5-5	3-4	7-0	1-2	0-4	1-2	■	3-3	7-0	5-2	3-0	2-1	4-1	2-1	1-2	1-2	0-0
Dunfermline Athletic FC	8-1	8-1	0-1	5-2	4-0	1-2	5-5	3-0	6-1	■	1-2	4-2	5-0	5-1	2-1	7-1	5-2	2-1	9-1
East Stirlingshire FC	2-1	0-2	1-2	3-2	5-0	1-1	2-0	1-2	2-0	0-1	■	2-1	3-1	2-0	1-1	0-5	4-2	1-4	2-0
Forfar Athletic FC	0-1	1-1	2-3	1-1	3-1	3-0	1-2	2-0	1-1	0-1	3-1	■	2-0	3-0	2-1	1-3	4-2	4-1	2-1
Hamilton Academical FC	1-4	2-0	2-2	4-5	3-1	4-2	3-2	0-3	1-2	3-1	4-2	3-1	■	2-2	5-1	1-2	7-2	3-5	3-3
Montrose FC	0-0	3-2	1-3	3-1	1-2	2-3	1-3	2-0	3-2	1-1	2-1	2-1	1-0	■	1-2	1-0	3-2	3-1	2-2
Morton FC	4-0	4-3	1-3	1-2	8-0	5-6	2-2	0-0	3-2	0-0	3-0	2-2	1-1	3-1	■	6-1	0-4	2-2	2-1
St. Johnstone FC	1-1	2-2	0-4	4-2	4-0	3-3	3-3	2-3	3-3	2-2	3-1	1-0	3-3	1-3	1-5	■	2-2	2-2	2-1
Stenhousemuir FC	2-1	1-5	2-3	0-1	1-1	3-2	2-2	2-4	1-6	0-2	2-1	3-2	3-2	2-1	4-1	1-2	■	2-4	3-0
Stirling Albion FC	4-0	1-0	2-1	4-0	5-0	3-2	7-1	4-1	5-3	2-1	4-1	3-3	3-0	7-0	2-1	4-1	4-0	■	2-1
Stranraer FC	4-0	2-1	2-3	3-2	3-0	1-1	2-3	2-1	1-4	0-3	1-1	1-0	2-2	3-0	3-1	1-4	6-5	1-4	■

Division 2

		Pd	Wn	Dw	Ls	GF	GA	Pts	
1.	Stirling Albion FC (Stirling)	36	25	5	6	105	48	55	P
2.	Dunfermline Athletic FC (Dunfermline)	36	24	5	7	120	42	53	P
3.	Arbroath FC (Arbroath)	36	21	5	10	89	72	47	
4.	Dumbarton FC (Dumbarton)	36	20	4	12	92	57	44	
5.	Ayr United FC (Ayr)	36	18	6	12	98	81	42	
6.	Cowdenbeath FC (Cowdenbeath)	36	17	8	11	100	85	42	
7.	Brechin City FC (Brechin)	36	16	8	12	80	81	40	
8.	Alloa Athletic FC (Alloa)	36	15	9	12	88	78	39	
9.	Dundee United FC (Dundee)	36	12	9	15	81	77	33	
10.	Hamilton Academical FC (Hamilton)	36	12	9	15	70	79	33	
11.	St. Johnstone FC (Perth)	36	12	9	15	67	85	33	
12.	Forfar Athletic FC (Forfar)	36	13	6	17	70	71	32	
13.	Morton FC (Greenock)	36	12	8	16	77	83	32	
14.	Montrose FC (Montrose)	36	13	6	17	55	72	32	
15.	East Stirlingshire FC (Falkirk)	36	12	5	19	55	79	29	
16.	Stenhousemuir FC (Stenhousemuir)	36	12	5	19	68	98	29	
17.	Albion Rovers FC (Coatbridge)	36	12	5	19	53	79	29	
18.	Stranraer FC (Stranraer)	36	9	7	20	54	83	25	
19.	Berwick Rangers FC (Berwick-upon-Tweed)	36	5	5	26	37	109	15	
		684	280	124	280	1459	1459	684	

SCOTTISH CUP FINAL (Hampden Park, Glasgow – 26/04/1958 – 95,123)

CLYDE FC (GLASGOW)	1-0	Hibernian FC (Glasgow)
Coyle	*(H.T. 1-0)*	

Clyde: McCulloch, Murphy, Haddock, Walters, Finlay, Clinton, Herd, Currie, Coyle, Robertson, Ring.
Hibernian: Leslie, Grant, McClelland, Turnbull, Plenderleith, Baxter, Fraser, Aitken, Baker, Preston, Ormond.

Semi-finals (05/04/1958 – 09/04/1958)

Motherwell FC (Motherwell)	2-3	Clyde FC (Glasgow)
Rangers FC (Glasgow)	2-2, 1-2	Hibernian FC (Edinburgh)

1958-59 SEASON

1958-1959 Scottish Football League Division 1	Aberdeen	Airdrieonians	Celtic	Clyde	Dundee	Dunfermline	Falkirk	Hearts	Hibernian	Kilmarnock	Motherwell	Partick Thistle	Queen/South	Raith Rovers	Rangers	St. Mirren	Stirling Albion	Third Lanark
Aberdeen FC	■	0-1	3-1	1-2	1-1	4-0	5-0	2-4	4-0	2-2	0-4	3-4	5-0	2-2	1-3	2-1	4-1	3-3
Airdrieonians FC	2-1	■	1-4	2-1	1-1	2-1	2-2	2-3	4-2	3-0	1-5	1-2	0-1	4-0	5-4	4-2	0-1	1-1
Celtic FC	4-0	1-2	■	3-1	1-1	3-1	3-4	2-1	3-0	2-0	3-3	2-0	3-1	3-1	2-2	3-3	7-3	3-1
Clyde FC	4-0	0-2	2-1	■	3-2	2-5	3-2	2-2	4-1	2-4	2-0	0-3	3-0	4-1	1-4	2-3	2-2	1-2
Dundee FC	2-1	1-1	1-1	2-1	■	2-2	3-2	3-3	2-1	1-0	1-1	3-2	2-1	2-0	1-3	4-6	3-0	3-0
Dunfermline Athletic FC	1-1	2-1	1-0	2-4	2-1	■	4-1	3-3	1-2	0-3	0-4	10-1	4-2	3-3	1-7	2-3	3-2	2-3
Falkirk FC	5-1	1-2	3-2	1-4	2-5	0-2	■	0-2	1-0	0-0	1-1	0-2	4-0	2-2	5-5	3-4	2-1	2-0
Heart of Midlothian FC	5-1	4-3	1-1	2-2	1-0	6-2	5-1	■	1-3	3-1	0-2	2-0	2-1	2-1	2-0	4-0	1-4	8-3
Hibernian FC	1-0	2-3	3-2	2-1	1-2	3-1	2-3	0-4	■	4-3	2-2	4-0	4-0	4-2	2-2	0-1	0-1	4-4
Kilmarnock FC	2-0	4-2	1-4	4-1	1-0	1-1	4-1	3-2	1-1	■	1-3	1-2	5-0	2-0	0-3	1-0	3-3	4-0
Motherwell FC	2-0	5-2	2-0	1-0	2-0	1-0	1-0	0-1	2-5	1-1	■	3-1	6-1	3-3	2-2	2-2	3-0	8-1
Partick Thistle FC	2-3	1-3	2-0	1-0	3-0	3-3	3-1	2-1	2-2	1-1	4-0	■	2-3	1-3	2-0	3-1	1-5	1-1
Queen of the South FC	2-1	0-2	2-2	2-1	1-3	2-3	2-1	0-5	1-4	2-2	0-5	1-0	■	1-1	3-6	2-2	1-1	2-5
Raith Rovers FC	0-1	3-0	3-1	1-0	4-1	2-2	1-2	0-5	5-2	1-0	3-0	2-2	2-1	■	2-2	2-1	0-1	2-4
Rangers FC	1-2	2-1	2-1	3-1	1-2	1-0	3-0	5-0	4-0	1-0	2-1	2-1	3-1	4-4	■	2-1	3-0	2-2
St. Mirren FC	1-5	3-3	1-0	1-3	2-2	6-2	1-2	1-1	2-1	0-2	4-1	4-3	1-1	3-1	1-3	■	3-2	4-1
Stirling Albion FC	3-2	0-0	0-1	2-1	0-1	1-1	1-1	1-2	0-3	3-1	2-5	1-1	4-0	2-1	2-2	3-0	■	2-3
Third Lanark FC	0-2	1-1	1-1	2-2	0-3	7-1	3-3	0-4	2-2	2-0	5-2	0-1	7-1	3-2	2-3	2-3	3-0	■

	Division 1	Pd	Wn	Dw	Ls	GF	GA	Pts	
1.	RANGERS FC (GLASGOW)	34	21	8	5	92	51	50	
2.	Heart of Midlothian FC (Edinburgh)	34	21	6	7	92	51	48	
3.	Motherwell FC (Motherwell)	34	18	8	8	83	50	44	
4.	Dundee FC (Dundee)	34	16	9	9	61	51	41	
5.	Airdrieonians FC (Airdrie)	34	15	7	12	64	62	37	
6.	Celtic FC (Glasgow)	34	14	8	12	70	53	36	
7.	St. Mirren FC (Paisley)	34	14	7	13	71	74	35	
8.	Kilmarnock FC (Kilmarnock)	34	13	8	13	58	51	34	
9.	Partick Thistle FC (Glasgow)	34	14	6	14	59	66	34	
10.	Hibernian FC (Edinburgh)	34	13	6	15	68	70	32	
11.	Third Lanark FC (Glasgow)	34	11	10	13	74	83	32	
12.	Stirling Albion FC (Stirling)	34	11	8	15	54	64	30	
13.	Aberdeen FC (Aberdeen)	34	12	5	17	63	66	29	
14.	Raith Rovers FC (Kirkcaldy)	34	10	9	15	60	70	29	
15.	Clyde FC (Glasgow)	34	12	4	18	62	66	28	
16.	Dunfermline Athletic FC (Dunfermline)	34	10	8	16	68	87	28	
17.	Falkirk FC (Falkirk)	34	10	7	17	58	79	27	R
18.	Queen of the South FC (Dumfries)	34	6	6	22	38	101	18	R
		612	241	130	241	1195	1195	612	

Top goalscorer 1958-59

1) Joseph BAKER   (Hibernian FC)   25

1958-1959 Scottish Football League Division 2	Albion Rovers	Alloa Athletic	Arbroath	Ayr United	Berwick Rangers	Brechin City	Cowdenbeath	Dumbarton	Dundee United	East Fife	East Stirling	Forfar Athletic	Hamilton	Montrose	Morton	Queen's Park	St. Johnstone	Stenhousemuir	Stranraer
Albion Rovers FC		2-0	3-4	1-4	2-2	4-3	1-3	1-2	3-1	1-1	8-0	3-0	2-0	3-0	2-5	5-2	3-2	6-2	4-0
Alloa Athletic FC	5-2		2-3	1-2	2-2	2-0	2-0	3-5	3-1	3-0	4-2	5-1	2-4	4-1	2-3	3-1	2-1	2-3	1-0
Arbroath FC	1-1	3-3		1-3	2-0	2-0	2-0	5-4	2-0	3-2	3-0	6-1	6-0	3-0	4-1	2-1	3-1	4-1	2-0
Ayr United FC	6-2	6-2	5-2		2-0	1-4	1-2	3-1	6-2	2-0	4-1	3-0	4-1	8-2	3-0	3-2	4-2	2-2	4-4
Berwick Rangers FC	3-2	2-1	1-1	0-4		3-1	2-0	0-3	8-2	1-0	2-0	4-2	2-3	2-1	2-1	1-1	1-1	1-4	3-0
Brechin City FC	3-2	3-2	3-0	0-4	3-2		4-7	2-1	1-0	2-2	4-0	3-3	0-0	2-3	3-0	5-0	0-0	0-3	2-2
Cowdenbeath FC	4-0	1-2	3-1	1-5	2-3	1-1		2-2	6-0	4-2	2-3	1-2	0-6	1-1	2-2	4-2	1-0	1-2	4-2
Dumbarton FC	2-0	1-1	2-0	1-2	0-2	2-3	4-2		4-3	5-0	2-1	1-1	6-3	3-1	6-1	1-0	1-1	5-1	4-1
Dundee United FC	3-4	1-1	2-3	2-3	4-1	1-2	2-0	1-1		1-1	2-5	3-2	3-1	3-0	4-1	1-1	2-3	5-2	1-0
East Fife FC	5-1	3-1	1-1	1-3	5-0	2-7	4-0	2-6	5-1		6-2	4-3	2-2	3-2	1-2	3-1	6-2	2-1	5-2
East Stirlingshire FC	1-0	2-2	0-1	1-0	3-2	0-0	5-2	3-2	1-1	0-0		1-3	4-2	3-1	1-1	1-2	1-0	2-2	1-1
Forfar Athletic FC	4-1	4-1	1-4	1-2	2-1	2-2	2-3	3-1	2-2	4-4	1-1		0-5	2-1	5-1	4-2	4-1	2-3	2-1
Hamilton Academical FC	2-2	1-0	4-0	0-0	1-2	3-4	0-0	4-1	1-0	5-1	5-0	7-1		5-2	1-2	1-3	0-1	0-3	1-1
Montrose FC	1-1	3-3	1-4	2-4	1-2	2-4	2-0	1-6	1-1	1-2	1-0	0-4	4-0		1-2	4-0	0-1	0-5	1-1
Morton FC	4-3	4-1	3-4	3-3	2-1	3-3	2-4	1-1	2-1	0-1	2-1	4-1	0-1	5-2		1-1	1-3	1-3	2-2
Queen's Park FC	1-2	4-2	1-0	0-4	1-2	4-2	2-3	2-4	2-1	1-3	2-1	1-1	0-1	2-2	1-3		1-2	2-1	3-2
St. Johnstone FC	1-1	3-0	1-1	1-0	2-0	1-0	1-1	3-4	6-1	3-0	2-0	1-1	0-1	1-1	0-0			3-0	0-0
Stenhousemuir FC	2-6	5-4	7-0	1-2	2-2	0-0	3-1	2-0	1-0	3-2	3-1	2-2	2-2	2-0	5-1	3-2	1-0		4-1
Stranraer FC	0-0	2-2	1-3	2-3	3-1	1-3	4-0	2-3	4-1	2-2	2-1	1-1	1-3	5-3	5-1	2-1	2-3	4-1	

	Division 2	Pd	Wn	Dw	Ls	GF	GA	Pts	
1.	Ayr United FC (Ayr)	36	28	4	4	115	48	60	P
2.	Arbroath FC (Arbroath)	36	23	5	8	86	59	51	P
3.	Stenhousemuir FC (Stenhousemuir)	36	20	6	10	87	68	46	
4.	Dumbarton FC (Dumbarton)	36	19	7	10	94	61	45	
5.	Brechin City FC (Brechin)	36	16	10	10	79	65	42	
6.	St. Johnstone FC (Perth)	36	15	10	11	54	44	40	
7.	Hamilton Academical FC (Hamilton)	36	15	8	13	76	62	38	
8.	East Fife FC (Methil)	36	15	8	13	83	81	38	
9.	Berwick Rangers FC (Berwick-upon-Tweed)	36	16	6	14	63	66	38	
10.	Albion Rovers FC (Coatbridge)	36	14	7	15	84	79	35	
11.	Morton FC (Greenock)	36	13	8	15	68	85	34	
12.	Forfar Athletic FC (Forfar)	36	12	9	15	73	87	33	
13.	Alloa Athletic FC (Alloa)	36	12	7	17	76	81	31	
14.	Cowdenbeath FC (Cowdenbeath)	36	13	5	18	67	79	31	
15.	East Stirlingshire FC (Falkirk)	36	10	8	18	50	79	28	
16.	Stranraer FC (Stranraer)	36	8	11	17	63	76	27	
17.	Dundee United FC (Dundee)	36	9	7	20	62	86	25	
18.	Queen's Park FC (Glasgow)	36	9	6	21	53	80	24	
19.	Montrose FC (Montrose)	36	6	6	24	49	96	18	
		684	273	138	273	1382	1382	684	

SCOTTISH CUP FINAL   (Hampden Park, Glasgow – 25/04/1959 – 108,591)

ST. MIRREN FC (PAISLEY)   3-1   Aberdeen FC (Aberdeen)
Bryceland, Miller, Baker   *(H.T. 1-0)*   *Baird*

St. Mirren: Walker, Lapsley, Wilson, Neilson, McGugan, Leishman, Rodger, Bryceland, Baker, Gemmell, Miller.
Aberdeen: Martin, Caldwell, Hogg, Brownlie, Clunie, Glen, Ewan, Davidson, Baird, Wishart, Hather.

Semi-finals   (04/04/1959 – 08/04/1959)

Aberdeen FC (Aberdeen)   1-1, 1-0   Third Lanark FC (Glasgow)
St. Mirren FC (Paisley)   4-0   Celtic FC (Glasgow)

1959-60 SEASON

1959-1960 Scottish Football League Division 1	Aberdeen	Airdrieonians	Arbroath	Ayr United	Celtic	Clyde	Dundee	Dunfermline	Hearts	Hibernian	Kilmarnock	Motherwell	Partick Thistle	Raith Rovers	Rangers	St. Mirren	Stirling Albion	Third Lanark
Aberdeen FC		2-2	0-0	2-0	3-2	0-2	0-3	1-1	1-3	6-4	0-1	2-2	5-2	4-2	0-5	3-1	3-1	3-1
Airdrieonians FC	1-0		2-1	1-2	2-5	2-4	3-3	6-3	2-5	1-11	1-3	0-1	3-0	1-2	0-5	1-3	2-4	3-2
Arbroath FC	1-3	1-1		1-1	0-5	2-3	1-1	2-2	1-4	2-3	0-3	3-1	2-2	1-2	0-4	6-2	4-3	2-1
Ayr United FC	2-1	1-0	1-0		1-1	1-2	1-0	3-3	1-1	2-1	1-3	5-2	4-1	4-0	2-4	4-3	1-1	2-3
Celtic FC	1-1	0-0	4-0	2-3		1-1	2-3	4-2	3-4	1-0	2-0	5-1	2-4	1-0	0-1	3-3	1-1	4-0
Clyde FC	7-2	1-2	2-1	3-0	3-3		1-1	1-3	2-2	2-1	1-2	1-4	1-0	6-1	4-1	2-2	2-2	2-3
Dundee FC	4-1	1-2	5-0	3-1	2-0	2-0		3-2	1-3	6-3	0-4	1-1	3-0	0-2	1-3	3-1	4-1	2-1
Dunfermline Athletic FC	1-3	1-0	5-1	3-4	3-2	4-5	2-2		2-2	2-2	1-0	6-0	3-3	0-2	0-5	2-1	1-1	3-1
Heart of Midlothian FC	3-0	3-2	4-1	5-3	3-1	5-2	3-0	5-1		2-2	3-1	1-1	5-3	4-1	2-0	0-2	4-0	6-2
Hibernian FC	2-1	3-3	5-0	5-1	3-3	5-5	4-2	7-4	1-5		4-2	1-3	2-2	0-3	0-1	1-3	3-1	6-0
Kilmarnock FC	2-0	1-0	3-2	2-0	2-1	0-2	2-2	3-2	2-1	3-1		2-0	5-1	1-0	1-1	0-5	2-0	3-2
Motherwell FC	3-1	4-1	6-0	3-3	1-2	3-2	0-0	1-1	3-0	3-4	1-2		4-0	2-1	2-1	1-4	2-1	3-3
Partick Thistle FC	1-0	0-3	2-0	3-1	3-1	0-1	0-5	2-0	1-2	2-10	3-2	1-2		1-0	0-3	4-2	1-0	2-0
Raith Rovers FC	5-1	2-3	5-0	2-0	0-3	3-1	1-1	3-2	2-2	4-2	0-2	1-1	1-2		1-2	6-1	0-1	2-3
Rangers FC	2-2	0-0	1-1	0-3	3-1	6-0	0-0	4-1	0-2	1-1	5-0	0-2	1-1	2-3		1-3	3-0	1-2
St. Mirren FC	3-0	1-2	8-1	4-3	0-3	2-2	2-3	0-2	4-4	2-3	0-3	5-1	2-4	3-2	1-1		0-7	1-3
Stirling Albion FC	0-2	1-2	5-0	3-4	2-2	1-1	0-1	1-4	2-2	2-3	0-1	0-3	2-1	4-2	2-3	3-2		0-3
Third Lanark FC	2-1	4-2	7-1	5-0	4-2	2-3	2-2	2-0	1-4	5-3	3-4	1-4	1-2	1-3	0-2	2-2	3-3	

Division 1

		Pd	Wn	Dw	Ls	GF	GA	Pts	
1.	HEART OF MIDLOTHIAN FC (EDINBURGH)	34	23	8	3	102	51	54	
2.	Kilmarnock FC (Kilmarnock)	34	24	2	8	67	45	50	
3.	Rangers FC (Glasgow)	34	17	8	9	72	38	42	
4.	Dundee FC (Dundee)	34	16	10	8	70	49	42	
5.	Motherwell FC (Motherwell)	34	16	8	10	71	61	40	
6.	Clyde FC (Glasgow)	34	15	9	10	77	69	39	
7.	Hibernian FC (Edinburgh)	34	14	7	13	106	85	35	
8.	Ayr United FC (Ayr)	34	14	6	14	65	73	34	
9.	Celtic FC (Glasgow)	34	12	9	13	73	59	33	
10.	Partick Thistle FC (Glasgow)	34	14	4	16	54	78	32	
11.	Raith Rovers FC (Kirkcaldy)	34	14	3	17	64	62	31	
12.	Third Lanark FC (Glasgow)	34	13	4	17	75	83	30	
13.	Dunfermline Athletic FC (Dunfermline)	34	10	9	15	72	80	29	
14.	St. Mirren FC (Paisley)	34	11	6	17	78	86	28	
15.	Aberdeen FC (Aberdeen)	34	11	6	17	54	72	28	
16.	Airdrieonians FC (Airdrie)	34	11	6	17	56	80	28	
17.	Stirling Albion FC (Stirling)	34	7	8	19	55	72	22	R
18.	Arbroath FC (Arbroath)	34	4	7	23	38	106	15	R
		612	246	120	246	1249	1249	612	

Top goalscorer 1959-60

1) Joseph BAKER   (Hibernian FC)   42

1959-1960 Scottish Football League Division 2

	Albion Rovers	Alloa Athletic	Berwick Rangers	Brechin City	Cowdenbeath	Dumbarton	Dundee United	East Fife	East Stirling	Falkirk	Forfar Athletic	Hamilton	Montrose	Morton	Queen/South	Queen's Park	St. Johnstone	Stenhousemuir	Stranraer
Albion Rovers FC		2-2	1-3	6-3	1-1	0-0	1-4	1-1	2-1	2-2	7-1	0-3	5-1	3-2	0-3	4-1	2-1	2-0	3-1
Alloa Athletic FC	2-3		0-3	1-7	4-2	1-1	3-2	4-0	4-2	3-0	5-1	2-1	5-1	3-1	2-1	1-2	0-1	0-2	4-2
Berwick Rangers FC	4-1	1-1		4-0	1-0	0-0	1-2	2-0	5-3	2-1	2-1	1-1	0-1	4-3	2-2	3-1	0-2	3-0	2-1
Brechin City FC	2-2	3-0	5-2		1-2	3-1	1-1	3-1	1-1	1-0	2-1	1-3	1-0	4-0	1-1	2-1	1-1	2-1	0-3
Cowdenbeath FC	2-6	2-1	1-0	1-5		0-4	1-2	1-2	0-3	0-3	2-4	3-2	1-3	2-5	0-4	1-9	0-2	1-2	0-1
Dumbarton FC	6-0	2-1	0-4	2-0	6-0		3-2	4-2	4-2	1-0	4-1	2-1	0-1	1-1	1-3	3-2	1-0	0-1	4-1
Dundee United FC	0-0	2-1	1-0	3-1	2-3	2-1		6-0	6-1	1-0	4-0	5-1	1-2	3-3	4-3	3-1	0-1	1-2	2-1
East Fife FC	4-1	4-7	4-3	1-0	4-1	2-2	1-3		1-3	1-1	1-1	0-2	0-0	4-0	1-2	2-3	0-1	1-6	7-1
East Stirlingshire FC	3-0	6-3	0-0	0-1	4-1	2-2	1-0	2-2		1-5	1-4	2-3	2-3	3-1	4-3	2-0	3-5	0-1	2-3
Falkirk FC	2-1	5-0	4-0	1-3	8-1	0-0	1-2	5-0	2-3		7-2	4-2	2-0	4-1	3-2	0-1	1-1	4-1	3-1
Forfar Athletic FC	1-0	4-0	4-1	1-0	1-2	1-0	1-3	2-1	2-2	1-0		1-6	2-4	2-2	2-5	1-1	1-2	1-4	0-0
Hamilton Academical FC	0-3	2-2	3-0	4-1	2-0	5-0	2-0	2-0	2-2	2-0	3-2		0-0	7-3	0-3	2-1	4-3	5-1	5-2
Montrose FC	4-1	2-2	2-1	3-1	2-0	1-2	1-3	2-0	5-0	2-2	2-1	1-1		1-0	1-2	3-1	3-0	0-3	1-0
Morton FC	1-3	3-0	1-2	2-2	7-1	3-2	1-1	1-0	1-1	1-1	0-1	5-1	3-4		3-1	2-3	1-1	3-2	2-0
Queen of the South FC	4-1	2-1	2-1	2-1	5-0	1-0	4-4	5-1	2-2	1-1	0-0	3-3	3-1	2-0		7-1	1-2	2-0	4-2
Queen's Park FC	0-2	2-0	3-1	2-1	4-2	2-3	1-8	1-0	1-0	0-3	2-2	2-1	2-1	2-0	3-4		3-0	3-2	0-1
St. Johnstone FC	4-1	5-0	2-0	6-2	7-3	7-2	1-1	3-1	3-2	1-0	2-2	2-3	3-0	2-0	2-1	4-1		3-2	3-2
Stenhousemuir FC	3-3	5-3	2-1	3-2	4-4	1-2	0-3	4-0	2-1	1-1	3-1	4-5	2-1	4-2	2-1	6-0	3-2		0-0
Stranraer FC	6-1	1-2	0-3	3-2	3-1	0-1	0-3	2-1	2-1	1-1	4-0	1-2	0-1	2-3	2-3	0-2	4-7		

Division 2

		Pd	Wn	Dw	Ls	GF	GA	Pts	
1.	St. Johnstone FC (Perth)	36	24	5	7	87	47	53	P
2.	Dundee United FC (Dundee)	36	22	6	8	90	45	50	P
3.	Queen of the South FC (Dumfries)	36	21	7	8	94	52	49	
4.	Hamilton Academical FC (Hamilton)	36	21	6	9	91	62	48	
5.	Stenhousemuir FC (Stenhousemuir)	36	20	4	12	86	67	44	
6.	Dumbarton FC (Dumbarton)	36	18	7	11	67	53	43	
7.	Montrose FC (Montrose)	36	19	5	12	60	52	43	
8.	Falkirk FC (Falkirk)	36	15	9	12	77	43	39	
9.	Berwick Rangers FC (Berwick-upon-Tweed)	36	16	5	15	62	55	37	
10.	Albion Rovers FC (Coatbridge)	36	14	8	14	71	78	36	
11.	Queen's Park FC (Glasgow)	36	17	2	17	65	79	36	
12.	Brechin City FC (Brechin)	36	14	6	16	66	66	34	
13.	Alloa Athletic FC (Alloa)	36	13	5	18	70	85	31	
14.	Morton FC (Greenock)	36	10	8	18	67	79	28	
15.	East Stirlingshire FC (Falkirk)	36	10	8	18	68	82	28	
16.	Forfar Athletic FC (Forfar)	36	10	8	18	53	84	28	
17.	Stranraer FC (Stranraer)	36	10	3	23	53	79	23	
18.	East Fife FC (Methil)	36	7	7	23	50	87	20	
19.	Cowdenbeath FC (Cowdenbeath)	36	6	2	28	42	124	14	
		684	287	110	287	1319	1319	684	

SCOTTISH CUP FINAL (Hampden Park, Glasgow – 23/04/1960 – 108,017)

RANGERS FC (GLASGOW) 2-0 Kilmarnock FC (Kilmarnock)
Millar 2 (H.T. 1-0)

Rangers: Niven, Caldow, Little, McColl, Paterson, Stevenson, Scott, McMillan, Millar, Baird, Wilson.
Kilmarnock: Brown, Richmond, Watson, Beattie, Toner, Kennedy, Stewart, McInally, Kerr, Black, Muir.

Semi-finals (02/04/1960 – 06/04/1960)

Kilmarnock FC (Kilmarnock)	2-0	Clyde FC (Glasgow)
Rangers FC (Glasgow)	1-1, 4-1	Celtic FC (Glasgow)

1960-61 SEASON

1960-1961 Scottish Football League Division 1	Aberdeen	Airdrieonians	Ayr United	Celtic	Clyde	Dundee	Dundee United	Dunfermline	Hearts	Hibernian	Kilmarnock	Motherwell	Partick Thistle	Raith Rovers	Rangers	St. Johnstone	St. Mirren	Third Lanark
Aberdeen FC	■	1-1	3-1	1-3	4-2	2-1	1-3	1-4	0-2	1-4	3-2	3-3	2-1	0-1	6-1	4-2	1-0	5-3
Airdrieonians FC	3-1	■	4-2	2-0	0-2	2-4	4-4	0-1	2-2	4-3	1-1	4-2	2-3	1-0	1-1	3-0	2-1	4-1
Ayr United FC	1-1	2-2	■	1-3	2-2	2-4	3-0	4-1	1-0	0-1	2-2	0-0	2-0	1-1	1-0	0-1	0-5	2-3
Celtic FC	0-0	4-0	2-0	■	6-1	2-1	1-1	2-1	1-3	2-0	3-2	1-0	0-1	1-1	1-5	1-1	4-2	2-3
Clyde FC	1-1	3-1	2-2	0-3	■	0-0	3-1	6-0	1-1	3-3	1-3	1-0	3-3	0-2	1-3	0-0	4-2	2-4
Dundee FC	3-3	2-1	6-1	0-1	4-1	■	3-0	4-1	2-2	0-1	1-0	2-2	1-2	2-3	4-2	2-1	2-0	0-2
Dundee United FC	3-3	1-2	2-1	1-1	2-1	3-1	■	5-0	3-0	3-1	2-4	0-1	3-0	4-1	1-1	0-2	2-0	1-2
Dunfermline Athletic FC	2-6	6-4	2-2	2-2	2-2	4-2	3-2	■	2-1	4-2	2-4	1-6	2-1	3-2	0-0	5-1	1-2	2-3
Heart of Midlothian FC	3-4	3-1	2-1	2-1	4-2	2-1	1-1	1-1	■	1-2	0-1	1-5	0-1	1-0	1-3	3-1	0-0	1-0
Hibernian FC	2-2	3-3	3-1	0-6	4-0	1-0	2-0	2-1	1-4	■	4-0	2-1	1-1	0-1	1-2	3-1	4-3	8-4
Kilmarnock FC	4-1	1-0	5-1	2-2	1-0	2-1	1-1	1-1	2-1	3-2	■	5-3	4-1	6-0	2-0	2-2	1-2	3-1
Motherwell FC	1-0	2-0	2-2	2-2	2-1	2-0	4-3	2-4	1-1	4-1	1-3	■	2-0	2-1	1-2	2-0	0-3	4-5
Partick Thistle FC	3-4	2-2	3-3	1-2	3-1	2-2	1-0	1-0	4-1	3-1	2-3	1-3	■	2-2	0-3	3-0	3-2	2-1
Raith Rovers FC	0-3	2-0	3-1	2-2	1-0	2-1	0-2	1-1	0-2	1-1	1-3	1-7	2-3	■	2-3	1-3	5-2	3-6
Rangers FC	4-0	3-0	7-3	2-1	2-1	0-1	4-0	3-1	3-0	1-0	2-3	2-2	6-2	3-0	■	1-0	5-1	4-3
St. Johnstone FC	2-1	2-2	4-1	2-1	2-2	1-1	0-2	2-1	2-3	2-0	1-1	2-1	2-1	0-2	2-5	■	1-1	3-4
St. Mirren FC	1-3	1-1	2-2	2-1	2-2	1-2	0-3	0-2	2-0	2-1	0-1	2-3	5-0	3-0	1-1	0-0	■	1-0
Third Lanark FC	5-1	5-2	3-3	2-0	7-4	2-1	6-1	4-2	0-3	6-1	0-1	1-1	3-2	4-3	2-4	4-2	1-2	■

	Division 1	Pd	Wn	Dw	Ls	GF	GA	Pts	
1.	RANGERS FC (GLASGOW)	34	23	5	6	88	46	51	
2.	Kilmarnock FC (Kilmarnock)	34	21	8	5	77	45	50	
3.	Third Lanark FC (Glasgow)	34	20	2	12	100	80	42	
4.	Celtic FC (Glasgow)	34	15	9	10	64	46	39	
5.	Motherwell FC (Motherwell)	34	15	8	11	70	57	38	
6.	Aberdeen FC (Aberdeen)	34	14	8	12	72	72	36	
7.	Heart of Midlothian FC (Edinburgh)	34	13	8	13	51	53	34	
8.	Hibernian FC (Edinburgh)	34	15	4	15	66	69	34	
9.	Dundee United FC (Dundee)	34	13	7	14	60	58	33	
10.	Dundee FC (Dundee)	34	13	6	15	61	53	32	
11.	Partick Thistle FC (Glasgow)	34	13	6	15	59	69	32	
12.	Dunfermline Athletic FC (Dunfermline)	34	12	7	15	65	81	31	
13.	Airdrieonians FC (Airdrie)	34	10	10	14	61	71	30	
14.	St. Mirren FC (Paisley)	34	11	7	16	53	58	29	
15.	St. Johnstone FC (Perth)	34	10	9	15	47	63	29	
16.	Raith Rovers FC (Kirkcaldy)	34	10	7	17	46	67	27	
17.	Clyde FC (Glasgow)	34	6	11	17	55	77	23	R
18.	Ayr United FC (Ayr)	34	5	12	17	51	81	22	R
		612	239	134	239	1146	1146	612	

Top goalscorer 1960-61

1) Alexander HARVEY   (Third Lanark FC)   42

1960-1961 Scottish Football League Division 2	Albion Rovers	Alloa Athletic	Arbroath	Berwick Rangers	Brechin City	Cowdenbeath	Dumbarton	East Fife	East Stirling	Falkirk	Forfar Athletic	Hamilton	Montrose	Morton	Queen/South	Queen's Park	Stenhousemuir	Stirling Albion	Stranraer
Albion Rovers FC	■	3-1	0-1	1-2	0-2	4-2	5-0	2-0	2-4	0-0	1-1	5-3	0-3	3-3	1-4	1-0	2-5	2-4	2-2
Alloa Athletic FC	4-1	■	4-0	5-0	2-2	5-3	1-2	4-1	4-1	1-1	4-0	2-3	4-2	4-2	0-1	4-1	2-3	2-4	1-0
Arbroath FC	1-0	3-3	■	2-0	3-2	5-3	1-3	1-2	0-0	1-3	2-1	2-2	2-2	2-1	1-2	4-0	0-3	1-1	3-0
Berwick Rangers FC	1-1	1-1	2-2	■	2-1	0-4	2-2	4-0	3-2	0-1	5-2	0-1	1-0	4-0	1-1	3-1	1-2	2-0	2-2
Brechin City FC	2-6	2-0	2-1	1-1	■	1-1	3-2	1-2	3-2	0-2	3-4	1-2	2-3	2-1	1-5	2-0	0-2	6-2	0-2
Cowdenbeath FC	2-1	2-1	3-1	1-3	3-3	■	3-2	1-2	3-0	0-3	3-1	2-2	2-0	5-1	1-0	2-1	3-1	0-3	3-2
Dumbarton FC	2-0	3-1	4-2	4-3	2-0	0-2	■	1-0	3-3	1-2	7-2	5-1	2-4	2-4	3-1	3-2	2-4	2-4	1-2
East Fife FC	4-2	3-1	1-2	4-0	3-3	1-4	4-2	■	8-1	3-1	4-2	4-0	2-4	3-1	0-2	2-2	1-2	0-1	1-1
East Stirlingshire FC	0-4	1-1	3-1	2-4	3-2	2-1	2-4	2-3	■	0-0	4-2	1-2	1-3	4-1	4-1	2-2	1-2	1-4	1-4
Falkirk FC	8-2	4-3	3-0	4-0	0-0	3-3	7-1	3-0	6-0	■	2-1	4-4	2-1	3-0	2-1	8-0	1-2	2-1	1-2
Forfar Athletic FC	2-2	1-1	1-3	4-1	5-2	0-0	1-0	4-1	1-0	1-6	■	5-3	1-3	5-0	1-3	2-4	1-4	0-3	2-3
Hamilton Academical FC	4-3	0-3	2-1	3-3	2-2	4-3	1-0	5-2	2-1	1-3	3-2	■	5-1	3-0	5-1	2-3	6-1	0-1	1-1
Montrose FC	2-1	3-2	4-0	2-2	0-1	0-2	4-1	1-2	6-0	2-3	2-1	4-1	■	3-2	3-1	2-1	4-0	1-0	0-2
Morton FC	4-0	3-1	2-2	1-2	3-3	0-0	2-3	1-1	2-2	1-5	1-4	4-4	1-0	■	1-1	1-4	2-3	2-2	2-2
Queen of the South FC	1-2	2-1	4-1	0-1	3-1	3-1	0-2	5-0	5-1	1-0	4-1	1-0	4-1	4-1	■	4-2	1-2	1-1	5-0
Queen's Park FC	2-1	0-2	1-2	1-2	2-2	2-3	1-1	2-1	4-4	2-1	1-0	2-1	3-1	3-2	1-0	■	4-2	1-1	2-4
Stenhousemuir FC	3-0	6-1	0-2	7-2	4-1	3-0	4-4	3-2	0-1	2-3	5-0	1-2	5-2	0-3	3-2	3-2	■	3-3	4-1
Stirling Albion FC	6-0	2-0	7-0	2-1	1-0	3-0	0-0	3-1	5-0	1-0	5-1	2-1	1-2	2-2	4-0	2-1	6-2	■	1-0
Stranraer FC	4-0	2-2	5-1	2-1	2-1	2-0	4-2	6-2	2-3	2-3	4-1	5-0	6-0	2-0	0-1	4-2	1-3	0-1	■

167

	Division 2	Pd	Wn	Dw	Ls	GF	GA	Pts	
1.	Stirling Albion FC (Stirling)	36	24	7	5	89	37	55	P
2.	Falkirk FC (Falkirk)	36	24	6	6	100	40	54	P
3.	Stenhousemuir FC (Stenhousemuir)	36	24	2	10	99	69	50	
4.	Stranraer FC (Stranraer)	36	19	6	11	83	55	44	
5.	Queen of the South FC (Dumfries)	36	20	3	13	77	52	43	
6.	Hamilton Academical FC (Hamilton)	36	17	7	12	84	80	41	
7.	Montrose FC (Montrose)	36	19	2	15	75	65	40	
8.	Cowdenbeath FC (Cowdenbeath)	36	17	6	13	71	65	40	
9.	Berwick Rangers FC (Berwick-upon-Tweed)	36	14	9	13	62	69	37	
10.	Dumbarton FC (Dumbarton)	36	15	5	16	78	82	35	
11.	Alloa Athletic FC (Alloa)	36	13	7	16	78	68	33	
12.	Arbroath FC (Arbroath)	36	13	7	16	56	76	33	
13.	East Fife FC (Methil)	36	14	4	18	70	80	32	
14.	Brechin City FC (Brechin)	36	9	9	18	60	78	27	
15.	Queen's Park FC (Glasgow)	36	10	6	20	61	87	26	
16.	East Stirlingshire FC (Falkirk)	36	9	7	20	59	100	25	
17.	Albion Rovers FC (Coatbridge)	36	9	6	21	60	89	24	
18.	Forfar Athletic FC (Forfar)	36	10	4	22	65	98	24	
19.	Morton FC (Greenock)	36	5	11	20	56	93	21	
		684	285	114	285	1383	1383	684	

SCOTTISH CUP FINAL   (Hampden Park, Glasgow – 22/04/1961 – 113,618)

DUNFERMLINE ATHLETIC FC　　　　　0-0　　　　　　　　　　　Celtic FC (Glasgow)

Dunfermline: Connachan, Fraser, Cunningham, Mailer, Williamson, Miller, Peebles, Smith, Dickson, McLindon, Melrose.

Celtic: Haffey, McKay, Kennedy, Crerand, McNeill, Clark, Gallacher, Fernie, Hughes, Chalmers, Byrne.

SCOTTISH CUP FINAL REPLAY   (Hampden Park, Glasgow – 26/04/1961 – 87,866)

DUNFERMLINE ATHLETIC FC　　　　　2-0　　　　　　　　　　　Celtic FC (Glasgow)
Thomson, Dickson　　　　　　　　　　　*(H.T. 0-0)*

Dunfermline: Connachan, Fraser, Cunningham, Mailer, Sweeney, Miller, Peebles, Smith, Dickson, McLindon, Melrose.

Celtic: Haffey, McKay, O'Neil, Crerand, McNeill, Clark, Gallacher, Fernie, Hughes, Chalmers, Byrne.

Semi-finals   (01/04/1961 – 05/04/1961)

| Celtic FC (Glasgow) | 4-0 | Airdrieonians FC (Airdrie) |
| Dunfermline Athletic FC (Dunfermline) | 0-0, 1-0 | St. Mirren FC (Paisley) |

1961-62 SEASON

1961-1962 Scottish Football League Division 1	Aberdeen	Airdrieonians	Celtic	Dundee	Dundee United	Dunfermline	Falkirk	Hearts	Hibernian	Kilmarnock	Motherwell	Partick Thistle	Raith Rovers	Rangers	St. Johnstone	St. Mirren	Stirling Albion	Third Lanark
berdeen FC	■	1-1	0-0	3-1	1-3	1-4	2-2	0-2	1-2	3-3	3-0	1-3	3-3	1-0	1-1	3-1	7-0	2-1
Airdrieonians FC	7-1	■	1-0	1-2	3-3	3-1	2-3	2-3	4-2	0-2	2-1	1-0	2-4	2-5	2-2	3-1	0-1	0-2
Celtic FC	2-0	3-0	■	2-1	3-1	2-1	3-0	2-2	4-3	2-2	1-1	5-1	0-1	1-1	3-1	7-1	5-0	1-0
Dundee FC	2-1	5-1	2-1	■	4-1	1-2	2-1	2-0	1-0	5-3	1-2	3-2	5-4	0-0	2-1	2-0	2-2	2-1
Dundee United FC	2-2	3-3	4-5	1-2	■	3-2	4-1	0-1	4-0	1-2	1-1	3-5	4-2	2-3	3-0	3-1	2-0	3-0
Dunfermline Athletic FC	4-0	6-2	0-3	1-2	4-1	■	2-1	2-1	4-0	2-0	2-1	4-2	3-0	1-0	0-1	7-0	3-0	1-1
Falkirk FC	0-1	1-0	3-1	1-3	1-2	1-2	■	0-2	1-4	0-1	4-2	1-1	3-0	1-7	0-1	3-3	1-0	2-0
Heart of Midlothian FC	1-1	4-1	2-1	0-2	2-1	3-2	2-3	■	4-2	3-3	2-6	2-0	0-1	0-1	1-1	2-2	0-0	2-1
Hibernian FC	1-1	2-2	1-1	1-3	3-2	1-2	2-2	1-4	■	3-2	1-2	3-0	3-2	0-0	3-2	2-1	3-1	1-3
Kilmarnock FC	4-2	4-2	3-2	1-1	5-3	2-2	2-0	2-0	4-2	■	1-2	1-1	2-3	0-1	2-0	4-3	2-1	2-2
Motherwell FC	1-3	5-2	0-4	2-4	2-1	1-1	3-0	1-2	5-1	0-2	■	1-3	3-0	2-2	2-2	2-1	5-3	0-3
Partick Thistle FC	4-2	1-0	1-2	3-0	4-2	1-0	1-2	3-1	4-1	2-4	1-0	■	3-2	1-4	3-0	0-1	2-0	2-0
Raith Rovers FC	3-1	1-1	0-4	2-3	0-0	2-2	1-2	0-1	0-2	2-2	0-3	1-0	■	1-3	1-1	4-0	2-1	4-3
Rangers FC	2-4	4-0	2-2	1-5	0-1	1-0	4-1	2-1	3-0	1-1	2-1	2-1	6-0	■	2-0	4-0	4-1	3-1
St. Johnstone FC	4-1	0-3	0-3	0-3	1-2	2-5	2-1	0-2	0-2	1-1	1-0	0-0	0-4	■	0-3	2-0	1-2
St. Mirren FC	3-2	0-2	0-5	1-1	1-1	4-1	2-0	0-1	2-3	2-1	2-1	1-3	5-1	1-1	1-3	■	3-1	1-2
Stirling Albion FC	3-0	2-2	1-0	2-3	0-1	2-3	3-0	3-1	0-1	2-2	2-4	0-0	0-3	0-6	0-3	0-3	■	2-0
Third Lanark FC	3-5	3-0	1-1	1-3	7-2	1-1	1-4	1-0	1-2	3-1	2-1	4-2	2-1	0-3	1-2	5-2	1-1	■

	Division 1	Pd	Wn	Dw	Ls	GF	GA	Pts	
1.	DUNDEE FC (DUNDEE)	34	25	4	5	80	46	54	
2.	Rangers FC (Glasgow)	34	22	7	5	84	31	51	
3.	Celtic FC (Glasgow)	34	19	8	7	81	37	46	
4.	Dunfermline Athletic FC (Dunfermline)	34	19	5	10	77	46	43	
5.	Kilmarnock FC (Kilmarnock)	34	16	10	8	74	58	42	
6.	Heart of Midlothian FC (Edinburgh)	34	16	6	12	54	49	38	
7.	Partick Thistle FC (Glasgow)	34	16	3	15	60	55	35	
8.	Hibernian FC (Edinburgh)	34	14	5	15	58	72	33	
9.	Motherwell FC (Motherwell)	34	13	6	15	65	62	32	
10.	Dundee United FC (Dundee)	34	13	6	15	70	71	32	
11.	Third Lanark FC (Glasgow)	34	13	5	16	59	60	31	
12.	Aberdeen FC (Aberdeen)	34	10	9	15	60	73	29	
13.	Raith Rovers FC (Kirkcaldy)	34	10	7	17	51	73	27	
14.	Falkirk FC (Falkirk)	34	11	4	19	45	68	26	
15.	Airdrieonians FC (Airdrie)	34	9	7	18	57	78	25	
16.	St. Mirren FC (Paisley)	34	10	5	19	52	80	25	
17.	St. Johnstone FC (Perth)	34	9	7	18	35	61	25	R
18.	Stirling Albion FC (Stirling)	34	6	6	22	34	76	18	R
		612	251	110	251	1096	1096	612	

Top goalscorer 1961-62

1) Alan GILZEAN (Dundee FC) 24

1961-1962 Scottish Football League Division 2

	Albion Rovers	Alloa Athletic	Arbroath	Ayr United	Berwick Rangers	Brechin City	Clyde	Cowdenbeath	Dumbarton	East Fife	East Stirling	Forfar Athletic	Hamilton	Montrose	Morton	Queen/South	Queen's Park	Stenhousemuir	Stranraer
Albion Rovers FC	■	1-2	2-3	1-1	0-4	0-2	2-3	0-4	2-1	1-0	1-2	1-0	2-1	4-1	1-0	0-3	1-1	3-2	2-2
Alloa Athletic FC	2-1	■	4-1	7-2	5-4	4-1	2-7	3-0	1-1	4-3	2-3	2-2	3-2	2-0	2-1	0-0	7-5	6-1	1-1
Arbroath FC	3-1	2-0	■	2-2	3-4	4-1	0-2	1-4	1-0	2-1	4-0	1-0	1-2	2-0	1-2	2-1	2-3	4-2	1-1
Ayr United FC	1-3	2-3	3-5	■	5-1	5-1	1-2	5-1	3-0	1-1	0-0	6-3	1-0	1-2	4-1	1-0	1-0	1-0	4-1
Berwick Rangers FC	1-1	4-2	0-1	4-2	■	2-5	2-2	1-0	2-1	3-1	4-0	4-1	4-4	0-0	2-3	0-2	2-0	5-1	6-0
Brechin City FC	1-2	0-3	0-2	3-4	1-3	■	1-5	1-4	0-2	2-1	3-3	2-3	3-0	1-1	1-9	0-1	0-4	0-3	1-3
Clyde FC	2-1	5-1	1-0	5-0	7-1	5-0	■	4-1	2-2	4-1	4-1	0-0	6-2	2-3	3-1	1-0	2-1	4-1	4-1
Cowdenbeath FC	3-0	4-2	3-3	1-0	0-3	3-1	1-0	■	0-1	4-4	2-5	2-0	7-1	0-4	1-2	0-3	2-0	2-2	1-1
Dumbarton FC	2-1	2-2	2-2	1-3	0-0	2-5	1-3	1-0	■	3-0	4-1	2-2	2-0	0-2	1-1	0-2	0-0	2-3	3-0
East Fife FC	3-0	3-2	2-4	0-0	2-0	2-1	1-0	5-3	3-0	■	4-1	2-1	1-2	0-0	2-2	0-3	1-0	2-1	0-1
East Stirlingshire FC	1-2	1-2	1-1	2-1	1-5	8-2	3-5	4-1	1-0	1-4	■	2-1	0-2	4-2	1-3	2-3	5-1	2-2	2-1
Forfar Athletic FC	5-1	2-3	1-2	1-1	2-2	4-2	3-2	3-1	4-4	1-2	3-1	■	2-5	1-1	1-2	1-0	1-3	1-3	5-1
Hamilton Academical FC	5-1	2-2	5-0	1-3	3-5	5-2	1-3	3-3	3-1	2-1	3-4	3-0	■	0-2	4-0	2-2	2-4	3-0	5-1
Montrose FC	3-0	2-2	2-0	1-1	2-1	6-0	2-2	1-1	4-0	2-0	1-2	3-4	2-1	■	1-3	2-3	1-0	2-2	2-1
Morton FC	2-0	6-5	1-1	1-1	1-0	2-0	2-5	2-1	1-3	0-1	1-0	3-0	3-1	2-1	■	2-2	1-3	4-2	0-1
Queen of the South FC	2-1	2-1	2-0	2-1	3-2	5-0	3-0	7-1	4-1	3-1	2-1	0-3	0-1	1-1	2-2	■	3-1	4-1	3-1
Queen's Park FC	1-1	2-1	1-1	1-2	2-1	4-0	2-1	1-1	3-0	2-2	1-2	2-3	1-1	4-0	2-5	1-0	■	2-3	2-2
Stenhousemuir FC	3-1	2-1	3-2	2-1	3-1	5-1	1-4	2-2	2-1	1-2	0-2	4-3	1-1	2-3	3-4	0-2	3-3	■	0-1
Stranraer FC	2-1	1-1	0-2	4-1	4-0	4-0	2-1	1-1	2-2	2-2	4-1	1-1	3-0	1-1	4-2	0-3	2-1	4-0	■

Division 2

		Pd	Wn	Dw	Ls	GF	GA	Pts	
1.	Clyde FC (Glasgow)	36	25	4	7	108	47	54	P
2.	Queen of the South FC (Dumfries)	36	24	5	7	78	33	53	P
3.	Morton FC (Greenock)	36	19	6	11	78	64	44	
4.	Alloa Athletic FC (Alloa)	36	17	8	11	92	78	42	
5.	Montrose FC (Montrose)	36	15	11	10	63	50	41	
6.	Arbroath FC (Arbroath)	36	17	7	12	66	59	41	
7.	Stranraer FC (Stranraer)	36	14	11	11	61	62	39	
8.	Berwick Rangers FC (Berwick-upon-Tweed)	36	16	6	14	83	70	38	
9.	Ayr United FC (Ayr)	36	15	8	13	71	63	38	
10.	East Fife FC (Methil)	36	15	7	14	60	59	37	
11.	East Stirlingshire FC (Falkirk)	36	15	4	17	70	81	34	
12.	Queen's Park FC (Glasgow)	36	12	9	15	64	62	33	
13.	Hamilton Academical FC (Hamilton)	36	14	5	17	78	79	33	
14.	Cowdenbeath FC (Cowdenbeath)	36	11	9	16	65	77	31	
15.	Stenhousemuir FC (Stenhousemuir)	36	13	5	18	69	86	31	
16.	Forfar Athletic FC (Forfar)	36	11	8	17	68	76	30	
17.	Dumbarton FC (Dumbarton)	36	9	10	17	49	66	28	
18.	Albion Rovers FC (Coatbridge)	36	10	5	21	42	74	25	
19.	Brechin City FC (Brechin)	36	5	2	29	44	123	12	
		684	277	130	277	1309	1309	684	

SCOTTISH CUP FINAL (Hampden Park, Glasgow – 21/04/1962 – 126,930)

RANGERS FC (GLASGOW)   2-0   St. Mirren FC (Paisley)
Brand, Wilson   *(H.T. 1-0)*

Rangers: Ritchie, Shearer, Caldow, Davis, McKinnon, Baxter, Henderson, McMillan, Millar, Brand, Wilson.
St. Mirren: Williamson, Campbell, Wilson, Stewart, Clunie, McLean, Henderson, Bryceland, Kerrigan, Fernie, Beck.

Semi-finals (31/03/1962)

Rangers FC (Glasgow)	3-1	Motherwell FC (Motherwell)
St. Mirren FC (Paisley)	3-1	Celtic FC (Glasgow)

1962-63 SEASON

1962-1963 Scottish Football League Division 1	Aberdeen	Airdrieonians	Celtic	Clyde	Dundee	Dundee United	Dunfermline	Falkirk	Hearts	Hibernian	Kilmarnock	Motherwell	Partick Thistle	Queen/South	Raith Rovers	Rangers	St. Mirren	Third Lanark
Aberdeen FC	■	2-1	1-5	0-2	1-0	1-2	4-0	1-0	2-1	3-0	1-0	1-1	1-1	4-1	10-0	2-3	0-1	4-1
Airdrieonians FC	2-0	■	1-6	3-1	1-0	4-2	0-1	2-1	4-2	2-1	0-3	1-4	2-0	1-3	8-1	0-2	4-2	1-4
Celtic FC	1-2	3-1	■	2-0	4-1	1-0	2-1	2-1	2-2	2-0	1-1	6-0	0-2	0-1	4-1	0-1	1-1	2-1
Clyde FC	1-3	2-0	1-3	■	3-2	1-3	0-1	0-1	0-6	3-1	0-5	2-3	1-2	1-1	4-2	1-3	2-0	3-2
Dundee FC	2-2	2-1	0-0	2-0	■	1-2	1-0	2-1	2-2	1-3	1-0	2-2	2-1	10-2	1-1	0-0	5-1	5-2
Dundee United FC	3-3	3-1	3-0	4-1	1-1	■	0-4	1-0	0-0	5-0	3-3	2-1	2-2	2-1	8-1	2-1	1-1	1-0
Dunfermline Athletic FC	3-0	2-0	1-1	2-2	2-0	1-2	■	2-1	2-2	3-2	1-1	4-3	1-1	2-0	6-0	1-2	1-3	3-0
Falkirk FC	2-1	0-1	1-3	7-3	0-2	4-1	2-0	■	3-1	0-5	3-2	0-2	2-2	2-3	0-2	4-2	3-5	
Heart of Midlothian FC	1-1	6-1	4-3	1-1	3-1	2-2	2-0	5-0	■	3-3	2-3	2-1	2-4	3-0	2-1	0-5	5-0	2-0
Hibernian FC	2-3	0-2	1-1	1-2	2-2	1-1	1-1	0-3	0-4	■	0-2	1-0	0-2	3-0	1-0	1-5	2-1	1-1
Kilmarnock FC	2-2	8-0	6-0	3-2	1-0	2-2	3-0	3-1	2-2	2-0	■	7-1	1-2	7-0	3-1	1-0	2-1	2-2
Motherwell FC	0-2	3-0	0-2	6-2	2-1	0-0	0-0	4-1	1-3	2-2	2-1	■	1-1	1-2	5-1	1-1	1-1	3-3
Partick Thistle FC	2-3	3-0	1-5	5-1	1-0	3-0	2-1	2-0	3-4	2-2	3-2	2-0	■	0-1	4-1	1-4	2-1	3-1
Queen of the South FC	2-1	1-1	2-5	2-2	1-0	1-0	1-0	0-1	0-3	0-4	1-1	0-2	0-1	■	5-1	0-4	2-3	2-1
Raith Rovers FC	0-4	0-1	0-2	1-1	2-4	2-7	1-2	1-3	0-3	0-4	1-4	2-5	2-3	1-1	■	2-2	0-1	1-1
Rangers FC	2-2	5-1	4-0	3-1	1-1	5-0	1-1	4-0	5-1	3-1	6-1	1-1	2-1	3-1	4-2	■	3-0	1-0
St. Mirren FC	2-1	1-1	0-7	1-2	0-3	2-1	3-1	2-2	7-3	2-2	2-4	2-0	1-1	4-0	1-2	0-2	■	2-4
Third Lanark FC	1-2	2-3	2-0	2-1	4-3	1-1	4-0	3-3	1-2	1-4	0-1	2-2	0-1	1-0	2-1	1-4	1-1	■

	Division 1	Pd	Wn	Dw	Ls	GF	GA	Pts	
1.	RANGERS FC (GLASGOW)	34	25	7	2	94	28	57	
2.	Kilmarnock FC (Kilmarnock)	34	20	8	6	92	40	48	
3.	Partick Thistle FC (Glasgow)	34	20	6	8	66	44	46	
4.	Celtic FC (Glasgow)	34	19	6	9	76	44	44	
5.	Heart of Midlothian FC (Edinburgh)	34	17	9	8	85	59	43	
6.	Aberdeen FC (Aberdeen)	34	17	7	10	70	47	41	
7.	Dundee United FC (Dundee)	34	15	11	8	67	52	41	
8.	Dunfermline Athletic FC (Dunfermline)	34	13	8	13	50	47	34	
9.	Dundee FC (Dundee)	34	12	9	13	60	49	33	
10.	Motherwell FC (Motherwell)	34	10	11	13	60	63	31	
11.	Airdrieonians FC (Airdrie)	34	14	2	18	52	76	30	
12.	St. Mirren FC (Paisley)	34	10	8	16	52	72	28	
13.	Falkirk FC (Falkirk)	34	12	3	19	54	69	27	
14.	Third Lanark FC (Glasgow)	34	9	8	17	56	68	26	
15.	Queen of the South FC (Dumfries)	34	10	6	18	36	75	26	
16.	Hibernian FC (Edinburgh)	34	8	9	17	47	67	25	
17.	Clyde FC (Glasgow)	34	9	5	20	49	83	23	R
18.	Raith Rovers FC (Kirkcaldy)	34	2	5	27	35	118	9	R
		612	242	128	242	1101	1101	612	

Top goalscorer 1962-63

1) James MILLAR (Rangers FC) 27

1962-1963 Scottish Football League Division 2	Albion Rovers	Alloa Athletic	Arbroath	Ayr United	Berwick Rangers	Brechin City	Cowdenbeath	Dumbarton	East Fife	East Stirling	Forfar Athletic	Hamilton	Montrose	Morton	Queen's Park	St. Johnstone	Stenhousemuir	Stirling Albion	Stranraer
Albion Rovers FC	■	0-2	2-0	0-3	3-1	5-2	3-3	1-0	4-2	2-0	4-1	0-2	2-1	3-0	4-2	1-0	4-1	3-2	1-0
Alloa Athletic FC	4-2	■	1-3	1-1	3-2	3-0	0-1	2-0	2-1	0-0	6-1	1-3	1-2	0-2	2-1	0-0	1-0	3-0	4-0
Arbroath FC	3-0	2-0	■	4-1	4-0	2-0	1-1	4-2	3-0	5-2	1-2	3-1	0-0	1-0	2-1	1-2	4-1	4-4	6-1
Ayr United FC	5-0	2-2	3-5	■	4-1	3-2	2-0	2-0	1-1	1-4	4-2	2-2	4-3	2-1	0-3	3-1	2-3	0-1	0-2
Berwick Rangers FC	1-5	1-0	0-2	1-1	■	3-2	0-0	1-0	2-4	1-1	5-1	3-6	0-0	2-3	4-4	1-3	4-0	2-0	1-1
Brechin City FC	2-3	1-2	0-1	2-1	1-2	■	0-4	0-3	1-3	1-3	1-1	0-0	0-3	3-5	3-0	1-2	0-0	3-6	1-3
Cowdenbeath FC	4-1	1-2	3-2	1-1	2-4	5-2	■	5-2	3-3	2-1	3-2	1-2	3-1	2-0	6-2	1-2	5-0	0-1	1-1
Dumbarton FC	1-3	1-0	3-1	3-1	3-0	4-3	1-0	■	5-2	2-2	1-0	0-1	3-0	0-3	1-2	2-3	2-1	3-0	5-1
East Fife FC	2-0	1-1	1-3	0-1	2-1	3-0	3-0	3-0	■	2-2	2-1	4-0	1-0	0-0	2-1	2-2	2-0	1-4	1-0
East Stirlingshire FC	4-2	1-0	3-0	3-1	2-1	2-1	3-0	3-1	2-1	■	4-1	3-1	2-2	2-0	5-1	0-0	2-2	2-0	6-0
Forfar Athletic FC	4-1	1-1	2-1	2-6	6-0	7-1	2-1	3-4	4-2	3-1	■	2-2	2-4	2-3	0-4	3-3	4-1	0-2	0-3
Hamilton Academical FC	4-3	1-2	1-0	2-2	4-1	1-0	1-0	4-2	2-1	1-3	2-2	■	5-1	0-1	2-2	2-0	1-0	2-2	3-3
Montrose FC	2-0	4-2	2-1	3-1	0-1	1-2	2-4	0-2	2-0	3-1	3-0	4-2	■	2-1	1-3	1-3	0-1	2-6	3-3
Morton FC	5-2	5-3	3-2	6-1	2-1	7-0	6-1	0-0	5-0	2-3	8-2	1-0	6-0	■	4-1	0-1	4-0	3-2	3-1
Queen's Park FC	1-3	3-1	1-1	4-1	2-4	6-1	1-3	2-2	1-3	1-1	3-2	0-1	2-0	1-2	■	1-0	0-3	5-2	1-0
St. Johnstone FC	7-1	4-0	0-1	1-2	1-0	7-0	1-0	2-0	6-0	5-2	2-1	4-1	1-0	2-1	1-0	■	1-3	2-0	1-0
Stenhousemuir FC	3-0	2-1	3-2	2-0	2-2	3-1	1-2	1-0	1-2	1-0	2-5	1-2	0-5	3-0	5-5	■		3-1	1-3
Stirling Albion FC	3-3	1-2	2-0	2-2	0-3	7-2	2-1	3-1	3-2	2-1	4-3	0-2	2-1	4-2	0-2	1-4	4-1	■	1-3
Stranraer FC	2-1	6-2	2-0	7-2	3-1	2-0	3-3	5-5	6-1	2-2	5-4	1-0	2-2	3-1	2-2	1-3	2-2	2-0	■

	Division 2	Pd	Wn	Dw	Ls	GF	GA	Pts	
1.	St. Johnstone FC (Perth)	36	25	5	6	83	37	55	P
2.	East Stirlingshire FC (Falkirk)	36	20	9	7	80	50	49	P
3.	Morton FC (Greenock)	36	23	2	11	100	49	48	
4.	Hamilton Academical FC (Hamilton)	36	18	8	10	69	56	44	
5.	Stranraer FC (Stranraer)	36	16	10	10	81	70	42	
6.	Arbroath FC (Arbroath)	36	18	4	14	74	51	40	
7.	Albion Rovers FC (Coatbridge)	36	18	2	16	72	79	38	
8.	Cowdenbeath FC (Cowdenbeath)	36	15	7	14	72	61	37	
9.	Alloa Athletic FC (Alloa)	36	15	6	15	57	56	36	
10.	Stirling Albion FC (Stirling)	36	16	4	16	74	75	36	
11.	East Fife FC (Methil)	36	15	6	15	60	69	36	
12.	Dumbarton FC (Dumbarton)	36	15	4	17	64	64	34	
13.	Ayr United FC (Ayr)	36	13	8	15	68	77	34	
14.	Queen's Park FC (Glasgow)	36	13	6	17	66	72	32	
15.	Montrose FC (Montrose)	36	13	5	18	57	70	31	
16.	Stenhousemuir FC (Stenhousemuir)	36	13	5	18	54	75	31	
17.	Berwick Rangers FC (Berwick-upon-Tweed)	36	11	7	18	57	77	29	
18.	Forfar Athletic FC (Forfar)	36	9	5	22	73	99	23	
19.	Brechin City FC (Brechin)	36	3	3	30	39	113	9	
		684	289	106	289	1300	1300	684	

SCOTTISH CUP FINAL   (Hampden Park, Glasgow – 04/05/1963 – 129,527)

RANGERS FC (GLASGOW) 1-1 Celtic FC (Glasgow)
Brand *(H.T. 1-1)* *Murdoch*
Rangers: Ritchie, Shearer, Provan, Greig, McKinnon, Baxter, Henderson, McLean, Millar, Band, Wilson.
Celtic: Haffey, McKay, Kennedy, McNamee, McNeill, Price, Johnstone, Murdoch, Hughes, Divers, Brogan.

SCOTTISH CUP FINAL REPLAY   (Hampden Park, Glasgow – 15/05/1963 – 120,263)

RANGERS FC (GLASGOW) 3-0 Celtic FC (Glasgow)
Brand 2, Wilson *(H.T. 2-0)*
Rangers: Ritchie, Shearer, Provan, Greig, McKinnon, Baxter, Henderson, McMillan, Millar, Band, Wilson.
Celtic: Haffey, McKay, Kennedy, McNamee, McNeill, Price, Chalmers, Murdoch, Hughes, Divers, Craig.

Semi-finals   (13/04/1963)

Celtic FC (Glasgow) 5-2 Raith Rovers FC (Kirkcaldy)
Rangers FC (Glasgow) 5-2 Dundee United FC (Dundee)

1963-64 SEASON

1963-1964 Scottish Football League Division 1	Aberdeen	Airdrieonians	Celtic	Dundee	Dundee United	Dunfermline	East Stirling	Falkirk	Hearts	Hibernian	Kilmarnock	Motherwell	Partick Thistle	Queen/South	Rangers	St. Johnstone	St. Mirren	Third Lanark
Aberdeen FC	■	2-2	0-3	2-4	0-0	0-1	4-1	3-0	1-2	3-1	0-0	6-2	0-5	3-0	1-1	0-1	0-2	1-1
Airdrieonians FC	1-7	■	0-2	3-1	3-1	0-0	5-2	2-5	0-2	5-3	4-5	1-1	2-0	2-1	0-4	3-3	2-4	1-0
Celtic FC	3-0	9-0	■	2-1	1-0	2-2	5-2	7-0	1-1	5-0	5-0	2-1	5-3	4-0	0-1	3-1	3-0	4-4
Dundee FC	1-4	4-0	1-1	■	1-1	2-1	3-1	4-3	2-4	3-0	2-1	1-3	5-2	6-2	1-1	2-1	9-2	6-0
Dundee United FC	1-2	9-1	0-3	2-1	■	1-2	2-0	3-1	0-0	1-1	2-1	4-1	1-2	2-1	2-3	3-1	6-2	4-1
Dunfermline Athletic FC	3-1	5-1	1-0	1-2	4-2	■	4-1	1-0	2-2	3-0	2-3	2-0	0-0	0-0	1-4	4-0	5-0	3-0
East Stirlingshire FC	2-1	1-2	1-5	1-5	1-1	0-2	■	1-2	2-3	1-3	0-2	0-0	1-0	4-0	0-5	0-1	2-1	2-3
Falkirk FC	2-3	2-1	1-0	0-2	2-1	2-2	1-0	■	1-2	1-4	1-1	0-4	3-0	3-2	0-1	1-1	2-0	2-2
Heart of Midlothian FC	0-0	4-0	1-1	1-3	0-4	2-1	4-0	4-1	■	4-2	1-1	1-1	4-1	0-1	1-2	3-3	5-1	4-1
Hibernian FC	2-0	2-1	1-1	0-4	2-3	0-0	5-2	2-2	1-1	■	0-2	3-1	2-1	5-2	0-1	4-1	1-0	3-0
Kilmarnock FC	2-0	4-1	4-0	1-1	2-0	0-3	4-1	9-2	3-1	2-1	■	5-2	3-0	2-1	1-1	4-1	2-0	2-0
Motherwell FC	0-1	3-0	0-4	2-2	0-3	1-1	4-1	3-0	0-1	4-3	2-0	■	2-1	0-0	3-3	1-3	3-0	1-1
Partick Thistle FC	1-1	1-0	2-2	2-0	1-0	0-1	3-2	4-1	2-1	2-1	2-0	0-0	■	6-1	0-3	2-1	2-1	0-1
Queen of the South FC	2-3	3-1	0-2	0-5	1-1	1-2	2-1	3-6	1-4	3-2	0-4	2-2	1-2	■	1-4	0-3	1-1	2-4
Rangers FC	0-0	4-1	2-1	2-1	2-0	2-1	3-1	4-0	0-3	5-0	2-0	5-1	4-3	2-0	■	2-3	2-3	2-1
St. Johnstone FC	3-1	0-1	1-1	1-6	2-2	3-2	3-0	5-0	1-4	0-4	0-2	1-1	2-3	2-3	1-0	■	2-1	0-1
St. Mirren FC	3-1	2-4	2-1	2-1	2-1	1-1	2-1	0-0	0-2	1-1	1-3	2-1	0-0	3-2	0-3	2-1	■	1-0
Third Lanark FC	1-2	1-2	1-1	1-2	2-2	0-1	1-2	3-7	0-2	1-0	1-2	3-1	3-2	1-1	0-5	4-2	4-2	■

	Division 1	Pd	Wn	Dw	Ls	GF	GA	Pts	
1.	RANGERS FC (GLASGOW)	34	25	5	4	85	31	55	
2.	Kilmarnock FC (Kilmarnock)	34	22	5	7	77	40	49	
3.	Celtic FC (Glasgow)	34	19	9	6	89	34	47	
4.	Heart of Midlothian FC (Edinburgh)	34	19	9	6	74	40	47	
5.	Dunfermline Athletic FC (Dunfermline)	34	18	9	7	64	33	45	
6.	Dundee FC (Dundee)	34	20	5	9	94	50	45	
7.	Partick Thistle FC (Glasgow)	34	15	5	14	55	54	35	
8.	Dundee United FC (Dundee)	34	13	8	13	65	49	34	
9.	Aberdeen FC (Aberdeen)	34	12	8	14	53	53	32	
10.	Hibernian FC (Edinburgh)	34	12	6	16	59	66	30	
11.	Motherwell FC (Motherwell)	34	9	11	14	51	62	29	
12.	St. Mirren FC (Paisley)	34	12	5	17	44	74	29	
13.	St. Johnstone FC (Perth)	34	11	6	17	54	70	28	
14.	Falkirk FC (Falkirk)	34	11	6	17	54	84	28	
15.	Airdrieonians FC (Airdrie)	34	11	4	19	52	97	26	
16.	Third Lanark FC (Glasgow)	34	9	7	18	47	74	25	
17.	Queen of the South FC (Dumfries)	34	5	6	23	40	92	16	R
18.	East Stirlingshire FC (Falkirk)	34	5	2	27	37	91	12	R*
		612	248	116	248	1094	1094	612	

Top goalscorer 1963-64

1) Alan GILZEAN   (Dundee FC)   32

* East Stirlingshire FC (Falkirk) merged with Clydebank Juniors FC (Clydebank) as East Stirlingshire Clydebank FC with home games being played alternately at Falkirk and Clydebank.

1963-1964 Scottish Football League Division 2	Albion Rovers	Alloa Athletic	Arbroath	Ayr United	Berwick Rangers	Brechin City	Clyde	Cowdenbeath	Dumbarton	East Fife	Forfar Athletic	Hamilton	Montrose	Morton	Queen's Park	Raith Rovers	Stenhousemuir	Stirling Albion	Stranraer
Albion Rovers FC		4-3	1-1	3-1	1-2	3-1	2-2	1-1	3-3	1-1	1-1	3-3	1-0	0-0	1-0	1-0	1-3	2-2	4-1
Alloa Athletic FC	2-2		0-2	5-1	1-2	4-2	1-4	0-0	2-1	2-3	6-1	2-0	2-4	0-3	1-2	0-6	1-2	4-2	4-0
Arbroath FC	4-0	3-0		0-1	2-2	3-1	0-0	2-0	4-0	2-3	5-1	2-0	2-4	1-2	2-1	8-1	2-6	3-0	2-0
Ayr United FC	4-3	0-2	1-2		5-1	1-0	0-2	0-1	1-0	1-1	2-1	1-4	2-5	1-3	1-3	1-1	3-2	4-1	0-2
Berwick Rangers FC	2-2	4-0	1-3	6-1		2-2	2-3	1-2	2-3	4-0	1-1	1-2	3-1	1-3	4-2	1-1	2-2	6-0	0-3
Brechin City FC	2-4	5-1	1-1	3-4	5-2		2-2	2-1	2-1	0-6	3-0	0-2	1-2	3-7	2-2	2-1	3-2	4-2	2-2
Clyde FC	3-2	0-1	2-0	6-0	3-1	5-0		2-1	4-2	1-3	5-2	1-0	2-0	1-2	1-0	3-3	2-2	0-0	1-1
Cowdenbeath FC	2-2	8-2	0-2	2-1	1-1	2-3	2-3		0-1	0-0	0-0	2-2	1-1	1-5	1-1	0-3	2-1	3-3	2-2
Dumbarton FC	0-2	2-1	1-0	3-2	1-1	1-1	0-1	8-0		1-3	3-1	2-0	2-1	0-2	1-4	4-0	3-2	5-2	4-1
East Fife FC	2-0	8-0	3-0	3-3	6-0	0-0	1-1	0-2	2-2		2-2	2-1	1-1	3-1	3-0	3-0	3-4	5-1	6-0
Forfar Athletic FC	3-0	3-3	1-2	3-3	3-3	2-4	0-5	2-1	0-2	5-4		1-2	2-8	4-6	2-2	0-1	4-3	2-0	0-1
Hamilton Academical FC	5-2	3-4	2-2	2-4	2-0	3-3	2-3	3-2	1-3	2-2	1-0		3-4	1-3	1-2	1-5	3-0	6-1	3-3
Montrose FC	3-4	4-1	1-3	4-2	1-1	4-0	1-2	4-1	2-1	3-0	5-0	2-0		0-2	2-1	1-0	2-2	4-1	2-1
Morton FC	3-1	2-2	2-2	2-0	7-1	8-1	3-0	2-0	5-1	6-1	6-1	8-0	2-0		4-0	4-2	7-2	5-1	4-0
Queen's Park FC	4-2	1-0	3-2	3-2	1-2	3-0	2-4	0-1	2-1	2-0	2-0	2-0	0-0	0-3		2-3	2-0	2-1	2-0
Raith Rovers FC	3-0	1-2	2-3	0-1	2-0	2-0	1-2	2-0	2-1	1-1	1-4	4-0	6-1	0-3	2-3		2-2	7-0	2-1
Stenhousemuir FC	1-2	2-1	0-4	1-2	8-2	4-0	1-3	5-1	0-1	3-3	4-2	2-0	0-1	4-5	1-0	1-0		3-1	4-0
Stirling Albion FC	2-1	2-2	0-1	2-2	1-2	5-1	1-1	2-1	1-1	2-5	2-1	2-3	1-1	1-2	2-1	3-0	0-2		0-2
Stranraer FC	1-5	3-2	3-2	1-0	3-2	4-0	3-1	3-2	2-2	3-3	5-2	1-2	4-0	1-3	0-2	0-3	5-2	5-0	

Division 2

		Pd	Wn	Dw	Ls	GF	GA	Pts	
1.	Morton FC (Greenock)	36	32	3	1	135	37	67	P
2.	Clyde FC (Glasgow)	36	22	9	5	81	44	53	P
3.	Arbroath FC (Arbroath)	36	20	6	10	79	46	46	
4.	East Fife FC (Methil)	36	16	13	7	92	57	45	
5.	Montrose FC (Montrose)	36	19	6	11	79	57	44	
6.	Dumbarton FC (Dumbarton)	36	16	6	14	67	59	38	
7.	Queen's Park FC (Glasgow)	36	17	4	15	57	54	38	
8.	Stranraer FC (Stranraer)	36	16	6	14	71	73	38	
9.	Albion Rovers FC (Coatbridge)	36	12	12	12	67	71	36	
10.	Raith Rovers FC (Kirkcaldy)	36	15	5	16	70	61	35	
11.	Stenhousemuir FC (Stenhousemuir)	36	15	5	16	83	75	35	
12.	Berwick Rangers FC (Berwick-upon-Tweed)	36	10	10	16	68	84	30	
13.	Hamilton Academical FC (Hamilton)	36	12	6	18	65	81	30	
14.	Ayr United FC (Ayr)	36	12	5	19	58	83	29	
15.	Brechin City FC (Brechin)	36	10	8	18	61	98	28	
16.	Alloa Athletic FC (Alloa)	36	11	5	20	64	92	27	
17.	Cowdenbeath FC (Cowdenbeath)	36	7	11	18	46	72	25	
18.	Forfar Athletic FC (Forfar)	36	6	8	22	57	104	20	
19.	Stirling Albion FC (Stirling)	36	6	8	22	47	99	20	
		684	274	136	274	1347	1347	684	

SCOTTISH CUP FINAL (Hampden Park, Glasgow – 25/04/1964 – 120,982)

RANGERS FC (GLASGOW)   3-1   Dundee FC (Dundee)
Millar 2, Brand   (H.T. 1-0)   *Cameron*

Rangers: Ritchie, Shearer, Provan, Greig, McKinnon, Baxter, Henderson, McLean, Millar, Brand, Wilson.
Dundee: Slater, Hamilton, Cox, Seith, Ryden, Stuart, Penman, Cousin, Cameron, Gilzean, Robertson.

Semi-finals (28/03/1963)

Kilmarnock FC (Kilmarnock)   0-4   Dundee FC (Dundee)
Rangers FC (Glasgow)   1-0   Dunfermline Athletic FC (Dunfermline)

1964-65 SEASON

1964-1965 Scottish Football League Division 1	Aberdeen	Airdrieonians	Celtic	Clyde	Dundee	Dundee United	Dunfermline	Falkirk	Hearts	Hibernian	Kilmarnock	Morton	Motherwell	Partick Thistle	Rangers	St. Johnstone	St. Mirren	Third Lanark
Aberdeen FC	■	5-2	1-3	0-3	1-1	1-0	2-2	2-1	0-3	1-1	1-1	2-1	0-1	5-1	2-0	5-5	2-1	3-1
Airdrieonians FC	2-4	■	0-6	3-5	2-2	3-3	3-4	2-2	1-2	0-1	2-1	0-2	0-3	0-5	0-4	1-2	5-1	2-1
Celtic FC	8-0	2-1	■	1-1	0-2	1-1	1-2	3-0	1-2	2-4	2-0	1-0	2-0	1-2	3-1	0-1	4-1	1-0
Clyde FC	4-0	4-3	1-1	■	1-0	2-0	1-0	6-1	2-5	1-3	1-2	1-0	1-1	4-1	0-3	4-1	1-1	1-0
Dundee FC	3-1	4-0	3-3	1-2	■	2-4	3-1	3-2	1-2	2-1	1-3	1-1	4-2	3-3	4-1	4-4	2-1	6-1
Dundee United FC	0-3	3-2	3-1	6-0	1-4	■	2-0	4-1	1-1	0-1	0-1	3-2	3-1	1-2	1-3	4-1	2-0	4-1
Dunfermline Athletic FC	2-0	3-1	5-1	7-2	3-3	0-1	■	5-1	3-2	1-0	1-0	6-0	3-0	2-0	3-1	1-1	2-1	8-0
Falkirk FC	0-1	4-1	6-2	0-0	4-2	0-0	0-4	■	2-2	0-1	0-1	0-2	1-1	2-2	0-5	3-2	2-0	3-0
Heart of Midlothian FC	6-3	8-1	4-2	3-0	1-7	3-1	1-1	5-2	■	0-1	0-2	4-1	2-0	1-0	1-1	4-1	0-0	3-1
Hibernian FC	4-2	5-1	0-4	4-3	2-2	3-4	1-0	6-0	3-5	■	1-2	2-1	2-0	2-1	1-0	2-0	1-1	5-0
Kilmarnock FC	2-1	2-0	5-2	2-1	1-4	4-2	1-0	2-0	3-1	4-3	■	3-0	1-1	0-0	1-1	0-0	4-0	3-1
Morton FC	1-1	5-0	3-3	0-0	3-2	2-0	2-0	4-0	2-3	3-2	5-1	■	0-2	0-3	1-3	3-1	0-0	4-0
Motherwell FC	2-2	1-2	1-3	0-1	2-1	1-1	1-3	1-0	1-3	0-2	0-2	4-1	■	0-2	1-3	2-2	4-0	3-3
Partick Thistle FC	2-1	3-1	2-4	0-3	4-4	0-0	1-2	4-1	1-3	4-2	1-0	1-1	1-2	■	1-1	2-2	1-2	0-1
Rangers FC	2-2	9-2	1-0	6-1	4-0	0-1	0-0	6-1	1-1	2-4	1-1	0-1	1-0	1-1	■	2-1	1-0	5-0
St. Johnstone FC	2-4	1-1	3-0	1-0	2-2	2-0	1-3	2-2	0-3	1-3	0-1	3-0	1-1	2-2	0-1	■	5-1	5-0
St. Mirren FC	4-0	3-0	1-5	2-3	0-2	2-1	1-4	3-0	2-1	0-0	0-2	1-1	1-4	4-1	0-7	1-0	■	2-1
Third Lanark FC	4-1	0-4	0-3	0-4	0-1	1-2	1-2	1-5	0-2	0-4	1-2	0-2	0-3	0-1	0-2	2-1	■	

	Division 1	Pd	Wn	Dw	Ls	GF	GA	Pts	
1.	KILMARNOCK FC (KILMARNOCK)	34	22	6	6	62	33	50	
2.	Heart of Midlothian FC (Edinburgh)	34	22	6	6	90	49	50	
3.	Dunfermline Athletic FC (Dunfermline)	34	22	5	7	83	36	49	
4.	Hibernian FC (Edinburgh)	34	21	4	9	75	47	46	
5.	Rangers FC (Glasgow)	34	18	8	8	78	35	44	
6.	Dundee FC (Dundee)	34	15	10	9	86	63	40	
7.	Clyde FC (Glasgow)	34	17	6	11	64	58	40	
8.	Celtic FC (Glasgow)	34	16	5	13	76	57	37	
9.	Dundee United FC (Dundee)	34	15	6	13	59	51	36	
10.	Morton FC (Greenock)	34	13	7	14	54	54	33	
11.	Partick Thistle FC (Glasgow)	34	11	10	13	57	58	32	
12.	Aberdeen FC (Aberdeen)	34	12	8	14	59	75	32	
13.	St. Johnstone FC (Perth)	34	9	11	14	57	62	29	
14.	Motherwell FC (Motherwell)	34	10	8	16	45	54	28	
15.	St. Mirren FC (Paisley)	34	9	6	19	38	70	24	
16.	Falkirk FC (Falkirk)	34	7	7	20	43	85	21	
17.	Airdrieonians FC (Airdrie)	34	5	4	25	48	110	14	R
18.	Third Lanark FC (Glasgow)	34	3	1	30	22	99	7	R
		612	247	118	247	1096	1096	612	

Top goalscorer 1964-65

1) James FORREST   (Rangers FC)   30

1964-1965 Scottish Football League Division 2	Albion Rovers	Alloa Athletic	Arbroath	Ayr United	Berwick Rangers	Brechin City	Cowdenbeath	Dumbarton	East Fife	East Stirling	Forfar Athletic	Hamilton	Montrose	Queen/South	Queen's Park	Raith Rovers	Stenhousemuir	Stirling Albion	Stranraer
Albion Rovers FC	■	2-3	0-0	2-0	2-1	4-2	0-3	0-3	2-2	3-1	3-1	3-1	3-0	1-2	1-2	3-0	1-1	3-1	5-0
Alloa Athletic FC	3-2	■	0-1	2-1	4-3	6-0	0-1	2-2	2-7	1-4	3-2	2-2	4-4	1-1	0-3	4-2	3-2	0-0	2-1
Arbroath FC	2-1	2-1	■	1-1	4-0	2-1	3-2	1-1	4-1	0-1	1-1	1-1	2-2	2-0	1-2	0-1	0-0	1-1	2-1
Ayr United FC	1-3	1-2	1-4	■	0-1	5-1	2-1	3-0	3-3	1-1	3-2	0-1	2-1	3-1	1-2	0-4	3-0	1-2	2-0
Berwick Rangers FC	3-0	2-4	4-1	3-0	■	5-1	4-1	3-2	2-2	2-1	1-2	1-4	2-2	1-1	1-1	2-3	2-1	0-3	0-1
Brechin City FC	0-1	2-3	4-3	2-2	2-3	■	1-1	1-1	4-1	0-1	2-3	3-6	2-2	3-3	1-4	3-3	1-0	1-3	0-7
Cowdenbeath FC	3-1	2-0	2-0	0-2	4-1	1-2	■	1-0	1-3	1-1	1-2	2-5	4-2	0-0	2-1	1-1	1-1	0-1	1-2
Dumbarton FC	2-1	3-1	1-1	2-1	4-4	1-3	3-0	■	5-0	3-0	1-3	0-4	6-2	1-3	0-0	2-1	0-1	0-1	4-1
East Fife FC	2-0	3-4	4-0	1-0	3-4	1-0	4-2	3-1	■	0-0	5-2	3-0	2-5	2-3	2-1	2-1	0-1	3-3	5-2
East Stirlingshire FC	2-1	2-2	3-1	0-0	2-1	6-1	3-3	3-0	1-2	■	3-2	1-2	5-0	1-1	1-2	2-2	1-0	1-2	3-1
Forfar Athletic FC	4-0	1-3	2-2	4-2	3-3	2-3	2-2	0-2	1-2	2-2	■	0-1	3-2	0-3	1-2	2-3	1-3	0-4	1-4
Hamilton Academical FC	2-2	3-3	0-3	1-0	0-1	2-1	1-1	5-0	4-3	5-0	3-0	■	5-1	3-3	0-2	2-2	4-0	1-4	2-2
Montrose FC	0-0	5-3	2-2	4-2	2-3	3-1	4-3	5-0	4-1	1-4	1-2	0-1	■	3-7	2-2	8-3	7-1	1-3	0-2
Queen of the South FC	2-1	2-1	2-3	4-3	1-1	5-1	1-1	4-0	3-2	1-0	2-2	1-2	6-1	■	4-0	1-1	7-1	1-1	5-1
Queen's Park FC	1-0	5-0	1-1	2-1	1-2	2-2	3-0	0-1	3-0	0-0	2-1	2-3	2-0	1-0	■	0-0	1-1	0-1	2-0
Raith Rovers FC	1-2	0-0	1-1	1-1	3-0	2-1	0-3	1-1	3-0	5-2	0-2	0-0	1-1	4-2	■	1-2	0-1	0-4	
Stenhousemuir FC	2-3	2-1	1-3	2-1	2-2	3-0	3-4	4-0	1-1	2-1	2-3	2-5	0-2	2-1	2-2	0-0	■	0-1	3-2
Stirling Albion FC	3-0	2-1	3-1	5-0	2-2	3-0	2-2	1-0	4-0	1-4	2-0	2-3	2-1	2-1	2-0	2-1	5-1	■	1-1
Stranraer FC	4-0	4-0	2-0	2-0	1-3	2-1	1-0	4-1	3-2	1-3	4-4	2-0	1-1	1-1	3-1	3-3	4-0	0-6	■

	Division 2	Pd	Wn	Dw	Ls	GF	GA	Pts	
1.	Stirling Albion FC (Stirling)	36	26	7	3	84	31	59	P
2.	Hamilton Academical FC (Hamilton)	36	21	8	7	86	53	50	P
3.	Queen of the South FC (Dumfries)	36	16	13	7	84	50	45	
4.	Queen's Park FC (Glasgow)	36	17	9	10	57	41	43	
5.	East Stirlingshire Clydebank FC (Falkirk/Clydebank)	36	15	10	11	64	50	40	*
6.	Stranraer FC (Stranraer)	36	17	6	13	74	64	40	
7.	Arbroath FC (Arbroath)	36	13	13	10	56	51	39	
8.	Berwick Rangers FC (Berwick-upon-Tweed)	36	15	9	12	73	70	39	
9.	East Fife FC (Methil)	36	15	7	14	78	77	37	
10.	Alloa Athletic FC (Alloa)	36	14	8	14	71	81	36	
11.	Albion Rovers FC (Coatbridge)	36	14	5	17	56	60	33	
12.	Cowdenbeath FC (Cowdenbeath)	36	11	10	15	55	62	32	
13.	Raith Rovers FC (Kirkcaldy)	36	9	14	13	54	61	32	
14.	Dumbarton FC (Dumbarton)	36	13	6	17	55	67	32	
15.	Stenhousemuir FC (Stenhousemuir)	36	11	8	17	49	74	30	
16.	Montrose FC (Montrose)	36	10	9	17	80	91	29	
17.	Forfar Athletic FC (Forfar)	36	9	7	20	63	89	25	
18.	Ayr United FC (Ayr)	36	9	6	21	49	67	24	
19.	Brechin City FC (Brechin)	36	6	7	23	53	102	19	
		684	261	162	261	1241	1241	684	

* East Stirlingshire Clydebank FC (Falkirk/Clydebank) split into East Stirlingshire FC (Falkirk) and Clydebank FC (Clydebank). Clydebank FC (Clydebank) were not initially elected to the League, but were elected to Division 2 in 1966.

SCOTTISH CUP FINAL (Hampden Park, Glasgow – 24/04/1965 – 108,800)

CELTIC FC (GLASGOW)	3-2	Dunfermline Athletic FC (Dunfermline)
Auld 2, McNeill	*(H.T. 1-2)*	*Melrose, McLaughlin*

Celtic: Fallon, Young, Gemmell, Murdoch, McNeill, Clark, Chalmers, Gallacher, Hughes, Lennox, Auld.
Dunfermline: Herriot, W.Callaghan, Lunn, Thomson, MacLean, T.Callaghan, Edwards, Smith, McLaughlan, Melrose, Sinclair.

Semi-finals (27/03/1965 – 31/03/1965)

Celtic FC (Glasgow)	2-2, 3-0	Motherwell FC (Motherwell)
Dunfermline Athletic FC (Dunfermline)	2-0	Hibernian FC (Edinburgh)

1965-66 SEASON

1965-1966 Scottish Football League Division 1	Aberdeen	Celtic	Clyde	Dundee	Dundee United	Dunfermline	Falkirk	Hamilton	Hearts	Hibernian	Kilmarnock	Morton	Motherwell	Partick Thistle	Rangers	St. Johnstone	St. Mirren	Stirling Albion
Aberdeen FC		3-1	2-0	2-3	0-0	2-2	2-0	5-2	0-1	1-3	1-0	5-3	1-2	2-1	1-2	2-3	4-1	2-2
Celtic FC	7-1		2-1	5-0	1-0	2-1	6-0	5-0	5-2	2-0	2-1	8-1	1-0	1-1	5-1	3-2	5-0	6-1
Clyde FC	2-2	1-3		0-2	4-1	6-1	3-2	4-1	0-1	1-2	1-4	2-0	1-3	3-1	2-2	3-2	0-1	0-1
Dundee FC	1-2	1-2	1-4		0-5	0-2	2-0	2-1	1-0	4-3	0-2	5-1	4-0	1-1	1-1	3-1	3-2	6-2
Dundee United FC	3-0	0-4	0-2	2-1		0-4	2-3	7-0	2-2	5-4	0-0	4-2	5-1	5-2	1-0	5-1	3-0	1-1
Dunfermline Athletic FC	2-3	0-2	6-4	2-2	2-4		6-1	1-0	1-1	3-2	1-0	2-1	6-1	4-3	1-2	5-1	5-1	5-1
Falkirk FC	3-0	3-4	0-1	3-1	1-4	0-3		0-0	0-1	3-2	3-2	3-2	2-0	2-0	3-2	2-1	2-3	2-0
Hamilton Academical FC	0-4	1-7	1-4	1-2	0-4	1-6	1-4		0-1	1-2	1-4	1-2	1-4	4-3	1-7	1-1	1-0	3-1
Heart of Midlothian FC	1-1	3-2	4-1	0-0	0-1	0-0	1-2	2-0		0-4	2-3	2-1	5-2	3-1	0-2	0-0	4-0	1-1
Hibernian FC	0-1	0-0	3-1	1-1	3-3	1-1	5-1	11-1	2-3		3-3	4-1	2-2	2-0	1-2	3-0	3-2	1-0
Kilmarnock FC	1-3	0-2	1-2	5-3	1-0	1-0	1-0	3-1	2-2	1-0		4-0	5-0	2-1	1-1	3-1	3-1	2-1
Morton FC	1-3	0-2	1-1	2-2	2-0	1-1	0-1	3-0	0-3	1-5	1-4		3-1	0-0	0-5	1-2	0-0	2-1
Motherwell FC	1-0	0-1	0-1	2-0	0-3	1-3	3-0	4-2	4-2	4-0	0-3	3-0		0-3	0-3	5-3	4-1	0-1
Partick Thistle FC	0-3	2-2	2-1	2-0	4-1	2-6	3-0	1-0	3-3	3-2	1-0	1-2	1-1		1-1	3-1	4-1	1-1
Rangers FC	1-0	2-1	4-0	1-0	2-0	2-3	3-0	4-0	1-1	2-0	5-0	3-1	2-1	4-0		3-2	4-1	6-0
St. Johnstone FC	2-2	1-4	3-3	1-0	1-2	1-5	2-1	5-0	3-2	1-3	1-1	4-2	3-3	2-2	0-3		3-2	1-1
St. Mirren FC	1-0	0-3	2-1	2-5	1-2	4-3	6-0	1-0	1-1	0-2	4-7	0-1	0-0	2-0	1-6	2-3		0-0
Stirling Albion FC	2-1	1-0	3-2	1-4	2-4	2-1	0-1	3-0	2-2	1-2	2-3	2-4	1-0	2-2	0-2	1-0	0-1	

	Division 1	Pd	Wn	Dw	Ls	GF	GA	Pts	
1.	CELTIC FC (GLASGOW)	34	27	3	4	106	30	57	
2.	Rangers FC (Glasgow)	34	25	5	4	91	29	55	
3.	Kilmarnock FC (Kilmarnock)	34	20	5	9	73	46	45	
4.	Dunfermline Athletic FC (Dunfermline)	34	19	6	9	94	55	44	
5.	Dundee United FC (Dundee)	34	19	5	10	79	51	43	
6.	Hibernian FC (Edinburgh)	34	16	6	12	81	55	38	
7.	Heart of Midlothian FC (Edinburgh)	34	13	12	9	56	48	38	
8.	Aberdeen FC (Aberdeen)	34	15	6	13	61	54	36	
9.	Dundee FC (Dundee)	34	14	6	14	61	61	34	
10.	Falkirk FC (Falkirk)	34	15	1	18	48	72	31	
11.	Clyde FC (Glasgow)	34	13	4	17	62	64	30	
12.	Partick Thistle FC (Glasgow)	34	10	10	14	55	64	30	
13.	Motherwell FC (Motherwell)	34	12	4	18	52	69	28	
14.	St. Johnstone FC (Perth)	34	9	8	17	58	81	26	
15.	Stirling Albion FC (Stirling)	34	9	8	17	40	68	26	
16.	St. Mirren FC (Paisley)	34	9	4	21	44	82	22	
17.	Morton FC (Greenock)	34	8	5	21	42	84	21	R
18.	Hamilton Academical FC (Hamilton)	34	3	2	29	27	117	8	R
		612	256	100	256	1130	1130	612	

Top goalscorers 1965-66

1) Alexander FERGUSON (Dunfermline Athletic FC) 31
   Joseph McBRIDE (Celtic FC) 31

1965-1966 Scottish Football League Division 2

	Airdrieonians	Albion Rovers	Alloa Athletic	Arbroath	Ayr United	Berwick Rangers	Brechin City	Cowdenbeath	Dumbarton	East Fife	East Stirling	Forfar Athletic	Montrose	Queen/South	Queen's Park	Raith Rovers	Stenhousemuir	Stranraer	Third Lanark
Airdrieonians FC		7-2	4-2	5-1	1-0	3-0	7-3	4-1	3-1	1-3	1-0	6-1	2-0	0-0	2-1	1-2	7-1	5-2	3-3
Albion Rovers FC	2-1		0-4	1-1	0-2	0-0	4-00	2-1	0-0	0-1	4-1	2-3	3-0	1-0	1-0	1-0	2-2	2-0	1-1
Alloa Athletic FC	3-0	1-3		2-2	2-1	3-3	0-2	1-2	1-0	0-2	1-0	4-0	2-3	2-1	1-0	1-2	1-1	3-3	3-0
Arbroath FC	2-2	2-2	2-2		1-1	2-1	1-1	0-2	2-0	2-1	2-1	5-0	3-1	3-3	6-2	3-1	4-1	3-1	5-2
Ayr United FC	1-1	2-0	2-2	2-1		4-2	1-0	1-0	2-0	2-0	5-2	4-1	2-2	1-2	2-0	2-2	3-0	2-2	2-0
Berwick Rangers FC	3-0	4-1	6-3	2-1	2-2		1-3	2-0	0-1	2-1	2-2	8-1	2-1	3-1	0-1	2-2	2-0	0-2	4-0
Brechin City FC	2-2	1-4	1-1	2-2	0-2	1-2		1-4	1-5	1-3	2-1	3-1	2-0	2-2	0-4	1-8	4-1	3-1	1-3
Cowdenbeath FC	3-0	1-2	0-3	2-1	3-1	3-1	2-1		1-2	3-3	2-2	2-1	3-1	0-0	2-2	0-0	0-1	4-1	3-3
Dumbarton FC	1-3	2-0	3-0	1-2	1-3	1-1	7-1	2-4		1-0	3-1	1-3	0-0	4-1	2-3	0-2	5-2	2-0	3-1
East Fife FC	6-3	1-2	3-1	0-0	2-1	3-2	3-1	1-3	6-1		2-1	2-0	3-0	3-1	3-1	1-1	3-1	2-1	1-0
East Stirlingshire FC	2-3	2-4	2-3	4-2	0-1	1-1	1-5	5-4	3-1	1-1		4-3	3-2	3-2	1-3	0-0	2-1	2-0	2-3
Forfar Athletic FC	2-3	1-2	2-3	2-3	1-4	3-2	1-2	2-3	2-2	4-1	4-2		3-0	1-2	3-3	1-1	0-2	2-4	1-2
Montrose FC	0-6	4-0	1-1	0-0	2-3	3-2	3-0	3-1	2-1	4-1	6-2	5-2		1-1	3-1	1-2	3-1	4-2	3-0
Queen of the South FC	2-1	1-0	2-0	2-2	2-2	2-1	4-2	4-4	3-3	4-3	6-0	4-1	1-1		3-0	1-2	5-1	4-1	4-1
Queen's Park FC	2-2	3-4	1-3	1-2	0-3	0-0	5-0	4-2	2-3	2-0	1-0	4-1	1-0	1-2		1-1	3-2	2-2	0-2
Raith Rovers FC	0-8	1-1	1-1	0-3	0-2	1-0	1-1	4-0	4-0	1-3	3-1	6-0	3-0	0-1	5-1		2-0	5-0	6-1
Stenhousemuir FC	0-3	0-1	2-3	1-0	0-4	2-2	0-1	2-3	1-1	1-2	3-2	5-7	1-4	1-5	1-4	1-1		4-1	2-0
Stranraer FC	2-5	2-3	1-1	0-0	1-5	3-3	5-1	4-1	1-1	2-1	4-1	5-0	2-2	1-3	1-1	2-1	2-2		2-1
Third Lanark FC	0-2	2-1	7-1	1-0	1-1	1-1	0-0	1-0	0-2	4-1	0-2	9-1	1-2	1-1	0-2	1-0	1-1	2-1	

Division 2

		Pd	Wn	Dw	Ls	GF	GA	Pts	
1.	Ayr United FC (Ayr)	36	22	9	5	78	37	53	P
2.	Airdrieonians FC (Airdrie)	36	22	6	8	107	56	50	P
3.	Queen of the South FC (Dumfries)	36	18	11	7	83	53	47	
4.	East Fife FC (Methil)	36	20	4	12	72	55	44	
5.	Raith Rovers FC (Kirkcaldy)	36	16	11	9	71	43	43	
6.	Arbroath FC (Arbroath)	36	15	13	8	72	52	43	
7.	Albion Rovers FC (Coatbridge)	36	18	7	11	58	54	43	
8.	Alloa Athletic FC (Alloa)	36	14	10	12	65	65	38	
9.	Montrose FC (Montrose)	36	15	7	14	67	63	37	
10.	Cowdenbeath FC (Cowdenbeath)	36	15	7	14	69	68	37	
11.	Berwick Rangers FC (Berwick-upon-Tweed)	36	12	11	13	69	58	35	
12.	Dumbarton FC (Dumbarton)	36	14	7	15	63	61	35	
13.	Queen's Park FC (Glasgow)	36	13	7	16	62	65	33	
14.	Third Lanark FC (Glasgow)	36	12	8	16	55	65	32	
15.	Stranraer FC (Stranraer)	36	9	10	17	64	83	28	
16.	Brechin City FC (Brechin)	36	10	7	19	52	92	27	
17.	East Stirlingshire FC (Falkirk)	36	9	5	22	59	91	23	
18.	Stenhousemuir FC (Stenhousemuir)	36	6	7	23	47	93	19	
19.	Forfar Athletic FC (Forfar)	36	7	3	26	61	120	17	
		684	267	150	267	1274	1274	684	

Clydebank FC (Clydebank) were elected to Division 2 which was extended to 20 clubs for the next season.

SCOTTISH CUP FINAL (Hampden Park, Glasgow – 23/04/1966 – 126,552)

RANGERS FC (GLASGOW)　　　　　　0-0　　　　　　　　　　Celtic FC (Glasgow)

Rangers: Ritchie, Johansen, Provan, Greig, McKinnon, Millar, Wilson, Watson, Forrest, Johnston, Henderson.
Celtic: Simpson, Young, Gemmell, Murdoch, McNeill, Clark, Johnstone, McBride, Chalmers, Gallagher, Hughes.

SCOTTISH CUP FINAL REPLAY (Hampden Park, Glasgow – 27/04/1966 – 98,202)

RANGERS FC (GLASGOW)　　　　　　1-0　　　　　　　　　　Celtic FC (Glasgow)
Johansen　　　　　　　　　　　　*(H.T. 0-0)*

Rangers: Ritchie, Johansen, Provan, Greig, McKinnon, Millar, Wilson, Watson, McLean, Johnston, Henderson.
Celtic: Simpson, Craig, Gemmell, Murdoch, McNeill, Clark, Johnstone, McBride, Chalmers, Auld, Hughes.

Semi-finals (26/03/1966 – 29/03/1966)

Aberdeen FC (Aberdeen)	0-0, 1-2	Rangers FC (Glasgow)
Celtic FC (Glasgow)	2-0	Dunfermline Athletic FC (Dunfermline)

1966-67 SEASON

1966-1967 Scottish Football League Division 1	Aberdeen	Airdrieonians	Ayr United	Celtic	Clyde	Dundee	Dundee United	Dunfermline	Falkirk	Hearts	Hibernian	Kilmarnock	Motherwell	Partick Thistle	Rangers	St. Johnstone	St. Mirren	Stirling Albion
Aberdeen FC	■	7-0	2-0	1-1	1-1	5-2	0-1	1-2	6-1	3-1	2-1	4-0	2-1	5-2	1-2	3-2	0-0	1-0
Airdrieonians FC	1-2	■	3-1	0-3	2-3	1-4	2-2	0-3	1-0	1-2	0-1	1-4	2-0	3-1	0-1	2-0	1-0	7-0
Ayr United FC	2-5	0-1	■	0-5	0-1	1-1	0-7	0-0	0-1	0-1	0-2	2-3	3-3	1-2	1-4	1-0	0-0	0-1
Celtic FC	0-0	3-0	5-1	■	5-1	5-1	2-3	3-2	5-0	3-0	2-0	2-0	4-2	6-2	2-0	6-1	1-1	7-3
Clyde FC	0-0	1-0	0-0	0-3	■	1-3	2-0	1-0	4-0	2-1	5-1	1-3	3-1	4-1	1-5	2-0	2-1	0-1
Dundee FC	2-1	0-0	3-0	1-2	3-4	■	2-3	3-1	4-1	1-1	2-1	1-1	3-0	0-0	1-1	4-0	2-0	2-0
Dundee United FC	1-3	3-1	4-0	3-2	4-3	1-4	■	2-4	4-4	2-0	1-3	1-1	1-1	2-2	2-3	1-0	2-2	2-0
Dunfermline Athletic FC	1-1	0-1	6-0	4-5	4-0	0-1	3-3	■	4-0	1-0	5-6	1-1	2-1	3-2	3-2	4-1	2-0	3-3
Falkirk FC	1-0	2-1	5-3	0-3	0-2	3-2	0-3	1-0	■	2-1	0-2	0-1	0-1	1-0	0-1	0-3	2-0	1-1
Heart of Midlothian FC	0-3	1-1	1-0	0-3	0-1	3-1	2-1	1-1	1-1	■	0-0	1-0	1-2	0-0	1-1	1-0	4-0	5-1
Hibernian FC	1-0	0-2	4-1	3-5	1-1	2-1	2-2	2-0	3-1	3-1	■	3-1	2-1	7-0	1-2	2-5	1-1	6-0
Kilmarnock FC	1-1	1-0	1-0	0-0	1-3	4-4	4-0	1-1	3-0	1-2	2-1	■	3-0	0-0	1-2	5-3	3-0	2-1
Motherwell FC	3-2	2-2	0-0	0-2	1-1	5-3	1-1	6-2	1-2	1-0	1-2	2-0	■	5-0	1-5	3-3	4-0	1-1
Partick Thistle FC	1-1	2-2	4-1	1-4	0-1	0-0	3-0	0-0	1-0	1-1	2-4	1-2	2-2	■	1-1	3-0	2-2	2-0
Rangers FC	3-0	3-0	4-0	2-2	1-1	2-2	3-1	0-1	5-0	5-1	1-0	3-0	5-1	6-1	■	4-3	3-0	4-0
St. Johnstone FC	1-0	1-0	3-0	0-4	2-4	0-3	2-0	3-3	2-1	3-2	1-2	1-3	1-1	3-5	1-1	■	3-0	4-1
St. Mirren FC	1-3	0-3	3-1	0-5	1-3	0-5	0-1	0-5	1-2	3-0	1-2	3-2	0-5	0-3	1-6	0-0	■	4-0
Stirling Albion FC	2-6	0-0	1-1	1-1	2-5	2-3	1-4	1-1	1-1	0-3	1-0	1-4	0-0	1-3	0-1	2-1	2-0	■

	Division 1	Pd	Wn	Dw	Ls	GF	GA	Pts	
1.	CELTIC FC (GLASGOW)	34	26	6	2	111	33	58	
2.	Rangers FC (Glasgow)	34	24	7	3	92	31	55	
3.	Clyde FC (Glasgow)	34	20	6	8	64	48	46	
4.	Aberdeen FC (Aberdeen)	34	17	8	9	72	38	42	
5.	Hibernian FC (Edinburgh)	34	19	4	11	72	49	42	
6.	Dundee FC (Dundee)	34	16	9	9	74	51	41	
7.	Kilmarnock FC (Kilmarnock)	34	16	8	10	59	46	40	
8.	Dunfermline Athletic FC (Dunfermline)	34	14	10	10	72	52	38	
9.	Dundee United FC (Dundee)	34	14	9	11	68	62	37	
10.	Motherwell FC (Motherwell)	34	10	11	13	59	60	31	
11.	Heart of Midlothian FC (Edinburgh)	34	11	8	15	39	48	30	
12.	Partick Thistle FC (Glasgow)	34	9	12	13	49	68	30	
13.	Airdrieonians FC (Airdrie)	34	11	6	17	41	53	28	
14.	Falkirk FC (Falkirk)	34	11	4	19	33	70	26	
15.	St. Johnstone FC (Perth)	34	10	5	19	53	73	25	
16.	Stirling Albion FC (Stirling)	34	5	9	20	31	85	19	
17.	St. Mirren FC (Paisley)	34	4	7	23	25	81	15	R
18.	Ayr United FC (Ayr)	34	1	7	26	20	86	9	R
		612	238	136	238	1084	1084	612	

Top goalscorer 1966-67

1) Stephen CHALMERS (Celtic FC) 21

1966-1967 Scottish Football League Division 2	Albion Rovers	Alloa Athletic	Arbroath	Berwick Rangers	Brechin City	Clydebank	Cowdenbeath	Dumbarton	East Fife	East Stirling	Forfar Athletic	Hamilton	Montrose	Morton	Queen/South	Queen's Park	Raith Rovers	Stenhousemuir	Stranraer	Third Lanark
Albion Rovers FC	■	0-2	0-4	2-3	4-2	0-2	0-0	2-2	5-1	5-1	1-0	1-0	4-1	0-1	2-0	1-0	1-1	4-1	1-1	1-0
Alloa Athletic FC	1-4	■	3-3	1-0	2-1	1-1	3-0	2-1	3-2	2-2	4-3	1-3	3-2	0-1	1-1	0-2	2-3	2-0	0-1	1-1
Arbroath FC	1-1	3-0	■	1-0	4-1	3-0	2-1	1-1	2-0	3-0	9-2	3-2	3-0	0-0	2-1	2-1	5-1	1-0	1-0	2-1
Berwick Rangers FC	2-1	2-1	3-1	■	3-0	1-1	2-0	0-1	4-1	2-1	6-0	0-1	1-1	1-4	1-1	0-2	2-0	6-0	3-1	2-0
Brechin City FC	2-3	4-1	1-2	2-1	■	3-1	1-2	0-0	2-3	1-1	2-1	1-2	4-2	0-4	1-5	3-3	1-2	4-5	5-1	3-3
Clydebank FC	3-5	0-2	0-3	2-4	4-2	■	2-3	1-3	2-3	3-1	3-0	0-4	0-4	0-1	3-3	4-2	3-2	2-3	4-0	0-2
Cowdenbeath FC	0-2	1-2	0-2	0-1	2-2	4-0	■	6-1	2-2	3-1	3-1	3-3	4-2	0-1	3-0	1-2	0-1	7-0	2-1	2-1
Dumbarton FC	3-0	1-2	1-1	3-1	0-2	2-2	2-2	■	0-3	4-1	1-2	1-3	2-0	0-1	1-1	4-0	2-3	3-1	1-0	5-1
East Fife FC	1-2	1-0	0-1	2-1	4-0	3-1	2-1	2-1	■	0-0	2-4	2-1	3-1	0-1	1-2	1-1	1-2	4-3	2-2	3-1
East Stirlingshire FC	2-0	2-1	1-0	1-1	3-1	1-5	2-3	4-0	0-4	■	2-4	1-4	0-0	1-2	2-2	0-0	1-2	1-3	0-5	1-0
Forfar Athletic FC	4-2	2-3	0-2	4-0	0-2	4-1	0-3	1-0	0-2	2-1	■	3-3	5-2	1-2	3-4	2-2	1-5	2-2	3-4	5-3
Hamilton Academical FC	2-1	4-3	0-2	1-1	0-0	0-0	1-0	4-2	3-0	3-1	3-0	■	2-1	1-2	1-0	3-3	1-3	0-0	0-2	1-1
Montrose FC	1-2	3-0	2-1	1-0	2-0	1-1	5-1	3-1	1-2	2-2	1-3	0-2	■	2-0	2-0	1-1	1-1	1-0	0-0	4-1
Morton FC	2-1	6-0	0-0	4-0	4-1	6-0	0-2	4-0	2-1	4-0	3-0	6-1	7-0	■	3-1	5-0	1-0	9-1	5-0	6-0
Queen of the South FC	7-4	2-1	2-3	1-1	6-0	2-0	0-1	2-3	2-3	0-2	2-1	4-2	6-2	2-5	■	1-2	2-0	2-2	1-0	3-1
Queen's Park FC	5-1	4-1	0-0	2-1	2-1	4-2	2-2	1-1	4-1	1-1	7-2	1-3	2-3	1-2	3-4	■	1-2	4-1	4-0	3-1
Raith Rovers FC	2-1	3-1	0-1	4-2	5-1	3-0	2-1	2-0	1-0	6-1	5-1	3-1	1-1	0-1	7-2	4-0	■	1-1	2-1	4-1
Stenhousemuir FC	0-0	1-2	3-0	2-1	3-0	4-4	1-1	1-1	2-3	6-3	0-5	5-3	1-3	1-4	2-6	1-2	0-4	■	3-2	0-2
Stranraer FC	0-2	2-1	2-1	2-4	2-1	2-2	2-3	2-1	0-3	3-0	3-1	0-4	4-1	1-3	1-1	2-1	1-2	2-2	■	2-2
Third Lanark FC	2-0	3-0	2-0	3-0	1-1	1-0	1-1	0-1	3-2	0-0	6-2	3-2	7-4	1-1	3-3	4-3	1-6	3-1	1-3	■

	Division 2	Pd	Wn	Dw	Ls	GF	GA	Pts	
1.	Morton FC (Greenock)	38	33	3	2	113	20	69	P
2.	Raith Rovers FC (Kirkcaldy)	38	27	4	7	95	44	58	P
3.	Arbroath FC (Arbroath)	38	25	7	6	75	32	57	
4.	Hamilton Academical FC (Hamilton)	38	18	8	12	74	60	44	
5.	East Fife FC (Methil)	38	19	4	15	70	63	42	
6.	Cowdenbeath FC (Cowdenbeath)	38	16	8	14	70	55	40	
7.	Queen's Park FC (Glasgow)	38	15	10	13	78	68	40	
8.	Albion Rovers FC (Coatbridge)	38	17	6	15	66	62	40	
9.	Queen of the South FC (Dumfries)	38	15	9	14	84	76	39	
10.	Berwick Rangers FC (Berwick-upon-Tweed)	38	16	6	16	63	55	38	
11.	Third Lanark FC (Glasgow)	38	13	8	17	67	78	34	#
12.	Montrose FC (Montrose)	38	13	8	17	63	77	34	
13.	Alloa Athletic FC (Alloa)	38	15	4	19	55	74	34	
14.	Dumbarton FC (Dumbarton)	38	12	9	17	56	64	33	
15.	Stranraer FC (Stranraer)	38	13	7	18	57	73	33	
16.	Forfar Athletic FC (Forfar)	38	12	3	23	74	106	27	
17.	Stenhousemuir FC (Stenhousemuir)	38	9	9	20	62	104	27	
18.	Clydebank FC (Clydebank)	38	8	8	22	44	87	24	
19.	East Stirlingshire FC (Falkirk)	38	7	10	21	58	93	23	
20.	Brechin City FC (Brechin)	38	8	7	23	58	93	23	
		760	311	138	311	1383	1383	760	

Third Lanark FC (Glasgow) resigned from the League due to financial problems. The club was later dissolved and as a result of this Division 2 was reduced to 19 clubs for the next season.

SCOTTISH CUP FINAL (Hampden Park, Glasgow – 29/04/1967 – 127,117)

CELTIC FC (GLASGOW) 2-0 Aberdeen FC (Aberdeen)
Wallace 2 *(H.T. 1-0)*

Celtic: Simpson, Craig, Gemmell, Murdoch, McNeill, Clark, Johnstone, Wallace, Chalmers, Auld, Lennox.
Aberdeen: Clark, Whyte, Shewan, Munro, McMillan, Peterson, Wilson, Smith, Storrie, Melrose, Johnston.

Semi-finals (01/04/1967 – 05/04/1967)

Aberdeen FC (Aberdeen) 1-0 Dundee United FC (Dundee)
Celtic FC (Glasgow) 0-0, 2-0 Clyde FC (Glasgow)

1967-68 SEASON

1967-1968 Scottish Football League Division 1	Aberdeen	Airdrieonians	Celtic	Clyde	Dundee	Dundee United	Dunfermline	Falkirk	Hearts	Hibernian	Kilmarnock	Morton	Motherwell	Partick Thistle	Raith Rovers	Rangers	St. Johnstone	Stirling Albion
Aberdeen FC	■	3-2	0-1	1-2	4-2	6-0	0-1	2-0	2-0	5-0	1-1	1-0	2-1	0-1	6-2	1-4	1-0	1-0
Airdrieonians FC	1-0	■	0-2	1-2	0-0	2-0	1-2	1-1	2-2	1-2	3-2	2-0	2-2	0-0	4-1	1-2	2-1	3-1
Celtic FC	4-1	4-0	■	3-0	5-2	1-1	3-2	3-0	3-1	4-0	3-0	2-1	4-2	4-1	5-0	2-2	1-1	2-0
Clyde FC	1-0	0-0	2-3	■	1-0	5-0	4-3	0-2	6-3	2-2	2-1	2-2	2-3	4-2	5-0	1-3	0-1	2-0
Dundee FC	0-2	6-2	4-5	3-0	■	2-2	4-0	1-1	1-0	1-4	6-5	0-3	2-1	3-4	4-0	2-4	1-4	4-2
Dundee United FC	2-3	1-0	0-5	2-1	0-0	■	1-4	3-2	2-1	2-2	3-2	3-2	1-1	2-2	3-3	0-0	2-2	9-0
Dunfermline Athletic FC	4-2	0-2	1-2	1-0	2-0	2-2	■	1-2	1-3	0-1	1-2	2-0	3-0	4-0	6-0	1-2	1-0	6-0
Falkirk FC	2-2	3-1	0-3	0-1	0-2	1-2	1-1	■	4-1	2-3	1-1	1-0	2-3	0-2	0-1	1-1	0-0
Heart of Midlothian FC	2-1	3-1	0-2	2-3	1-0	1-0	1-2	1-0	■	1-4	1-0	3-0	3-2	0-1	0-2	2-3	1-1	2-1
Hibernian FC	1-0	5-0	0-2	2-1	2-0	3-0	2-0	1-1	1-0	■	3-3	0-1	2-1	5-1	3-0	1-3	4-2	5-2
Kilmarnock FC	3-0	2-2	0-6	5-1	0-0	4-0	1-1	3-0	3-2	1-0	■	3-1	1-1	0-3	1-2	1-2	1-0	5-2
Morton FC	3-3	4-0	0-4	3-1	0-0	5-2	0-3	2-1	1-0	2-0	3-2	■	2-1	2-0	3-3	3-3	0-2	2-0
Motherwell FC	0-3	1-2	0-1	0-1	2-4	1-3	1-1	1-1	2-5	0-1	1-2	2-1	■	2-1	2-2	0-2	2-1	3-1
Partick Thistle FC	2-2	3-1	1-5	2-0	1-1	1-0	1-2	2-2	3-3	1-2	1-0	0-1	2-2	■	3-0	0-2	0-4	2-1
Raith Rovers FC	3-1	1-1	0-2	1-1	0-2	0-1	1-2	2-4	2-2	1-2	3-1	3-1	2-3	■	2-3	3-2	7-1
Rangers FC	2-3	2-1	1-0	1-0	2-0	4-1	0-0	2-0	1-1	2-0	4-1	1-0	2-0	5-2	10-2	■	6-2	5-0
St. Johnstone FC	1-1	0-0	1-6	0-2	0-2	2-1	0-1	3-2	2-3	0-1	1-2	1-0	2-1	1-0	2-3	■	3-0
Stirling Albion FC	0-3	0-4	0-4	3-0	0-3	2-2	2-1	1-2	1-4	4-1	0-0	0-6	1-2	2-1	0-7	2-4	0-0	■

	Division 1	Pd	Wn	Dw	Ls	GF	GA	Pts
1.	CELTIC FC (GLASGOW)	34	30	3	1	106	24	63
2.	Rangers FC (Glasgow)	34	28	5	1	93	34	61
3.	Hibernian FC (Edinburgh)	34	20	5	9	67	49	45
4.	Dunfermline Athletic FC (Dunfermline)	34	17	5	12	64	41	39
5.	Aberdeen FC (Aberdeen)	34	16	5	13	63	48	37
6.	Morton FC (Greenock)	34	15	6	13	57	53	36
7.	Kilmarnock FC (Kilmarnock)	34	13	8	13	59	57	34
8.	Clyde FC (Glasgow)	34	15	4	15	55	55	34
9.	Dundee FC (Dundee)	34	13	7	14	62	59	33
10.	Partick Thistle FC (Glasgow)	34	12	7	15	51	67	31
11.	Dundee United FC (Dundee)	34	10	11	13	53	72	31
12.	Heart of Midlothian FC (Edinburgh)	34	13	4	17	56	61	30
13.	Airdrieonians FC (Airdrie)	34	10	9	15	45	58	29
14.	St. Johnstone FC (Perth)	34	10	7	17	43	52	27
15.	Falkirk FC (Falkirk)	34	7	12	15	36	50	26
16.	Raith Rovers FC (Kirkcaldy)	34	9	7	18	58	86	25
17.	Motherwell FC (Motherwell)	34	6	7	21	40	66	19 R
18.	Stirling Albion FC (Stirling)	34	4	4	26	29	105	12 R
		612	248	116	248	1037	1037	612

Top goalscorer 1967-68

1) Robert LENNOX   (Celtic FC)   32

1967-1968 Scottish Football League Division 2

	Albion Rovers	Alloa Athletic	Arbroath	Ayr United	Berwick Rangers	Brechin City	Clydebank	Cowdenbeath	Dumbarton	East Fife	East Stirling	Forfar Athletic	Hamilton	Montrose	Queen/South	Queen's Park	St. Mirren	Stenhousemuir	Stranraer
Albion Rovers FC		2-0	1-1	0-2	5-2	3-1	0-0	0-2	3-1	1-2	3-2	4-1	2-0	2-0	3-0	3-5	0-5	6-0	3-0
Alloa Athletic FC	1-1		0-2	1-3	1-5	3-1	0-1	1-1	2-0	3-1	2-0	3-2	0-2	2-1	2-1	0-1	0-1	4-3	4-1
Arbroath FC	1-0	3-2		2-0	1-0	8-1	4-0	3-0	4-0	6-3	5-0	0-4	4-0	1-1	1-0	2-0	1-1	8-0	1-0
Ayr United FC	5-2	2-1	3-1		1-0	0-0	3-1	1-0	3-0	2-0	4-0	1-2	1-0	4-0	2-3	1-3	0-3	3-0	5-2
Berwick Rangers FC	0-1	0-1	0-2	1-0		1-0	1-1	2-0	2-1	0-1	2-1	2-1	1-1	0-2	0-1	0-3	1-3	2-0	2-1
Brechin City FC	2-0	1-1	1-2	5-1	0-1		2-4	1-1	0-4	1-2	4-1	2-1	2-2	0-0	1-0	1-1	0-4	2-2	1-2
Clydebank FC	2-2	4-1	2-3	2-2	1-0	2-2		2-0	2-1	3-1	5-5	2-3	3-2	0-2	2-4	2-0	0-2	2-0	5-1
Cowdenbeath FC	2-3	1-0	0-3	0-3	2-0	2-2	0-2		6-2	1-2	4-3	2-0	2-1	4-2	0-0	1-3	1-2	3-0	2-0
Dumbarton FC	1-0	3-0	3-4	1-1	0-0	2-0	5-4	2-2		1-1	2-0	3-6	0-1	2-0	1-1	0-2	0-4	1-1	4-0
East Fife FC	1-0	4-1	2-0	1-0	2-1	3-0	6-0	3-3	3-3		6-0	3-1	0-0	2-2	2-1	2-2	2-1	3-0	2-1
East Stirlingshire FC	2-2	3-0	1-2	2-0	4-0	0-0	0-2	1-1	2-2	1-2		2-1	1-4	4-0	2-2	2-3	1-1	5-0	2-2
Forfar Athletic FC	2-1	1-1	1-0	2-1	1-1	1-1	2-2	2-0	3-3	1-1	2-1		3-2	1-1	0-3	2-2	0-5	0-1	1-1
Hamilton Academical FC	1-2	0-0	1-0	0-4	1-2	1-3	1-0	2-1	3-3	0-1	1-0	2-1		2-2	2-1	1-1	1-3	1-0	3-0
Montrose FC	3-0	1-2	2-2	2-2	3-0	1-0	3-2	2-1	1-3	2-0	1-1	1-2	3-5		1-1	2-3	0-0	4-1	1-2
Queen of the South FC	1-0	4-1	1-0	4-0	4-1	0-3	5-0	3-5	5-2	2-1	2-4	1-2	4-1	4-4		1-3	1-1	1-2	4-0
Queen's Park FC	2-2	3-1	2-1	1-1	4-0	1-1	4-0	4-1	2-3	3-0	4-5	0-0	2-1	1-2	3-0		1-4	2-0	2-1
St. Mirren FC	2-2	6-1	1-1	3-3	4-0	3-0	3-0	2-2	4-0	2-0	1-0	7-0	3-1	2-0	2-1	1-0		7-1	2-0
Stenhousemuir FC	1-1	1-1	0-3	1-5	0-1	1-4	2-1	1-3	1-1	2-3	1-1	0-3	2-1	3-1	1-3	1-0	2-4		3-1
Stranraer FC	2-2	3-0	1-5	2-0	0-3	1-0	1-1	2-1	1-3	1-3	1-2	1-2	3-1	2-4	2-3	0-1	2-0	

Division 2

		Pd	Wn	Dw	Ls	GF	GA	Pts	
1.	St. Mirren FC (Paisley)	36	27	8	1	100	23	62	P
2.	Arbroath FC (Arbroath)	36	24	5	7	87	34	53	P
3.	East Fife FC (Methil)	36	21	7	8	71	47	49	
4.	Queen's Park FC (Glasgow)	36	20	8	8	76	47	48	
5.	Ayr United FC (Ayr)	36	18	6	12	69	48	42	
6.	Queen of the South FC (Dumfries)	36	16	6	14	73	57	38	
7.	Forfar Athletic FC (Forfar)	36	14	10	12	57	63	38	
8.	Albion Rovers FC (Coatbridge)	36	14	9	13	62	55	37	
9.	Clydebank FC (Clydebank)	36	13	8	15	62	73	34	
10.	Dumbarton FC (Dumbarton)	36	11	11	14	63	74	33	
11.	Hamilton Academical FC (Hamilton)	36	13	7	16	49	58	33	
12.	Cowdenbeath FC (Cowdenbeath)	36	12	8	16	57	62	32	
13.	Montrose FC (Montrose)	36	10	11	15	54	64	31	
14.	Berwick Rangers FC (Berwick-upon-Tweed)	36	13	4	19	34	54	30	
15.	East Stirlingshire FC (Falkirk)	36	9	10	17	61	74	28	
16.	Brechin City FC (Brechin)	36	8	12	16	45	62	28	
17.	Alloa Athletic FC (Alloa)	36	11	6	19	42	69	28	
18.	Stranraer FC (Stranraer)	36	8	4	24	41	80	20	
19.	Stenhousemuir FC (Stenhousemuir)	36	7	6	23	34	93	20	
		684	269	146	269	1137	1137	684	

SCOTTISH CUP FINAL (Hampden Park, Glasgow – 27/04/1968 – 56,366)

DUNFERMLINE ATHLETIC FC   3-1   Heart of Midlothian FC (Edinburgh)
Gardner 2, Lister pen.   *(H.T 0-0)*   *Lunn o.g.*

Dunfermline: Martin, W. Callaghan, Lunn, McGarty, Barry, T. Callaghan, Lister, Paton, Gardner, Robertson, Edwards.

Hearts: Cruickshank, Sneddon, Mann, Anderson, Thomson, Miller, Jensen (Moller), Townsend, Ford, Irvine, Traynor.

Semi-finals (30/03/1968 – 03/04/1968)

Dunfermline Athletic FC (Dunfermline)	1-1, 1-2 (aet)	St. Johnstone FC (Perth)
Heart of Midlothian FC (Edinburgh)	1-1, 2-1 (aet)	Morton FC (Greenock)

1968-69 SEASON

1968-1969 Scottish Football League Division 1	Aberdeen	Airdrieonians	Arbroath	Celtic	Clyde	Dundee	Dundee United	Dunfermline	Falkirk	Hearts	Hibernian	Kilmarnock	Morton	Partick Thistle	Raith Rovers	Rangers	St. Johnstone	St. Mirren
Aberdeen FC		3-1	2-2	1-3	0-1	0-0	0-1	2-2	2-0	1-2	2-6	0-1	6-3	1-1	2-1	0-0	2-0	2-0
Airdrieonians FC	2-0		2-0	0-0	1-0	0-3	1-0	2-2	1-1	2-1	3-1	0-2	2-2	2-1	2-0	3-2	3-0	1-1
Arbroath FC	2-1	0-2		0-5	1-1	1-2	3-1	0-1	3-0	2-3	3-4	1-2	3-1	2-2	0-1	1-5	1-2	1-1
Celtic FC	2-1	2-2	7-1		5-0	3-1	2-0	3-1	5-2	5-0	1-1	1-1	2-4	1-0	2-0	2-4	2-1	5-0
Clyde FC	1-1	1-0	3-1	0-3		0-0	2-2	3-0	2-0	0-1	1-1	2-1	0-0	1-2	3-2	1-1	0-3	0-0
Dundee FC	4-4	1-1	3-0	1-2	2-3		1-2	1-0	0-0	3-1	0-0	0-0	0-2	1-1	2-2	3-2	2-3	0-0
Dundee United FC	1-4	2-1	4-2	1-3	1-0	3-1		2-2	2-1	4-2	3-0	2-2	2-0	2-1	3-1	2-1	4-2	2-2
Dunfermline Athletic FC	5-1	1-0	2-0	1-1	2-1	2-0	2-2		2-0	4-2	1-1	1-1	5-3	2-0	3-2	0-3	3-1	6-2
Falkirk FC	1-0	2-1	2-2	0-0	3-3	0-1	2-2	0-1		1-3	0-1	1-1	4-1	2-2	1-3	0-3	2-1	0-2
Heart of Midlothian FC	3-2	1-1	2-2	0-1	2-3	2-2	1-0	3-1	2-1		0-0	0-1	2-2	2-0	1-0	1-1	2-2	2-1
Hibernian FC	1-1	5-1	1-2	2-5	2-1	1-3	1-1	3-1	3-2	1-3		1-0	5-0	1-2	3-0	1-2	4-0	3-0
Kilmarnock FC	2-1	2-1	1-0	2-2	0-0	1-0	3-0	0-1	5-1	1-0	2-1		1-0	1-1	4-4	3-3	2-0	0-0
Morton FC	1-0	1-1	5-1	1-1	1-1	2-1	1-2	0-2	2-0	0-2	4-3	3-2		3-3	3-2	0-2	4-4	3-0
Partick Thistle FC	1-0	1-1	2-1	0-4	4-0	0-4	0-0	1-2	5-1	2-1	0-2	2-1	2-1		2-1	0-2	1-1	0-2
Raith Rovers FC	3-2	1-2	3-1	1-3	1-1	4-0	1-2	0-3	3-1	0-3	2-0	0-0	0-1	3-0		0-3	1-5	0-2
Rangers FC	2-3	1-1	2-0	1-0	6-0	1-1	2-1	3-0	2-1	2-0	6-1	3-3	3-0	2-0	2-1		3-0	6-0
St. Johnstone FC	3-1	3-1	5-1	2-3	0-0	3-1	1-4	2-1	4-0	2-1	1-0	2-3	2-2	3-0	2-0			2-3
St. Mirren FC	1-2	1-2	2-1	0-3	1-0	2-3	1-1	1-2	3-0	1-1	3-0	1-1	2-1	1-0	2-2	1-0	1-2	

	Division 1	Pd	Wn	Dw	Ls	GF	GA	Pts	
1.	CELTIC FC (GLASGOW)	34	23	8	3	89	32	54	
2.	Rangers FC (Glasgow)	34	21	7	6	81	32	49	
3.	Dunfermline Athletic FC (Dunfermline)	34	19	7	8	63	45	45	
4.	Kilmarnock FC (Kilmarnock)	34	15	14	5	50	32	44	
5.	Dundee United FC (Dundee)	34	17	9	8	61	49	43	
6.	St. Johnstone FC (Perth)	34	16	5	13	66	59	37	
7.	Airdrieonians FC (Airdrie)	34	13	11	10	46	44	37	
8.	Heart of Midlothian FC (Edinburgh)	34	14	8	12	52	54	36	
9.	Dundee FC (Dundee)	34	10	12	12	47	48	32	
10.	Morton FC (Greenock)	34	12	8	14	58	68	32	
11.	St. Mirren FC (Paisley)	34	11	10	13	40	54	32	
12.	Hibernian FC (Edinburgh)	34	12	7	15	60	59	31	
13.	Clyde FC (Glasgow)	34	9	13	12	35	50	31	
14.	Partick Thistle FC (Glasgow)	34	9	10	15	39	53	28	
15.	Aberdeen FC (Aberdeen)	34	9	8	17	50	59	26	
16.	Raith Rovers FC (Kirkcaldy)	34	8	5	21	45	67	21	
17.	Falkirk FC (Falkirk)	34	5	8	21	33	69	18	R
18.	Arbroath FC (Arbroath)	34	5	6	23	41	82	16	R
		612	228	156	228	956	956	612	

Top goalscorer 1968-69

1) Kenneth CAMERON   (Dundee United FC)   26

1968-1969 Scottish Football League Division 2	Albion Rovers	Alloa Athletic	Ayr United	Berwick Rangers	Brechin City	Clydebank	Cowdenbeath	Dumbarton	East Fife	East Stirling	Forfar Athletic	Hamilton	Montrose	Motherwell	Queen/South	Queen's Park	Stenhousemuir	Stirling Albion	Stranraer
Albion Rovers FC	■	2-0	0-1	2-1	2-1	3-1	1-0	1-2	4-1	2-1	2-1	5-0	5-4	0-1	1-0	0-0	4-2	2-1	1-1
Alloa Athletic FC	1-2	■	1-2	1-0	2-0	3-3	0-1	0-1	1-2	2-0	0-3	3-1	1-2	0-2	1-2	2-2	4-4	1-2	0-2
Ayr United FC	3-0	3-0	■	2-0	6-1	0-0	4-0	4-0	2-1	6-1	4-1	1-0	4-0	1-1	2-2	1-5	7-1	1-2	3-0
Berwick Rangers FC	0-0	3-2	1-1	■	0-0	5-0	0-4	2-0	2-0	3-0	0-0	0-0	3-1	1-3	0-1	1-1	2-4	0-1	1-5
Brechin City FC	1-4	1-3	0-3	2-1	■	3-1	5-1	1-0	0-3	1-2	0-3	0-2	2-1	0-0	1-1	4-1	4-4	0-2	0-1
Clydebank FC	2-0	0-2	0-1	1-1	0-0	■	1-1	0-1	1-4	0-4	3-0	5-0	5-0	0-4	3-3	1-3	2-2	2-2	2-2
Cowdenbeath FC	0-2	2-3	1-1	1-1	3-0	3-3	■	3-1	0-4	1-3	1-3	1-2	2-3	0-5	1-2	3-2	6-0	0-1	4-1
Dumbarton FC	3-1	4-1	0-3	3-1	2-1	3-3	0-3	■	1-1	4-1	2-3	1-0	1-2	2-4	0-2	0-2	5-1	1-3	1-3
East Fife FC	2-0	5-0	1-0	4-1	6-1	1-1	1-0	1-1	■	4-2	1-2	5-0	6-1	3-1	1-1	0-0	5-0	3-2	2-1
East Stirlingshire FC	1-0	5-1	2-1	7-3	0-1	1-0	1-0	4-1	3-0	■	2-4	1-0	5-1	0-4	0-1	2-1	6-0	0-1	2-2
Forfar Athletic FC	4-1	1-1	0-1	3-3	3-3	1-0	1-3	2-0	3-2	2-4	■	1-1	3-1	1-0	1-2	9-1	3-2	3-1
Hamilton Academical FC	3-5	3-2	2-2	2-0	2-1	1-2	2-2	0-0	0-1	0-1	1-3	■	4-4	0-1	0-3	0-2	2-1	1-1	1-3
Montrose FC	1-3	2-1	0-2	1-0	6-1	5-3	3-0	2-0	3-1	2-2	0-0	1-2	■	0-2	1-0	3-1	3-0	0-2	2-0
Motherwell FC	7-0	4-0	4-1	7-1	2-0	2-1	4-1	1-1	4-0	4-0	3-1	2-1	4-1	■	2-2	5-1	7-1	3-0	3-0
Queen of the South FC	3-0	3-0	3-2	1-0	1-2	1-1	4-0	4-1	4-2	3-3	5-0	1-2	1-0	1-2	■	3-1	5-1	0-1	0-2
Queen's Park FC	1-1	4-0	0-3	3-1	2-1	2-4	0-1	2-0	0-2	3-2	2-2	1-0	1-0	1-2	0-4	■	2-0	0-2	1-1
Stenhousemuir FC	2-3	4-4	1-2	1-3	2-1	0-0	1-3	3-2	1-4	0-2	1-2	3-1	2-2	1-6	3-4	2-1	■	2-0	1-2
Stirling Albion FC	1-1	1-1	0-0	3-1	3-0	2-0	2-1	3-0	1-2	1-1	2-1	7-1	2-0	0-4	2-3	3-0	5-1	■	3-2
Stranraer FC	3-0	1-1	0-2	2-0	3-1	1-1	0-1	1-2	1-1	3-0	1-0	1-0	0-1	0-2	2-0	2-0	5-2	2-1	■

	Division 2	Pd	Wn	Dw	Ls	GF	GA	Pts	
1.	Motherwell FC (Motherwell)	36	30	4	2	112	23	64	P
2.	Ayr United FC (Ayr)	36	23	7	6	82	31	53	P
3.	East Fife FC (Methil)	36	21	6	9	82	45	48	
4.	Stirling Albion FC (Stirling)	36	21	6	9	67	40	48	
5.	Queen of the South FC (Dumfries)	36	20	7	9	75	41	47	
6.	Forfar Athletic FC (Forfar)	36	18	7	11	71	56	43	
7.	Albion Rovers FC (Coatbridge)	36	19	5	12	60	56	43	
8.	Stranraer FC (Stranraer)	36	17	7	12	57	45	41	
9.	East Stirlingshire FC (Falkirk)	36	17	5	14	70	62	39	
10.	Montrose FC (Montrose)	36	15	4	17	59	71	34	
11.	Queen's Park FC (Glasgow)	36	13	7	16	50	59	33	
12.	Cowdenbeath FC (Cowdenbeath)	36	12	5	19	54	67	29	
13.	Clydebank FC (Clydebank)	36	6	15	15	52	67	27	
14.	Dumbarton FC (Dumbarton)	36	11	5	20	46	69	27	
15.	Hamilton Academical FC (Hamilton)	36	8	8	20	37	72	24	
16.	Berwick Rangers FC (Berwick-upon-Tweed)	36	7	9	20	42	70	23	
17.	Brechin City FC (Brechin)	36	8	6	22	40	78	22	
18.	Alloa Athletic FC (Alloa)	36	7	7	22	45	79	21	
19.	Stenhousemuir FC (Stenhousemuir)	36	6	6	24	55	125	18	
		684	279	126	279	1156	1156	684	

From the next season "goal-difference" replaced "goal-average" to separate teams which were level on points.

SCOTTISH CUP FINAL   (Hampden Park, Glasgow – 26/04/1969 – 132,870)

CELTIC FC (GLASGOW)	4-0	Rangers FC (Glasgow)
McNeill, Lennox, Connelly, Chalmers	*(H.T. 3-0)*	

Celtic: Fallon, Craig, Gemmell, Murdoch, McNeill, Brogan (Clark), Connelly, Chalmers, Wallace, Lennox, Auld.
Rangers: Martin, Johansen, Mathieson, Greig, McKinnon, Smith, Henderson, Penman, Ferguson, Johnston, Persson.

Semi-finals   (22/03/1969)

Celtic FC (Glasgow)	4-1	Morton FC (Greenock)
Rangers FC (Glasgow)	6-1	Aberdeen FC (Aberdeen)

1969-70 SEASON

1969-1970 Scottish Football League Division 1	Aberdeen	Airdrieonians	Ayr United	Celtic	Clyde	Dundee	Dundee United	Dunfermline	Hearts	Hibernian	Kilmarnock	Morton	Motherwell	Partick Thistle	Raith Rovers	Rangers	St. Johnstone	St. Mirren
Aberdeen FC	■	0-1	1-0	2-3	6-0	1-1	0-0	2-0	0-1	0-2	2-2	2-2	4-1	2-1	5-1	2-3	0-0	1-1
Airdrieonians FC	3-4	■	0-0	0-2	4-4	0-1	6-3	3-0	1-2	3-2	1-0	1-1	1-0	2-3	3-0	1-3	3-1	1-0
Ayr United FC	1-2	1-3	■	2-4	1-0	3-2	2-3	1-0	0-0	3-0	3-2	1-0	1-0	2-1	2-1	2-1	0-0	1-1
Celtic FC	1-2	4-2	3-0	■	2-1	1-0	7-2	3-1	0-2	1-2	3-1	4-0	6-1	8-1	7-1	0-0	2-2	2-0
Clyde FC	2-1	1-2	0-1	0-2	■	1-1	2-2	2-1	2-1	1-0	2-3	0-0	0-2	2-1	1-1	1-0	3-0	1-0
Dundee FC	2-0	4-2	1-0	1-2	3-0	■	1-2	1-1	2-0	1-0	3-0	2-1	1-3	4-1	0-0	2-1	0-2	1-0
Dundee United FC	2-0	5-2	3-1	0-2	3-1	4-1	■	1-3	2-3	0-1	2-2	5-4	0-0	1-0	4-2	0-0	1-0	3-1
Dunfermline Athletic FC	2-1	4-2	0-0	2-1	1-0	3-2	2-3	■	1-0	1-2	2-1	1-2	2-1	1-1	3-0	2-1	3-0	2-0
Heart of Midlothian FC	2-2	5-0	3-0	0-0	1-1	1-3	2-2	2-0	■	0-2	4-1	0-1	2-2	1-1	3-2	1-2	0-0	1-0
Hibernian FC	1-2	3-1	4-3	1-2	1-0	4-1	3-1	3-0	0-0	■	2-1	1-0	1-1	5-1	3-1	2-2	4-1	2-0
Kilmarnock FC	0-2	1-0	4-1	2-4	2-1	3-0	3-1	1-0	0-0	2-2	■	5-2	2-2	4-2	1-0	2-2	4-1	1-1
Morton FC	3-2	3-3	1-0	0-3	1-0	0-1	6-0	3-1	2-3	1-1	1-1	■	1-0	4-1	2-1	22-	1-1	2-1
Motherwell FC	0-2	2-2	3-0	1-2	1-0	1-1	0-2	0-0	0-2	2-1	1-0	1-0	■	3-1	1-2	2-2	4-1	3-0
Partick Thistle FC	0-3	1-3	1-3	1-5	1-2	1-0	1-2	1-2	1-0	3-1	2-2	1-2	2-2	■	1-1	1-2	4-3	0-0
Raith Rovers FC	0-1	1-0	1-1	0-2	1-1	0-0	0-1	1-0	0-3	0-3	2-3	2-1	2-2	1-1	■	2-1	1-0	1-3
Rangers FC	2-0	1-1	3-0	0-1	3-0	3-1	2-1	2-0	3-2	1-3	5-3	0-2	2-1	3-1	3-0	■	3-1	2-0
St. Johnstone FC	3-1	1-1	2-0	1-4	3-2	1-4	1-0	1-0	3-3	1-0	1-1	4-0	4-3	5-2	1-1	1-3	■	2-3
St. Mirren FC	2-0	1-1	2-1	2-3	4-0	2-1	3-1	1-3	0-0	3-3	0-2	1-1	2-3	1-0	3-3	0-4	1-2	■

	Division 1	Pd	Wn	Dw	Ls	GF	GA	Pts	
1.	CELTIC FC (GLASGOW)	34	27	3	4	96	33	57	
2.	Rangers FC (Glasgow)	34	19	7	8	67	40	45	
3.	Hibernian FC (Edinburgh)	34	19	6	9	65	40	44	
4.	Heart of Midlothian FC (Edinburgh)	34	13	12	9	50	36	38	
5.	Dundee United FC (Dundee)	34	16	6	12	62	64	38	
6.	Dundee FC (Dundee)	34	15	6	13	49	44	36	
7.	Kilmarnock FC (Kilmarnock)	34	13	10	11	62	57	36	
8.	Aberdeen FC (Aberdeen)	34	14	7	13	55	45	35	
9.	Dunfermline Athletic FC (Dunfermline)	34	15	5	14	45	45	35	
10.	Morton FC (Greenock)	34	13	9	12	52	52	35	
11.	Motherwell FC (Motherwell)	34	11	10	13	49	51	32	
12.	Airdrieonians FC (Airdrie)	34	12	8	14	59	64	32	
13.	St. Johnstone FC (Perth)	34	11	9	14	50	62	31	
14.	Ayr United FC (Ayr)	34	12	6	16	37	52	30	
15.	St. Mirren FC (Paisley)	34	8	9	17	39	54	25	
16.	Clyde FC (Glasgow)	34	9	7	18	34	56	25	
17.	Raith Rovers FC (Kirkcaldy)	34	5	11	18	32	67	21	R
18.	Partick Thistle FC (Glasgow)	34	5	7	22	41	82	17	R
		612	237	138	237	944	944	612	

Top goalscorer 1969-70

1) Colin STEIN   (Rangers FC)   24

1969-1970 Scottish Football League Division 2

	Albion Rovers	Alloa Athletic	Arbroath	Berwick Rangers	Brechin City	Clydebank	Cowdenbeath	Dumbarton	East Fife	East Stirling	Falkirk	Forfar Athletic	Hamilton	Montrose	Queen/South	Queen's Park	Stenhousemuir	Stirling Albion	Stranraer
Albion Rovers FC		1-0	2-2	1-3	3-2	1-4	0-2	0-0	1-0	2-0	0-4	3-2	0-0	1-3	3-1	4-1	2-0	1-1	2-1
Alloa Athletic FC	1-0		1-0	3-1	0-1	2-0	1-3	0-0	0-1	2-1	1-1	5-2	3-0	1-0	0-1	3-0	5-0	0-2	1-1
Arbroath FC	3-1	1-0		4-0	3-0	2-0	2-1	5-0	1-1	3-1	3-1	1-0	2-1	4-0	3-1	1-2	6-0	0-1	3-1
Berwick Rangers FC	0-2	3-0	2-1		2-0	0-2	1-3	0-1	4-0	4-1	1-3	4-1	5-1	2-2	3-0	3-0	6-1	3-0	1-0
Brechin City FC	5-0	1-2	1-5	2-0		2-2	1-1	1-4	2-0	2-0	2-2	2-1	3-0	0-2	1-5	1-0	1-3	1-3	1-0
Clydebank FC	3-0	3-4	0-2	1-1	1-1		1-3	0-0	4-1	2-0	0-7	0-1	2-1	1-3	1-1	1-3	0-0	0-2	2-1
Cowdenbeath FC	1-1	0-2	2-2	3-0	1-0	3-2		1-0	2-0	3-1	2-1	5-1	0-1	3-1	0-0	4-0	7-2	0-0	3-1
Dumbarton FC	2-0	1-3	0-3	2-1	1-2	5-1	1-2		2-0	0-2	1-2	2-1	1-0	0-2	2-0	3-0	5-1	1-0	1-0
East Fife FC	2-4	4-0	2-0	2-1	6-3	1-1	0-1	2-1		2-1	1-2	4-1	4-0	1-0	0-2	1-2	4-2	3-1	1-1
East Stirlingshire FC	2-1	0-0	3-2	2-0	3-3	2-1	0-6	2-1	3-1		1-6	1-0	2-2	4-2	1-3	1-1	4-2	0-1	4-0
Falkirk FC	4-1	1-0	3-0	1-0	5-0	1-2	2-0	0-0	1-1	3-0		3-2	6-1	5-0	7-5	3-1	2-1	0-3	0-0
Forfar Athletic FC	3-2	1-2	2-1	0-3	2-0	3-1	1-2	1-4	4-1	2-4	0-3		3-1	5-2	1-2	2-1	3-3	0-1	2-3
Hamilton Academical FC	2-6	2-4	2-4	2-1	2-0	0-2	2-3	1-3	3-2	3-0	1-4	2-3		1-1	0-1	1-0	3-2	1-1	3-2
Montrose FC	1-0	1-4	2-1	1-1	2-0	4-1	0-1	0-2	1-2	2-1	1-1	2-1	6-0		2-1	2-1	0-1	1-1	0-0
Queen of the South FC	1-0	3-3	2-1	4-2	1-0	1-1	2-2	3-2	3-4	2-1	0-2	1-0	3-0	4-1		3-0	2-0	1-0	1-1
Queen's Park FC	2-1	3-2	2-1	1-2	1-2	0-0	2-2	0-2	0-2	3-3	0-3	3-0	3-0	0-0	0-3		1-0	0-3	0-1
Stenhousemuir FC	0-3	2-1	1-0	2-1	4-2	1-1	1-6	2-2	2-0	3-4	0-1	2-1	3-1	1-6	1-2	1-0		2-2	1-1
Stirling Albion FC	6-0	0-2	1-1	3-3	1-1	5-2	3-1	2-2	3-1	1-2	0-3	6-0	3-1	2-1	0-2	1-1	2-0		5-1
Stranraer FC	0-4	0-4	0-3	3-3	6-1	1-2	0-2	6-1	4-2	4-1	3-1	1-3	4-1	1-3	4-5	0-4	2-0	2-4	

Division 2

		Pd	Wn	Dw	Ls	GF	GA	Pts	
1.	Falkirk FC (Falkirk)	36	25	6	5	94	34	56	P
2.	Cowdenbeath FC (Cowdenbeath)	36	24	7	5	81	35	55	P
3.	Queen of the South FC (Dumfries)	36	22	6	8	72	49	50	
4.	Stirling Albion FC (Stirling)	36	18	10	8	70	40	46	
5.	Arbroath FC (Arbroath)	36	20	4	12	76	39	44	
6.	Alloa Athletic FC (Alloa)	36	19	5	12	62	41	43	
7.	Dumbarton FC (Dumbarton)	36	17	6	13	55	46	40	
8.	Montrose FC (Montrose)	36	15	7	14	57	55	37	
9.	Berwick Rangers FC (Berwick-upon-Tweed)	36	15	5	16	67	55	35	
10.	East Fife FC (Methil)	36	15	4	17	59	63	34	
11.	Albion Rovers FC (Coatbridge)	36	14	5	17	53	64	33	
12.	East Stirlingshire FC (Falkirk)	36	14	5	17	58	75	33	
13.	Clydebank FC (Clydebank)	36	10	10	16	47	65	30	
14.	Brechin City FC (Brechin)	36	11	6	19	47	74	28	
15.	Queen's Park FC (Glasgow)	36	10	6	20	38	62	26	
16.	Stenhousemuir FC (Stenhousemuir)	36	10	6	20	47	89	26	
17.	Stranraer FC (Stranraer)	36	9	7	20	56	75	25	
18.	Forfar Athletic FC (Forfar)	36	11	1	24	55	83	23	
19.	Hamilton Academical FC (Hamilton)	36	8	4	24	42	92	20	
		684	287	110	287	1136	1136	684	

SCOTTISH CUP FINAL   (Hampden Park, Glasgow – 11/04/1970 – 108,434)

ABERDEEN FC (ABERDEEN)   3-1   Celtic FC (Glasgow)
Harper pen., McKay 2   *(H.T. 1-0)*   *Lennox*

Aberdeen: Clark, Boel, Murray, Hermiston, McMillan, Buchan, McKay, Robb, Forrest, Harper, Graham.
Celtic: Wiliams, Hay, Gemmell, Murdoch, McNeill, Brogan, Johnstone, Wallace, Connelly, Lennox, Hughes (Auld).

Semi-finals   (14/03/1970)

Aberdeen FC (Aberdeen)   1-0   Kilmarnock FC (Kilmarnock)
Celtic FC (Glasgow)   2-1   Dundee FC (Dundee)

1970-71 SEASON

1970-1971 Scottish Football League Division 1	Aberdeen	Airdrieonians	Ayr United	Celtic	Clyde	Cowdenbeath	Dundee	Dundee United	Dunfermline	Falkirk	Hearts	Hibernian	Kilmarnock	Morton	Motherwell	Rangers	St. Johnstone	St. Mirren
Aberdeen FC	■	1-1	4-1	1-1	3-0	7-0	3-0	4-0	3-2	1-0	1-0	3-0	3-0	3-1	0-0	0-0	0-0	1-1
Airdrieonians FC	0-4	■	2-0	1-3	1-2	2-1	2-6	1-2	1-0	7-1	0-0	2-0	1-1	0-2	3-0	4-3	5-0	1-1
Ayr United FC	0-1	0-0	■	1-2	4-0	1-2	0-1	1-0	4-1	1-1	1-0	2-0	1-1	2-1	0-0	2-1	1-3	1-1
Celtic FC	0-1	4-1	2-0	■	6-1	3-0	3-0	1-1	1-0	4-0	3-2	2-1	3-0	2-0	3-0	2-0	1-0	3-0
Clyde FC	1-2	1-1	0-0	0-5	■	1-3	0-0	1-2	3-1	3-2	1-0	0-0	0-1	1-0	1-2	2-2	3-0	1-2
Cowdenbeath FC	1-2	1-3	1-3	1-5	1-1	■	0-1	0-2	2-1	0-1	0-4	1-4	1-2	0-2	0-1	1-3	2-2	1-2
Dundee FC	1-2	3-0	2-1	1-8	1-3	5-1	■	2-3	0-0	1-2	1-0	1-0	3-0	2-0	4-0	1-0	0-1	2-2
Dundee United FC	0-2	2-2	4-2	1-2	1-0	4-2	3-2	■	2-2	3-1	4-1	1-1	3-2	2-3	2-2	0-2	0-2	2-1
Dunfermline Athletic FC	1-0	4-1	5-0	0-2	0-0	1-2	0-0	3-1	■	2-4	1-2	3-3	0-1	3-0	0-1	1-1	1-1	1-0
Falkirk FC	1-0	0-2	2-0	0-0	1-1	1-2	2-2	1-1	3-2	■	2-4	0-0	3-0	2-1	1-0	3-1	0-3	2-1
Heart of Midlothian FC	1-3	5-2	2-1	1-1	3-1	1-0	0-0	1-0	3-0	1-1	■	0-0	2-0	2-2	0-1	0-1	1-3	1-0
Hibernian FC	2-1	3-1	4-0	2-0	5-1	2-2	1-2	0-1	2-2	1-3	0-0	■	1-0	2-4	1-0	3-2	1-2	3-3
Kilmarnock FC	0-4	2-3	1-1	1-4	1-1	2-1	1-1	2-1	0-0	3-2	3-0	4-1	■	2-2	0-0	1-4	2-4	1-2
Morton FC	2-0	1-4	3-2	0-3	0-0	1-0	1-0	3-0	1-1	0-0	3-0	2-1	3-0	■	0-2	1-2	3-1	1-1
Motherwell FC	0-2	1-1	1-1	0-5	2-1	1-3	1-1	1-2	4-3	1-1	1-2	4-0	4-1	2-0	■	1-2	4-1	2-1
Rangers FC	0-2	5-0	2-0	1-1	5-0	5-0	0-0	1-1	2-0	2-0	1-0	1-1	4-2	0-0	3-1	■	0-2	1-0
St. Johnstone FC	0-1	4-1	4-1	3-2	2-1	0-1	3-3	1-1	5-2	1-0	2-1	0-1	2-3	0-0	2-1	2-1	■	2-0
St. Mirren FC	1-3	2-4	0-2	2-2	0-1	1-0	2-4	2-1	1-1	2-3	0-1	3-1	2-3	2-1	0-2	0-0	0-1	■

	Division 1	Pd	Wn	Dw	Ls	GF	GA	Pts	
1.	CELTIC FC (GLASGOW)	34	25	6	3	89	23	56	
2.	Aberdeen FC (Aberdeen)	34	24	6	4	68	18	54	
3.	St. Johnstone FC (Perth)	34	19	6	9	59	44	44	
4.	Rangers FC (Glasgow)	34	16	9	9	58	34	41	
5.	Dundee FC (Dundee)	34	14	10	10	53	45	38	
6.	Dundee United FC (Dundee)	34	14	8	12	53	54	36	
7.	Falkirk FC (Falkirk)	34	13	9	12	46	53	35	
8.	Morton FC (Greenock)	34	13	8	13	44	44	34	
9.	Motherwell FC (Motherwell)	34	13	8	13	43	47	34	
10.	Airdrieonians FC (Airdrie)	34	13	8	13	60	65	34	
11.	Heart of Midlothian FC (Edinburgh)	34	13	7	14	41	40	33	
12.	Hibernian FC (Edinburgh)	34	10	10	14	47	53	30	
13.	Kilmarnock FC (Kilmarnock)	34	10	8	16	43	67	28	
14.	Ayr United FC (Ayr)	34	9	8	17	37	54	26	
15.	Clyde FC (Glasgow)	34	8	10	16	33	59	26	
16.	Dunfermline Athletic FC (Dunfermline)	34	6	11	17	44	56	23	
17.	St. Mirren FC (Paisley)	34	7	9	18	38	56	23	R
18.	Cowdenbeath FC (Cowdenbeath)	34	7	3	24	33	77	17	R
		612	234	144	234	889	889	612	

Top goalscorer 1970-71

1) Henry HOOD   (Celtic FC)   22

1970-1971 Scottish Football League Division 2	Albion Rovers	Alloa Athletic	Arbroath	Berwick Rangers	Brechin City	Clydebank	Dumbarton	East Fife	East Stirling	Forfar Athletic	Hamilton	Montrose	Partick Thistle	Queen/South	Queen's Park	Raith Rovers	Stenhousemuir	Stirling Albion	Stranraer
Albion Rovers FC	■	1-0	1-2	1-0	4-1	0-1	2-6	1-3	4-2	1-1	3-0	0-1	1-0	4-0	2-1	2-0	0-2	1-1	2-1
Alloa Athletic FC	1-1	■	3-6	1-1	2-2	1-3	3-1	1-2	2-2	2-1	4-1	2-5	1-4	1-1	2-1	2-1	2-1	1-1	2-1
Arbroath FC	2-0	6-2	■	4-0	2-2	0-1	1-0	1-1	5-1	5-0	7-3	3-1	0-2	2-1	1-0	4-0	2-0	0-3	3-1
Berwick Rangers FC	1-2	1-1	2-0	■	0-0	1-1	0-1	2-1	2-2	2-4	2-1	4-3	1-1	1-1	1-1	0-2	6-2	0-0	1-2
Brechin City FC	0-2	3-2	1-4	0-2	■	2-0	0-2	1-1	3-1	1-1	2-2	0-1	1-0	1-1	0-7	1-4	1-2	0-2	2-0
Clydebank FC	2-0	1-1	1-2	1-2	2-0	■	2-1	3-0	0-0	3-0	1-4	3-0	3-1	0-0	7-1	3-0	2-0	6-5	1-3
Dumbarton FC	1-1	5-1	3-0	6-2	3-1	3-1	■	1-1	6-0	5-1	4-1	4-0	2-2	2-1	4-1	2-0	3-2	7-0	2-0
East Fife FC	3-0	3-1	4-0	4-0	1-0	2-0	3-2	■	6-2	3-0	5-0	3-1	0-0	2-0	5-1	5-1	3-1	5-1	0-1
East Stirlingshire FC	1-2	1-1	2-1	0-1	2-1	0-1	3-1	3-5	■	3-1	2-1	1-1	0-2	0-3	1-2	4-2	2-2	2-5	4-0
Forfar Athletic FC	1-0	8-1	2-2	1-1	2-0	1-1	1-0	3-3	1-1	■	5-6	1-1	1-2	3-0	1-2	3-3	6-1	1-3	1-0
Hamilton Academical FC	1-3	0-4	4-1	0-2	4-1	0-0	0-3	1-1	3-1	3-1	■	2-3	1-1	3-1	3-0	0-1	2-2	0-2	0-0
Montrose FC	1-1	4-2	3-3	4-0	1-0	0-1	3-1	0-1	2-0	3-4	4-1	■	2-2	4-1	2-1	6-2	2-2	2-5	4-0
Partick Thistle FC	3-0	3-0	1-1	4-1	5-0	1-0	1-1	4-0	5-0	6-2	2-0	3-2	■	3-1	2-1	1-0	4-0	2-0	3-0
Queen of the South FC	1-1	1-1	3-1	2-1	2-1	3-1	1-0	2-3	4-5	2-0	2-1	1-3	0-1	■	3-2	0-1	1-2	2-1	1-1
Queen's Park FC	2-3	3-0	2-4	1-0	1-0	1-1	2-1	2-0	2-1	0-0	1-0	0-4	1-1	1-2	■	0-1	0-2	0-6	4-2
Raith Rovers FC	2-2	4-1	1-1	2-1	2-0	1-1	3-0	2-1	1-1	3-2	0-0	2-2	0-2	1-1	6-4	■	4-1	1-2	0-1
Stenhousemuir FC	3-3	1-4	0-2	1-0	4-0	2-3	2-0	4-3	2-2	2-1	4-2	5-0	0-0	0-3	0-1	3-3	■	5-1	0-0
Stirling Albion FC	1-1	5-0	1-1	0-1	1-2	2-0	2-2	1-1	1-3	3-1	2-0	0-1	2-2	1-2	0-2	0-1	1-2	■	0-1
Stranraer FC	4-1	1-1	1-1	3-0	1-0	3-0	2-2	1-2	5-2	1-1	2-0	3-2	1-2	1-1	4-0	3-5	1-2	3-0	■

	Division 2	Pd	Wn	Dw	Ls	GF	GA	Pts	
1.	Partick Thistle FC (Glasgow)	36	23	10	3	78	26	56	P
2.	East Fife FC (Methil)	36	22	7	7	86	44	51	P
3.	Arbroath FC (Arbroath)	36	19	8	9	80	52	46	
4.	Dumbarton FC (Dumbarton)	36	19	6	11	87	46	44	
5.	Clydebank FC (Clydebank)	36	17	8	11	57	43	42	
6.	Montrose FC (Montrose)	36	17	7	12	78	64	41	
7.	Albion Rovers FC (Coatbridge)	36	15	9	12	53	52	39	
8.	Raith Rovers FC (Kirkcaldy)	36	15	9	12	62	62	39	
9.	Stranraer FC (Stranraer)	36	14	8	14	54	52	36	
10.	Stenhousemuir FC (Stenhousemuir)	36	14	8	14	64	70	36	
11.	Queen of the South FC (Dumfries)	36	13	9	14	50	56	35	
12.	Stirling Albion FC (Stirling)	36	12	8	16	61	61	32	
13.	Queen's Park FC (Glasgow)	36	13	4	19	51	72	30	
14.	Berwick Rangers FC (Berwick-upon-Tweed)	36	10	10	16	42	60	30	
15.	Forfar Athletic FC (Forfar)	36	9	11	16	63	75	29	
16.	Alloa Athletic FC (Alloa)	36	9	11	16	56	86	29	
17.	East Stirlingshire FC (Falkirk)	36	9	9	18	57	86	27	
18.	Hamilton Academical FC (Hamilton)	36	8	7	21	50	79	23	
19.	Brechin City FC (Brechin)	36	6	7	23	30	73	19	
		684	264	156	264	1159	1159	684	

SCOTTISH CUP FINAL   (Hampden Park, Glasgow – 08/05/1971 – 120,092)

CELTIC FC (GLASGOW)   1-1   Rangers FC (Glasgow)

Lennox   *(H.T. 1-0)*   *Johnstone*

Celtic: Williams, Craig, Brogan, Connelly, McNeill, Hay, J.Johnstone, Lennox, Wallace, Callaghan, Hood (Macari).
Rangers: McCloy, Miller, Mathieson, Greig, McKinnon, Jackson, Henderson, Penman (D.Johnstone), Stein, MacDonald, Johnston.

SCOTTISH CUP FINAL REPLAY   (Hampden Park, Glasgow – 12/05/1971 – 103,332)

CELTIC FC (GLASGOW)   2-1   Rangers FC (Glasgow)

Macari, Hood pen.   *(H.T. 2-1)*   *Craig o.g.*

Celtic: Williams, Craig, Brogan, Connelly, McNeill, Hay, J. Johnstone, Macari, Hood (Wallace), Callaghan, Lennox.
Rangers: McCloy, Denny, Mathieson, Greig, McKinnon, Jackson, Henderson, Penman (D. Johnstone), Stein, MacDonald, Johnston.

Semi-finals   (31/03/1971 – 07/04/1971)

Celtic FC (Glasgow)	3-3, 2-0	Airdrieonians FC (Airdrie)
Rangers FC (Glasgow)	0-0, 2-1	Hibernian FC (Edinburgh)

1971-72 SEASON

1971-1972 Scottish Football League Division 1	Aberdeen	Airdrieonians	Ayr United	Celtic	Clyde	Dundee	Dundee United	Dunfermline	East Fife	Falkirk	Hearts	Hibernian	Kilmarnock	Morton	Motherwell	Partick Thistle	Rangers	St. Johnstone
Aberdeen FC	■	5-0	7-0	1-1	4-1	3-0	3-0	2-0	5-0	0-0	2-3	2-1	4-2	1-0	4-1	7-2	0-0	4-2
Airdrieonians FC	1-2	■	3-4	0-5	1-1	4-2	1-1	1-0	1-1	2-0	1-1	2-2	0-4	2-4	0-2	1-1	0-3	5-4
Ayr United FC	1-5	1-1	■	0-1	0-1	0-0	4-2	1-1	4-0	0-3	1-0	1-2	0-0	1-0	1-1	4-0	1-2	0-0
Celtic FC	1-1	2-0	2-0	■	9-1	3-1	3-0	1-0	2-1	2-0	3-2	2-1	5-1	3-1	5-2	3-1	2-1	0-1
Clyde FC	0-0	0-0	3-0	0-7	■	1-1	0-3	2-1	0-1	3-1	0-1	2-1	0-3	1-2	2-0	0-2	1-1	1-2
Dundee FC	1-1	4-1	5-1	1-1	0-0	■	6-4	1-0	0-0	4-0	0-0	1-2	2-0	0-1	2-0	0-0	2-0	1-3
Dundee United FC	2-0	5-0	2-2	1-5	3-3	1-1	■	3-2	2-2	3-5	3-2	1-4	1-2	2-1	2-0	1-0	1-5	3-3
Dunfermline Athletic FC	1-0	1-0	1-1	1-2	2-2	1-2	0-1	■	2-2	0-1	1-4	2-1	0-1	2-1	1-1	2-2	0-2	2-1
East Fife FC	0-1	1-1	2-2	0-3	2-2	2-5	0-1	0-1	■	2-2	2-2	2-1	2-0	0-6	1-1	1-3	0-1	2-2
Falkirk FC	0-3	1-2	3-0	0-1	3-1	1-1	1-1	2-1	1-1	■	2-0	2-3	3-1	2-1	3-0	0-0	0-3	2-4
Heart of Midlothian FC	1-0	1-1	1-0	4-1	2-0	2-5	3-2	1-1	1-1	1-0	■	0-2	2-1	6-1	0-0	0-0	2-1	2-1
Hibernian FC	2-2	1-3	1-0	0-1	1-0	1-0	3-0	2-0	2-1	6-0	0-0	■	3-2	1-0	1-2	3-0	0-1	7-1
Kilmarnock FC	0-3	5-2	1-2	1-3	2-1	0-3	2-0	0-0	2-3	2-0	2-2	1-1	■	4-2	1-0	1-4	1-2	2-0
Morton FC	0-1	2-2	0-3	1-1	4-0	2-2	1-2	1-0	0-0	3-1	1-1	1-1	■	3-2	2-0	1-2	0-1
Motherwell FC	0-4	0-1	2-2	1-5	4-1	1-3	0-1	4-1	1-1	2-1	5-3	1-1	3-0	3-1	■	2-1	2-0	2-0
Partick Thistle FC	2-0	4-2	0-1	1-5	2-2	0-0	3-1	2-0	1-0	1-1	2-2	0-1	2-2	2-0	8-3	■	3-2	2-1
Rangers FC	0-2	3-0	4-2	2-3	1-0	2-3	1-0	3-4	3-0	3-1	6-0	1-2	3-1	1-2	4-0	2-1	■	2-0
St. Johnstone FC	1-1	3-3	2-0	0-3	0-1	0-0	2-0	0-0	0-1	3-2	1-1	0-2	5-1	1-0	5-1	2-1	1-4	■

	Division 1	Pd	Wn	Dw	Ls	GF	GA	Pts	
1.	CELTIC FC (GLASGOW)	34	28	4	2	96	28	60	
2.	Aberdeen FC (Aberdeen)	34	21	8	5	80	26	50	
3.	Rangers FC (Glasgow)	34	21	2	11	71	38	44	
4.	Hibernian FC (Edinburgh)	34	19	6	9	62	34	44	
5.	Dundee FC (Dundee)	34	14	13	7	59	38	41	
6.	Heart of Midlothian FC (Edinburgh)	34	13	13	8	53	49	39	
7.	Partick Thistle FC (Glasgow)	34	12	10	12	53	54	34	
8.	St. Johnstone FC (Perth)	34	12	8	14	52	58	32	
9.	Dundee United FC (Dundee)	34	12	7	15	55	70	31	
10.	Motherwell FC (Motherwell)	34	11	7	16	49	69	29	
11.	Kilmarnock FC (Kilmarnock)	34	11	6	17	49	64	28	
12.	Ayr United FC (Ayr)	34	9	10	15	40	58	28	
13.	Morton FC (Greenock)	34	10	7	17	46	52	27	
14.	Falkirk FC (Falkirk)	34	10	7	17	44	60	27	
15.	Airdrieonians FC (Airdrie)	34	7	12	15	44	76	26	
16.	East Fife FC (Methil)	34	5	15	14	34	61	25	
17.	Clyde FC (Glasgow)	34	7	10	17	33	66	24	R
18.	Dunfermline Athletic FC (Dunfermline)	34	7	9	18	31	50	23	R
		612	229	154	229	951	951	612	

Top goalscorers 1971-72

1) Joseph HARPER   (Aberdeen FC)   33

1971-1972 Scottish Football League Division 2	Albion Rovers	Alloa Athletic	Arbroath	Berwick Rangers	Brechin City	Clydebank	Cowdenbeath	Dumbarton	East Stirling	Forfar Athletic	Hamilton	Montrose	Queen/South	Queen's Park	Raith Rovers	St. Mirren	Stenhousemuir	Stirling Albion	Stranraer
Albion Rovers FC		0-1	0-3	1-3	1-1	2-0	1-2	0-1	1-1	2-0	1-0	4-1	0-1	1-2	3-1	1-2	1-1	0-1	4-0
Alloa Athletic FC	3-1		0-3	0-2	1-3	1-1	0-4	0-1	0-2	2-3	2-2	0-3	1-2	3-0	3-2	1-3	2-0	0-1	1-3
Arbroath FC	2-0	1-0		2-1	3-3	1-2	2-2	3-2	2-1	3-0	3-0	2-0	2-2	1-0	4-0	3-2	3-0	4-3	3-1
Berwick Rangers FC	3-1	2-0	0-1		3-0	1-1	2-0	2-2	0-1	4-1	1-1	2-1	0-3	0-2	0-1	1-2	3-0	1-3	0-1
Brechin City FC	2-2	1-1	2-1	3-1		1-2	0-2	1-2	1-3	2-4	4-1	1-3	0-0	1-0	0-4	1-2	1-1	2-1	1-4
Clydebank FC	3-1	3-1	0-0	0-0	1-2		1-4	2-3	3-4	2-0	7-1	1-2	1-3	1-1	3-1	1-3	2-1	0-0	3-0
Cowdenbeath FC	1-0	3-0	0-2	3-2	6-0	0-0		0-1	5-0	7-0	1-1	2-0	1-1	4-1	1-1	2-0	1-0	3-2	0-1
Dumbarton FC	3-0	7-1	1-2	4-2	4-0	2-3	2-1		4-0	2-2	2-0	3-2	2-0	3-0	5-0	1-2	3-2	2-1	2-4
East Stirlingshire FC	4-1	1-2	5-0	0-4	2-1	0-1	0-0	1-3		1-1	1-4	2-1	4-2	3-1	2-1	3-1	1-0	0-3	3-1
Forfar Athletic FC	0-2	2-1	0-4	0-4	1-0	2-1	1-4	1-1	1-2		0-0	1-5	0-0	1-1	0-1	0-3	2-1	0-4	1-1
Hamilton Academical FC	1-0	0-5	1-1	0-2	3-0	0-1	1-1	2-6	1-1	2-1		1-6	0-3	0-1	1-1	1-5	1-3	0-2	1-5
Montrose FC	2-0	4-0	0-0	1-2	2-0	1-2	0-2	2-3	2-2	0-0	5-0		0-2	4-2	3-1	1-1	2-4	0-0	
Queen of the South FC	1-0	4-0	1-1	4-1	0-0	2-0	0-2	2-4	4-2	3-2	2-0	2-1		0-1	1-1	0-1	0-1	0-1	5-1
Queen's Park FC	2-2	0-2	2-1	2-0	5-3	4-4	0-2	0-1	0-0	4-1	2-0	1-6	0-0		1-0	2-1	4-0	0-2	1-2
Raith Rovers FC	3-1	1-1	1-1	3-1	0-1	1-3	1-1	6-1	3-1	4-2	2-1	4-0	1-2	1-1		2-0	4-0	2-5	0-0
St. Mirren FC	4-0	0-1	4-3	2-0	2-0	1-1	3-1	2-2	1-2	2-0	6-2	3-1	3-0	6-2	2-0		0-1	3-2	2-0
Stenhousemuir FC	2-0	2-1	0-1	0-1	2-0	3-1	0-0	0-3	1-1	2-1	3-1	2-2	1-3	3-0	0-1	2-4		0-0	3-4
Stirling Albion FC	2-0	3-2	1-2	2-1	6-1	1-1	1-1	2-0	2-1	1-1	3-0	1-2	2-0	1-1	3-0	3-2	2-2		3-0
Stranraer FC	2-2	5-2	4-1	2-1	3-2	2-2	1-0	3-1	0-3	6-0	4-1	0-5	1-1	1-1	2-1	2-4	3-1	1-1	

Division 2

		Pd	Wn	Dw	Ls	GF	GA	Pts	
1.	Dumbarton FC (Dumbarton)	36	24	4	8	89	51	52	P
2.	Arbroath FC (Arbroath)	36	22	8	6	71	41	52	P
3.	Stirling Albion FC (Stirling)	36	21	8	7	75	37	50	
4.	St. Mirren FC (Paisley)	36	24	2	10	84	47	50	
5.	Cowdenbeath FC (Cowdenbeath)	36	19	10	7	69	28	48	
6.	Stranraer FC (Stranraer)	36	18	8	10	70	62	44	
7.	Queen of the South FC (Dumfries)	36	17	9	10	56	38	43	
8.	East Stirlingshire FC (Falkirk)	36	17	7	12	60	58	41	
9.	Clydebank FC (Clydebank)	36	14	11	11	60	52	39	
10.	Montrose FC (Montrose)	36	15	6	15	73	54	36	
11.	Raith Rovers FC (Kirkcaldy)	36	13	8	15	56	56	34	
12.	Queen's Park FC (Glasgow)	36	12	9	15	47	61	33	
13.	Berwick Rangers FC (Berwick-upon-Tweed)	36	14	4	18	53	50	32	
14.	Stenhousemuir FC (Stenhousemuir)	36	10	8	18	41	58	28	
15.	Brechin City FC (Brechin)	36	8	7	21	41	79	23	
16.	Alloa Athletic FC (Alloa)	36	9	4	23	41	75	22	
17.	Forfar Athletic FC (Forfar)	36	6	9	21	32	84	21	
18.	Albion Rovers FC (Coatbridge)	36	7	6	23	36	61	20	
19.	Hamilton Academical FC (Hamilton)	36	4	8	24	31	93	16	
		684	274	136	274	1085	1085	684	

SCOTTISH CUP FINAL   (Hampden Park, Glasgow – 06/05/1972 – 106,102)

CELTIC FC (GLASGOW)   6-1   Hibernian FC (Edinburgh)
McNeill, Deans 3, Macari 2   *(H.T. 2-1)*   *Gordon*

Celtic: Williams, Craig, Brogan, Murdoch, McNeill, Connelly, Johnstone, Deans, Macari, Dalglish, Callaghan.
Hibernian: Herriot, Brown, Schaedler, Stanton, Black, Blackley, Edwards, Hazel, Gordon, O'Rourke, Duncan (Auld).

Semi-finals   (12/04/1972 – 24/04/1972)

Celtic FC (Glasgow)   3-1   Kilmarnock FC (Kilmarnock)
Hibernian FC (Edinburgh)   1-1, 2-0   Rangers FC (Glasgow)

1972-73 SEASON

1972-1973 Scottish Football League Division 1	Aberdeen	Airdrieonians	Arbroath	Ayr United	Celtic	Dumbarton	Dundee	Dundee United	East Fife	Falkirk	Hearts	Hibernian	Kilmarnock	Morton	Motherwell	Partick Thistle	Rangers	St. Johnstone
Aberdeen FC		5-1	0-0	1-0	2-3	6-0	3-1	0-0	4-3	2-2	3-1	1-0	3-0	3-0	7-2	0-0	2-2	0-0
Airdrieonians FC	1-1		3-1	0-1	2-1	2-3	0-1	2-2	1-1	0-0	0-2	0-4	0-1	0-3	1-2	1-3	2-6	1-3
Arbroath FC	1-1	2-1		1-1	1-2	2-1	2-1	2-4	1-0	5-1	3-0	2-3	3-3	0-1	0-1	2-1	1-2	3-0
Ayr United FC	2-3	3-2	2-0		1-3	2-0	2-1	2-1	3-2	1-1	2-0	1-1	1-1	1-1	3-2	2-1	2-1	3-1
Celtic FC	2-0	1-1	4-0	1-0		5-0	2-1	3-1	3-0	4-0	4-2	1-1	6-2	1-0	2-0	1-1	3-1	4-0
Dumbarton FC	1-2	3-5	0-0	1-1	1-6		2-2	4-1	0-0	0-0	0-2	2-2	4-2	2-2	0-0	4-2	1-2	1-1
Dundee FC	0-0	1-1	6-0	2-1	2-0	2-1		3-0	4-0	5-3	2-2	1-0	1-0	6-0	2-0	4-1	1-1	3-0
Dundee United FC	3-2	3-1	1-1	2-1	2-2	3-2	2-1		1-1	1-0	3-2	1-0	2-1	1-0	1-2	0-3	1-4	5-1
East Fife FC	0-1	3-0	2-0	2-2	2-2	2-1	0-1	1-0		1-2	1-0	0-1	3-0	4-3	3-1	0-1	0-4	2-2
Falkirk FC	0-0	1-1	3-1	1-2	2-3	2-0	2-2	1-0	3-4		1-3	1-0	3-2	2-0	0-1	0-3	2-4	0-0
Heart of Midlothian FC	2-1	0-1	3-0	3-0	0-2	1-0	1-2	0-2	1-1	1-0		0-7	0-0	0-0	0-0	2-0	0-1	1-0
Hibernian FC	3-2	5-2	0-0	8-1	0-3	5-0	1-1	3-1	1-0	3-0	2-0		4-1	2-1	0-1	1-0	1-2	3-2
Kilmarnock FC	0-2	3-1	2-0	0-1	0-4	2-2	1-2	0-1	1-3	2-2	2-1	2-2		2-1	1-0	2-3	2-1	1-4
Morton FC	1-2	4-0	1-1	1-1	0-2	1-1	5-2	2-0	3-1	1-1	2-4	0-3	2-1		1-0	5-0	1-2	3-0
Motherwell FC	2-0	2-0	2-0	1-2	0-5	0-2	2-2	1-4	0-1	1-1	2-2	1-1	2-0	3-0		0-0	0-2	1-1
Partick Thistle FC	0-2	20-	1-2	1-2	0-4	4-1	1-1	0-3	1-1	0-0	3-0	1-3	1-1	1-0	0-3		0-1	1-1
Rangers FC	0-0	1-0	5-0	2-1	2-1	3-1	3-1	2-1	2-0	1-0	0-1	1-0	4-0	1-1	2-1	2-1		5-1
St. Johnstone FC	1-0	1-1	5-2	3-0	1-3	0-2	4-1	1-3	4-2	2-1	3-2	1-3	2-2	3-1	2-2	1-3	1-2	

	Division 1	Pd	Wn	Dw	Ls	GF	GA	Pts	
1.	CELTIC FC (GLASGOW)	34	26	5	3	93	28	57	
2.	Rangers FC (Glasgow)	34	26	4	4	74	30	56	
3.	Hibernian FC (Edinburgh)	34	19	7	8	74	33	45	
4.	Aberdeen FC (Aberdeen)	34	16	11	7	61	34	43	
5.	Dundee FC (Dundee)	34	17	9	8	68	43	43	
6.	Ayr United FC (Ayr)	34	16	8	10	50	51	40	
7.	Dundee United FC (Dundee)	34	17	5	12	56	51	39	
8.	Motherwell FC (Motherwell)	34	11	9	14	38	48	31	
9.	East Fife FC (Methil)	34	11	8	15	46	54	30	
10.	Heart of Midlothian FC (Edinburgh)	34	12	6	16	39	50	30	
11.	St. Johnstone FC (Perth)	34	10	9	15	52	67	29	
12.	Morton FC (Greenock)	34	10	8	16	47	53	28	
13.	Partick Thistle FC (Glasgow)	34	10	8	16	40	53	28	
14.	Falkirk FC (Falkirk)	34	7	12	15	38	56	26	
15.	Arbroath FC (Arbroath)	34	9	8	17	39	63	26	
16.	Dumbarton FC (Dumbarton)	34	6	11	17	43	72	23	
17.	Kilmarnock FC (Kilmarnock)	34	7	8	19	40	71	22	R
18.	Airdrieonians FC (Airdrie)	34	4	8	22	34	75	16	R
		612	234	144	234	932	932	612	

Top goalscorer 1972-73

1) Alan GORDON   (Hibernian FC)   27

1972-1973 Scottish Football League Division 2	Albion Rovers	Alloa Athletic	Berwick Rangers	Brechin City	Clyde	Clydebank	Cowdenbeath	Dunfermline	East Stirling	Forfar Athletic	Hamilton	Montrose	Queen/South	Queen's Park	Raith Rovers	St. Mirren	Stenhousemuir	Stirling Albion	Stranraer
Albion Rovers FC	■	2-2	0-2	2-1	0-3	4-1	2-2	1-5	3-2	2-2	2-2	1-3	1-2	1-1	0-2	1-3	0-2	1-1	0-2
Alloa Athletic FC	4-0	■	0-2	1-0	0-0	2-4	1-1	1-1	2-0	1-1	4-0	0-2	3-0	0-0	0-1	0-0	4-1	0-2	2-1
Berwick Rangers FC	1-0	3-1	■	3-1	0-2	1-0	1-0	1-1	2-0	1-0	3-0	1-1	0-2	2-0	1-3	0-1	0-0	0-2	0-3
Brechin City FC	5-1	0-0	0-3	■	1-3	3-1	0-2	0-5	2-0	2-0	1-4	1-4	2-3	2-2	4-6	3-3	2-4	1-2	2-2
Clyde FC	3-1	1-0	1-0	4-1	■	1-0	2-1	1-2	1-1	3-2	0-0	2-2	4-1	1-1	3-0	5-1	1-3	1-1	3-0
Clydebank FC	1-2	2-3	1-2	2-1	0-1	■	3-0	0-4	1-1	4-1	1-2	0-4	1-0	1-2	1-1	1-1	1-2	0-3	4-2
Cowdenbeath FC	2-1	0-2	5-0	2-1	1-1	2-0	■	1-0	2-1	4-1	3-2	1-3	0-2	3-0	1-1	0-2	3-1	1-1	4-1
Dunfermline Athletic FC	3-0	5-0	1-2	8-0	1-2	3-3	0-2	■	3-2	3-1	7-2	4-1	6-1	5-1	1-0	1-1	1-0	1-1	3-0
East Stirlingshire FC	0-2	2-0	1-2	2-0	0-5	4-2	1-0	0-2	■	2-2	0-4	1-5	3-2	2-1	0-3	2-1	2-1	4-3	2-2
Forfar Athletic FC	1-0	2-1	0-1	2-1	0-2	0-3	1-1	0-6	1-0	■	1-0	1-1	1-1	1-2	1-0	1-2	2-0	0-4	1-0
Hamilton Academical FC	3-3	0-3	4-1	5-1	2-2	1-4	3-0	2-1	5-2	4-0	■	2-0	1-0	2-0	3-3	1-2	0-0	3-2	3-0
Montrose FC	4-0	3-0	2-2	3-2	0-1	1-3	2-2	3-2	3-5	1-1	2-0	■	2-1	2-2	3-2	1-4	2-0	0-2	4-1
Queen of the South FC	0-0	3-1	1-1	1-0	0-0	2-0	4-1	1-0	0-2	0-1	2-1	4-3	■	0-1	1-1	4-2	1-2	0-0	2-2
Queen's Park FC	3-2	3-3	1-0	4-1	1-3	2-2	2-2	1-3	2-2	1-1	1-2	0-1	0-2	■	0-1	2-3	0-0	2-1	1-0
Raith Rovers FC	4-0	1-1	8-1	3-1	0-0	2-0	2-2	1-2	2-2	3-2	2-0	1-0	2-0	2-1	■	3-0	0-2	1-1	5-1
St. Mirren FC	4-0	4-2	3-1	5-1	0-1	4-0	6-3	0-1	1-3	0-0	7-1	2-2	2-1	0-1	3-1	■	1-1	4-1	5-1
Stenhousemuir FC	3-0	0-0	2-1	3-0	1-2	1-1	0-1	0-2	3-1	0-2	1-4	1-1	3-0	2-0	1-0	■	3-1	1-2	
Stirling Albion FC	3-0	0-1	2-0	3-0	3-1	3-0	1-0	0-0	3-4	2-1	3-2	4-0	2-2	1-2	3-1	1-0	■	4-2	
Stranraer FC	1-0	2-0	5-4	1-3	1-2	4-0	2-2	0-2	2-1	4-2	1-0	3-6	1-0	3-1	1-4	0-1	2-0	1-4	■

	Division 2	**Pd**	**Wn**	**Dw**	**Ls**	**GF**	**GA**	**Pts**	
1.	Clyde FC (Glasgow)	36	23	10	3	68	28	56	P
2.	Dunfermline Athletic FC (Dunfermline)	36	23	6	7	95	32	52	P
3.	Stirling Albion FC (Stirling)	36	19	9	8	70	39	47	
4.	Raith Rovers FC (Kirkcaldy)	36	19	9	8	73	42	47	
5.	St. Mirren FC (Paisley)	36	19	7	10	79	50	45	
6.	Montrose FC (Montrose)	36	18	8	10	82	58	44	
7.	Cowdenbeath FC (Cowdenbeath)	36	14	10	12	57	53	38	
8.	Hamilton Academical FC (Hamilton)	36	16	6	14	67	63	38	
9.	Berwick Rangers FC (Berwick-upon-Tweed)	36	16	5	15	56	54	37	
10.	Stenhousemuir FC (Stenhousemuir)	36	14	8	14	44	41	36	
11.	Queen of the South FC (Dumfries)	36	13	8	15	45	52	34	
12.	Alloa Athletic FC (Alloa)	36	11	11	14	45	49	33	
13.	East Stirlingshire FC (Falkirk)	36	12	8	16	52	69	32	
14.	Queen's Park FC (Glasgow)	36	9	12	15	44	61	30	
15.	Stranraer FC (Stranraer)	36	13	4	19	56	78	30	
16.	Forfar Athletic FC (Forfar)	36	10	9	17	38	66	29	
17.	Clydebank FC (Clydebank)	36	9	6	21	48	72	24	
18.	Albion Rovers FC (Coatbridge)	36	5	8	23	35	83	18	
19.	Brechin City FC (Brechin)	36	5	4	27	46	99	14	
		684	268	148	268	1089	1089	684	

SCOTTISH CUP FINAL   (Hampden Park, Glasgow – 05/05/1973 – 122,714)

RANGERS FC (GLASGOW)   3-2   Celtic FC (Glasgow)
Parlane, Conn, Forsyth   *(H.T. 1-1)*   *Dalglish, Connelly pen.*

Rangers: McCloy, Jardine, Mathieson, Greig, D.Johnstone, MacDonald, McLean, Forsyth, Parlane, Conn, Young.
Celtic: Hunter, McGrain, Brogan (Lennox), Murdoch, McNeill, Connelly, J. Johnstone, Deans, Dalglish, Hay, Callaghan.

Semi-finals   (04/04/1973 – 11/04/1973)

Ayr United FC (Ayr)	0-2	Rangers FC (Glasgow)
Celtic FC (Glasgow)	0-0, 3-0 (aet)	Dundee FC (Dundee)